내 PC를 튜닝한다!

PC 조립 &
네트워크 &
하드웨어 활용

내 PC를 튜닝한다!
PC 조립 &
네트워크 &
하드웨어 활용

초판 인쇄일 2014년 4월 10일
초판 발행일 2014년 4월 20일
초판 3쇄 발행일 2016년 3월 7일

지은이 김기만
발행인 박정모
등록번호 제9-295호
발행처 도서출판 혜지원
주소 (10881) 경기도 파주시 회동길 445-4(문발동 638) 302호
전화 031)955-9221~5 팩스 031)955-9220
홈페이지 www.hyejiwon.co.kr

기획 · 진행 엄진영, 페이퍼 2.0
디자인 김보라
영업마케팅 김남권, 황대일, 서지영
ISBN 978-89-8379-818-3
정가 22,000원

Copyright © 2014 by 김기만 All rights reserved.

No Part of this book may be reproduced or transmitted in any form, by any means without the prior written permission on the publisher.

이 책은 저작권법에 의해 보호를 받는 저작물이므로 어떠한 형태의 무단 전재나 복제도 금합니다.
본문 중에 인용한 제품명은 각 개발사의 등록상표이며, 특허법과 저작권법 등에 의해 보호를 받고 있습니다.

이 도서의 국립중앙도서관 출판시도서목록(CIP)은 서지정보유통지원시스템 홈페이지(http://seoji.nl.go.kr)와 국가자료공동목록시스템 (http://www.nl.go.kr/kolisnet)에서 이용하실 수 있습니다.(CIP제어번호 : CIP2014010220)

내 PC를 튜닝한다!

PC 조립 &
네트워크 &
하드웨어 활용

혜지원

머리말

PC 환경은 늘 새롭게 변화하고 있습니다. 새로운 하드웨어 스펙과 더 새로운 제품들이 끊임없이 쏟아지고 있고 퓨전되고 디테일해지는 세심함마저도 깊어지고 있습니다. 어떤 제품이 나에게 더 잘 맞는지 어떤 제품이 가성비에서 훌륭한지를 따지고 들자면 한도 끝도 없는 것이 현실입니다. 거기다가 각 제조사들의 개발 로드맵까지 겹쳐지면 개인이 직접 하는 PC 조립은 정말 머리 아픈 일이 되어버리곤 합니다.

이러한 고민들이 이 책을 집필하는 계기가 되었습니다.
어떤 PC를 조립하더라도 기본이 되고 근간이 되는 책이 있었으면 좋겠다는 것이었습니다. 필요없는 내용들로 독자들의 혼란을 가중시키기보다는 실질적으로 꼭 알아야 하는 부품들과 현재 가장 각광받는 부품들 위주로 집필하도록 노력하였습니다. PC 조립을 하기 전이나 PC 업그레이드를 빠르게 끝내려는 독자들을 위해서 실제로 작업이 이루어지는 프로세스에 가장 큰 근거를 두고 집필하였습니다.

최근에 가장 큰 화두인 집 안의 멀티미디어 기기들과의 호환은 물론이거니와 NAS를 구축하고 활용하는 방법에 대해서 설명했습니다. 예전에 컴퓨터로 서버를 구축하는 시대는 지났습니다. 고가의 NAS는 물론 저렴한 인터넷 공유기와 외장 하드디스크만으로도 서버를 구축할 수 있습니다. 또한 인터넷 공유기와 TV를 연결하여 내 컴퓨터에 있는 영상이나 사진 파일도 TV로 감상할 수 있습니다.

이렇게 PC와 주변 기기들과의 호환 사용 방법도 다루고 있지만 가장 근간이 되는 것은 역시 PC 조립을 하기 위해서 알아야 하는 다양한 PC 부품과 각 부품의 호환성, PC 조립 과정의 직접 조립 방법, 조립 후 필수 프로그램 설치 방법과 간단한 사용법을 설명하였습니다. 그리고 네트워크에서 시작하여 프린터 서버를 구축하는 방법도 자세히 설명하도록 노력하였습니다. 마지막으로 꼭 알아야 할 트러블 슈팅 방법을 기술하여 PC 고장시에 A/S를 부르기 전에 직접 간단하게 고쳐볼 수 있도록 하였습니다.

끝으로 이 책이 나오기까지 고생하신 혜지원 가족 여러분에게 감사드리며 부디 이 책이 PC 조립을 시작하는 사용자들에게 도움이 되는 도서가 되기를 바랍니다.

목차

Part 01 PC 부품을 완벽하게 파헤쳐보자!

Chapter 01 컴퓨터를 열면 움직임이 보인다!
01 컴퓨터를 열어보자!   16
02 컴퓨터 외관에도 사용 장치가 있다   18

Chapter 02 CPU가 없으면 컴퓨터도 없다 – ① 인텔
01 인텔 CPU의 종류   20
02 메인 보드와 CPU의 관계   24
03 인텔 CPU 관련 용어 정리   25
04 인텔 CPU의 성능 비교   30
05 선택! 인텔 CPU 성능을 비교 구매하는 방법   32
06 CPU 쿨러   35
07 인텔 CPU가 정품인지 확인하는 방법   38

Chapter 03 CPU가 없으면 컴퓨터도 없다 – ② AMD
01 AMD CPU의 종류   41
02 AMD CPU 관련 용어 정리   43
03 선택! AMD CPU 성능을 비교 구매하는 방법   46
04 AMD CPU가 정품인지 확인하는 방법   49

Chapter 04 메인 보드 – 안정성과 확장성을 고려하자
01 메인 보드 구성 요소의 명칭과 역할   51
02 메인 보드 관련 용어   52
03 선택! 나에게 맞는 메인 보드 고르기   56

Chapter 05 RAM – 데이터 처리 속도를 올려라
01 RAM의 다양한 종류   65
02 메모리의 구성과 라벨 읽기   69
03 선택! RAM을 구매하는 방법   71

목차

Chapter 06　그래픽 카드 – 화면 처리 속도를 최대한 빠르게!
　　01 그래픽 카드 구성 요소의 명칭과 역할　　　　　　　　73
　　02 GPU를 잡으면 그래픽 카드가 보인다　　　　　　　　76
　　03 그래픽 카드 구매 전 알아둬야 할 용어　　　　　　　　85
　　04 내장 그래픽 카드란?　　　　　　　　　　　　　　　89
　　05 선택! 그래픽 카드의 성능을 비교 구매하는 방법　　　　90

Chapter 07　모니터 – 모니터를 비교하고 선택하는 방법
　　01 다양한 모니터 종류　　　　　　　　　　　　　　　　93
　　02 선택! 모니터를 비교 구매하는 방법　　　　　　　　　95
　　03 모니터의 부가 기능 종류　　　　　　　　　　　　　　96
　　04 모니터의 다양한 연결 단자　　　　　　　　　　　　　98

Chapter 08　하드디스크 – 적절한 용량의 선택
　　01 하드디스크 구성 요소의 명칭과 역할　　　　　　　　100
　　02 SATA? PATA? 인터페이스의 종류와 크기에 따른 분류　102
　　03 SATA 컨트롤 모드를 반드시 확인하고 사용하자　　　106
　　04 선택! 하드디스크의 성능을 비교 구매하는 방법　　　107

Chapter 09　SSD – SSD! 확실한 성능 향상의 선택
　　01 왜! SSD인가? SSD의 성능의 척도!　　　　　　　　109
　　02 SSD의 구성 요소의 명칭과 역할　　　　　　　　　　112
　　03 SSD의 프리징 예방과 안전 사용법　　　　　　　　　113
　　04 선택! SSD를 비교 구매하는 방법　　　　　　　　　118

[성능 UP! 활용 UP! 따라하기]
SATA 컨트롤을 AHCI 모드로 설정하기 • 120
색인 기능, Superfetch, Prefetch 비활성화하기 • 122
가상 메모리 설정 해제 • 123 ｜ 램 디스크 설치하고 운영체제 임시 폴더 변경하기 • 125
램 디스크에 인터넷 임시 파일 폴더 설정하여 성능 올리기 • 130
램 디스크에 크롬 임시 파일 폴더 설정하여 성능 올리기 • 132

Chapter 10　DVD/CD – 데이터 백업을 위한 가장 쉬운 방법
　　01 광디스크 드라이브 구성요소의 명칭과 역할　　　　　133
　　02 알아둬야 할 DVD/CD 관련 용어　　　　　　　　　134
　　03 선택! DVD/CD의 성능을 비교 구매하는 방법　　　　137

PC 조립 & 네트워크 & 하드웨어 활용

Chapter 11 케이스 – 확장성을 고려해서 선택하자

01 케이스의 다양한 종류 — 138
02 케이스의 내부와 외부 구성 요소 — 142
03 선택! 케이스의 성능을 비교 구매하는 방법 — 143

Chapter 12 파워 서플라이 – 정격 출력이면서 적절한 파워의 선택

01 파워 서플라이 구성 요소의 명칭과 역할 — 145
02 선택! 파워 서플라이의 구입 시 주의점과 비교 구매 방법 — 146

Chapter 13 키보드와 마우스 – 잘 선택하면 업무 효율 UP

01 키보드와 마우스의 종류 — 148
02 선택! 키보드와 마우스의 성능을 비교 구매하는 방법 — 150

Chapter 14 프린터 – 유지비는 적게! 인쇄는 깔끔하게!

01 프린터의 종류 — 152
02 프린터 용어 이해하고 쌈지 돈 굳히기 — 154
03 선택! 프린터의 성능을 비교 구매하는 방법 — 156

Chapter 15 알면 도움이 되는 PC 지원 장치들

01 카드 리더기 종류와 선택하기 — 158
02 USB 메모리 종류와 선택하기 — 159
03 USB 3.0 컨트롤러 종류와 선택하기 — 163
04 유무선 공유기 종류와 선택하기 — 164
05 공 CD/DVD 종류와 선택하기 — 165
06 외장 하드디스크 종류와 선택하기 — 166

Chapter 16 맞춤형 PC 부품 고르기

01 난 어떤 컴퓨터가 필요할까? — 169
02 조립할까? 그냥 살까?(각각의 장단점) — 171
03 목적별 베스트 부품 추천 — 175
04 가격별 베스트 부품 추천 — 177
05 부품 가격 비교 이렇게 하세요 — 181

목차

Part 02 자! 이제 자신의 PC를 조립해 보세요

Chapter 01 조립 전 반드시 챙기자
    01 조립할 PC 구성 품목 확인   186
    02 조립에 사용될 도구 확인   187
    03 조립을 위한 마지막 준비   188

Chapter 02 CPU 장착하기 – 인텔 CPU   190

Chapter 03 케이스에 메인 보드 연결하기   192

Chapter 04 RAM(메모리) 설치하기   193

Chapter 05 그래픽 카드 설치하기   194

Chapter 06 케이스 지원 장치 연결하기   195

Chapter 07 USB 커넥터와 오디오 커넥터 연결   196

Chapter 08 기타 지원 카드 설치하기   198

Chapter 09 하드디스크와 SSD 설치하기
    01 하드디스크 장착   199
    02 SSD 장치 설치하기   200

Chapter 10 파워 서플라이 설치하기   201

Chapter 11 ODD 설치하기   202

Chapter 12 각종 전원 케이블 연결하기
    01 메인 보드에 전원 연결   204
    02 S-ATA 전원 연결과 그래픽 카드 보조 전원 연결   205

Chapter 13 키보드, 마우스, 모니터 연결하기
    01 키보드와 마우스 연결   206
    02 모니터 연결   207
    03 랜 케이블 연결   208

Chapter 14	조립 PC 자가 테스트하기	209
Chapter 15	케이블 정리하고 케이스 닫기	210
Chapter 16	PC 조립 후 자주 발생하는 3가지 문제	
	01 컴퓨터가 켜지질 않아요	211
	02 부팅이 되지 않아요	212
	03 PC 조립 후 소음이 나요	214

Part 03 완벽하게 컴퓨터에 윈도우 설치하기

Chapter 01	알아야할 것만 뽑은 CMOS 셋업 테크닉	
	01 CMOS란?	218
	02 반드시 기억해야 할 Load Default	219
	03 CMOS 셋업 기본 화면 익히기	220
	04 부팅 순서 변경하기	223

Chapter 02	윈도우 설치 전에 반드시 고려할 사항	
	01 윈도우 8 vs 윈도우 7 vs 윈도우 XP	226
	02 32bit vs 64bit	228
	03 멀티 부팅이 무엇인가요?	231
	04 IDE 설치 vs AHCI 설치	232

Chapter 03	윈도우 8과 윈도우 7/윈도우 XP 멀티 부팅 설치하기	
	01 멀티 부팅부터 윈도우 Virtual PC 설치까지!	234
	02 CMOS에서 CD-ROM으로 부팅순서 변경하기	235
	03 윈도우 7 멀티 부팅 설치하기	237
	04 윈도우 7 정품 인증하기	243
	05 윈도우 8 멀티 부팅 설치하기 - VHD 설치	244
	06 윈도우 8 정품 인증하기	253
	07 윈도우 멀티 부팅 관리하기	255
	08 윈도우 Virtual PC로 윈도우 XP 설치하기	257

목차

Chapter 04 윈도우 설치 후에 반드시 해야 할 일

01 드라이버 설치하기 - 설치된 드라이버 확인하기   265
02 드라이버 설치하기 - 메인 보드   266
03 CPU-Z으로 구형 장치 모델명 확인하기   269
04 드라이버 설치하기 - 그래픽 카드   274
05 윈도우 8 업데이트하기   278
06 윈도우 7 업데이트하기   280

Chapter 05 윈도우에 꼭 필요한 필수 유틸리티 설치하기

01 백신 프로그램부터 압축 프로그램까지 한 번에 설치하기   283
02 백신 프로그램 사용하기   286
03 압축 프로그램 사용하기   287

Chapter 06 네로(Nero) 버닝롬 설치와 사용하기

01 네로 버닝 롬 설치하기   289
02 네로 버닝 롬으로 CD 굽기   291

Part 04 최고의 컴퓨터 성능 극대화 테크닉

Chapter 01 오버 클러킹! 0원으로 업그레이드하는 확실한 방법

01 오버 클러킹이란 무엇인가요?   298
02 오버 클러킹에는 어떤 것들이 있나요?   299
03 오버 클러킹이 가능한 제품들   299
04 내 컴퓨터는 오버 클러킹이 가능할까?   300
05 오버 클러킹 전에 반드시 확인하세요.   301

Chapter 02 메인 보드 오버 클러킹 테크닉

01 전원 관리 기술과 전압 강화 방지 옵션 설정하기   306

Chapter 03 RAM(메모리) 오버 클러킹 테크닉

01 메모리 정보 확인하기   308

PC 조립 & 네트워크 & 하드웨어 활용

02 CMOS에서 메모리 설정부분 확인하기 310
03 XMP(D.O.C.P.) 기능을 이용한 메모리 오버 클러킹 311
04 메모리를 수동으로 오버 클러킹하기 312
05 'Memtest'로 메모리 테스트하기 314
06 메모리 진단 도구로 메모리 검사하기 315

Chapter 04 CPU 오버 클러킹 테크닉

01 CPU 오버 클러킹하기 316
02 CPU 안정화 317

Chapter 05 그래픽 카드 오버 클러킹 테크닉

01 nVIDIA 계열 그래픽 카드의 오버 클러킹 320
02 ATI 계열 그래픽 카드의 오버 클러킹 323

Part 05 홈 네트워크 구성과 여러 대 컴퓨터의 자원 공유하기

Chapter 01 인터넷 연결 공유와 네트워크 기본기 다지기

01 네트워크 기본기 다지기 328
02 네트워크 연결과 인터넷 연결 공유하기 331

Chapter 02 내 컴퓨터 프린터 서버 만들기

01 로컬 프린터 설치하기(윈도우 8) 332
02 로컬 프린터를 네트워크 프린터로 설정하기 335
03 네트워크 프린터 공유하기 336

Chapter 03 네트워킹의 핵심! 보안에 주의하자!

01 무선 공유기의 보안 설정하기 337
02 MAC 주소를 이용한 무선 보안 339

목차

Chapter 04 원격 데스크톱으로 다른 컴퓨터 제어하기

- 01 원격 데스크톱이란? — 341
- 02 윈도우 XP에서 원격 데스크톱 연결 허용하기 — 342
- 03 윈도우 7에서 원격 데스크톱 연결 허용하기 — 342
- 04 원격 데스크톱으로 내부 네트워크에서 다른 컴퓨터 연결하기 — 344
- 05 원격 데스크톱으로 외부 네트워크에서 다른 컴퓨터 연결하기 — 348

Chapter 05 언제 어디서나 영화, 음악, 사진을 감상한다

- 01 NAS란 무엇인가? — 349
- 02 NAS 설치하기 — 352
- 03 NAS에서 제공하는 DDNS 서비스 설정하기 — 361
- 04 NAS의 포트 포워딩하기 — 364
- 05 NAS에 파일 업로드하기 — 366
- 06 다른 PC로 NAS의 영화/음악 감상하기 — 368
- 07 스마트폰으로 NAS 음악 감상하기 — 370
- 08 아이패드로 NAS 사진 감상하기 — 374
- 09 TV로 NAS 영화 감상하기 — 377
- 10 웹하드처럼 NAS 사용하기 — 378

Part 06 컴퓨터의 문제 해결

Chapter 01 기본적인 해결 방법 알아보기

- 01 가장 기본적인 해결 방법, 재부팅 — 382
- 02 업데이트 확인 — 382

Chapter 02 컴퓨터가 느려졌을 경우

- 01 내 컴퓨터가 느려지는 원인 — 384
- 02 부팅 시간 단축 — 385
- 03 하드디스크가 느려졌을 경우 — 386
- 04 인터넷 속도가 느려졌다면 — 387
- 05 불필요한 프로그램 제거 — 390
- 06 컴퓨터 최적화로 속도 올리기 — 392

Chapter 03 바이러스나 애드웨어가 의심되요

01 갑자기 나타나는 팝업 광고 … 394
02 툴바와 ActiveX 삭제하기 … 395
03 레지스트리 정리 … 396

Chapter 04 컴퓨터의 장치가 제대로 작동하지 않는 경우

01 하드웨어 충돌 … 397
02 새로 설치한 외장 하드디스크나 USB 메모리가 잡히지 않는 경우 … 398
03 RAM이 4G가 설치되어 있지만 3.25G만 인식해요 … 400
04 새로운 장치만 연결하면 부팅이 안되요 … 400
05 무선 인터넷이 제대로 되지 않는다? … 401

Chapter 05 부팅 문제 해결

01 갑자기 꺼지거나 재부팅된다? … 402
02 10분만 지나면 꺼진다? … 402
03 컴퓨터는 켜지는데 모니터는 검게 보이는 경우 … 403

Chapter 06 컴퓨터에서 이상한 소리가 나는 경우

01 하드디스크에서 이상한 소리가 들려요 … 405
02 팬에서 심한 소음이 들려요 … 406
03 광학 드라이브에서 윙윙 소리가 나요 … 406
04 부팅할 때나는 '삐' 소리 … 406
05 스피커에서 지지지~ 잡음이 들려요 … 407

Chapter 07 하드디스크 관련 문제

01 하드디스크 파티션이 통째로 사라졌어요 … 408
02 하드디스크 베드 섹터 복구하기 … 410
03 USB 메모리를 포맷했어요? … 412

Chapter 08 복구 디스크 만들기

01 복구 디스크 만들기 … 415
02 데이터 복구하기 … 416
03 부팅 가능한 미디어로 만들기 … 417
04 부팅 가능한 미디어로 하드디스크 복구하기 … 419

Index … 422

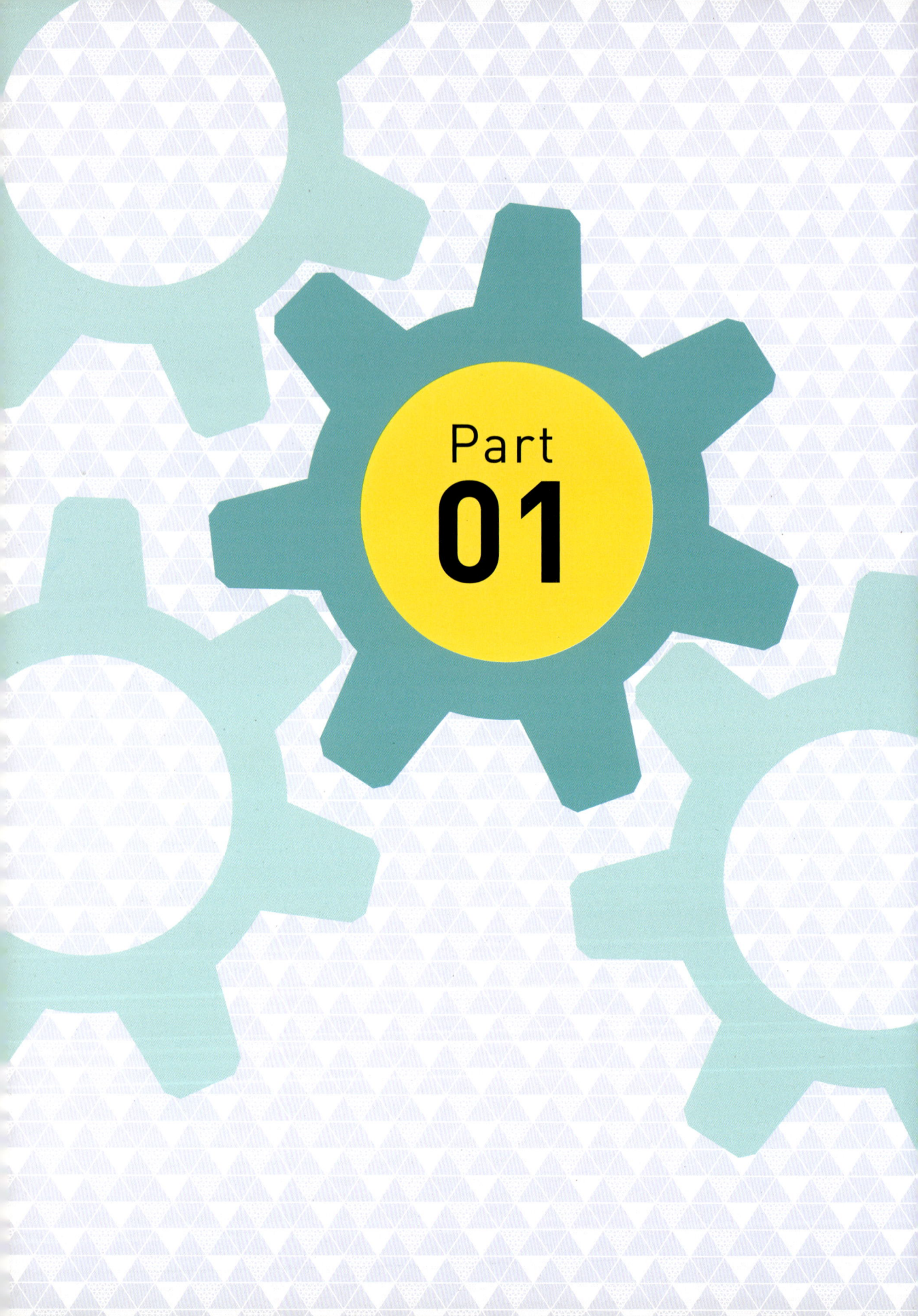

PC 부품을 완벽하게 파헤쳐보자!

컴퓨터를 조립하기 전에 그 안에 어떤 녀석들이 꽈리를 틀고 있는지 알아보겠습니다. 각 부품에 대해서 알아보고 왜 그 부품이 있어야 컴퓨터가 기동되는지를 이해할 수 있는 시간이 될 것입니다. 아울러 나중에 자신의 PC를 업그레이드하거나 문제를 일으켰을 때 각 부품에 대해 이해하고 있다면 좀 더 쉽게 처리할 수 있을 것입니다.

Part 01 PC 부품을 완벽하게 파헤쳐보자!

컴퓨터를 열면 움직임이 보인다!

컴퓨터의 부품을 확인하는 가장 쉬운 방법은 내 컴퓨터를 열어보는 것입니다. 조금 오래된 컴퓨터라도 그 안에 들어있는 부품은 연식의 차이만 있을뿐 동일합니다. 자! 컴퓨터를 열고 부품의 명칭과 역할을 대략적으로 알아보겠습니다.

01 컴퓨터를 열어보자!

컴퓨터의 내부에 있는 부품들에 대한 명칭과 역할에 대해서 알아보겠습니다. 내부의 주요한 부품들이 컴퓨터를 움직이는 가장 기본적인 컴퓨터의 요소입니다.

1. 컴퓨터는 사람을 대신하는 대용품

컴퓨터는 결국 사람의 일을 좀 더 쉽고 빠르게 처리할 수 있도록 도와주는 기계입니다. 때문에 사람의 다양한 부분들을 대신하도록 만들어진 기기입니다. 손이 하는 일, 머리가 하는 일, 눈이 하는 일을 모두 대신하고 있다고 보면 됩니다.

❶ **손을 대신하는 부품** : 일을 시키려면 뭔가 입력하는 내용이 있어야겠지요? 그 입력을 대신하는 부품이라고 생각하면 됩니다. 컴퓨터에 뭔가 입력을 하기 위한 부품으로는 키보드와 마우스가 있습니다.

❷ **표시해 주는 부품** : 입력을 했으면 그 내용을 어딘가에 표시해줘야 합니다. 컴퓨터는 이렇게 뭔가를 표시해주는 기능을 '출력'이라고 합니다. 출력과 관련된 부품으로는 모니터, 프린터가 있습니다.

❸ **머리의 생각을 대신하는 부품** : 입력한 내용을 머리 대신에 처리해주는 처리 장치가 필요합니다. 사람의 머리가 하나이듯이 컴퓨터도 하나의 처리 장치만 가지고 있습니다. 한글로 '중앙 처리 장치'라 하고 흔히 'CPU'라고 말하는 부품입니다.

❹ **머리의 기억을 대신하는 부품** : 머리는 어떤 데이터를 처리해주는 기능 외에도 기억을 하는 기능이 있습니다. 컴퓨터는 이렇게 기억을 대신해주는 다양한 부품들을 가지고 있습니다. 가장 기본적인 형태로는 하드디스크, SSD, CD/DVD, RAM(램), USB, 메모리 카드 등이 있습니다.

❺ **몸을 대신하는 부품** : 사람의 손과 발과 머리가 어디에 붙어 있을까요? 맞습니다. 사람의 몸을 근간으로해서 붙어 있습니다. 컴퓨터도 다양한 기기들이 연결되고 데이터를 나르는 등의 역할을 해줄 부품이 있습니다. 바로 메인 보드(마더보드)라고 하는 부품입니다.

2. 컴퓨터의 내부

컴퓨터를 열면 다음과 같은 부품들이 보일 것입니다. 각 부품의 명칭과 역할을 알아보겠습니다.

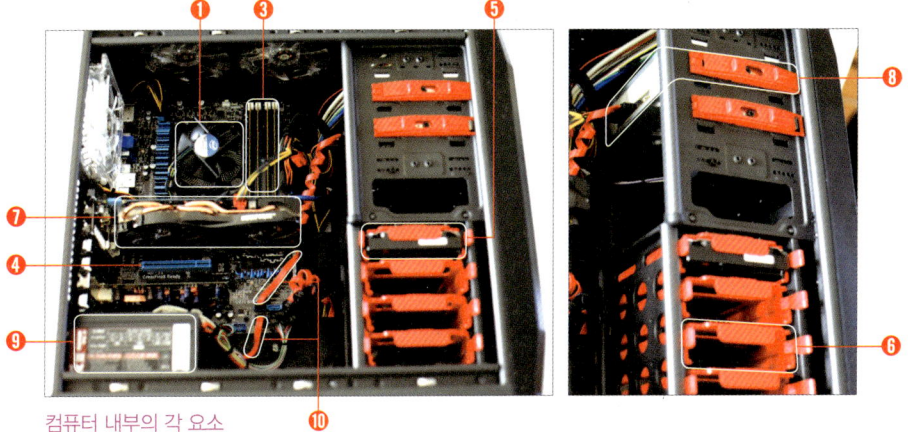

컴퓨터 내부의 각 요소

❶ **CPU** : 컴퓨터의 가장 핵심이 되는 필수 부품입니다. 필수 부품이 없다면 컴퓨터는 제대로 동작할 수 없습니다. CPU는 컴퓨터의 다양한 연산을 수행하는 부품입니다.

❷ **CPU 쿨러** : CPU 자체가 워낙 많은 일을 하기 때문에 열이 많이 납니다. CPU 쿨러는 CPU의 열을 식혀주는 냉각 장치입니다.

❸ **RAM(메모리)** : 컴퓨터의 필수 부품으로 하드디스크나 SSD의 데이터를 일시적으로 기억하면서 CPU가 내리는 명령으로 처리되기 위한 공간입니다. 때문에 RAM 용량이 클수록 컴퓨터의 속도가 빨라집니다.

❹ **메인 보드** : 컴퓨터의 다양한 부품들이 설치가 되는 플랫폼으로 이해하면 됩니다. 또한 각종 주변 장치와 교신하며 데이터를 이동시키는 등의 다양한 역할을 하게 됩니다. 때문에 안정성이 좋은 메인 보드를 사용하는 것이 좋습니다.

❺ **하드디스크** : 컴퓨터의 대표적인 저장 장치로 가격에 비해서 대용량의 저장 공간을 사용할 수 있다는 장점이 있습니다. 하지만 속도가 개선되지 못하고 있어서 최근에는 SSD에 밀리고 있는 형국입니다.

❻ **SSD** : 하드디스크의 느린 속도를 개선하기 위해 출시된 새로운 PC의 저장 장치입니다. 하드디스크보다 월등히 빨라서 윈도우 등의 운영체제를 설치하기 위해서 많이 사용됩니다. 비싼 가격 탓에 하드디스크를 완전히 대체하지는 못하고 있습니다.

❼ **그래픽 카드** : 필수 부품으로 컴퓨터의 화면 출력과 관련된 처리를 직접적으로 수행하는 부품입니다. 모니터로 출력 데이터를 보내는 역할을 합니다.

❽ **광디스크 드라이브** : CD나 DVD의 재생 및 기록을 담당합니다.

Part 01 PC 부품을 완벽하게 파헤쳐보자!

❾ **파워 서플라이** : 컴퓨터의 각 부품에 전원을 공급하는 역할을 합니다. 컴퓨터는 직류 전원을 이용하기 때문에 부품이 많이 달릴수록 높은 전력이 필요합니다. 단, 필요 이상으로 높은 전력을 사용하면 전기세 지출이 많아질 수 있습니다.

❿ **데이터 케이블** : 하드디스크, SSD, CD/DVD 등의 데이터를 전송하기 위한 케이블입니다.

02 컴퓨터 외관에도 사용 장치가 있다

컴퓨터 외관에는 컴퓨터 내부에 연결된 장치들이 보이거나 메인 보드의 각 단자, 케이스의 각 단자들이 보입니다. 컴퓨터 외부의 각 요소들에 대해서 알아보겠습니다.

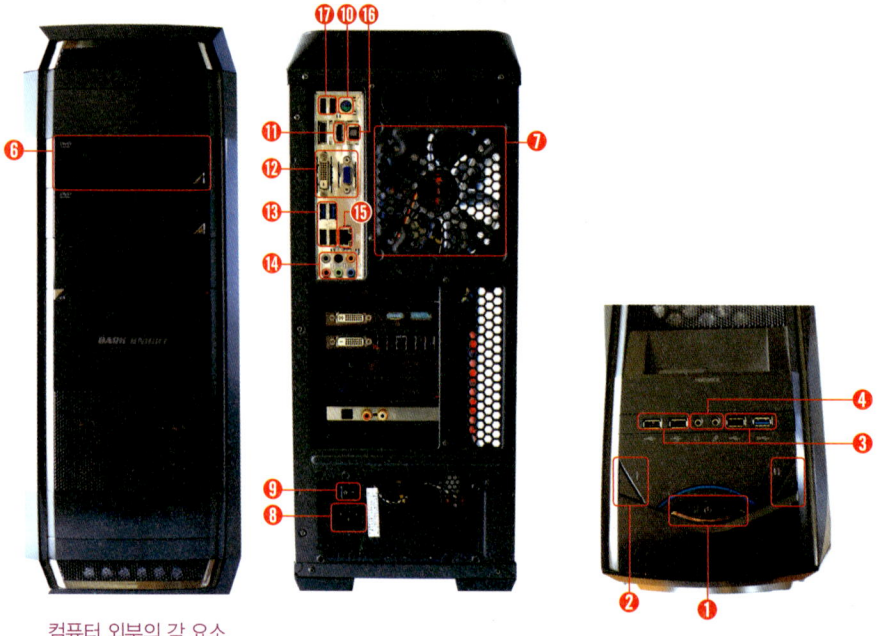

컴퓨터 외부의 각 요소

❶ **전원 단추** : 컴퓨터를 켤 때 사용하거나 강제로 컴퓨터를 종료할 때 사용합니다. 강제로 종료할 때는 길게 눌러야 동작하는 경우가 많습니다.

❷ **리셋 단추** : 컴퓨터의 이상 징후가 있을 때 강제로 재시작(재부팅)할 경우에 이용합니다.

❸ **전면 USB 단자** : USB 기기를 연결할 수 있는 단자로 USB 2.0 단자와 USB 3.0 단자가 있으며 케이스의 종류에 따라 지원되는 단자가 다릅니다.

❹ **전면 오디오 단자** : 컴퓨터의 전면부에는 스피커(헤드셋)나 마이크를 연결할 수 있는 기본 단자만 제공됩니다.

❺ 카드 리더기 : 케이스에 따라 지원되지 않는 경우도 있으며 플래시 메모리 카드류를 읽을 수 있는 단자입니다. 디지털 카메라를 많이 사용하는 경우 카드 리더기가 장착된 케이스를 사용하는 것이 매우 편리합니다.

❻ 광디스크 드라이브 : CD/DVD 미디어를 읽거나 기록하는 경우에 사용합니다.

❼ 쿨링팬 : 컴퓨터에서 발생하는 열을 밖으로 배출하기 위해서 사용됩니다. 케이스에 따라 지원되는 쿨링팬의 위치나 개수가 다릅니다. 높은 파워를 사용하는 경우 큰 쿨링팬이나 많은 개수의 쿨링팬이 달린 케이스를 사용하는 것이 좋습니다.

❽ 전원 입력 단자 : 전원 콘센트를 연결하는 단자입니다.

❾ 전원 스위치 : 전원이 파워 서플라이로 들어오는 것을 차단할 수 있습니다.

❿ PS/2 단자 : 예전에 많이 사용되던 PS/2 형태의 키보드나 마우스를 연결하기 위한 단자입니다.

⓫ HDMI 단자 : HDMI 기기를 연결하기 위한 단자입니다. 보통 HDMI로 연결 가능한 모니터와 연결하기 위해서 사용되며 HDMI를 이용하면 영상뿐만 아니라 소리도 전송할 수 있다는 장점이 있습니다.

⓬ D-SUB/DVI 단자 : 영상 출력 단자로 D-SUB는 아날로그, DVI는 디지털 영상 출력 단자입니다. 모니터의 지원 단자에 따라서 연결하여 사용합니다. D-SUB/DVI 변환 젠더를 이용하면 모니터의 지원 단자 여부와 관계없이 원하는 단자에 연결할 수 있습니다.

⓭ 후면 USB 단자 : 전면 USB 단자와 동일한 역할을 합니다. 단, 전원이 약해서 연결이 잘 되지 않는 USB 기기의 경우, 전면 USB 단자보다 후면 USB 단자에 연결하는 것이 좋습니다.

⓮ 후면 오디오 단자 : 전면 오디오 단자보다는 다양한 오디오 입출력 단자를 제공합니다.

⓯ LAN 단자 : 네트워크 케이블을 연결하기 위한 단자로 인터넷 라인을 연결하거나 공유기와 연결하기 위해서 사용합니다.

⓰ 광/동축 SPDIF 출력 단자 : SPDIF 출력을 내보낼 때 사용하는 단자이며 디코더나 리시버에 연결된 스피커로 소리를 내보낼 때 사용합니다.

⓱ 영상 단자 : 콤포넌트 영상 출력을 담당하는 단자입니다.

Part 01 PC 부품을 완벽하게 파헤쳐보자!

CPU가 없으면 컴퓨터도 없다 – ① 인텔

PC의 부품 중, CPU는 사람의 두뇌에 해당하는 중요한 부품으로 시스템 전반의 성능을 좌우하는 가장 중요한 요소입니다. 따라서 PC의 성능 등급이나 세대를 지칭할 때 해당 PC에 탑재된 CPU의 종류에 따라 구분하는 것이 일반적입니다.

01 인텔 CPU의 종류

인텔 CPU는 1978년 출시된 후 많은 발전을 해왔습니다. 현재는 코어(i3, i5, i7) 시리즈가 대표적인 상품이 되었지만 펜티엄과 셀러론 등도 유지되고 있습니다. 이번에는 인텔 CPU의 역사를 살펴보면서 어떤 특징을 가지고 있고 현재에는 어떤 제품을 사용하고 있는지 알아보겠습니다.

1. 인텔 초창기 CPU

1971년 노이스와 무어가 공동 설립한 인텔은 상업용 CPU인 4004를 출시합니다. 4004는 1만 나노(nm) 공정으로 만들어진 CPU로서 원래는 전자계산기에 탑재할 예정이었지만 기존의 단순한 칩들로 이루어진 논리 회로를 대체할 수 있는 가능성이 발견되어 마이크로프로세서의 시장 가능성을 열어주었습니다. 이후 인텔은 8비트 프로세서인 인텔 8008과 인텔 8080을 출시하였습니다.

2. 인텔 x86 계열

1990년대 초까지만 하더라도 PC용 CPU의 이름은 80286, 80386과 같이 '~86'으로 끝났습니다. 미국 인텔사가 1978년 출시한 '8086'이라는 이름의 CPU가 매우 큰 인기를 끈 후 이를 발전시킨 '80286', '80386' 등이 출시되면서 CPU 시장을 거의 장악했습니다(물론 '8088'이라는 이름의 CPU를 탑재한 PC도 출시되었지만 큰 인기를 끌지 못하고 사라졌습니다). 이들 인텔 '~86' 시리즈의 CPU들은 출시된 시기에 따라 성능의 차이가 있지만, 내부적으로 같은 명령을 사용했기 때문에 프로그램 사용에 있어 호환이 가능했습니다. 이렇게 동일한 명령어의 집합을 사용하는 인텔 CPU를 'x86' 계열이라고 부르며 CPU 시장을 장악했습니다. 이후 경쟁사에서 인텔 제품과 호환되는 x86 CPU를 출시하자 인텔은 자사의 4세대 제품에 80486이 아닌 'i486'이라는 이름을 붙였습니다. 하지만 소비자들의 인식은 크게 바뀌지 않고 '486'이라고 불렀습니다.

3. 펜티엄의 등장

1993년 i486의 뒤를 잇는 인텔의 5세대 CPU가 등장했습니다. 대부분의 사람들은 이 제품에 '80586' 혹은 'i586'이라는 이름이 붙을 것으로 예상했지만, 인텔은 '펜티엄(Pentium)'이라는 고유한 이름을 붙여 출시했습니다. 1995년 출시된 마이크로소프트 윈도우 95 운영체제는 이전에 사용했던 도스(DOS)에 비해 한층 높은 성능을 요구했으므로 펜티엄은 엄청난 인기를 끌게 되었습니다.

4. 변화의 시도, 펜티엄 프로

펜티엄 프로(Pentium Pro)는 이전에 출시한 펜티엄과 유사한 이름을 사용했지만, 내부의 아키텍처는 펜티엄에 비해 32비트 명령어의 처리 성능을 극대화한 것입니다. 하지만 윈도우 95 운영체제가 16비트와 32비트 명령어를 함께 사용했기 때문에 펜티엄 프로는 오히려 펜티엄보다 낮은 성능을 내기도 했습니다.

5. 슬롯형 펜티엄 II

펜티엄 II는 펜티엄 프로에 도입된 아키텍처를 기반으로 하고 있지만, 펜티엄 프로에서 지적 받았던 16비트 명령어의 처리 속도를 상당 부분 개선했습니다. 이와 함께 펜티엄 후기 모델의 MMX 명령어까지 함께 갖추고 있었습니다.

6. 셀러론의 등장

펜티엄 II를 출시한지 1년이 지난 후 인텔은 펜티엄 II에 달려있던 512KB의 2차 캐시(cache: CPU 내부의 임시 저장 공간)를 완전히 삭제한 보급형 CPU인 '셀러론(Celeron)'을 출시했습니다. 2차 캐시는 CPU 제조 단가의 상당 부분을 차지하는 요소라 이를 제거하면 원가를 상당 부분 낮출 수 있었습니다. 이로 인해 펜티엄 II와 같은 클럭을 가진 셀러론을 절반 가격에 출시할 수 있었습니다. 하지만 2차 캐시를 제거했으므로 전반적인 성능이 저하되는 것이 문제점으로 제시되었으며 인텔은 몇 개월 후 128KB의 2차 캐시를 탑재한 셀러론을 출시하였습니다. 이후부터 인텔은 펜티엄 시리즈와 셀러론 시리즈를 동시에 출시하게 되었습니다. 아직까지도 셀러론이라는 이름을 가진 CPU가 출시되고 있으며, 이것은 2차 캐시의 크기를 줄인 CPU라고 생각하면 됩니다.

7. 변함없는 인기, 펜티엄 III

펜티엄 III는 펜티엄 II와 같은 아키텍처를 기반으로 설계되었지만 전력 구조를 개선하여 저전력 모드로 동작이 가능합니다. 또한 MMX의 기능을 보강한 SSE(Streaming SIMD Extension) 명령어가 추가되어 멀티미디어 성능이 더욱 강화된 점이 주목을 받았습니다. 펜티엄 II의 장점을 살리고 단점을 개선한 것만으로도 시장에서 큰 호응을 받았고, 몇몇 사용자들은 후속 모델인 펜티엄 4가 나온 이후에도 펜티엄 III를 더 높게 평가하기도 했습니다.

8. 새로운 CPU 펜티엄 4

2000년에 인텔은 펜티엄 4를 출시했습니다. 펜티엄 4는 새로운 아키텍처인 '넷버스트' 아키텍처를 도입했습니다. 펜티엄 III와 동일한 0.18 미크론 공정으로 제조되었으며, 집적된 트랜지스터의 수는 4,200만 개로 크게 늘어났습니다.

9. '듀얼 코어'를 갖춘 펜티엄 D

2005년 '펜티엄 D'는 PC용 CPU 중 최초로 듀얼 코어 구조를 실현한 제품입니다. 코어는 CPU의 처리 회로 중 핵심 부분을 가리키는 것으로, 듀얼 코어 CPU는 마치 2개의 CPU를 갖춘 것과 같은 성능 향상 효과를 볼 수 있습니다. 펜티엄 D는 2개의 코어를 내장한 것 외에 65 나노미터(nanometer: 1mm의 1/1,000,000) 공정을 도입했으며, 2억 9천만 개의 트랜지스터를 내장하고 있습니다. 또한 클럭 속도는 2.66~3.2GHz로 펜티엄 4 못지 않게 매우 높습니다.

10. 듀얼 코어의 등장

2006년 '코어(Core)' 아키텍처를 도입한 새로운 듀얼 코어 CPU인 '코어2 듀오'를 출시했습니다. '코어2 듀오'는 펜티엄 D에 비해 클럭은 낮았지만 성능은 우수했습니다. 전력 소비나 발열면에서도 훨씬 개선된 모습을 보이며 시장에서 큰 각광을 받았습니다. 인텔은 그 여세를 몰아 2008년에 4개의 코어를 가진 쿼드 코어 CPU인 '코어2 쿼드'를 출시했습니다. 역시 높은 평가를 받으며 CPU

시장의 독보적인 지위를 재확인했습니다.

11. 주력 상품이 된 코어 브랜드

2008년 인텔은 코어 i7, 2009년에 코어 i5와 코어 i3을 출시하였습니다. 2007년 코어2 듀오의 일부 기능을 축소하고 가격을 낮춘 코어2 듀오의 일부 기능을 축소한 보급형 제품을 '펜티엄 듀얼 코어(펜티엄 D와는 다른 제품)'라는 이름으로 출시했으며 명맥은 아직까지도 이어지고 있습니다.

| i 시리즈

12. i 시리즈의 변화

2008년 i 시리즈가 처음 출시된 때를 1세대(네할렘)라고 하며, 이후 2세대(샌드브릿지), 3세대(아이비), 4세대(하스웰)로 발전하였습니다. 1세대에서는 듀얼 코어에만 내장 그래픽이 들어가 있었고, 쿼드 코어에서는 내장 그래픽을 삽입할 수 없었지만, 2세대로 넘어오면서 쿼드 코어에도 내장 그래픽이 포함되었습니다. 또한 전력 소모량도 줄었습니다. 그리고 3세대로 넘어오면서 PCI PCI-E3.0과 USB3.0 SATA 3.0 등을 지원하여 대역폭이 넓어지고 전송 속도가 빨라졌습니다. 4세대의 특징은 3세대에 비해 내장 그래픽 성능이 향상되었으며, 전체적인 성능이 올라갔습니다. 물론 3세대에 비해 전력 소모량도 줄어들었습니다.

02 메인 보드와 CPU의 관계

CPU가 사람의 머리에 해당한다면 메인 보드는 척추에 해당하는 곳입니다. 메인 보드는 컴퓨터 내에서 기본 회로와 부품을 담고 있는 가장 기본적인 하드웨어로서 PC의 실행 환경을 설정하거나 PC가 안정적으로 구동하게 해주고, 모든 입출력 장치들의 데이터 입출력을 원활하게 지원해주는 장치입니다. 메인 보드에는 CPU, 마이크로프로세서, 보조 프로세서(옵션), 메모리, 바이오스, 확장 슬롯, 접속 회로 등이 포함되며, 그 이외의 장치를 추가할 수 있습니다.

1. 내가 사용할 CPU가 인텔인지 AMD인지 확인하라!

CPU의 겉모습은 비슷하게 보이지만 제조업체에 따라 다른 핀 수를 사용합니다. 따라서 CPU 제조업체가 다르면 메인 보드도 달라져야 합니다. 당연한 이야기겠지만, 사용할 CPU가 인텔이면 인텔을 지원하는 메인 보드를 선택해야 되고, AMD라면 AMD를 지원하는 메인 보드를 선택해야 합니다.

2. CPU를 선택했다면 소켓을 확인하라!

같은 제조업체라도 CPU의 아키텍처에 따라 소켓이 달라집니다. 예를 들어 i 시리즈의 i7 3770과 i7 3820, i7 4770은 같은 i7 시리즈이지만 지원하는 소켓을 확인하면 LGA1155와 LGA2011, LGA1150처럼 서로 다른 소켓을 사용합니다. 따라서 CPU의 종류에 따라 메인 보드의 소켓도 결정해야 합니다.

3. AMD CPU라면 소비 전력을 확인하라!

AMD 페넘 아제나 9950 블랙 에디션을 예로 들면 이 제품은 140W의 TDP(소비 전력)를 가지고 있습니다. 따라서 메인 보드에서 140W까지 지원하는지 확인해야 합니다. AMD의 경우 소켓이 일치해도 특정 TDP만 지원하는 메인 보드가 있으므로 반드시 확인해야 합니다.

4. 제조 공정을 확인하라!

CPU와 메인 보드의 소켓이 일치한다고 해서 무조건 장착할 수 있는 것은 아닙니다. 예를 들어 하스웰 쿼드 코어인 i7 4770의 경우 22nm 공정을 사용합니다. 하지만 메인 보드가 LGA1150 소켓을 지원해도 45nm 공정까지만 지원된다면 i7 4770을 사용할 수 없습니다.

5. CPU 오버 클러킹을 고려한다면 메인 보드도 신중하게 선택하라!

오버 클러킹을 고려한다면 메인 보드의 CMOS에서 오버 클러킹이 지원되는 메인 보드를 선택해야 합니다. 오버 클러킹을 지원하지 않는 메인 보드는 거의 없다고 볼 수 있지만, 오버 클러킹을 지원하는 메인 보드는 CMOS 초기화나 다양한 메뉴를 제공하기 때문에 오버 클러킹을 쉽게 할 수 있습니다.

03 인텔 CPU 관련 용어 정리

인터넷 쇼핑몰에서 CPU를 주문할 때 여러 가지 정보를 확인할 수 있습니다. 그런데 용어를 모른다면 아무 쓸모없는 정보에 지나지 않을 것입니다. 그러면 지금부터 CPU의 용어에 대해 알아보겠습니다.

쇼핑몰에서 제공되는 CPU 정보

- **코어 :** 코어는 CPU의 핵심적이고 중심적인 처리 회로를 이야기하는 것으로 코어 수가 많을수록 CPU가 많은 것처럼 느껴집니다.

- **클럭 :** CPU의 클럭은 시스템 클럭이라고 하는데 보통 메가헤르츠(MHz)로 표시합니다. 1MHz

는 초당 100만 주기의 속도를 나타내며, 클럭 주파수는 컴퓨터의 전반적인 처리 속도를 결정하는 주요한 요인 중의 하나입니다. 컴퓨터의 다른 구성 요소들이 CPU의 높은 클럭 주파수에 대응해야 하기 때문에 주파수를 높이는데 한계가 있지만, CPU 자체 처리 속도는 클럭 주파수에 정비례합니다.

- **캐시 메모리** : CPU 속에 내장된 메모리로서 속도를 향상시키는 임시 메모리입니다. 컴퓨터 속도는 일반적으로 CPU의 속도를 이야기하는데 CPU의 속도에 의해 컴퓨터 속도가 결정될 정도로 CPU에 비해 상대적으로 주변기기의 속도가 매우 느립니다. 이러한 문제점을 해결하기 위해 주변기기의 속도를 높이기 위해 사용하는 메모리입니다.

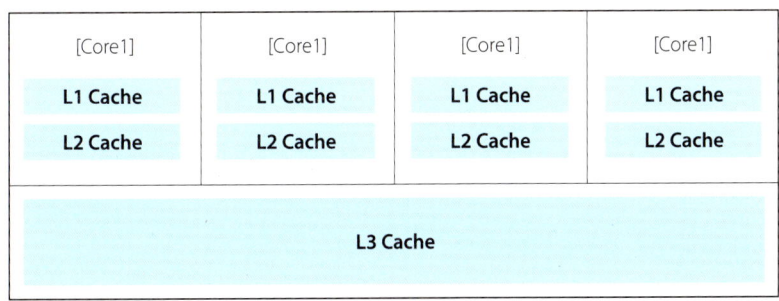

캐시(Cache) 메모리의 구조

··· L1 캐시(1차 캐시) : L1 캐시는 코어별로 실제 처리할 명령어와 데이터를 저장하는 캐시입니다. 예를 들어 '각 코어당 64Kb(명령 32Kb+데이터 32KB)씩'으로 표시되어 있는 듀얼 코어를 사용하는 CPU라면 명령어를 저장하는 32Kb 캐시 2개와 데이터를 저장하는 32Kb 캐시 2개가 있다는 뜻입니다. 제조 단가 때문에 거의 적은 용량을 사용하게 되는 메모리로서 표기가 되지 않는 경우도 있습니다.

··· L2 캐시(2차 캐시) : L1 캐시가 현재 처리할 명령어와 데이터를 저장하는 캐시라면, L2 캐시는 코어별로 다음에 처리할 명령어와 데이터를 저장하는 캐시라고 할 수 있습니다. L2 캐시의 크기가 크면 다중 작업이나 큰 데이터를 처리할 때 유용합니다. 아주 일부이지만 L2 캐시가 너무 크면 액세스 시간이 걸리는 경우도 있습니다.

··· L3 캐시(3차 캐시) : L3 캐시의 기능은 L2 캐시와 비슷합니다. L1 캐시와 L2 캐시는 코어별로 각각 존재하기 때문에 서로 공유가 되지 않지만, L3 캐시는 코어별로 공유하여 사용하는 캐시입니다.

- **스레드** : 스레드는 프로그램의 처리 흐름을 이야기하는 것으로 프로세스보다 작은 CPU의 최소 실행 단위입니다.

- **설계 전력 :** 설계 전력은 CPU가 소모하는 전력량으로 숫자가 작을수록 소비 전력이 적습니다.

- **소켓 :** CPU 소켓이란 CPU를 받아들이는 메인 보드의 접촉부를 의미하며, 이를 연결해야만 전기적인 인터페이스가 만들어집니다. 인텔사의 소켓에는 PGA(Pin Grid Array), BGA(Ball Grid Array), LGA(Land Grid Array)가 있습니다. 예전에는 PGA 방식을 많이 사용했지만 근래에는 LGA를 많이 사용합니다.

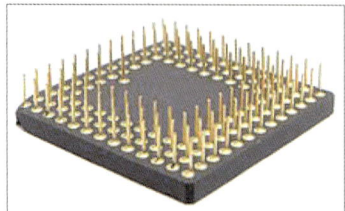 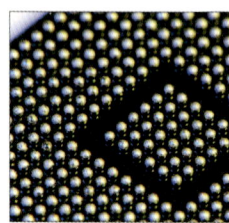 

- **아키텍처 :** 성능을 비교하는 시작이자 끝은 바로 아키텍처라고 할 수 있습니다. 아키텍처란 컴퓨터 시스템의 기본 구조 및 설계 방식 그리고 제조 공정까지 포함하는 개념입니다. 클럭 속도나 코어 수, 캐시 용량이 모두 같아도 아키텍처가 다르면 전반적인 성능은 달라집니다.

- 8086 : 첫 x86 프로세서
- 186 : DMA 컨트롤러, 인터럽트 컨트롤러, 타이머, 칩 선택 로직을 포함
- 286 : 보호 모드를 지원하는 첫 x86 프로세서
- i386 : 첫 32비트 x86 프로세서
- i486 : 인텔의 2세대 32비트 x86 프로세서
- P5 : 펜티엄 마이크로프로세서의 시초
- P6 : 펜티엄 프로, 펜티엄 II, 펜티엄 II 제온, 펜티엄 III와 펜티엄 III 제온 마이크로프로세서에 사용
- 넷버스트 : 펜티엄 4, 펜티엄 D, 그 외 몇몇 제온 프로세서에서 사용
- 코어 : 새롭게 설계된 P6 기반 마이크로 아키텍처로서 65nm 공정 기술 기반의 코어 2와 제온 마이크로프로세서에서 사용
- 펜린 : 코어 마이크로 아키텍처의 45nm 축소 버전
- 네할렘 : 45nm 공정 기술로서 코어 i7, 코어 i5, 코어 i3과 몇몇 제온 마이크로프로세서에서 사용
- 웨스트미어 : 네할렘 마이크로아키텍처의 32nm 축소 버전으로 더 많은 코어 수, 더 큰 캐시, AES-NI, TXT를 지원
- 샌디브리지 : 코어 i7, 코어 i5, 코어 i3의 2세대 마이크로프로세서로서 32nm 공정기술을 사용

- 아이비 브리지 : 샌디 브리지 마이크로 아키텍처의 22nm 축소 버전
- 하스웰 : 해스웰이라고도 하며 22nm 공정 기술을 사용

인텔 CPU의 아키텍처 종류

- **하이퍼스레딩** : 기본 CPU 코어의 작업 영역이 2배가 되어 처리 성능을 향상시켜주는 기술을 뜻합니다. 1개의 코어를 사용한다면 2개처럼, 2개를 사용한다면 4개처럼 쓸 수 있는 기술입니다. CPU를 구입할 때 하이퍼스레딩 기술을 지원한다면 그만큼 빠른 성능을 기대할 수 있습니다.

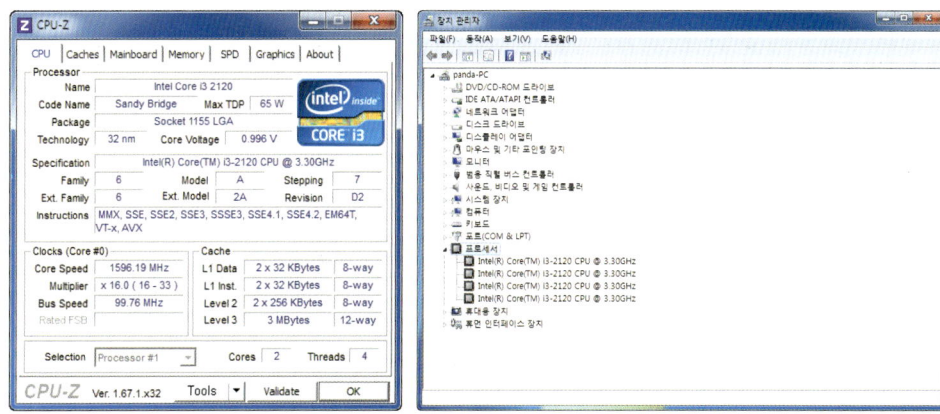

CPUz에서 CPU 정보 확인　　　　　장치 관리자에서 CPU 정보 확인

하이퍼스레딩 기술을 지원하는 CPU를 장치 관리자에서 확인하면 프로세서가 코어가 2개인 CPU이지만 4개인 것처럼 표시됩니다.

- **터보 부스트** : 인텔의 멀티 코어 프로세서에서 여러 개의 코어가 필요 없는 작업이라면 하나의 코어에만 집중해서 자동으로 오버 클럭이 되게 하는 기술입니다. 다시 말해 3.00 클럭의 듀얼 코어를 사용하는 컴퓨터에서 작업량이 많지 않아 하나의 코어만으로 작업해도 충분하면 하나의 코어만 3.00에서 3.20으로 클럭을 높여주는 기술입니다. 이렇게 하나의 코어만 사용하다가 작업량이 늘어나면 두 개의 코어를 모두 사용하면서 클럭은 원상태로 되돌아옵니다.

- **오버 클럭** : CPU나 VGA 등 특정한 클럭을 갖고 동작하는 기기의 클럭을 강제로 올려주어 원래

성능보다 높은 성능을 내도록 하는 것을 말합니다. 오버 클럭을 하면 컴퓨터의 성능이 올라가지만 하드웨어의 수명을 떨어뜨리거나 오버 클럭 과정에서 고장이 발생할 수 있어 제조업체에서는 권하지 않습니다.

04 인텔 CPU의 성능 비교

인텔 CPU는 캐시 메모리와 코어/스레드 수, 아키텍처 등이 다른 여러 가지 형태의 CPU가 있습니다. CPU의 기본 정보만 비교해 보겠습니다.

1. 인텔 셀러론 프로세서의 비교

인텔 셀러론 프로세서는 2MB의 캐시 메모리를 갖추고 있으며 DDR3 133메모리만 사용할 수 있습니다.

CPU 종류	클럭	캐시 메모리	코어/스레드	설계 전력(w)	소켓
G1620	2.70	2M	2/2	55	LGA1155
G1630	2.80	2M	2/2	55	LGA1155

인텔 셀러론 프로세서의 비교

2. 인텔 펜티엄 프로세서의 비교

인텔 펜티엄 시리즈는 i3 시리즈와 생긴 것도 비슷하고 스펙도 비슷해 보이지만, 가장 큰 차이점은 인텔 하이퍼스레딩 기술의 유무입니다. 하이퍼스레딩 기술은 CPU의 처리량을 높여 성능을 끌어올리는 기술입니다. 인텔 펜티엄 시리즈에는 하이퍼스레딩 기술이 적용되지 않았습니다. 이외에도 L3 캐시 용량과 확장 기술에서 약간의 차이가 있습니다.

CPU 종류	클럭	캐시 메모리	코어/스레드	설계 전력(w)	소켓
G2030	3.00	3M	2/2	55	LGA 1155
G2120	3.10	3M	2/2	55	LGA 1155
G2130	3.20	3M	2/2	55	LGA 1155
G2140	3.30	3M	2/2	55	LGA 1155
G3220	3.00	3M	2/2	55	LGA 1150
G3420	3.20	3M	2/2	55	LGA 1150
G3430	3.30	3M	2/2	55	LGA 1150

인텔 펜티엄 프로세서의 비교

3. 코어 i3 프로세서의 비교

i3 프로세서는 펜티엄 시리즈보다는 고성능의 보급형 프로세서입니다. i3는 듀얼 코어가 주류를 이루며, 하이퍼스레딩 기술을 제공하고 소비 전력도 낮습니다. 하이퍼스레딩 기술이 제공되기 때문에 스레드 수가 코어 수의 2배가 됩니다.

CPU 종류	클럭	캐시 메모리	코어/스레드	설계 전력(w)	소켓
i3 3220	3.30	3M	2/4	55	LGA1150
i3 3240	3.40	3M	2/4	55	LGA1155
i3 3250	3.50	3M	2/4	55	LGA1155
i3 4130	3.40	3M	2/4	55	LGA1150
i3 4330	3.50	3M	2/4	55	LGA1150
i3 4340	3.60	3M	2/4	55	LGA1150

코어 i3 프로세서의 비교

4. 코어 i5 프로세서의 비교

i5 프로세서는 고성능 프로세서입니다. 쿼드 코어를 사용하며 터보 부스트 기능을 제공합니다. 터보 부스트 기능은 프로세서가 정해진 소비 전력, 온도, 전류보다 낮게 작동되면 자동으로 동작 주파수를 표시된 기준 클럭보다 높여서 더 빠르게 작동하는 기술입니다.

CPU 종류	클럭	캐시 메모리	코어/스레드	설계 전력(w)	소켓
i5 3330	3.00	6M	4/4	77	LGA1155
i5 3470	3.20	6M	4/4	77	LGA1155
i5 3570	3.40	6M	4/4	77	LGA1155
i5 3570K	3.40	6M	4/4	77	LGA1155
i5 4430	3.00	6M	4/4	77	LGA1150
i5 4440	3.10	6M	4/4	77	LGA1150
i5 4570	3.20	6M	4/4	77	LGA1150
i5 4670	3.40	6M	4/4	77	LGA1150
i5 4670K	3.40	6M	4/4	77	LGA1150

코어 i5 프로세서의 비교

5. 코어 i7의 프로세서 비교

i5 프로세서는 고성능 프로세서로 쿼드 코어를 사용하며 8개 이상의 스레드를 사용합니다. 하이퍼스레딩, 터보 부스터 등 다양한 기능을 제공하며, 넉넉한 캐시 메모리를 제공합니다.

CPU 종류	클럭	캐시 메모리	코어/스레드	설계 전력(w)	소켓
i7 3770	3.40	8M	4/8	77	LGA1155
i7 3770k	3.50	8M	4/8	77	LGA1155
i7 3820	3.60	10M	4/8	130	LGA2011
i7 3930k	3.20	12M	6/12	130	LGA2011
i7 4770	3.40	8M	4/8	84	LGA1150
i7 4770k	3.50	8M	4/8	84	LGA1150

코어 i7의 프로세서 비교

6. 코어 i7의 익스트림

넉넉한 캐시 메모리와 코어/스레드 수 등 최고의 성능을 제공하는 CPU입니다.

CPU 종류	클럭	캐시 메모리	코어/스레드	설계 전력(w)	소켓
i7 3970X	3.50	15M	6/12	150	LGA2011

05 선택! 인텔 CPU 성능을 비교 구매하는 방법

CPU 관련 용어를 이해했다면 이제 본격적으로 인텔 CPU의 성능을 비교하여 구매하는 방법에 대해 알아보겠습니다. CPU의 가격은 5만 원~100만 원이 넘는 제품까지 천차만별이기 때문에 먼저 구입 가격대를 결정합니다. 구입 가격대를 결정했다면 그에 포함되는 여러 가지 CPU를 비교하면 됩니다.

1. 아키텍처를 확인하라!

아키텍처를 자동차에 비유하면 엔진 배기량이나 차체 크기가 유사한 모델이라도 연식이나 시리즈에 따라 출력, 편의 기능에 차이가 나는 것과 유사합니다. 따라서 CPU끼리 성능을 비교하고자 할 때는 일단 아키텍처가 같은 제품끼리 분류한 후 클럭이나 코어 개수, 캐시 메모리 용량 등을 비교하는 것이 좋습니다.

연도	인텔		AMD	
2004	넷버스트 아키텍처	펜티엄4	K8 아키텍처	애슬론 64
2005		펜티엄D		애슬론 64×2
2007	네할렘 아키텍처	코어2 쿼드	K10 아키텍처	페넘×4
2008		코어 i7		페넘×3
2009		코어 i5		페넘Ⅱ×4
2010		코어 i3		페넘Ⅱ×4

대표적 CPU 업체 인텔과 AMD의 CPU 아키텍처 발전사

2. 코어의 개수를 비교하라!

아키텍처가 같다면 다음에 비교할 항목은 코어의 수입니다. 코어는 CPU의 핵심 회로를 말하는 것으로 코어의 수가 2개이면 2개의 CPU를 가지고 처리하는 것과 같다고 할 수 있습니다. 따라서 그만큼 성능이 좋아집니다. 그렇다고 무조건 빠른 성능을 요구되는 것은 아닙니다. 코어가 많은 제품은 멀티태스킹(2가지 이상의 프로그램을 동시에 실행하는 것)에 적합하므로 일반적인 컴퓨팅에는 많은 수의 코어가 필요하지 않습니다.

3. 스레드 수 비교

스레드는 프로세스 내에서 실행되는 흐름의 단위로, 한 프로그램은 하나의 스레드를 가지고 있지만, 프로그램 환경에 따라 둘 이상의 스레드를 동시에 실행할 수 있습니다. CPU에서 멀티스레드를 지원한다면 그만큼 처리할 수 있는 양이 많아지므로 속도가 빨라집니다. 하지만 커다란 파일을 많이 처리하지 않는다면 스레드 수가 많을 필요는 없습니다.

4. 클럭 비교

클럭은 CPU의 기본적인 속도를 표시하는 단위입니다. 만약 같은 레벨의 CPU를 구입하고자 한다면 클럭이 높은 것이 빠른 것을 의미합니다. 조금의 차이라고 느껴질 수 있는 부분이지만, CPU가 컴퓨터 성능 전체를 좌우하기 때문에 클럭 속도는 매우 중요합니다.

5. 캐시 메모리 비교

캐시 메모리는 2MB 또는 3MB와 같이 L3 캐시 용량만 표기되는 경우도 있습니다. 하지만 L1 캐쉬

와 L2 캐시도 비교해야 합니다. 캐시 메모리는 CPU 성능을 좌우하는 큰 요소이며 가격에도 많은 영향을 미치는 중요한 요소입니다.

6. 소비 전력 비교

소비 전력은 CPU의 성능을 크게 좌우하는 요소는 아닙니다. 많은 장치를 연결하려면 사용 전력이 비교적 적은 것을 선택하는 것이 좋습니다.

7. 실제 CPU의 비교

인터넷 쇼핑몰에서 10~20만 원 대의 CPU를 비교해 보겠습니다. 10~20만 원으로 선택할 수 있는 인텔 CPU는 다음과 같습니다.

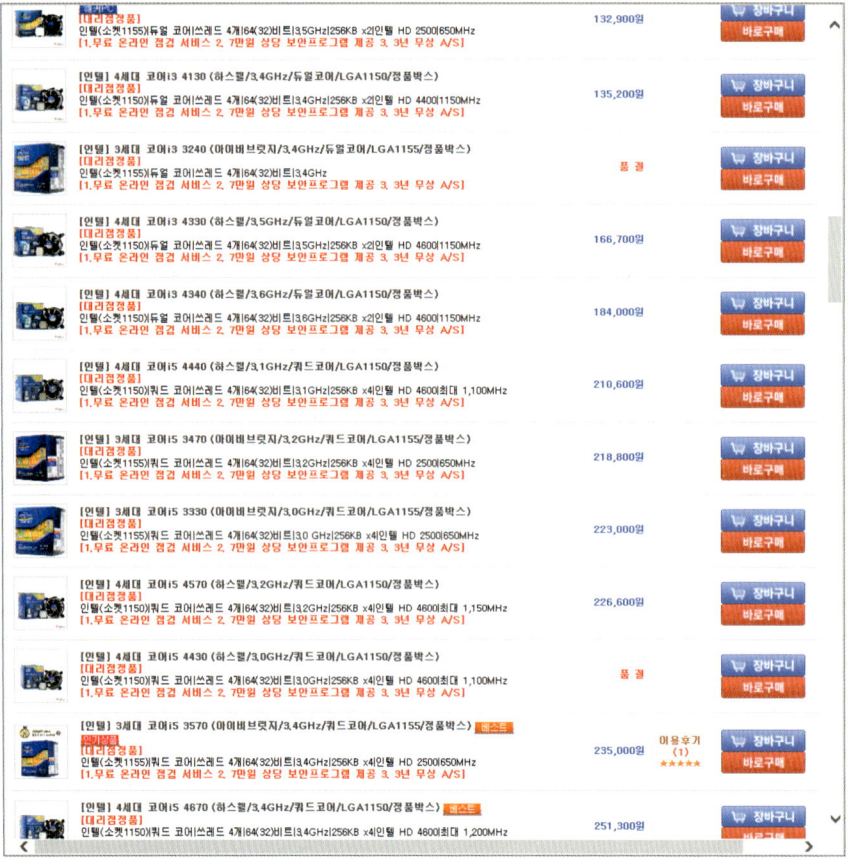

쇼핑몰의 CPU 가격 비교

이 중 아키텍처가 하스웰인 제품만 선택한 다음 코어 수를 비교합니다. 컴퓨터 사용 목적이 전문적인 작업으로 게임이나 그래픽 작업 등 처리할 데이터가 많은 작업을 주로 한다면 코어가 많은 것을 추천합니다. 하지만 비교적 일반적인 컴퓨팅을 주로 한다면 듀얼 코어로도 충분합니다. 그 다음 클럭 수를 비교합니다. 같은 등급의 CPU라면 클럭이 높은 것이 조금이라도 더 나은 성능을 보입니다. 따라서 이 정보만 비교하면 두 가지 정도로 압축할 수 있는데 사용 목적에 따라 선택합니다.

06 CPU 쿨러

CPU 쿨러는 CPU의 온도를 조절하는 역할을 담당하는 장치로서 CPU 쿨러가 정상적으로 작동하지 않으면 컴퓨터가 꺼지는 현상이 발생할 수 있습니다. 정품 CPU를 구입하면 정품 쿨러가 포함되어 있는데, 대개의 경우 소음이 심하고 성능이 좋지 못합니다. 그래서 사람들은 정품 쿨러가 아닌 별도의 쿨러를 구입해서 설치합니다.

쿨러를 결정할 때는 CPU의 온도 즉, 얼마나 많은 양을 처리해 CPU의 온도를 높일 것인지를 고려합니다. 일상적인 컴퓨팅을 주로 한다면 정품 쿨러도 충분하지만, 소음에 민감하거나 대용량 게임, 멀티태스킹 작업이 주를 이룬다면 쿨러를 교체해야 합니다. 또한 오버 클럭으로 CPU의 속도를 높이는 경우에도 쿨러를 교체하는 것이 좋습니다.

CPU 온도는 HWMonitor와 같은 프로그램에서 쉽게 확인할 수 있는데, 비정상적으로 온도가 높게 나타나는 이유는 쿨러에 민지가 많거나 제대로 회전을 하지 않아 열을 식혀주지 못하기 때문입니다.

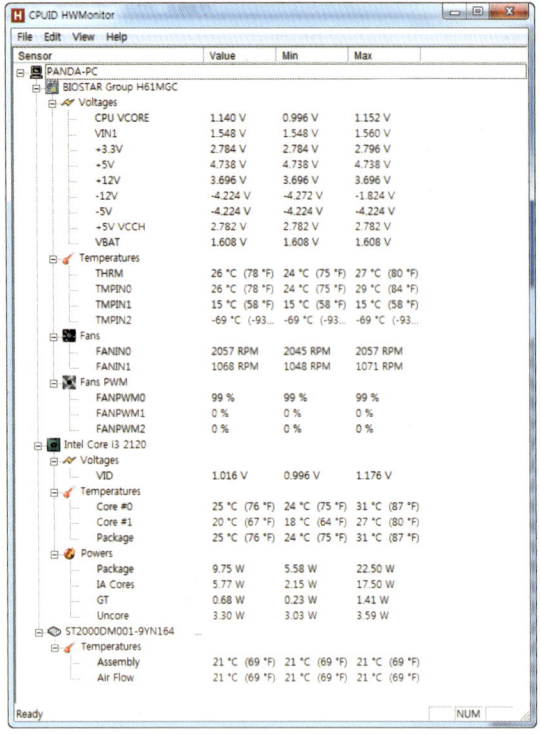

HWMonitor에서 온도 체크

> **참고 적정 CPU 온도**
> 정상적인 CPU 온도는 부팅 직후 40도 이하이며 많은 작업을 했을 때 60도 이하이면 적정합니다.

정품 쿨러가 성능을 제대로 발휘하지 못하면 별도의 쿨러를 구입해야 합니다. 쿨러에는 공냉식 쿨러와 수냉식 쿨러가 있습니다. 일반적으로 쿨러라고 하면 공냉식 쿨러를 의미합니다. 공냉식 쿨러는 팬을 회전해 그 바람으로 CPU의 온도를 조절합니다. 하지만 팬이 돌아가면서 소음이 발생합니다. 소음에 예민하다면 무팬 방식의 쿨러를 사용하는 것이 좋습니다. 무팬 방식은 팬이 없고 방열판으로만 구성된 방식으로 CPU의 온도를 방열판으로 전달한 다음 자연스럽게 온도를 낮춥니다. 하지만 무팬 방식은 팬이 있는 방식에 비해 온도를 낮추는데 한계가 있습니다. 그래서 근래에는 방열판과 팬이 함께 있는 제품도 많이 있습니다.

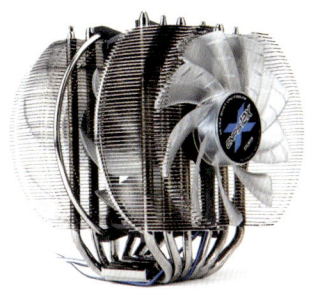 

팬 쿨러 　　　　　　　　　　　　　　　　무팬 쿨러

CPU를 오버 클럭하면 CPU의 온도가 높아지기 때문에 효과적으로 열을 분산시킬 필요가 있습니다. 그래서 이런 경우 주로 사용하는 쿨러가 바로 수냉식 쿨러입니다. 수냉식 쿨러는 냉각수를 CPU로 보내 CPU의 열을 흡수한 다음 라디에이터로 보내 열을 식히고 식힌 냉각수를 다시 CPU로 보냅니다. 수냉식 쿨러는 공냉식 쿨러에 비해 성능이 뛰어나지만 설치가 복잡하고 지속적인 관리가 필요하며 많은 공간을 차지한다는 단점이 있습니다.

수냉식 쿨러

CPU는 지원하는 소켓이 다르므로 메인 보드 소켓도 일치하는 것으로 선택해야 합니다. 또한 CPU 쿨러도 지원하는 소켓에 따라 달라집니다. CPU, 메인 보드, 쿨러는 모두 소켓에 따라 결정된다고 할 수 있습니다.

> **정품 쿨러의 보관**
> 정품 CPU와 함께 포함된 정품 쿨러는 CPU를 A/S 받을 때 반드시 필요합니다. 따라서, 정품 쿨러를 새로운 쿨러로 교체할 때도 정품 쿨러는 버리지 않고 보관해 두는 것이 좋습니다.

Part 01 PC 부품을 완벽하게 파헤쳐보자!

07 인텔 CPU가 정품인지 확인하는 방법

CPU 관련 용어를 이해했다면 이제 본격적으로 인텔 CPU의 성능을 비교하여 구매하는 방법에 대해 알아보겠습니다. CPU의 가격은 5만 원~100만 원이 넘는 제품까지 천차만별이기 때문에 먼저 구입 가격대를 결정합니다. 구입 가격대를 결정했다면 그에 포함되는 여러 가지 CPU를 비교하면 됩니다.

1. CPU만 단품으로 구매한 경우

조립이나 CPU 업그레이드를 위해 CPU만 단품으로 구매한 경우에는 포장을 뜯기 전에 CPU가 정품인지 확인합니다. 포장을 뜯는 순간 반품이나 교환이 되지 않을 수 있습니다.

1 CPU가 인텔 정품 박스에 포장되어 있는지 확인합니다.

2 정품 박스 위에 인텔 공인 대리점 정품 마크가 있는지 확인합니다.

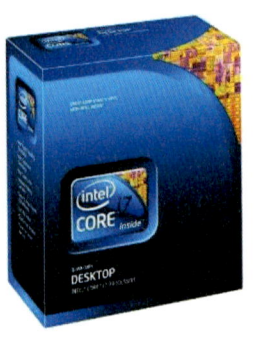
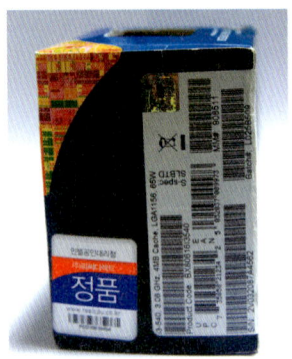

3 정품 바코드 하단의 'Product Code' 코드를 확인한 다음 www.realcpu.co.kr을 통해 정품 여부를 확인할 수 있습니다.

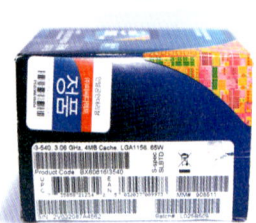

2. PC를 구입한 경우

완제품 PC를 구입한 경우에는 인텔 정품 박스가 포함되어 있지 않기 때문에 다음과 같은 방법을 이용해 정품 CPU인지 확인합니다.

1 PC 케이스에 부착되어 있는 정품 바코드를 확인합니다. www.realcpu.co.kr을 통해 정품 여부를 확인할 수 있습니다.

3. 정품 바코드가 없거나 조회가 되지 않는 경우

바코드를 잃어버렸거나 전산상 오류로 인해 정품 CPU인지 확인이 어려운 경우에는 케이스를 열어 홀로그램과 CPU의 시리얼 번호를 확인할 수 있습니다.

1 정품 바코드가 없거나 조회되지 않으면 케이스를 열고 쿨러 위에 인텔 홀로그램을 확인합니다.

> **참고** 정품 쿨러가 아닌 경우 홀로그램이 없을 수 있습니다.

Part 01 PC 부품을 완벽하게 파헤쳐보자!

2 쿨러의 네 모퉁이의 고정 장치를 해제하여 메인 보드에서 쿨러를 분리합니다.

3 쿨러를 분리했으면 CPU에 적혀있는 시리얼 번호를 확인하고 공인 A/S 센터(TEL: 1544-7855)로 전화를 걸거나 홈페이지에서 정품 여부를 확인합니다.

40

Chapter 03
CPU가 없으면 컴퓨터도 없다 - ② AMD

PC의 부품 중, CPU는 사람의 두뇌에 해당하는 중요한 부품으로 시스템 전반의 성능을 좌우하는 가장 중요한 요소입니다. 따라서 PC의 성능 등급이나 세대를 지칭할 때 해당 PC에 탑재된 CPU의 종류에 따라 구분하는 것이 일반적입니다.

01 AMD CPU의 종류

AMD는 인텔과 더불어 x86 CPU를 제조하는 CPU 생산업체입니다. 한때는 인텔을 기술에서 압도하는 순간도 있었지만 요즘에는 성능면에서는 인텔에 밀리고 있습니다. 하지만, AMD의 가장 큰 특징은 가격 대비 성능이 좋다는 것입니다.

AMD CPU는 인텔과는 달리 제품군마다 코드 네임(코드명)이 있습니다. 그리고 같은 코드 네임인 경우 높은 성능일수록 높은 숫자의 제품명을 붙입니다.

아키텍처	제조 공정	코드 네임	브랜드	제품명	코어	소켓
K8	90nm	올리언즈	애슬론 64	3XXXX	1/1	AM2
				LE 16XX		
		윈저	애슬론 64	3XXX	2/2	
				4XXX		
				5XXX		
				6XXX		
	65nm	브리즈번	셈프론	BE 2400	2/2	
				2100		
			애슬론	6000+		
				4XXX		
				5XXX		
				BE23000		
			애슬론 64	3XXX		
				4XXX		
				5XXX		
				6XXX		
				5000+블랙 에디션		

아키텍처	제조 공정	코드 네임	브랜드	제품명	코어	소켓
K10	45nm~65nm	아제나	페넘	9XXX	4/4	AM2
				9XXX 블랙 에디션		
		툴리만	페넘	8XXX	3/3	
				8XXX 블랙 에디션		
		쿠마	애슬론	7XXX 블랙 에디션	2/2	AM2+
				애슬론 64	7750	
		데네브	페넘 II	8XX	4/4	AM3
				9XX		
				9XX 블랙 에디션		
		헤카	페넘 II	7XX	3/3	
				720 블랙 에디션		
		레고르	셈프론	190	2/2	
			애슬론 II	2XX		
		칼리스토	페넘 II	5XX	2/2	
				5XX 블랙 에디션		
		샤르가스	셈프론	1XX	1/1	
		프로푸스	애슬론 II	6XX	4/4	
		라나	애슬론 II	4XX	3/3	
		투반	페넘 II	10XX	6/6	
				1XXX 블랙 에디션		
K10-APU	32nm	라노		A4	4/4	FM1
				3XXX		
				A6 3XXX		
				A8 3XXX		
불도저	32nm	잠베지	FX	4XXX	4/4	AM3+
				6XXX	6/6	
				8XXX	8/8	
파일드라이버	32nm	트리니티		A4 5XXX	2/2	
				A6 5XXX		
				A8 5XXX	4/4	
				A10 5XXX		
		비쉐라	FX	4XXX	4/4	
				6XXX	6/6	
				8XXX	8/8	

(참고 : XXX는 제품의 상세 숫자를 의미합니다.)

Chapter 03 CPU가 없으면 컴퓨터도 없다 - ② AMD

02 AMD CPU 관련 용어 정리

인터넷 쇼핑몰에서 CPU를 주문할 때 여러 가지 정보를 확인할 수 있습니다. 그런데 용어를 모른다면 쓸모없는 정보에 지나지 않을 것입니다. 그러면 지금부터 CPU의 용어에 대해 알아보겠습니다.

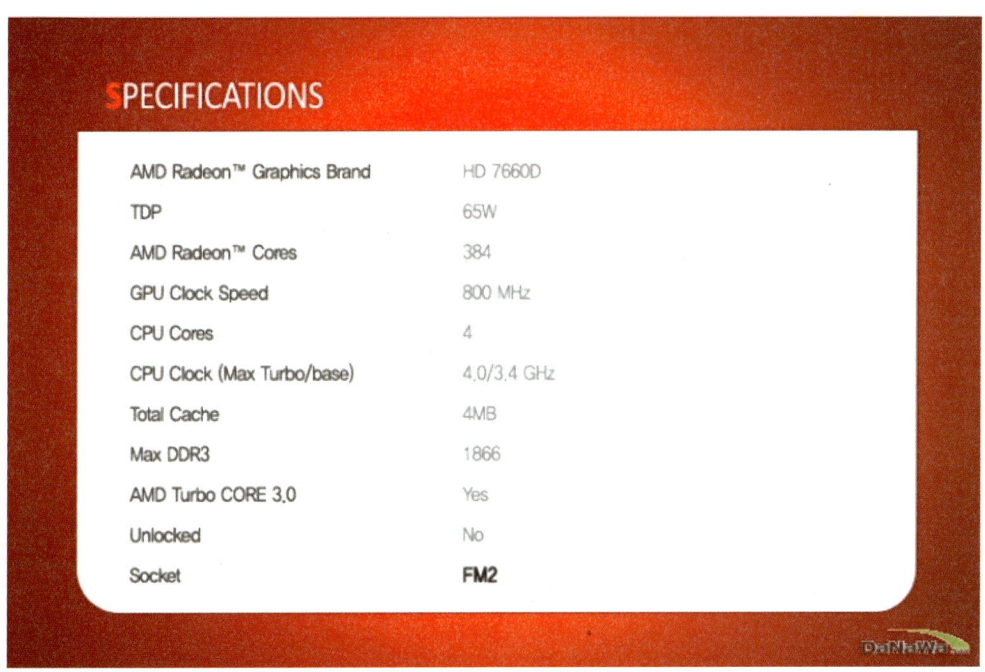

쇼핑몰에서 제공되는 AMD A10 5700의 CPU 정보

1. 코어 수

코어 수는 말 그대로 CPU의 코어가 몇 개인가를 의미하는 것으로 코어 수가 많을수록 여러 프로그램을 동시에 실행할 때 각 코어가 개별 프로그램을 실행할 수 있어 속도가 빨라집니다. 하지만 하는 일이 그렇게 많지 않다면 많은 코어는 그저 낭비일 수밖에 없습니다.

… L1 캐시(1차 캐시) : L1 캐시는 코어별로 실제 처리할 명령어와 데이터를 저장하는 캐시입니다. 예를 들어 '각 코어당 64KB(명령 32KB+데이터 32KB)씩'으로 표시되어 있는 듀얼 코어를 사용하는 CPU라면 명령어를 저장하는 32KB 캐시 2개와 데이터를 저장하는 32KB 캐시 2개가 있다는 뜻입니다. 제조 단가 때문에 거의 적은 용량을 사용하게 되는 메모리로 표기가 되지 않는 경우도 있습니다.

… L2 캐시(2차 캐시) : L1 캐시가 현재 처리할 명령어와 데이터를 저장하는 캐시라면, L2 캐시는 코어별로 다음에 처리할 명령어와 데이터를 저장하는 캐시라고 할 수 있습니다. L2 캐시의 크기가 크면 다중 작업이나 큰 데이터를 처리할 때 유용합니다. 아

주 일부이지만 L2 캐시가 너무 크면 액세스 시간이 걸리는 경우도 있습니다.

··· L3 캐시(3차 캐시) : L3 캐시는 L2 캐시와 메모리 사이에서 완충 역할을 해주는 캐시입니다. 캐시는 빠르고 작은 메모리 공간으로 CPU보다는 느리지만 메모리의 정보를 일부 가지고 있다가 CPU가 정보를 찾는다면 메모리에 가지 않고 바로 보내서 성능을 개선할 수 있습니다. L3 캐시가 있는 제품은 없는 제품에 비해 속도가 빠릅니다.

2. 터보 코어

인텔의 터보 부스트 기술과 비슷한 기능으로 이 기술은 작동 중인 코어가 두 개 이상일 때는 기본 클럭으로 작동하지만, 작동 중인 코어가 한 개 이하일 경우에는 한 개의 코어의 전압을 늘려 코어 클럭이 0.4GHz~0.5GHz 정도 늘어나게 합니다.

3. NB

이 클럭은 CPU에 내장된 메모리 컨트롤러를 비롯해 CPU의 L3 캐시 등과 연결되는 데 사용합니다.

4. 시스템 버스

데이터 버스, 어드레스 버스, 제어 버스를 통틀어 부릅니다.

5. APU

AMD CPU 중 내장 그래픽 종류를 말합니다.

6. 소켓

AMD CPU의 핀은 얼핏 보면 비슷한 수를 가지고 있어 호환이 될 것처럼 보입니다. 실제로 AM2와 AM2+는 호환이 되기도 합니다.

··· AM2 : AMD는 소켓 754와 939에서 메모리 컨트롤러를 내장했습니다. 754는 싱글 채널 DDR1이고, 939는 듀얼 채널 DDR1이었습니다. 이후 DDR2 메모리가 보급되면서 AMD는 CPU의 메모리 컨트롤러를 업그레이드하기로 결정하였고, 그래서 소켓 AM2 플랫폼이 나오게 되었습니다. 숫자 2는 DDR2 메모리 컨트롤러를 내장하였음을 의미합니다.

··· AM2+ : AM2+는 AM2의 후속작으로 소켓의 핀 수는 AM2와 같습니다. AM2 소켓을 사용하는 메인 보드에 AM2+ 프로세서를 설치해도 호환이 되었지만, 프로세서가 제 성능을 발휘하지는 못했습니다. AM2와 AM2+의 가장 큰 차이점은 전원 공급 스펙과 하이퍼 트랜스 포트 버스의 속도가 다른 것입니다.

- AM3 : AM3는 AM2+ 소켓과 비교하여 소켓 테두리의 핀이 하나 더 늘어났지만 이를 사용하지는 않습니다. 이전과는 달리 AM3 소켓을 사용하는 메인 보드에는 AM3 프로세서만 설치해야 합니다. 만약 AM3 메인 보드에 AM2 프로세서를 장착하면 메모리 전압이 다르기 때문에 하드웨어에 손상을 줄 수 있습니다. 하지만, AM3 프로세서를 AM2 소켓의 메인 보드에 설치해 사용하는 것은 가능합니다.
- AM3+ : AM3b라고도 하며 AM3를 업그레이드한 소켓입니다. AM3+ 소켓은 AM3 소켓에 한 개의 핀을 더 추가하여 942핀이 되었습니다.

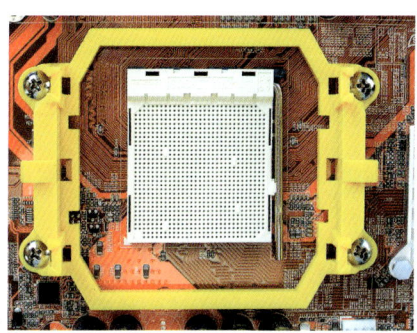
AM2 소켓

AM3 소켓

- FM1 : 32 나노 기술을 기반으로 만들어진 소켓으로 2011년 7월에 소개되었으며, A6와 A8 시리즈 쿼드 코어 CPU를 지원합니다. FM1 소켓에는 905개의 핀 구멍이 있습니다.
- FM2 : 2012년에 출시된 소켓으로 4세대 APU까지 사용 가능합니다.

FM1 소켓

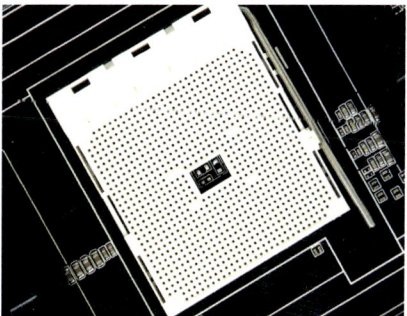
FM2 소켓

03 선택! AMD CPU 성능을 비교 구매하는 방법

CPU 관련 용어를 이해했다면 이제 본격적으로 AMD CPU 성능을 비교하여 구매하는 방법에 대해 알아보겠습니다. CPU를 결정할 때는 먼저 구입 가격대를 결정합니다. 구입 가격대를 결정했다면 그에 포함되는 여러 가지 CPU를 비교합니다.

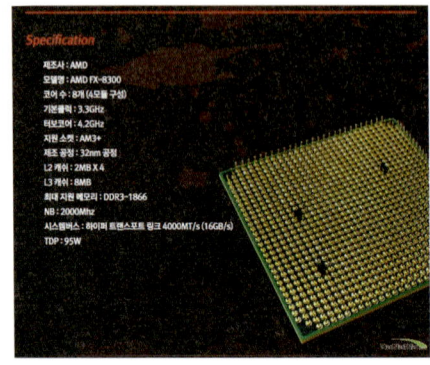

AMD FX-8300 정보

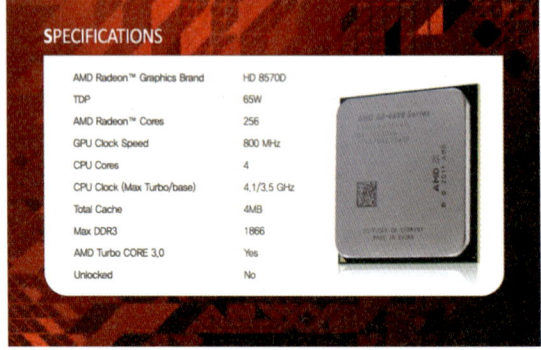

AMD 리치랜드 6500 정보

1. 코드 네임 비교

AMD CPU는 아키텍처를 표시하기보다는 코드 네임을 주로 표기하기 때문에 코드 네임을 비교합니다. 코드 네임이 다르더라도 같은 아키텍처를 사용하므로 2~3개 정도의 코드 네임을 비교하는 것이 좋습니다. 코드 네임을 분류하여 같은 아키텍처를 사용하는 CPU끼리 묶었다면 지원 소켓이나 코어 개수, 클럭, 캐시 메모리 용량 등을 비교합니다.

2. 지원 소켓 비교

AMD는 메인 보드는 그대로 유지한 상태에서 CPU만 바꿔 업그레이드할 수 있도록 지원하고 있습니다. 그러므로 차후 CPU만 바꿔 업그레이드할 의향이 있다면 최신 칩셋을 사용하는 CPU를 선택하는 것이 좋습니다. 또한 최신 칩셋을 지원한다는 것은 그만큼 최신 제품이라는 것을 의미합니다.

3. 코어의 개수를 비교하라!

코드 네임이 같다면 다음에 비교할 항목은 코어의 수입니다. 코어는 CPU의 핵심 회로를 말하는 것으로 코어의 수가 2개이면 2개의 CPU를 가지고 처리하는 것과 같다고 볼 수 있습니다. 따라서 그만큼 성능이 좋아집니다. 그렇다면 무조건 빠른 성능을 요구되는 것은 아닙니다. 코어가 많은 제품은 멀티태스킹(2가지 이상의 프로그램을 동시에 실행하는 것)에 적합하므로 일반적인 컴퓨팅에는 많은 수의 코어가 필요하지 않습니다.

4. 스레드 수 비교

스레드는 프로세스 내에서 실행되는 흐름의 단위입니다. 하나의 프로그램은 하나의 스레드를 가지고 있지만, 프로그램 환경에 따라 둘 이상의 스레드를 동시에 실행할 수 있습니다. CPU에서 멀티 스레드를 지원한다면 그만큼 처리할 수 있는 양이 많아지므로 속도가 빨라집니다. 하지만 커다란 파일을 많이 처리하지 않는다면 스레드 수가 많을 필요는 없습니다.

5. 클럭 비교

클럭은 CPU의 기본적인 속도를 표시하는 단위입니다. 만약 같은 레벨의 CPU를 구입하고자 한다면 클럭이 높은 것이 빠른 것입니다. 조금의 차이라고 느껴질 수 있는 부분이지만 CPU가 컴퓨터 성능 전체를 좌우하기 때문에 클럭 속도는 매우 중요합니다.

6. 캐시 메모리 비교

캐시 메모리는 2MB 또는 3MB와 같이 L3 캐시 용량만 표기되는 경우도 있습니다. 하지만 L1 캐시와 L2 캐시도 비교해야 합니다. 캐시 메모리는 CPU의 성능을 크게 좌우하고 가격에도 많은 영향을 미칩니다.

7. 내장 그래픽 지원 여부를 확인하라.

AMD CPU는 제품에 따라 내장 그래픽(APU)이 포함되어 있는 경우와 그렇지 않은 경우가 있습니다. 따라서 별도의 그래픽 카드를 장착할 경우에는 내장 그래픽이 포함되어 있지 않은 제품을 선택하는 것이 좋습니다.

8. 오버 클러킹 지원

AMD CPU에서는 '블랙 에디션'이나 'UNLOCKED'라는 단어를 사용하여 오버 클러킹 지원 여부를 표시하고 있습니다. 오버 클러킹을 하고자 한다면 블랙 에디션이나 Unlocked라고 표시된 제품을 선택합니다.

9. 실제 CPU를 선택하는 방법

인터넷 쇼핑몰에서 10~20만 원 대의 CPU를 비교해 보겠습니다. 10~20만 원으로 선택할 수 있는 AMD CPU는 다음과 같습니다.

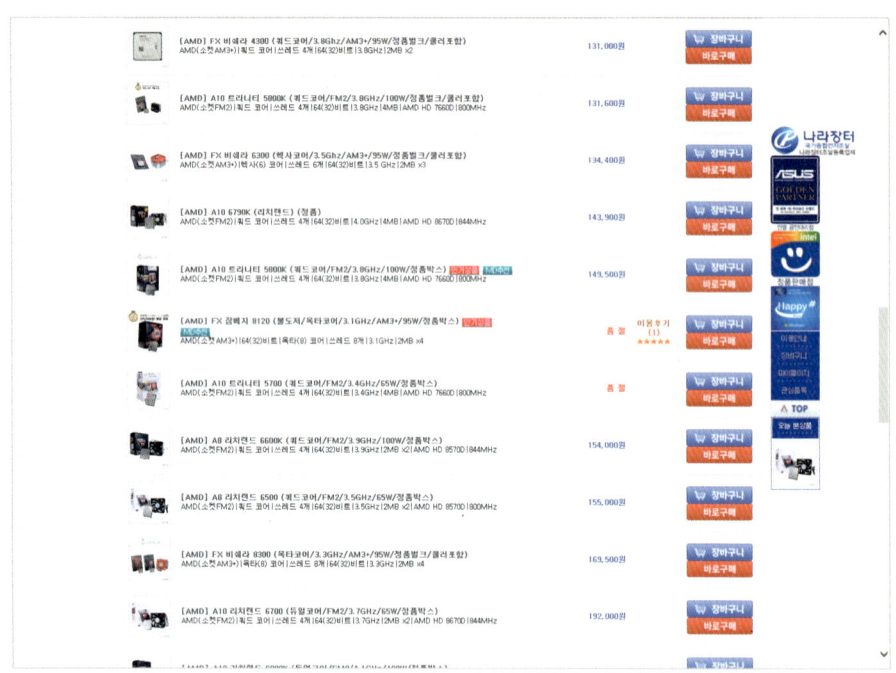

쇼핑몰에서 AMD CPU 정보

코드 네임을 비교하여 파일 드라이버 아키텍처를 사용하고 있는 트리니티와 비쉐라만 선택합니다. 그런 다음에는 소켓 종류에서 AM3+와 FM2만 선택한 후 코어 수를 비교합니다. 이렇게 하면 2~3개로 압축할 수 있는데 클럭 수 등을 비교하여 최종 결정합니다. 여기에 하나 더 결정할 것이 내장 그래픽 사용 여부입니다. 더 뛰어난 그래픽을 원한다면 외장 그래픽을 사용하고, 그렇지 않다면 내장 그래픽을 지원하는 CPU를 선택합니다.

04 AMD CPU가 정품인지 확인하는 방법

AMD 정품 CPU는 AMD의 국내 공식 대리점(제이씨현, 제이웨이브, 디지털 C&I)을 통해 수입, 유통되는 AMD CPU를 말하며 구입 일로부터 3년간 A/S를 보장받을 수 있습니다. 정품 외에 그레이 박스와 그레이 벌크가 있는데 그레이 박스와 그레이 벌크는 공식 대리점이 아닌 일반 업체에서 자체적으로 수입하여 판매하는 제품을 말합니다. 그레이 벌크는 정품과 포장이 동일하지만, 공식 대리점의 정품 스티커가 부착되어 있지 않으며, 그레이 벌크는 정품과 달리 박스 포장이 되어 있지 않고 쿨러나 설명서 등이 포함되어 있지 않을 수 있습니다.

1 조립이나 CPU 업그레이드를 위해 CPU만 단품으로 구매한 경우에는 포장을 뜯기 전에 CPU가 정품인지 확인합니다. 포장을 뜯는 순간 반품이나 교환이 되지 않을 수 있습니다. CPU가 AMD 정품 박스에 포장되어 있는지 확인합니다.

2 3차원 AMD 로고의 한 면에만 보이는 점의 개수는 홀로그램 레벨을 위, 아래, 좌우로 기울일 때마다 달라집니다.

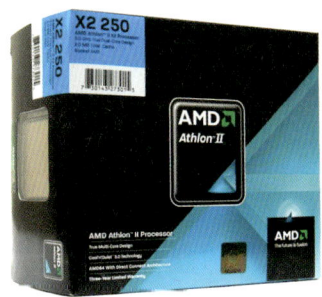

3 정품 스티커가 붙어 있는지 확인합니다.

 AMD 정품 스티커 확인
아래의 이미지를 클릭 하시면 큰 이미지로 확인 하실 수 있습니다

Part 01 PC 부품을 완벽하게 파헤쳐보자!

4 시리얼 번호 라벨은 PIB 패키지의 맨 위에 부착되어 있는 시리얼 번호를 www.amdinfo. co.kr/channel/result/popup.php에 입력하면 정품인지 확인할 수 있습니다.

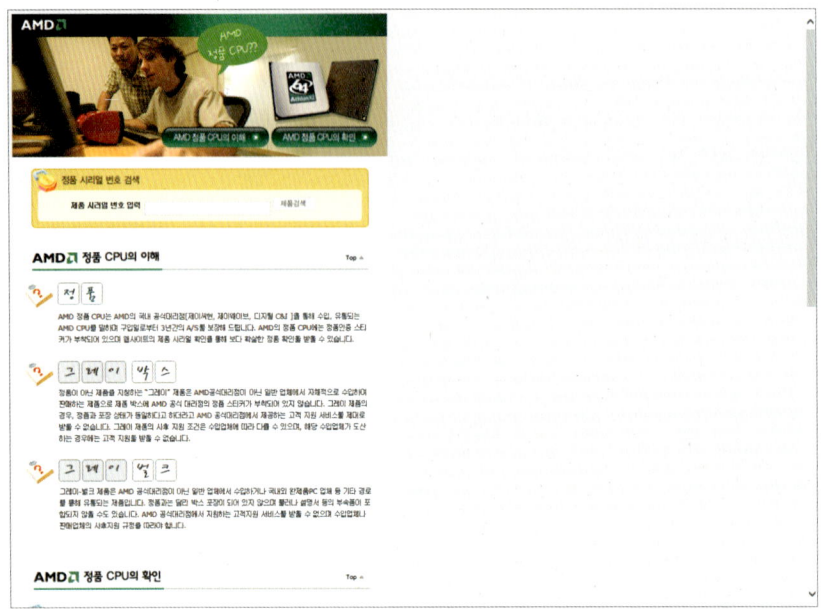

 각각의 시리얼 번호는 알파벳과 숫자를 포함한 고유의 13자리 문자로 되어 있습니다.

Part 01 PC 부품을 완벽하게 파헤쳐보자!

메인 보드 – 안정성과 확장성을 고려하자.

메인 보드(Main Board)는 마더보드(Mother Board)라고도 하며, 컴퓨터에서 CPU 만큼이나 중요한 장치입니다. 메인 보드는 단순히 여러 장치를 연결하는 기능만 가진 것이 아니라 시스템 전체의 안정성을 유지시켜주며, 새로운 장치를 추가하여 업그레이드하는 것을 고려하여 신중히 선택해야 합니다. 메인 보드의 구성 요소와 명칭 그리고 나에게 맞는 메인 보드의 선택 방법 등에 대해 알아보겠습니다.

01 메인 보드 구성 요소의 명칭과 역할

메인 보드는 다양한 요소로 구성되어 있습니다. 각 부분의 명칭을 살펴보면 다음과 같습니다.

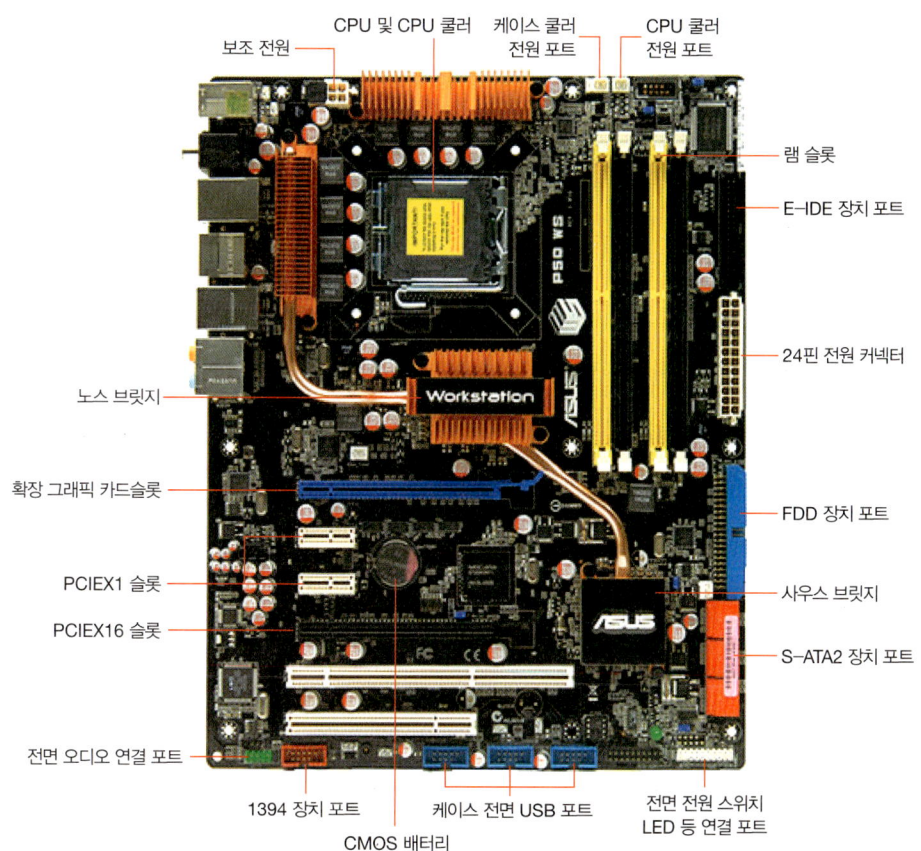

51

❶ **CPU 소켓** : CPU와 CPU 쿨러를 설치하는 곳입니다.

❷ **E-IDE 장치 포트** : E-IDE용 하드디스크나 시디롬 등을 연결합니다.

❸ **전원 커넥터** : 메인 보드에 전원을 연결합니다.

❹ **8핀(4핀) 보조 전원** : CPU 보조 전원을 연결하는 커넥터입니다.

❺ **램 슬롯** : 램(RAM)을 설치합니다.

❻ **일반 쿨러 전원 포트** : 케이스에 부착되는 쿨러를 연결합니다.

❼ **CPU 쿨러 전원 포트** : CPU 쿨러의 전원을 연결합니다.

❽ **S-ATA2 장치 포트** : S-ATA용 하드디스크나 시디롬을 연결합니다.

❾ **확장 그래픽 카드 슬롯** : PCI EXPRESS X 16 슬롯을 말하는 것으로 그래픽 카드를 설치할 수 있습니다.

❿ **PCIXEX X 1 슬롯** : PCI EXPRESS X1 슬롯을 줄인 말로 사운드 카드나 랜 카드와 같은 확장 카드를 연결할 수 있습니다. 4배속 슬롯은 1배속 슬롯보다 길고 핀이 더 많습니다

⓫ **노스 브리지** : CPU와 가까운 곳에 위치하고 있으며 CPU와 램을 제어합니다. 그리고 AGP, PCI 익스프레스와 같은 고속 장치용 확장 카드 슬롯도 제어합니다.

⓬ **사우스 브리지** : 사우스 브리지는 IDE나 S-ATA, LAN, 사운드 장치 등과 같이 입출력을 제어합니다.

⓭ **전면 오디오 포트** : 케이스 전면의 스피커나 마이크 포트를 연결하는 곳입니다.

⓮ **전면 USB 포트** : 케이스 전면의 USB 포트와 연결하는 곳으로 케이스 후면에 USB 브라킷을 추가 장착한 경우 여기에 연결합니다.

⓯ **전면 전원 스위치** : 케이스 전면의 전원 스위치를 연결하는 곳으로 전원 및 LED 등을 함께 연결합니다.

02 메인 보드 관련 용어

메인 보드를 구입하기 위해 메인 보드를 선택하면 제품의 상세 정보가 표시됩니다. 이 정보들을 이해하고 있다면 메인 보드의 웬만한 용어들은 충분히 이해하고 있다고 할 수 있습니다.

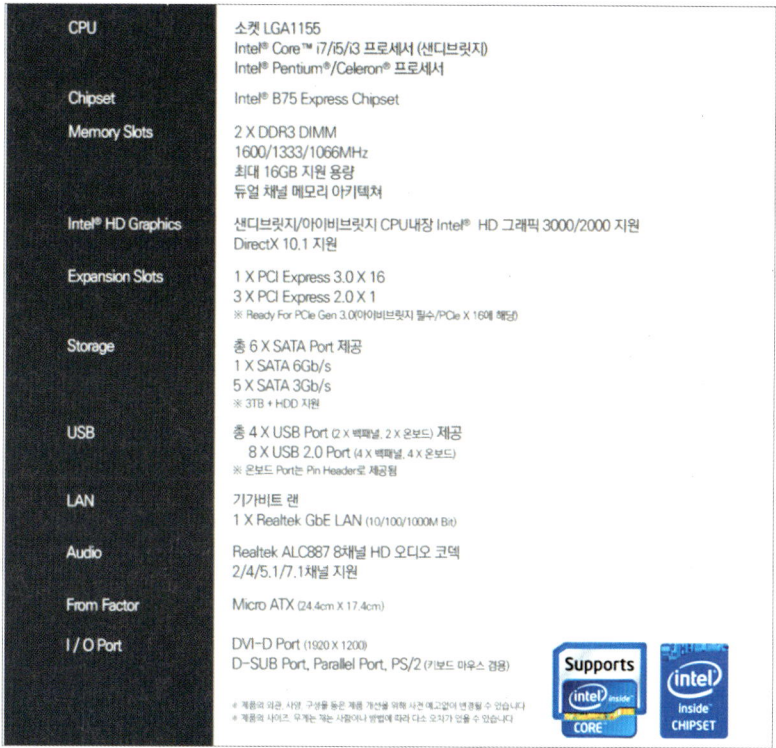

[GIGABYTE] GA-B75M-D3V의 상세 정보

- **소켓 :** 소켓이란 CPU를 받아들이는 메인 보드의 접촉부를 의미합니다. CPU를 선택했다면 메인 보드와 일치하는지 확인해야 합니다.

- **칩셋 :** 컴퓨터 전체의 핵심이 CPU라면 메인 보드의 핵심은 칩셋입니다. 메인 보드에서 CPU와 메모리 등의 별도 제품을 제외하면 가장 큰 칩이 바로 칩셋입니다. 칩셋은 워낙 많은 일을 처리하기 때문에 발열판이나 쿨러 등으로 덮여있는 경우도 있습니다. 칩셋은 노스 브리지와 사우스 브리지로 구분되지만 인텔 '코어 i5 700' 시리즈 이후에 출시된 제품에서는 기존의 노스 브리지 기능을 대부분 CPU에서 처리하기 때문에 노스 브리지와 사우스 브리지 구분 없이 1개의 칩셋만 장착되고 있습니다.

- **DIMM :** PC의 주기억 장치인 램을 꽂는 슬롯으로 일반적인 PC용에서는 4개의 메모리 슬롯을 가지고 있지만, 보급형의 경우 2개 또는 1개의 경우도 있습니다.

- **듀얼 채널** : 같은 규격의 램을 2개 혹은 4개를 꽂으면 대역폭(한 번에 옮길 수 있는 데이터의 양)이 2배로 향상되는 기능을 의미합니다.

- **내장 Graphics** : 일부 메인 보드에서는 그래픽 카드의 핵심 칩인 GPU(Graphics Processing Unit) 기능을 내장하고 있는 것도 있습니다. GPU 내장 칩셋을 탑재한 메인 보드는 별도의 그래픽 카드를 꽂지 않고도 화면을 출력할 수 있어서 경제적입니다. 하지만 별도의 그래픽 카드에 비해 3D 그래픽 성능이 떨어지므로 게임용으로 사용하기에는 적합하지 않고 일반적인 사무용이나 동영상 재생용 PC에 주로 사용됩니다.

- **HDMI** : 개인용 컴퓨터와 디스플레이의 인터페이스 표준 규격인 DVI를 AV 전자제품용으로 변경한 것으로 디지털 방식의 영상과 음향 신호를 하나의 케이블로 동시에 전달할 수 있습니다.

- **DVI** : 디지털 비주얼 인터페이스(Digital Visual Interface)는 디지털 디스플레이 장치와 화질 면에서 최적화된 표준 영상 인터페이스입니다. LCD와 같은 디지털 디스플레이 장치를 사용할 때 선명한 화질을 제공합니다.

- **VGA 포트** : VGA 단자라고 일반적으로 알려진 것(RGB 커넥터, D-sub 15, mini sub D15와 미니 D15를 포함)은 3열 15핀의 DE-15입니다. 총 4개의 버전이 있습니다. 초기 버전과 DDC2 핀 모양과 기능이 떨어져 잘 사용되지 않은 9-핀 VGA, 휴대용 컴퓨터에 사용된 미니-VGA가 있습니다. 대부분의 영상 카드, 컴퓨터 모니터 등에 사용되는 일반적인 15-핀 VGA 커넥터는 일반적으로 'HD-15'라고 불립니다. 고화질을 위한 HD 표준은 동일한 기능을 가지지만 2열로 구성된 핀으로 구별됩니다. 하지만, 이 커넥터는 DB-15나 HDB-15로 부정확하게 나타내기도 합니다. 'VGA 단자'와 연결된 케이블은 아날로그 장치에 RGBHV(빨강 - 녹색 - 파랑 - 수평 동기 - 수직 동기) 영상 신호와 디스플레이 데이터 채널(DDC2)의 디지털 클럭과 데이터 전송에 거의 대부분 사용되었습니다. (휴대용 컴퓨터 같이) 제한된 크기에서 미니-VGA 포트는 본래의 VGA 커넥터를 대체하기도 했습니다.

- **멀티 GPU** : 일반적으로 한 개의 그래픽 카드를 이용해 얻을 수 있는 성능보다 더 높은 성능을

얻기 위해 2개 이상의 그래픽 카드를 연결해 빠른 속도를 얻을 수 있도록 합니다. 멀티 CPU는 1개의 그래픽 카드를 사용할 때보다 140%~160% 정도의 성능을 얻을 수 있는 것으로 알려졌습니다.

- **RAID** : RAID(Redundant Array of Independent Disks 혹은 Redundant Array of Inexpensive Disks)는 여러 개의 하드디스크에 데이터를 나눠서 저장하는 기술로서 복수 배열 독립 디스크라고도 합니다. 데이터를 나누는 방법에는 여러 가지가 있으며 이 방법들을 레벨이라고 합니다.

- **S-ATA** : 직렬 ATA(Serial ATA)는 하드디스크나 광학 드라이브와의 데이터 전송을 주요 목적으로 만든 컴퓨터 버스의 하나입니다. 사타, 새터, 세이터라고 발음하며 SATA 어댑터와 장치들은 비교적 속도가 빠른 직렬 연결로 연결됩니다.

- **Wi-Fi** : WiFi(와이파이)는 기본적으로 인터넷에 데이터를 전달해 주는 기능을 하는 AP(액세스 포인트)와 컴퓨터 같은 단말기 간의 통신을 의미합니다. 메인 보드에서 WiFi를 지원한다면 무선 랜 카드가 내장되어 있다는 것을 의미합니다.

- **블루투스** : 블루투스를 휴대폰이나 이어폰, 헤드폰과 같은 휴대기기에 연결할 수 있는 근거리 무선 기술 표준을 의미합니다. 주로 10미터 안팎의 초단거리에서 저 전력으로 무선을 연결할 때 사용합니다. 메인 보드에서 블루투스를 지원한다면 별도의 케이블 없이 이어폰이나 휴대폰 등을 연결하여 사용할 수 있습니다.

- **BIOS** : 컴퓨터의 가장 기본적인 기능을 처리해 주는 프로그램들의 집합을 의미합니다. 즉, 운영체제(OS)에서 입출력 장치나 주변 장치를 구동하기 위한 루틴들의 집합체로서 운영체제 가장 하위에 있는 부분입니다.

03 선택! 나에게 맞는 메인 보드 고르기

인간으로 치면 척추에 해당하는 메인 보드(Main Board)는 머리에 해당하는 CPU만큼 중요합니다. CPU를 선택했다면 다음과 같은 사항을 고려하여 메인 보드를 선택해야 합니다.

1. 제조사는 어디인가?

가격대와 성능만을 고려하다 보면 놓치기 쉬운 부분이 바로 제조사입니다. PC를 사용하다보면 고장 발생률이 적거나 고장이 발생했을 때 A/S를 확실히 처리해주는 제조사를 선택하는 것이 중요합니다. 믿을만한 브랜드로는 Gigabyte, ASUS, MSI, Intel, ASRock 등이 있습니다.

쇼핑몰에서 제조사 선택

2. 메인 보드와 CPU의 소켓 규격이 맞는가?

CPU가 발전하면서 사용하는 데이터 핀 수도 많아지고 전력 공급의 필요성으로 인해 CPU가 사용해야 하는 핀도 많아졌습니다. 그리고 이와는 달리 강제적으로 업그레이드를 하기 위해 CPU의 핀 배열을 바꾸기도 합니다. 소켓은 이 CPU가 장착되는 메인 보드의 장치로, 당연히 CPU가 어떻게 생겼는지 핀이 몇 개인지에 따라 사용할 수 있는 소켓의 형태도 달라지고 이로 인해 장착 가능한 메인 보드도 구분됩니다.

3. 입출력 패널에서는 어떤 기능을 지원하는가?

입출력 패널에서는 키보드와 마우스를 위한 PS/2 포트 외에 그래픽 출력을 위한 DVI-D 포트, D-SUB 포트, HDMI 포트 그리고 USB와 LAN 포트, 사운드 포트 등을 포함하고 있습니다. 똑같은 기능을 지원하더라도 포트의 개수나 필요한 포트를 지원하는지 확인해야 합니다.

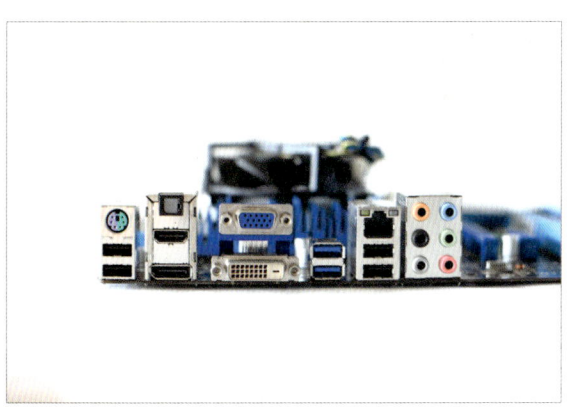

메인 보드의 입출력 패널

최근에는 PS/2 단자가 하나만 있고 이것을 통해 키보드 또는 마우스 중 하나만 연결할 수 있는 형태도 많습니다. 따라서 기존에 사용 중인 키보드와 마우스를 그대로 사용할 것이라면 키보드와 마우스의 연결 방식을 확인합니다.

4. 메인 보드의 **칩셋**은 무엇인가?

메인 보드의 칩셋이란 메인 보드에서 데이터의 흐름을 관리하는 비메모리 반도체입니다. 대개의 경우 이 칩셋은 CPU, RAM, 그래픽 카드 사이에서 흐름을 관리하는 노스 브리지와 S-ATA,

E-IDE, PCI 확장 슬롯 등의 입출력을 관리하는 사우스 브리지로 나뉩니다. 칩셋에 따라 지원하는 그래픽 출력이나 USB 포트 수, 그래픽 출력 등이 달라집니다.

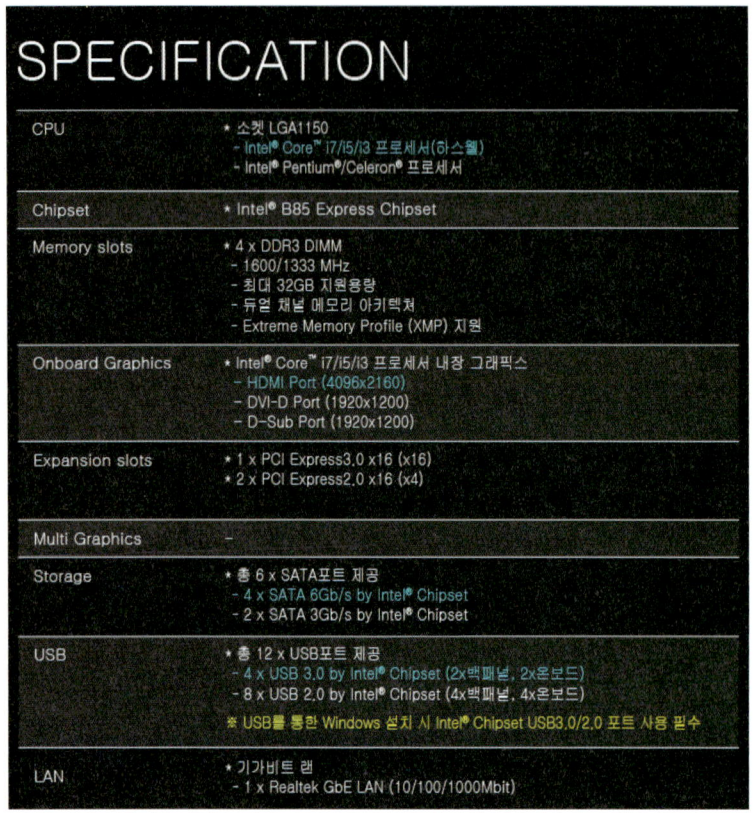

메인 보드의 칩셋 정보

인텔의 칩셋은 H, B, Q, U 계열 등이 있습니다. H 계열은 경제형 노트북이나 데스크탑에 주로 사용하는 칩셋으로 일상적인 작업에 적합합니다. B 계열은 소규모 기업용으로 설계된 칩셋으로 빠른 시스템 부팅 시간과 응용 프로그램 로드 시간을 줄여주는 기능을 제공합니다. Q 계열 칩셋은 높은 성능과 빠른 응답 속도를 지원하는 칩셋으로 고성능 노트북이나 데스크탑에 사용합니다.

데스크탑 칩셋	카테고리	최대 TDP	USB 포트	PCIe*2.0 포트	SATA 포트
인텔 H87	일반형	4.1W	14개(USB 3.0 포트 최대 6개)	최대 8개	SATA Gbs 포트 6개(SATA 6Gbps 포트 최대 6개)
인텔 H77 Express	일반형	6.7W			
인텔 H67 Express	일반형	6.1W			
인텔 P67 Express	일반형	6.1W			
인텔 Q67 Express	일반형	6.1W			
인텔 B65 Express	일반형	6.1W			
인텔 Q65 Express	일반형	6.1W			
인텔 Z87	성능	4.1W	14개(USB 3.0 포트 최대 6개)	최대 8개	SATA 3Gbs 포트 6개(SATA 6Gbps 포트 최대 6개)
인텔 Q87	성능 및 비즈니스	4.1W	14개(USB 3.0 포트 최대 6개)	최대 8개	SATA 3Gbs 포트 6개(SATA 6Gbps 포트 최대 6개)
인텔 Z77 Express	성능	6.7W	14개(USB 3.0 포트 최대 4개)	8개	
인텔 Z75 Express	성능	6.7W	14개(USB 3.0 포트 최대 4개)	8개	
인텔 Z79 Express	성능	7.8W	14개(USB2.0)	8개	

5. 폼팩터는 무엇을 사용할 것인가?

폼팩터는 메인 보드의 크기를 말하는 것입니다. 작고 슬림한 컴퓨터를 만들고 싶다면 'Mini-ITX' 폼팩터를 사용하고 확장성이나 성능을 고려한다면 'Micro-ATX' 또는 '일반-ATX'를 선택합니다. 이외에도 많은 종류의 폼팩터가 있지만 전문적인 용도로 사용됩니다. 폼팩터에 따라 케이스의 종류도 결정되고 차후 업그레이드에도 영향을 미치므로 신중하게 고려해야 합니다.

ATX 메인 보드의 크기

폼팩터의 크기 비교
- ☐ FlexATX : 229×191mm
- ☐ MicroATX/Embedded ATX : 244×244mm
- ☐ Mini ATX : 284×208mm
- ☐ Standard ATX : 305×244mm
- ☐ Extended ATX : 305×330mm
- ☐ Workatation ATX : 256×425mm

6. 내장 그래픽 칩셋

내장 그래픽이란 그래픽 코어가 CPU나 메인 보드에 있는 것을 말합니다. 예전에는 내장 그래픽의 성능이 현저히 떨어졌지만 근래에는 저가형 외장 그래픽보다 성능이 우수합니다. 하지만 내장 그래픽에서는 메인 메모리를 그래픽 램으로 사용하므로 내장 그래픽만을 사용한다면 램은 넉넉히 사용하는 것이 좋습니다. 그리고 게임이나 그래픽 위주 작업을 주로 한다면 외장 그래픽을 사용하는 것이 좋습니다.

요즘에는 그래픽 코어가 CPU에 내장되어 있기 때문에 따로 보드에 내장 그래픽 칩셋이 없는 경우가 많습니다. 따라서 칩셋을 확인하기보다는 지원되는 단자, 즉 HDMI, DVI-D, D-Sub 등을 확인하는 것이 중요합니다. 내장 그래픽을 사용하다가 필요할 때 외장 그래픽 카드를 추가하는 방법도 있지만, 내장 그래픽에 맞는 파워 서플라이를 사용하는 경우에 그래픽 카드를 위해 파워 서플라이를 늘려야 하고, 메인 보드를 구입할 때 내장 그래픽 카드의 비용이 포함된 것을 고려한다면 최초 구입할 때 결정하는 것이 사용자에게 유리합니다.

7. 메모리 슬롯

설치할 수 있는 메모리 슬롯이 2개, 4개, 6개인지 확인합니다. 그리고 최대 지원 용량과 지원 속도를 확인합니다.

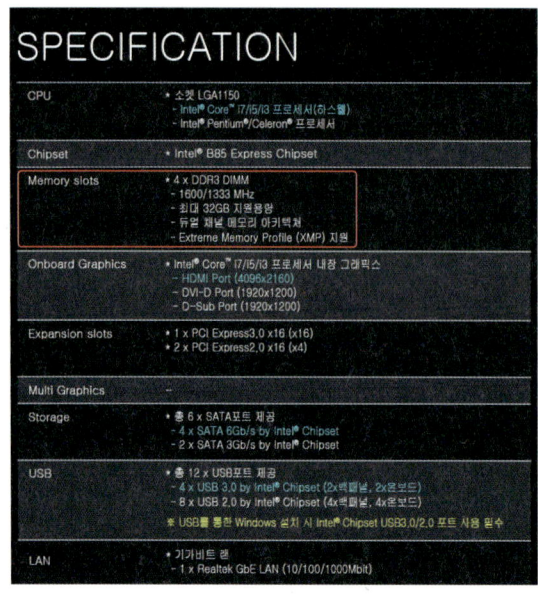

메모리 정보

메모리 슬롯

그림에서 DDR3은 메모리의 종류를 의미하고 '1600/1333/1066 MHz'는 메모리 클럭을 의미하는 것으로 숫자가 클수록 빠른 속도를 의미합니다. DDR3의 높은 클럭일 경우 특정 CPU만을 지원되는 경우가 있으므로 잘 확인해야 합니다.

최대 32GB 지원이라는 것은 메인 보드에서 지원하는 메모리의 최대 크기로 그 이상은 지원하지 않습니다. 예를 들어 최대 16G를 지원하는 4개의 메모리 슬롯에 DDR3 8G를 4개 연결한다는 것은 무의미한 일입니다.

8. SATA 3 지원

SATA2를 지원하는지, SATA3을 지원하는지 확인합니다. SATA3은 이론상으로 SATA2의 2배 속도를 지원합니다. SATA3을 제대로 사용하기 위해서는 전용 케이블을 이용해야 합니다. 기존 SATA2 케이블과 호환은 가능하지만, 보드에 따라 전용 케이블 사용을 권장하는 경우도 있습니다.

9. 확장 슬롯

하드디스크나 그래픽 카드 등을 추가할 것인지에 따라 확장성을 확인합니다. SATA 포트에서 SATA3과 SATA2가 지원하는 포트의 개수를 확인하고, PCI 슬롯은 몇 개를 지원하는지를 확인합니다.

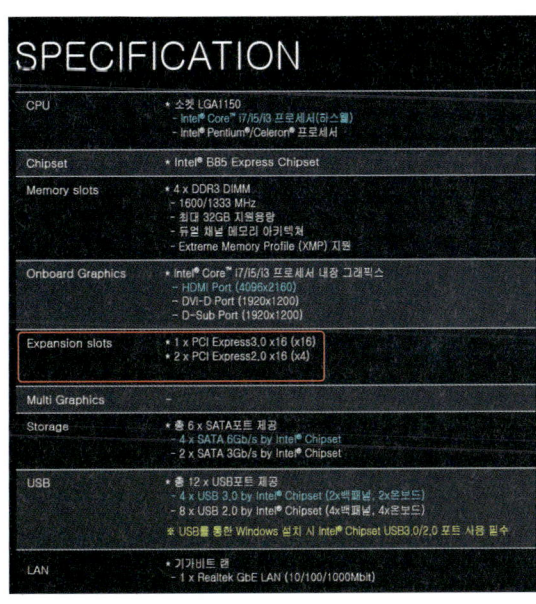

확장 슬롯 정보

메인 보드의 확장 슬롯
USB 2.0
USB 3.0

10. 내장 사운드 카드인가? 사운드 카드인가?

내장 사운드 카드의 성능이 예전에 비해 많이 발전한 것은 사실이지만 내장의 한계에서 벗어나기는 힘듭니다. 고가의 메인 보드에 내장된 사운드 카드는 웬만한 외장 사운드 카드보다 좋지만 그렇지 않은 경우(예를 들어 VIA의 칩셋)는 고가형이 아닙니다. 따라서 사운드를 중요하게 생각한다면 별도의 사운드 카드를 구입하여 설치하는 것이 좋습니다.

11. USB 3.0을 지원하는가?

USB 3.0을 메인 보드에서 지원하는 경우 USB 3.0을 사용하는 주변 기기를 함께 사용하면 빠르게 데이터를 전송할 수 있습니다. USB 3.0과 USB 2.0의 모양은 동일하지만 색상을 보면 USB 3.0이 파랑색이고 USB 2.0은 흰색입니다.

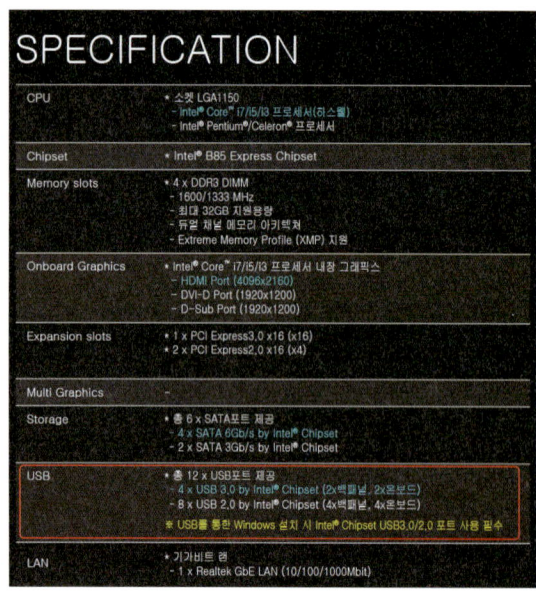

USB 지원 정보

메인 보드의 입출력 패널

백보드라고 표시된 것은 컴퓨터의 뒷면에 USB를 연결할 수 있는 포트가 부착되어 있는 것을 말하며, 온보드라는 메인 보드의 핀으로 구성되어 있는 것으로 케이스의 앞면에 지원하는 USB 포트를 연결할 수 있는 곳입니다.

12. 캐패시터는 어떤 것을 사용하는가?

전해질 캐패시터

솔리드 캐패시터

콘덴서라고도 하는 캐패시터는 전기 회로에서 전기장을 모아두는 장치입니다. 캐패시터는 메인 보드의 여기 저기에 설치되어 있는데 캐패시터의 수명이 정해져 있어서 사용 기간이 길어지면 고장이 나기도 합니다. 고장난 메인 보드를 확인하면 캐패시터가 부풀어 올라있는 경우가 많습니다. 이것은 캐패시터의 수명이 다해 메인 보드가 고장난 것입니다. 이런 경우 캐패시터만 교체해줘도 되는데 일반인이 교체하기는 어렵습니다. 그러므로 내구성이 좋은 캐패시터를 사용하는 것이 좋습니다. 일반적으로 캐패시터는 전해질 캐패시터와 솔리드 캐패시터가 있는데, 솔리드 캐패시터가 전해질 캐패시터에 비해 내구성이 높다고 알려져 있습니다

13. 페이즈 확인

CPU 소켓 주위에는 캐패시터 외에 모스펫, 초크 코일 등의 전원 관련 부품들이 있습니다. 이들 전원 관련 부품들을 묶어 페이즈라고 하는데, CPU에 안정적인 파워를 공급하는 중요한 부품입니다. 보급형 메인 보드에서는 3개 정도의 페이즈가 있으며, 고급형 메인 보드에는 6개 내외의 페이즈가 있습니다. 페이즈가 많으면 그만큼 안정적인 파워를 공급할 수 있습니다.

페이즈

14. 기타 제공사항

제조 회사별로 별도의 하드웨어 변경이 없는 선에서 오버 클러킹을 손쉽게 도와주는 기술도 제공하며 Dual BIOS, 파워 부스트, TurboV-EVO, QuickBoot 같은 기술 등 다양한 기술을 지원합니다. 이것은 제조사와 메인 보드의 종류에 따라 다르므로 어떤 기능을 제공하는지 꼼꼼히 따져보는 것도 좋습니다.

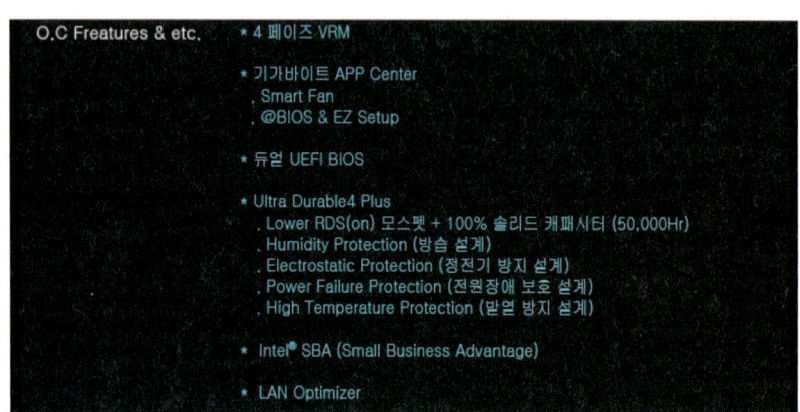

Part 01 PC 부품을 완벽하게 파헤쳐보자!

RAM – 데이터 처리 속도를 올려라

RAM(Random Access Memory)은 컴퓨터의 속도를 향상시키는 것과 밀접한 관련을 가지고 있습니다. 단순히 용량만을 올린다고 해서 속도를 향상시킨다고 볼 수 없으며 메모리 속도와 듀얼 채널을 함께 고려한다면 속도를 올리는데 도움을 받을 수 있습니다. RAM의 기본적인 형태와 운영 방식 등을 알아보겠습니다.

01 RAM의 다양한 종류

RAM은 메모리 슬롯 방식에 따라 SIMM 방식과 DIMM 방식으로 나뉘어졌는데 현재는 DIMM 방식만 사용되고 있습니다. DIMM 계열 중에서 SDRAM, RDRAM, DDR SDRAM들이 사용되어 왔습니다. 그 종류에 대해서 알아보겠습니다.

1. RAM의 역할

하드디스크에는 처리해야 할 데이터가 위치해 있습니다. CPU는 이 데이터를 꺼내어 처리해야 할 연산 작업을 실행합니다. 문제는 CPU에 비해 하드디스크의 속도가 너무 느리다는데 있습니다. 때문에 서로 속도 차이가 현격하기 때문에 이 둘이 작업을 하면 병목이 발생할 수밖에 없습니다. 또한 결과적으로 작업 속도도 하드디스크의 속도만큼만 나오게 됩니다. 이때 CPU보다는 속도가 느리지만 하드디스크의 데이터를 옮겨와서 CPU와 함께 빠르게 연산을 처리할 저장 장치가 있다면 더 효율적이겠지요? 이것이 RAM입니다. RAM은 하드디스크에서 필요한 데이터를 꺼내서 처리하고 다시 하드디스크로 돌려보내기 때문에 지속적인 기억 능력이 필요 없습니다. 때문에 RAM은 PC의 전원을 끄면 방금 전까지 처리하던 데이터가 모두 지워집니다. 이를 '휘발성 메모리'라고 하고 하드디스크처럼 전원이 꺼져도 데이터를 보관할 수 있는 장치를 '비휘발성 메모리'라고 합니다.

RAM? 메모리?

RAM을 통상적으로 '메모리'라고 부릅니다. PC의 부품 요소 중에서 일상적으로 '메모리'라고 하면 RAM을 의미하지만 'USB 메모리가 얼마나 돼?'라고 한다면 USB의 용량을 묻는 말이 됩니다. 혼용되어 사용되고 있으니 대략적인 의미를 이해해 두는 것이 좋습니다.

65

그렇다면 하드디스크의 데이터 중에서 처리해야 할 데이터를 한꺼번에 2GB를 가져올 수 있는 것이 빠를까요? 아니면 4GB를 가져올 수 있는 형태가 빠를까요? 당연히 한 번에 더 많은 데이터를 가져올 수 있는 경우가 좋겠지요? 때문에 RAM의 용량이 클수록 속도에 영향을 미칩니다. 단, 무조건 용량이 클 필요는 없습니다. 왜냐하면 자신의 PC 사용 환경이 소소한 일 처리만 한다면 굳이 한 번에 많은 양의 데이터를 RAM으로 옮겨올 필요가 없습니다. 하지만 영상 처리를 한다거나 3D 그래픽 작업을 하는 등의 대용량 데이터를 다루는 경우 RAM의 용량을 올릴수록 속도 향상을 크게 맛볼 수 있습니다.

2. 이젠 잊혀진 SDRAM

펜티엄 4까지 사용되어진 SDRAM(Synchronous DRAM)은 168개의 핀으로 이루어진 형태였습니다. FSB 클럭에 따른 다양한 이름을 가지고 출시되었으므로 이름을 보면 FSB 클럭을 알 수 있습니다. 예를 들어 PC66 SDRAM은 66MHz의 FSB 클럭을 의미하고 PC133 SDRAM은 133MHz의 FSB 클럭을 가졌다는 것을 의미합니다. FSB 클럭을 확인하고 용량을 확인한 후 구매하여 사용하였습니다. 현재는 SDRAM은 구형 펜티엄급 PC에서만 사용하고 현재 나오는 PC는 DDR SDRAM을 사용하고 있습니다.

참고 **FSB 클럭이란?**
FSB는 'Front Side Bus'의 약어로 CPU가 RAM 등의 장치와 데이터를 주고받는 통로를 의미하고 FSB 클럭이란 데이터를 몇 번 주고받을 수 있는가를 표시하는 수치입니다. 보통 FSB는 CPU와 RAM, 메인 보드에서 제공되는 수치가 서로 다르면 속도 상에 이점을 가질 수 없습니다. 되도록 CPU, RAM, 메인 보드의 수치를 서로 맞추어 사용하는 것이 가장 적절한 조합을 구축하는 것입니다.

3. 비즈니스에서 밀린 RDRAM

요즘 사용되고 있는 DDR SDRAM보다 먼저 개발된 RDRAM은 처음에는 인텔의 지원하에 184핀 소켓을 사용하는 제품들을 출시했습니다. 성능으로만 보면 이후에 출시된 DDR SDRAM보다 월등한 성능을 자랑했지만 RDRAM을 만든 램버스 사에서 메모리 제조사들에게 라이선스료를 요구하면서 DDR SDRAM이 표준으로 채택되는 빌미를 제공했습니다. 이후에 인텔마저도 저렴한 DDR SDRAM을 선택하면서 RDRAM은 비운의 단종 절차를 밟았습니다.

4. DDR SDRAM

DDR SDRAM은 SDRAM에 주파수 다중화 기술을 도입하고 사용 전압도 기존의 3.3V에서 2.5V 수준으로 낮추어 더 빠른 전송 속도를 실현했습니다. 현재 많이 사용되는 DDR3 SDRAM의 시발점이 된 모델입니다. 뿐만 아니라 동일한 형태의 DDR SDRAM 두 개를 함께 설치하는 듀얼 채널을 이용하면 SDRAM과 비교했을 때 4배 정도의 메모리 전송 대역폭을 얻을 수 있다는 장점도 있습니다.

RAM을 설명하기 위해서는 인텔의 아키텍처를 이해해야 합니다. 사람의 몸도 머리가 중요하듯 PC도 머리에 해당하는 CPU의 구성 방법(아키텍처)에 따라서 다른 부품들에 미치는 영향이 매우 달라집니다. 인텔은 시스템 버스 대역폭을 4배로 만들어주는 쿼드펌핑(QDR)을 사용할 수 있도록 했는데 이 기술 덕분에 RAM의 대역폭이 발전할 수 있었습니다.

> **tip 메모리 듀얼 채널(Dual Channel)과 트리플 채널(Triple Channel)**
>
> RAM을 설치할 때 1개 또는 3개를 설치하는 것보다는 2개 혹은 4개의 RAM을 설치할 때 메모리 전송 대역폭을 2배 정도로 올릴 수 있습니다. 두 개의 메모리 채널을 이용하여 보내므로 데이터를 2배로 전송할 수 있다는 개념입니다. 이러한 기술을 듀얼 채널이라고 합니다. 듀얼 채널을 사용했다고 해서 PC의 사양이 2배로 올라가는 것은 아닙니다. 대용량의 프로그램을 사용하거나 동시에 여러 프로그램을 사용할 때 좀 더 나은 성능 향상을 꽤할 수 있습니다. 만약 8GB의 RAM을 설치할 것이라면 4GB 용량의 RAM 2개를 듀얼 채널로 설치하는 것이 좋습니다. 듀얼 채널로 RAM을 설치할 때 동일한 용량과 속도의 RAM을 사용해야 합니다. 되도록이면 제조사, 용량, 속도, 생산 시기마저도 비슷한 RAM을 사용하는 것을 추천합니다.
> 듀얼 채널을 제공하는 메인 보드의 경우 RAM을 꽂는 슬롯이 2개씩 동일한 색상으로 구분되어 있습니다. 최근 출시된 메인 보드에서는 트리플 채널을 지원하는 경우도 있습니다. 이 경우엔 듀얼 채널처럼 2개나 4개가 아니라 3개나 6개의 RAM을 꽂아 사용하는 것을 의미합니다. 이 경우 대역폭이 3배 이상 향상되는 효과를 맛볼 수 있습니다.

DDR SDRAM의 라벨을 보면 PC3200처럼 숫자가 있는 것을 볼 수 있습니다. 이 숫자는 램이 사용할 수 있는 대역폭이라고 보면 됩니다. 실질적으로는 듀얼 채널로 이용하기 때문에 3200MB/s × 2(듀얼 채널) = 6400MB/s의 시스템 버스 대역폭을 사용할 수 있습니다. 버스 대역폭은 데이터를 실어 나를 수 있는 도로의 폭이라고 가정하면 이해가 빠릅니다.

5. DDR2 SDRAM

DDR SDRAM에서 DDR2 SDRAM으로 넘어오면서 가장 큰 변화는 전압을 1.8V로 낮추고 핀수도 240핀으로 늘렸으며 메모리 입출력(I/O) 클럭을 2배로 향상시켰다는 것입니다. 보통 이런 경우에 수치적으로는 2배의 향상이 있다고 선전을 하지만 꼭 그런 것만은 아닙니다. 이미 말했지만 체감상으로는 자신이 어떤 프로그램을 다루느냐에 따라서 체감 속도가 다를 수 있습니다.

DDR2 SDRAM의 라벨을 보면 'PC2-3200'의 글자가 보이는데 앞의 'PC2'는 DDR2 SDRAM을 의미합니다. 물론 'PC3'으로 시작한다면 DDR3 SDRAM을 의미합니다. DDR2 SDRAM부터는 RAM의 속도를 이해할 수 있어야 합니다. 굳이 계산까지 할 필요는 없습니다. 'PC2-3200'의 경우 대략적으로 초당 3200MB의 데이터를 나를 수 있는 속도라고 보면 됩니다. 실제로는 3200MB보다 조

금 높게 나오지만 속도를 이해하는 가장 쉬운 방법입니다. 당연히 이 수치가 높다면 더 빠른 속도를 낼 수 있습니다.

6. DDR3 SDRAM

자! 여러분이 가장 많이 사용하고 있을 DDR3 SDRAM입니다. 물론 DDR2 SDRAM보다 더 낮은 1.5V 전압을 지원하고 메모리 입출력 버퍼도 DDR2 SDRAM에 비해 2배 더 향상되었습니다. 메모리 입출력 버퍼가 늘어났다는 것은 데이터를 전송하기 위해서 한 번에 보관되는 양이 늘었다는 것이기 때문에 당연히 DDR2 SDRAM보다 빠른 속도를 낼 수밖에 없습니다.

라벨을 보면 PC3-10600이라고 쓰인 부분이 보일 것입니다. 자! 이 DDR3 SDRAM은 최대 메모리 속도가 얼마일까요? 대략적으로 10600MB/s라고 보면 됩니다. 물론 실질적으로 계산을 해보면 10560MB/s 정도가 나옵니다. 큰 차이가 아니기 때문에 대략적으로 그 정도라고 보고 RAM을 구입할 때 참고합니다.

02 메모리의 구성과 라벨 읽기

메모리(RAM)의 구성과 라벨의 의미를 이해하는 방법에 대해서 알아보겠습니다. 메모리의 구성은 메인 보드와 함께 익혀두는 것이 좋습니다.

1. 메모리 명칭

각 명칭 중에서 DDR 종류와 대역폭, 주차 코드 등은 반드시 이해하고 넘어가야 합니다.

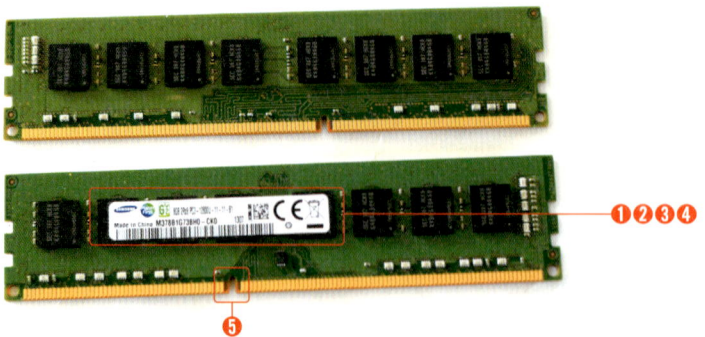

❶ 제품 라벨 : RAM의 종류와 대역폭, 주차 코드 등이 표시되어 있습니다.

❷ DDR 종류 : PC로 시작하면 DDR SDRAM, PC2로 시작하면 DDR2 SDRAM, PC3로 시작하면 DDR3 SDRAM을 의미합니다.

❸ 대역폭 : PC 뒤에 붙는 수치가 대역폭을 의미합니다. 대역폭이 클수록 빠른 메모리입니다.

❹ 주차 코드 : 메모리를 생산한 일시가 표시됩니다. '1024'라면 2010년 24주차에 생산된 메모리를 의미합니다.

❺ 메모리 홈 : 메인 보드의 메모리 슬롯에 설치할 때 메모리 홈을 맞추어 설치하도록 되어 있습니다. DDR 1/2/3에 따라 메모리의 홈이 다르고 메인 보드에서 지원하는 메모리 형태가 다르니 메인 보드에서 지원하는 메모리를 구입해야 합니다.

2. 메인 보드와 메모리

메인 보드에 메모리를 설치할 때 핀 수와 DDR의 종류를 반드시 확인해야 합니다. 메인 보드에서 지원하는 메모리를 구입하지 않으면 낭패를 볼 수 있습니다.

❶ 메모리 슬롯 : 메모리를 설치하는 곳입니다.

❷ 메모리 : 메모리를 설치했을 때의 모습입니다.

❸ 메모리 고정 레버 : 메모리를 탈부착하기 위해서 레버를 당기거나 닫아주어야 합니다.

❹ 메모리 방열판 : 메모리의 열을 낮추기 위해서 설치합니다. 필요시에 설치하거나 아예 방열판이 설치되어 판매되는 제품도 있습니다.

32bit와 64bit에 따른 활용 가능 RAM의 용량

윈도우 운영체제를 이용할 때 32bit와 64bit 운영체제로 나누어지는데 32bit 운영체제에서는 3GB까지만 인식이 가능합니다. 때문에 4GB 이상의 RAM을 설치해야겠다면 64bit 윈도우를 설치해야만 설치한 RAM 용량을 모두 이용할 수 있습니다. 단, 아직까지 64bit를 지원하지 않는 프로그램들이 있으므로 꼭 필요한 프로그램 중에서 64bit 운영체제를 지원하지 않는 프로그램이 있는지 확인한 후 설치하도록 합니다.

03 선택! RAM을 구매하는 방법

RAM을 구매하는 여러 가지 조건들에 대해서 알아보고 자신에게 맞는 최적의 RAM을 선택하는 방법을 이해하도록 하겠습니다.

1. 메인 보드와 궁합을 맞추자.

메인 보드에서 지원하는 RAM을 선택해야 합니다. 메인 보드에서 DDR2를 지원한다면 당연히 DDR2 RAM을 구입해야 합니다. 물론 DDR3 RAM을 구입해도 동작은 하지만 굳이 비싼 RAM을 구입할 필요는 없습니다.

2. 메모리 내부 클럭이 빠른 메모리를 구입하자.

동일 대역폭이라면 메모리 내부 클럭이 빠른 메모리가 더 좋은 성능을 내기 때문에 되도록이면 메모리 내부 클럭이 높은 메모리를 구입하는 것이 좋습니다. 보통은 대역폭이 높은 메모리를 구입하면 속도면에서는 올바른 선택을 한 것이기 때문에 크게 신경 쓰지 않아도 됩니다.

3. 메모리 오버 클러킹을 시도하겠다면!

메모리 오버 클러킹을 하겠다면 되도록 낮은 전압의 메모리를 구입하는 것이 유리합니다. 단, 메모리 오버 클러킹은 열이 많이 발생하기 때문에 메모리 방열판이 있는 제품을 사용하길 권장합니다. 또한 메모리 오버 클러킹을 할 경우 메모리 슬롯을 모두 사용하는 풀뱅크를 사용할 수 없습니다. 4개의 메모리 슬롯이 있다면 2개의 메모리 슬롯만 사용해야 합니다. 이 부분을 고려하여 메모리를 구입해야 합니다.

4. 메인 보드가 듀얼 채널을 지원한다면 두 개씩 짝으로 구입하자.

메인 보드에서 듀얼 채널을 지원한다면 반드시 메모리를 짝으로 구입하도록 합니다. 8GB의 메모리를 구성한다면 8GB 메모리 1개보다는 4GB 메모리 2개를 구입하여 듀얼 채널을 구성하는 것이 좋습니다.

5. 되도록 CL(레이턴시)이 낮은 메모리를 구입하자.

CL이란 메모리가 작동할 때의 반응 속도를 말합니다. 수치가 낮을수록 반응 속도가 좋은 것이라고 보면 됩니다. 속도에 크게 영향을 미치지는 않지만 이왕이면 CL 값이 낮은 메모리를 구입하는 것이 좋습니다.

6. 널뛰는 메모리 가격

PC 부품 중에서 메모리 가격이 가장 유동적으로 바뀝니다. 메모리 가격은 신문에도 동향 등이 나오기 때문에 유심히 보면 메모리를 현재 구입하는 것이 좋을지 좀 더 이후에 구입하는 것이 유리한지 알 수 있습니다.

Part 01 PC 부품을 완벽하게 파헤쳐보자!

Chapter 06
그래픽 카드 – 화면 처리 속도를 최대한 빠르게!

PC의 화면 처리와 관련된 부분은 그래픽 카드에 거의 달려있다고 보아야 합니다. 영상으로 내보낼 데이터는 그래픽 카드를 통해 모니터나 기타 출력 장치로 내보내게 됩니다. 때문에 게임이나 영상을 다루는 일을 한다면 그래픽 카드의 선택도 매우 중요하다고 할 수 있습니다. VGA 카드로도 불리는 그래픽 카드의 구성 요소와 선택 방법에 대해서 알아보겠습니다.

01 그래픽 카드 구성 요소의 명칭과 역할

그래픽 카드의 구성 요소는 VGA 쿨러를 낀 채로 보여지는 모습만으로는 정확하게 어떻게 구성되어 있는지 알 수 없습니다. VGA 쿨러를 해체한 모습과 VGA 쿨러가 장착된 상태의 모습을 모두 이해해 두는 것이 좋습니다.

1. 그래픽 카드 외부 구성 요소와 역할

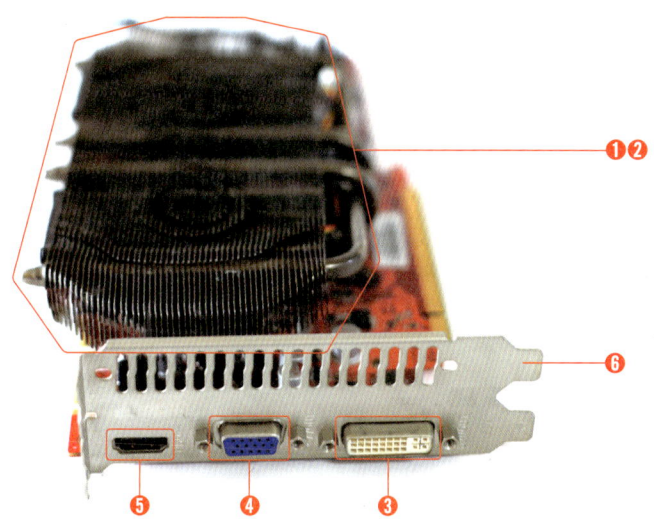

Part 01 PC 부품을 완벽하게 파헤쳐보자!

❶ **VGA 쿨러** : GPU와 비디오 메모리에서 발생하는 열을 냉각시킵니다.

❷ **냉각팬** : VGA 쿨러의 히트 싱크와 방열판을 통해서 모아진 열을 밖으로 빼내는 역할을 합니다.

❸ **DVI 단자** : 모니터와 연결하는 단자로 모니터의 단자도 DVI 단자일 때만 연결이 가능합니다. 모니터가 D-Sub를 지원할 때는 변환 젠더를 이용하여 연결할 수 있습니다.

❹ **D-Sub 단자** : 모니터와 연결하는 단자로 모니터의 단자도 D-Sub 단자일 때 연결이 가능합니다. DVI와 마찬가지로 변환 젠더를 이용하면 DVI 단자가 있는 모니터와 연결할 수 있습니다.

❺ **HDMI 단자** : HDMI 케이블로 연결되어 고품질의 디지털 영상/사운드를 전송할 수 있습니다.

❻ **브라켓** : 그래픽 카드를 PC 케이스와 연결하여 고정할 수 있습니다.

❼ **그래픽 카드 고정 걸쇠** : 메인 보드의 그래픽 카드 슬롯 옆에 있는 고정 레버에 걸리는 부분으로 그래픽 카드가 흔들리지 않도록 하는 역할을 합니다.

❽ **PCI Express x16 슬롯 커넥터** : 메인 보드의 그래픽 카드 슬롯에 연결되는 커넥터입니다. 메인 보드 역시 PCI Express 슬롯을 가지고 있어야만 합니다.

그래픽 카드 슬롯의 역사

그래픽 카드의 슬롯은 PCI, AGP, PCI Express의 형태로 발전되어 왔습니다. 요즘은 PCI Express가 사용되고 있습니다. PCI Express도 1.0, 2.0, 3.0까지 발전되고 있으며 현재는 PCI Express 3.0이 널리 사용되고 있습니다. 그래픽 카드를 업그레이드할 때도 사용하고 있는 메인 보드가 어떤 그래픽 카드 슬롯을 제공하는지 확인한 후 구매해야 합니다.

2. 그래픽 카드의 보드 구성 요소

❶ **GPU** : 그래픽 카드에서 사용하는 CPU로 화면 처리에만 사용되는 CPU입니다. GPU가 그래픽 카드의 성능에 가장 큰 영향을 미칩니다.

❷ **비디오 메모리** : 그래픽 카드에서 사용하는 메모리입니다. 비디오 메모리도 DDR 방식을 사용하는데 그래픽 카드에 사용하는 메모리라는 의미로 'GDDR'로 부릅니다. 최근에는 GDDR5가 사용되고 있습니다. 수치가 높을수록 최신입니다.

❸ **캐패시터** : GPU와 비디오 메모리에 전압을 공급하기 위한 부품입니다. 중급 이상의 그래픽 카드에는 고체 캐패시터를 이용하는데 되도록 고체 캐패시터를 사용한 제품을 이용하는 것이 좋습니다.

❹ **보조 전원 단자** : 그래픽 카드가 고성능이 되면서 보조 전원 단자를 꼭 사용해야 하는 그래픽 카드들이 출시되고 있습니다. 이 경우 6핀이나 8핀 보조 전원을 사용하는데 파워 서플라이에서 이를 지원하는지를 확인하는 것이 좋습니다.

❺ **SPDIF IN 단자** : 디지털 사운드를 전송할 때 사용하는데 보통 HDMI로 영상을 내보낼 때 함께 사용합니다.

❻ **SLI 커넥터** : 두 개 이상의 그래픽 카드를 연결하여 사용할 수 있도록 해주는 인터페이스입니다. SLI 커넥터는 보통 1개나 2개가 제공되는데, 1개가 있다면 SLI로 2개의 그래픽 카드를 연결하고, SLI 커넥터가 2개가 있다면 3개의 그래픽 카드를 연결해서 사용할 수 있습니다. NVIDIA 사에서는 SLI 인터페이스를 사용하고 AMD 사에서는 크로스파이어(Cross Fire) 인터페이스를 사용합니다.

❼ **냉각팬 전원 단자** : 냉각팬에 전력을 공급하는 장치입니다.

02 GPU를 잡으면 그래픽 카드가 보인다

그래픽 카드는 NVIDIA사와 ATI사가 양분하고 있었는데 CPU 생산 업체인 AMD사가 ATI를 인수하면서 현재는 NVIDIA사와 AMD가 대결을 하고 있는 구도입니다. GPU가 그래픽 카드의 성능을 평가하는 가장 큰 비교 잣대이므로 관련 용어와 함께 알아두는 것이 좋습니다.

1. GPU를 제대로 알자

CPU의 클럭 속도로 CPU의 기본적인 속도를 이해하듯이 GPU의 동작 속도로 그래픽 카드의 성능이 어느 정도 되는지 이해할 수 있습니다. 하지만, 그래픽 카드 안에는 단순히 GPU만 있는 것이 아니라 GDDR도 있고 프로세서의 지원 개수와 아키텍처, DirectX 능력 등 고려해야 할 것이 많습니다.

또한 AMD와 NVIDIA사가 서로 주장하는 바나 기술의 형태가 조금씩 달라서 단순히 비교하기가 쉽지 않은 것은 사실입니다. 성능 비교를 위한 가장 손쉬운 방법은 벤치마크 사이트를 이용하는 것입니다. PassMark Software라는 벤치마크 사이트에서는 CPU, 그래픽 카드, 하드디스크, RAM 등의 벤치마크를 제공하고 있습니다. 물론 특정 조건에 따라 비교한 수치여서 비교 조건을 달리하면 조금씩 다르게 나타날 수 있지만 거의 순위가 동일하다고 보면 됩니다.

현재 자신이 가지고 있는 그래픽 카드의 벤치마크 순위를 알아보겠습니다. 'www.passmark.com' 사이트를 방문합니다. 상단에서 'Benchmarks'를 클릭합니다.

벤치마크 순위 사이트

CPU, 그래픽 카드, 하드디스크, RAM 등의 벤치마크를 제공하고 있습니다. 그래픽 카드의 벤치마크를 보기 위해서 'Video Card Benchmarks' 탭을 클릭합니다. 오른쪽에 'Select A Page'를 클릭하고 자신에게 맞는 카테고리를 선택합니다. 잘 모르는 경우는 'Searchable Videocard list'를 선택하고 자신의 그래픽 카드명으로 검색할 수도 있습니다. 소지하고 있는 그래픽 카드가 중급 이상이라고 가정하고 'Mid to High End Videocards'를 선택하겠습니다.

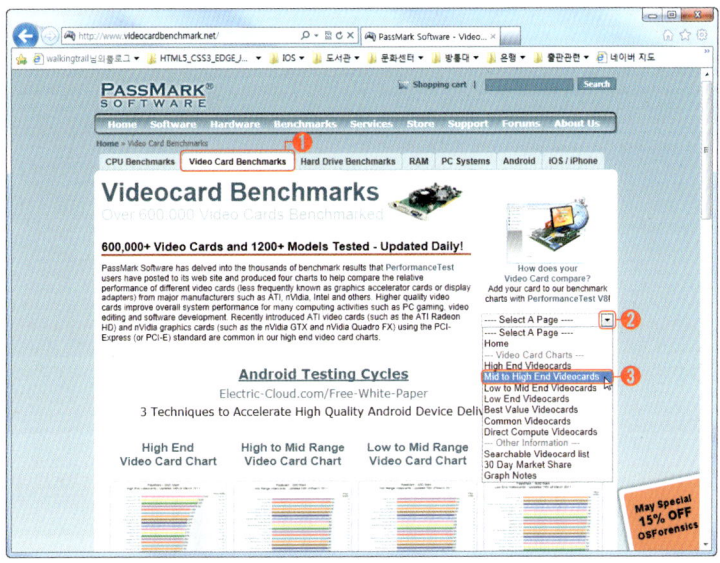

제품별 벤치마크 순위 확인 가능

가장 성능이 높은 그래픽 카드부터 성능이 낮은 그래픽 카드 순으로 표시됩니다. 성능이 수치로 비교되고 있기 때문에 자신의 그래픽 카드가 어느 정도의 성능을 발휘하는지 비교할 수 있습니다. 오른쪽에는 현재 판매가가 표시되어 있어서 가격대 성능비를 비교할 수도 있습니다.

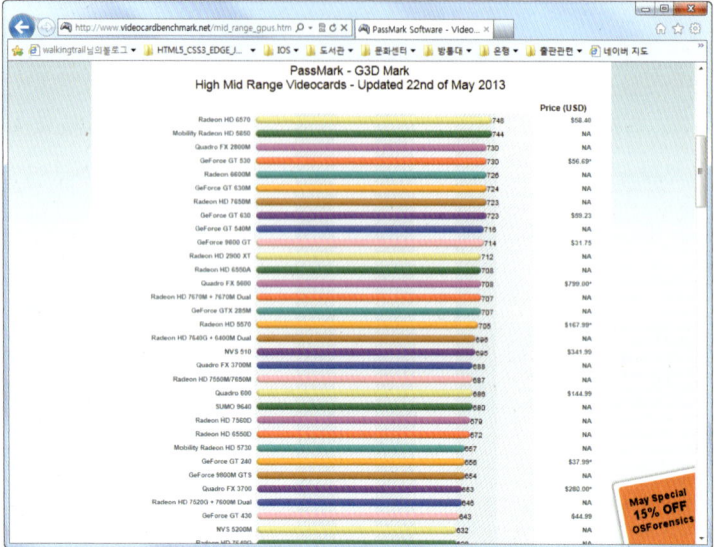

비디오 카드 벤치마크 순위

2. AMD의 스트림 프로세서 vs NVIDIA의 쿠다 프로세서

영상을 처리하는 문제가 이제는 단순히 2D에서 3D로 점차 저변이 넓혀지고 있기 때문에 영상을 처리하는 프로세서의 처리 능력이 그래픽 카드에서는 가장 중요한 부분이 되고 있습니다. NVIDIA는 쿠다 프로세서(CUDA Processor)를 사용하고 AMD는 스트림 프로세서(Stream Processor)를 사용하고 있습니다. 명칭은 다르지만 역할은 동일하다고 보면 됩니다. 이 영상 처리 프로세서의 개수로 처리 능력을 비교하면 되는데 구현 방식이 다르다보니 쿠다 프로세서와 스트림 프로세서의 단순 개수 비교는 무의미합니다. 때문에 그래픽 카드 순위 비교 사이트를 이용하는 것이 가장 간편한 비교 방법입니다. 단, 동일한 쿠다 프로세서나 스트림 프로세서 안에서의 비교는 개수 비교로도 충분히 역량 비교가 가능합니다.

프로세서의 개수만큼이나 프로세서의 클럭도 중요합니다. 프로세서의 클럭 수치가 높을수록 더 빠른 처리를 해낸다고 보면 됩니다. 프로세서 클럭은 'MHz'로 표시되며 그래픽 카드를 고를 때 동일한 가격이라면 프로세서의 개수가 많고 프로세서 클럭의 수치가 높은 것으로 선택합니다.

3. 최신 버전의 DirectX 지원

1995년 9월 'DirectX 1.0'이 출시된 이래로 현재 'DirectX 11'까지 출시되고 있습니다. DirectX(다이렉트엑스)는 멀티미디어, 특히 게임 프로그래밍의 마이크로소프트 플랫폼에서 작업하기 위한 API의 집합입니다. DirectX는 마이크로소프트 윈도우, 세가, 드림캐스트, 마이크로소프트 엑스박스 및 엑스박스 360을 위한 컴퓨터·비디오 게임 개발에 널리 쓰이고 있습니다. 따라서 DirectX를 사용하려면 그래픽 카드에서 최신의 DirectX를 지원해야 합니다. DirectX는 단순히 게임에서만 사용되는 것이 아니라 3차원 그래픽 하드웨어를 사용하여 높은 품질의 3차원 그래픽을 빠르게 렌더링할 수 있기 때문에 소프트웨어 업계 전반에서 사용되기도 합니다. 때문에 그래픽 카드의 DirectX 지원은 당연한 일일 수밖에 없습니다.

다음은 DirectX 9을 지원하는 GeForce 9600GT와 DirectX 11을 지원하는 GeForce GTX 650의 게임 그래픽 성능을 비교한 화면입니다. 성능면에서 꽤 차이를 보이고 있습니다.

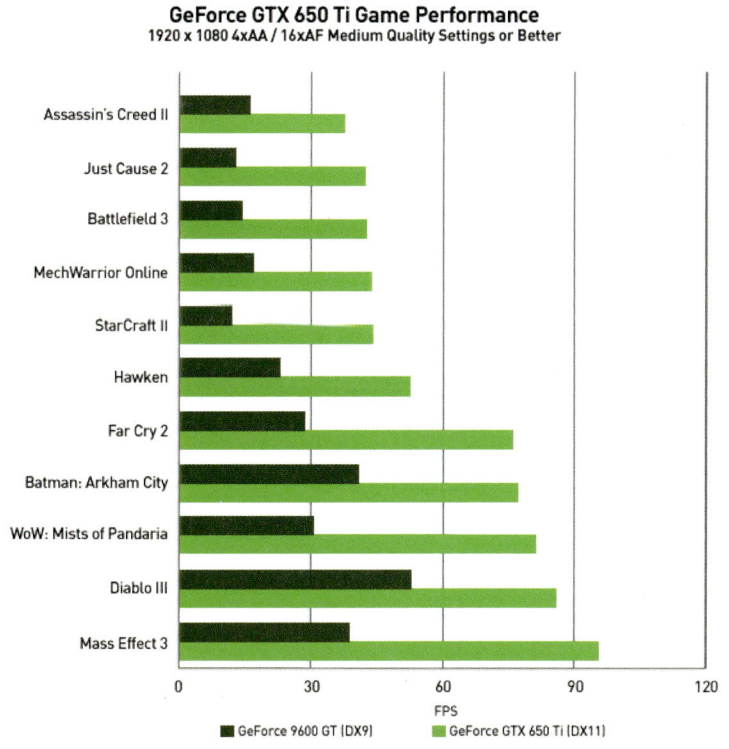

DirectX 9 지원 그래픽 카드와 DirectX 11 지원 그래픽 카드의 성능 비교

최신 DirectX 11은 윈도우 7 이상의 운영체제에서만 지원되고 있습니다(윈도우 Vista는 서비스 팩 2 이상에서 지원). DirectX는 게임을 할 때 눈에 띄게 구분이 되는데 예를 들어 DirectX 11을 지원하는 게임을 DirectX 9을 지원하는 그래픽 카드에서 돌린다면 DirectX 11을 지원하는 그래픽 카드와 비교해서 현격하게 차이나는 화질을 볼 수 있습니다. 특히 3D로 구현된 게임의 경우에는 디테일과 원근감 등의 실제감이 눈에 보일 정도로 차이가 납니다. 때문에 동일한 가격이라면 DirectX의 최신 버전을 그래픽 카드가 지원하는지를 확인하는 것이 좋습니다.

API란?
API(Application Programming Interface, 응용 프로그램 프로그래밍 인터페이스)는 응용 프로그램에서 사용할 수 있도록, 운영체제나 프로그래밍 언어가 제공하는 기능을 제어할 수 있게 만든 인터페이스(프로그래밍을 하는 하나의 규약)를 말합니다. 주로 파일 제어, 창 제어, 화상 처리, 문자 제어 등을 위한 인터페이스를 제공합니다.

4. 버스 유형에 따른 속도

메인 보드에 그래픽 카드를 설치할 때 연결되는 유형을 버스 유형이라고 부르는데 예전에는 AGP나 PCI 버스를 사용했지만 요즘은 PCI Express(줄여서 PCI-E로 부름)를 사용합니다. PCI Express도 1.0부터 3.0까지 변화가 있었지만 현재는 PCI-E 3.0이 사용되고 있습니다. 물론 메인 보드도 그래픽 카드와 같은 PCI-E 3.0을 함께 지원해야만 최적의 속도를 낼 수 있습니다.

▲ PCI-E 그래픽 지원 보드

그래픽 카드가 PCI-E 3.0이더라도 메인 보드가 PCI-E 2.0이라면 2.0의 성능으로 동작합니다. 따라서 그래픽 카드의 버스 유형도 메인 보드와 맞추어서 구매해야 합니다. PCI-E 1.0은 2.5GT/s(GigaTransfers per second)의 전송 속도를 내고 2.0은 5.0GT/s, 3.0은 8.0GT/s의 전송 속도를 냅니다. 보통 이런 경우를 이전 버전에 비해서 대역폭이 늘어났다고 하는데 대역폭이 늘어날수록 한 번에 전송할 수 있는 데이터의 양이 커진 것이므로 PCI-E 3.0 이상의 그래픽 카드와 메인보드를 구매하는 것이 당연한 이치일 것입니다. 또한 기술적으로 PCI-E 4.0이 발표되었습니다. 2014년에서 2015년 사이에 출시될 예정이며 16GT/s의 속도를 지원할 예정입니다.

5. 물리 엔진

그래픽 카드의 3D 처리 기능을 한층 업그레이드시켜주는 역할을 하는 기술이 물리 엔진입니다. 물리 엔진이라고 하니 하드웨어적인 처리 방식을 의미하는 것처럼 보이지만 실제로는 3D 처리 기능과 관련된 API 모음을 의미합니다. 사람의 머릿결이라던가 물의 흐르는 모양을 입체적으로 만들어주기 위한 개념이 물리 엔진이라고 보면 됩니다. 좀 더 사실감 넘치는 화면을 연출시켜 줍니다. NVIDIA는 'PhysX'라는 물리 엔진을 지원하고 AMD는 'Havok' 물리 엔진을 지원합니다. 최근에는 AMD가 새로운 물리 엔진인 'TressFX'를 출시했습니다.

TressFX 적용 전

TressFX 적용 후

사실적인 게임을 플레이하고 싶다면 물리 엔진을 지원하는 그래픽 카드를 사용해야 합니다. 그리고 최신의 물리 엔진을 사용하려면 항상 그래픽 카드의 드라이버를 최신 버전으로 유지하는 것이 도움이 됩니다.

6. SLI vs CrossFire

NVIDIA의 SLI(Scalable Link Interface)와 AMD의 Crossfire는 '멀티 GPU 기술'이라고 불리는

그래픽 카드의 성능을 향상시키는 기술입니다. 멀티 GPU 기술을 정확히 말하자면 2개 이상의 그래픽 카드를 메인 보드에 설치하여 두 배 이상의 그래픽 성능을 내도록 만드는 기술입니다. 2개 이상의 그래픽 카드를 메인 보드에 설치해야 하기 때문에 메인 보드도 2개 이상의 그래픽 카드 전용 슬롯을 가지고 있어야 합니다.

NVIDIA SLI 커넥터는 메인 보드에 그래픽 카드를 설치한 후 그래픽 카드를 서로 연결하는 커넥터입니다. 커넥터가 2개면 3개의 그래픽 카드를 연결할 수 있습니다. 연결하기 위해서는 SLI 브릿지(케이블)가 있어야 합니다. AMD의 Crossfire도 SLI와 동일하게 커넥터가 2개이면 3개의 AMD 그래픽 카드를 연결할 수 있습니다. 마찬가지로 그래픽 카드 커넥터를 연결하기 위해서는 Crossfire 브릿지가 있어야 합니다.

멀티 GPU 기술을 사용할 때 주의해야 할 점이 두 가지 있습니다. 첫째는 메인 보드 문제입니다. 메인 보드에서 멀티 GPU를 지원하여 PCI-E 슬롯을 지원한다고 할지라도 각 슬롯이 동일한 배속을 지원하지 않을 수도 있다는 것입니다. 예를 들어 하나의 그래픽 카드 슬롯은 16배속을 지원하는데 나머지 하나는 8배속을 지원할 수도 있습니다. 당연히 두 개의 슬롯 모두 16배속을 지원하는 것이 속도면에서 유리합니다. 반드시 메인 보드의 슬롯이 모두 16배속을 지원하는지 확인하기 바랍니다.

둘째는 파워 서플라이의 출력 문제입니다. 최근의 그래픽 카드는 모두 보조 전원을 사용할 정도로 많은 전력량을 필요로 합니다. 그런데 두 개 이상의 그래픽 카드를 설치하여 사용한다면 더 많은 전력량을 필요로 하는 것은 당연합니다. 이 경우 그래픽 카드가 필요로 하는 전력량을 확인하고 그만큼의 추가적인 전력을 확보하는 것이 중요합니다. 그래픽 카드의 전력량이 부족하면 모니터 화면이 표시되지 않을 수 있습니다. 꼭 SLI나 Crossfire를 사용하지 않는다할지라도 그래픽 카드가 필요로 하는 파워 서플라이의 정격 파워 용량이 있습니다. 이 경우 반드시 체크해야 할 것이 파워 서플라이의 정격 출력입니다.

SLI와 Crossfire를 지원하는 그래픽 카드 제품에는 마크가 포함되어 있습니다.

7. 그래픽 카드 메모리의 용량

최근 그래픽 카드의 메모리 용량이 급속도로 높아지고 있습니다. 그 이유는 그래픽 카드의 메모리가 모니터의 화면 해상도에 미치는 영향이 상당히 크기 때문입니다. 그래픽 카드의 메모리는 모니터에 표시할 화면 프레임을 그래픽 카드 메모리에 대기시키는 프레임 버퍼링 기술 때문입니다. 그래픽 카드에 영상 프레임을 저장시키는 공간이 클수록 모니터의 화면 해상도를 지원할 수 있는 크기가 정해지기 때문에 높은 해상도로 내보내기 위해서는 자연스럽게 그래픽 카드의 메모리 용량이 어느 정도 받쳐줘야 합니다.

메모리 용량에 따라 성능도 달라진다.

또한 게임 등에 사용되는 3D 화면 재생을 위해서는 더 높은 그래픽 카드 메모리 용량이 필요합니다. 2D 영상에 비해 3D 영상은 더 많은 정보를 저장하게 되고 다양한 셰이딩 정보를 저장하고 처리하기 위해서 그래픽 카드의 메모리 용량은 높아질 수밖에 없습니다. 최근에는 2GB가 넘는 메모리를 제공하는 그래픽 카드들이 출시되고 있습니다. 그래픽 카드 용량과 밀접한 관계가 있는 또 다른 기술이 있는데 '다중 디스플레이' 기술입니다. 다중 디스플레이는 하나의 그래픽 카드에 여러 대의 모니터를 연결하여 사용하는 기술입니다. 모니터 가격이 낮아짐에 따라서 2대 이상의 모니터를 연결하여 사용하는 사용자들이 늘고 있습니다. 다양한 작업을 동시에 처리하는 사무 환경에서는 꼭 필요한 기술 중에 하나입니다. 예를 들어 하나의 모니터에서는 영화를 보면서 다른 모니터에서는 워드 작업을 한다든지, 멀티 작업이 가능하게 만들어줍니다.

다중 디스플레이를 사용하려면 모니터에 더 많은 화면 정보를 전송해야 합니다. 때문에 대기해야 하는 그래픽 정보가 많아지고 이는 곧 그래픽 카드의 메모리 용량이 높아져야 하는 이유가 되기도 합니다. 최근에는 그래픽 카드 2개로 모니터 6대까지 연결할 수 있어서 그래픽 카드의 메모리 용량과 함께 파워 서플라이의 높은 출력이 요구되는 상황입니다. 결국 PC의 가격은 어떤 작업을 하느냐에 따라 가격이 결정된다고 볼 수 있습니다.

단, 낮은 메모리 용량에도 불구하고 다중 디스플레이를 사용하려면 화면 해상도를 낮추어 사용하는 방법이 있습니다. 해상도가 낮아지면 대기하는 영상 프레임의 정보량이 작아지기 때문에 상대적으로 낮은 메모리 용량에도 다중 디스플레이 기술을 사용할 수 있습니다.

8. 보조 전원 연결

그래픽 카드가 담당하는 역할과 영상의 크기가 날로 커짐에 따라 메인 보드를 통한 전원으로는 그래픽 카드가 동작하기 어려운 상황이 되었습니다. 결국 그래픽 카드에 직접 전원을 연결하여 동작시키는 형태의 그래픽 카드가 대세를 이루고 있습니다.

보조 전원을 지원하는 그래픽 카드

보통 6Pin 보조 전원을 사용하는데 경우에 따라 2개의 6Pin 보조 전원을 연결하는 경우가 있습니다. 이때는 파워 서플라이에서 6Pin 보조 전원 케이블을 지원해야 합니다. 만약 6Pin 보조 전원 케이블을 지원하지 않거나 2개의 보조 전원 케이블을 연결해야 하는 그래픽 카드에 1개의 보조 전원 케이블만을 지원하는 파워 서플라이의 경우 6핀 VGA 보조 전원 커넥터를 파워 서플라이의 4핀 전원 케이블과 연결하여 사용해야 합니다. 물론 이때도 파워 서플라이의 4핀 전원 케이블이 넉넉해야 합니다. 하나의 6핀 VGA 보조 전원 커넥터는 4핀 전원 케이블 2개가 필요하기 때문입니다.

6핀 VGA 보조 전원 커넥터

보조 전원을 연결하지 않는다면 화면이 아예 표시되지 않을 수 있습니다. 부팅은 제대로 되지만 화면이 표시되지 않는다면 보조 전원이 제대로 연결되었는지 확인하거나 파워 서플라이의 용량이 부족한 경우를 확인해볼 필요가 있습니다.

03 그래픽 카드 구매 전 알아둬야 할 용어

그래픽 카드를 구매하려면 알 수 없는 용어들로 정작 어떤 제품을 구매해야 할지 몰라서 헤매는 경우가 많습니다. 몇 가지 용어만 제대로 알고 있으면 구매가 훨씬 쉬워집니다.

1. Dual DVI

그래픽 카드에 2개의 DVI 케이블을 연결할 수 있는 포트를 제공한다는 뜻입니다. 즉, 2대의 모니터를 연결할 수 있습니다.

Dual DVI 지원 그래픽 카드

85

2. OpenGL 4.3 Support

1992년 실리콘 그래픽스 사에서 만든 2차원 및 3차원 그래픽스 표준 API 규격입니다. 이 API는 프로그래밍 언어 간, 플랫폼 간의 교차 응용 프로그래밍을 지원하고 단순한 기하 도형에서부터 복잡한 3차원 장면을 생성할 수 있습니다. OpenGL은 다양한 분야에 사용되지만 일반적인 컴퓨터에서는 컴퓨터 게임 분야에서 반드시 필요한 기술의 하나로 평가받고 있습니다. 뒤의 수치는 OpenGL의 버전을 의미하며 수치가 높을수록 최신의 API를 제공합니다.

3. Direct Compute Support

DirectX API의 한 부분으로 윈도우 Vista와 윈도우 7/8에서 그래픽 프로세서를 통한 범용 연산을 지원합니다. 많은 그래픽 카드에서 지원되는 API로 최근 게임들에서 많이 사용되고 있습니다.

4. HDMI 1.4a

HDMI는 디지털 방식의 영상과 음향 신호를 한꺼번에 하나의 케이블로 동시에 전달하는 방식을 의미합니다. 이 HDMI 케이블을 꽂을 수 있는 포트를 말하며 1.4 이상의 버전을 사용해야 하며 케이블도 1.4 이상을 지원하는 케이블을 사용해야 합니다.

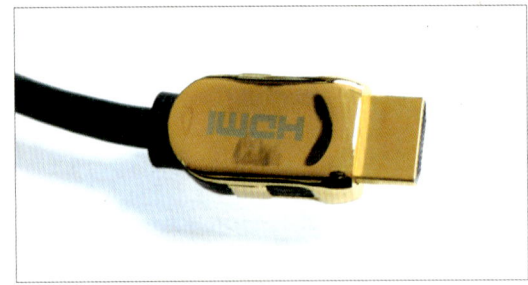

HDMI 케이블

5. GPU Boost

GPU의 고정된 클럭 속도를 모니터링하여 필요할 때마다 클럭 속도를 높여주는 기술입니다. GPU가 항상 최대 성능을 유지하여 프레임 속도를 최고점까지 높이는 데 도움을 주는 기술입니다.

6. Kepler GPU

NVIDIA의 GPU 아키텍처로 최신 DirectX 11 게임의 성능을 최고로 올려주고 소비 전력당 최적의 성능을 발휘할 수 있도록 설계되었습니다. 새로운 SMX 스트리밍 멀티프로세서는 이전 세대에 비해 2배 이상의 효율성을 제공하며, 새로워진 지오메트리 엔진은 2배 빠른 속도로 트라이앵글을 생성합니다. 이 아키텍처는 계속해서 발전 중이며 새로운 아키텍처가 나오면 새로운 이름으로 출시되기 때문에 Kepler GPU 역시 언제 도태될지 모르는 GPU의 한 모델입니다.

7. GDDR5

그래픽 카드에 사용되는 메모리로 GDDR3에서 GDDR5로 전환되었습니다. GDDR 뒤에 붙은 숫자가 점차 높아져가는 추세로 높은 숫자일수록 최신의 그래픽 카드용 메모리라고 보면 됩니다. GDDR5는 그래픽 카드에 포함되어 출시되기 때문에 사용자가 직접 구매할 필요는 없으며 그래픽 카드의 성능을 비교할 수 있는 근거로만 사용됩니다. 용량이 클수록 PC의 속도에 끼치는 영향이 비례한다고 보면 됩니다.

8. 6Pin Port

고성능 그래픽 카드가 출시되면서 높은 전력량을 필요로 하게 되었습니다. 이에 따라 그래픽 카드에 직접 전력을 공급하게 되었고 6Pin Port는 파워 서플라이에서 직접 전력을 연결합니다. 그래픽 카드에 따라 1개 또는 2개의 포트를 제공합니다.

9. NVIDIA Surround

NVIDIA Surround는 NVIDIA사에서 제공하는 기술로 최대 4대의 모니터를 연결할 수 있는 기술입니다. 3대의 모니터는 게임용으로 하나의 화면을 표시하고 나머지 1대의 모니터는 웹 브라우징이나 메신저 대화 용도로 사용할 수 있어서 게임을 하면서 다양한 작업을 할 수 있습니다.

10. Anti-Aliasing

안티 앨리어싱 기술은 그래픽으로 표현되는 이미지나 활자의 가장자리를 곧게 펴주어 보기 좋게 표현해주는 장점을 가지고 있습니다. 반면에 프레임 속도를 낮추는 요인이 되기도 합니다.

NVIDIA 사에서는 FXAA와 TXAA의 새로운 안티 앨리어싱 기술을 제공합니다.

11. 듀얼 쿨링팬

그래픽 카드의 소비 전력량이 커지고 작업량이 늘어남에 따라 점차 높은 열이 발생하여 에러의 원인이 되고 있습니다. 이에 기존 1개의 쿨링팬을 사용하는 것이 아니라 2개 이상의 쿨링팬을 사용하는 그래픽 카드들이 늘고 있습니다.

듀얼 쿨링팬 그래픽 카드

12. 메모리 버스

메모리 버스는 GPU와 메모리 간의 통로 역할을 하는데 메모리 버스의 수치가 높을수록 병목 현상이 발생될 요소를 줄여주기 때문에 다른 요소들이 모두 동일한 2개의 그래픽 카드를 놓고 봤을 때는 메모리 버스의 수치가 높은 편이 좋습니다. 하지만 메모리 버스의 수치만으로 그래픽 카드의 성능을 비교하는 것은 무리가 꽤 큽니다.

13. 메모리 속도

메모리 속도는 메모리 안에서 데이터를 전송하는 속도라고 보면 됩니다. 물론 메모리 속도가 빠를수록 좋지만 단순히 메모리 속도만을 가지고 전체 그래픽 카드의 성능을 논하기에는 어려움이 있습니다. 역시 동일한 그래픽 카드라면 메모리 속도가 빠른 것을 선택하는 것이 좋습니다.

04 내장 그래픽 카드란?

높은 사양을 원하는 그래픽 작업을 할 것이 아니라면 내장 그래픽 카드가 포함된 메인 보드를 구입하는 것도 방법입니다.

1. 내장 그래픽 카드란?

내장 그래픽 카드는 온보드 그래픽 카드라고도 하며 일반 그래픽 카드처럼 슬롯에 꽂는 형태는 아닙니다. 칩셋에 그래픽 코어를 내장하여 그래픽 기능을 할 수 있도록 만든 형태를 의미하므로 내장 그래픽 카드가 있는 메인 보드를 사용하면 외장 그래픽 카드를 구입하지 않아도 됩니다.

예전에는 내장 그래픽 카드의 성능이 현격히 떨어지기 때문에 단순 오피스 업무를 하는 사용자들이 주로 사용하였지만 현재는 단순한 게임 정도는 무리 없이 돌릴 수 있을 정도로 성능이 향상되었습니다. 그렇지만 내장 그래픽 카드가 외장 그래픽 카드를 대체할 정도로 성능이 뛰어난 것은 아닙니다. 내장 그래픽 카드의 단점은 전용 메모리가 없기 때문에 RAM의 일정 부분을 할애해서 사용해야 한다는 것입니다. 물론 이렇게 여러 부품을 제거했기 때문에 가격이 저렴하다는 장점도 있습니다. 단순 오피스 작업이나 웹 서핑 정도로 PC를 사용하겠다는 사용자에게는 추천합니다.

2. 내 컴퓨터에도 내장 그래픽 카드가 있을까?

내 PC에 내장 그래픽 카드가 있는지 확인하는 방법은 매우 간단합니다. 본체 뒤쪽에 D-Sub나 DVI 포트가 있는지 확인합니다. 물론 외장 그래픽 카드의 D-Sub나 DVI 포트와 혼동하지 말아야 합니다. 그래도 모르겠다면 DVI나 D-Sub 단자가 메인 보드와 붙어있는지만 확인합니다. 만약 메인 보드와 붙어있다면 내장 그래픽 카드가 있는 PC라고 보면 됩니다.

내장 그래픽 카드가 지원되는 메인 보드 본체

3. 인텔의 온보드와 AMD의 APU

내장 그래픽 카드는 인텔 제품과 AMD 제품이 주를 이루는데 내장 그래픽 카드 자체의 성능만을 놓고 보면 AMD의 APU가 더 성능이 좋은 것으로 알려져 있습니다. 내장 그래픽 카드를 사용하는 것이 주목적이라면 PC를 AMD용으로 꾸미는 것이 더 나을 수도 있습니다. 하지만 여러 가지 다른 부분 때문에 인텔 CPU를 사용해야 한다면 얘기가 달라질 수도 있습니다. 또한 발열이나 전력량 부분에서는 인텔의 내장 그래픽 카드가 AMD의 APU를 앞서고 있는 것이 사실입니다.

내장 그래픽 카드의 비약적인 성능 향상에 따라 저가형 외장 그래픽 카드들이 설자리가 없어지고 있습니다. 저가형 외장 그래픽 카드를 사용한다면 내장 그래픽 카드를 고려해보는 것도 방법입니다.

4. 내장 그래픽 카드를 외장 그래픽 카드로 업그레이드하기

내장 그래픽 카드의 성능을 향상시키는 가장 좋은 방법은 외장 그래픽 카드를 설치하는 것입니다. 이때 내장 그래픽 카드의 사용을 OFF로 하고 외장 그래픽 카드를 설치하면 되는데 내장 그래픽 카드의 사용 유무는 CMOS에서 설정할 수 있습니다. 단순히 내장 그래픽 카드의 사용을 OFF로 설정하고 외장 그래픽 카드를 슬롯에 꽂아 사용합니다.

05 선택! 그래픽 카드의 성능을 비교 구매하는 방법

그래픽 카드를 구매하려면 먼저 어떤 용도로 PC를 사용할 것인지를 명확히 해야 합니다. 생각보다 그래픽 카드의 가격이 꽤 천차만별이기 때문입니다. 용도가 결정되었다면 다음의 비교사항들을 고려하여 그래픽 카드를 선택하기 바랍니다.

1. 그래픽 카드의 모델명으로 제품 파악하기 – NVIDIA사 제품

그래픽 카드의 모델명만 봐도 제품이 충분히 어느 정도의 스펙을 가지고 있는지 미루어 짐작할 수 있습니다. 먼저 NVIDIA사의 '아수스 GTX780 D5 3GB'를 예로 들어 설명하겠습니다.

아수스 GTX 7 80 D5 3GB
❶ ❷ ❸ ❹ ❺ ❻

Chapter 06 그래픽 카드 - 화면 처리 속도를 최대한 빠르게!

❶ **아수스** : 그래픽 카드 제조사

❷ **GTX** : 성능 지표로 GTX(고급형), GTS(중급형), GS(보급형)로 나누어집니다.

❸ **7** : 출시된 세대를 의미하며 숫자가 높을수록 최신 세대를 의미합니다.

❹ **80** : 성능을 수치로 나타낸 것으로 역시 숫자가 높을수록 높은 성능을 의미합니다.

❺ **D5** : 메모리 형식을 의미하며 GDDR5를 의미합니다.

❻ **3GB** : GDDR5 메모리 용량이 3GB임을 의미합니다.

종합해보면 동일한 메모리 용량을 가지고 있다면 GTS보다는 GTX가 높은 성능을 내고 560보다는 580이 더 높은 성능을 냅니다. 그렇다면 GTX650과 GTX580의 성능은 어떨까요? 동일한 GTX이지만 세대가 빠른 650과 세대가 느린 580의 차이는 아무리 세대가 650이 더 앞선다할지라도 580이 더 높은 성능을 냅니다. 세대 뒤의 성능 등급을 확인하면 좀 더 쉽게 구분이 갈 것입니다.

2. 그래픽 카드의 모델명으로 제품 파악하기 – AMD사 제품

이번엔 AMD사의 그래픽 카드의 제품명으로 제품을 파악해 보겠습니다. AMD사의 제품은 ATI로도 표시한다는 점을 잊지 마세요. 예를 들어 '사파이어 라데온 HD 7750 OC D5 1GB'의 경우는 다음과 같습니다.

<u>사파이어 라데온</u> <u>HD 7</u> <u>750</u> <u>OC</u> <u>D5</u> <u>1GB</u>
　　　❶　　　　❷　　❸　　❹　　❺　　❻

❶ **사파이어 라데온** : 제조사와 GPU 브랜드를 의미합니다. 사파이어라는 제조사에서 라데온 GPU를 사용해서 만들었다는 의미입니다.

❷ **HD 7** : HD 뒤의 첫 번째 숫자는 만들어진 세대를 의미합니다. 역시 숫자가 높을수록 최신 세대에 만들어졌다고 보면 됩니다. 예를 들어 HD 5xxx은 2010년에 만들어졌고 HD 6xxx는 2011년에 만들어졌다고 보면 됩니다.

❸ **750** : 성능을 나타냅니다. HD x9xx는 최고급형부터 HD x4xx는 보급형까지 숫자가 높을수록 높은 성능의 그래픽 카드라고 보면 됩니다.

❹ **OC** : 오버 클러킹(Over Clocking)이 가능한 그래픽 카드를 의미합니다.

❺ **D5** : 메모리 형식을 의미하며 GDDR5를 의미합니다.

❻ **1GB** : GDDR5 메모리 용량이 1GB임을 의미합니다.

NVIDIA의 제품과 마찬가지로 세대가 빠르다할지라도 뒤의 성능 수치를 눈여겨보면서 선택하는 것이 중요합니다. 같은 세대의 같은 성능이라면 오버 클러킹도 되고 메모리 용량도 높은 모델을 선택하는 것이 좋습니다.

3. 인터넷이나 워드 작업을 하려면 - 내장 그래픽 카드

이미 설명하였지만 인터넷이나 워드 작업 정도로 PC를 사용하겠다면 굳이 외장 그래픽 카드를 구매할 필요가 없습니다. 내장 그래픽 카드로도 충분히 원하는 작업을 할 수 있습니다. 이 경우 그래픽 카드를 따로 구매할 필요가 없기 때문에 비용을 꽤 줄일 수 있습니다.

4. 내장 그래픽 카드가 아니라면 가성비를 따져라!

외장 그래픽 카드의 가격은 너무나도 천차만별입니다. 당연히 비싼 그래픽 카드가 성능도 뛰어납니다. 하지만 그렇다고 몇 백만 원씩이나 되는 그래픽 카드를 살 필요는 없습니다. 필자는 그래픽 카드의 선택 방법을 가성비(가격대 성능비)로 놓고 보는 것이 가장 타당하다고 생각합니다. 'http://www.videocardbenchmark.net/gpu_value.html'에서는 가성비로 체크한 최신의 순위를 볼 수 있습니다. 이 가성비 차트를 열어놓고 좀 더 비싸더라도 높은 성능으로 갈 것인지 아니면 좀 더 성능을 낮추고 가격이 저렴한 쪽으로 갈 것인지 선택하는 것이 가장 현명한 판단일 것입니다.

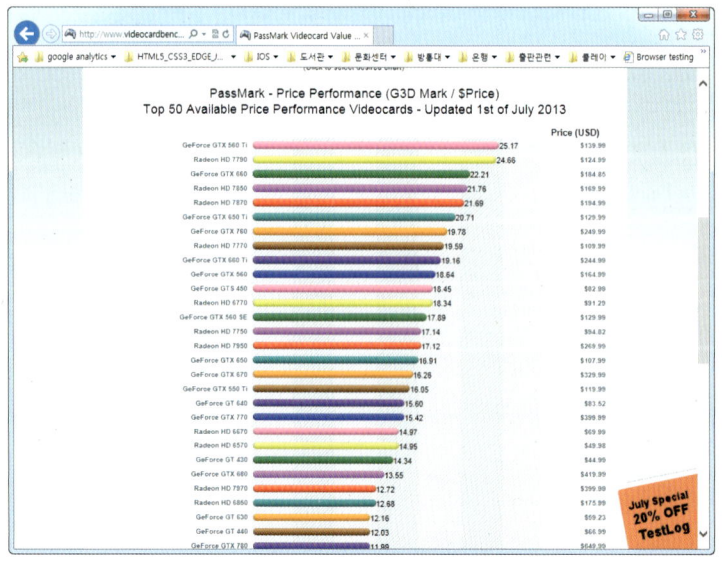

http://www.videocardbenchmark.net/gpu_value.html

Part 01 PC 부품을 완벽하게 파헤쳐보자!

07 모니터 – 모니터를 비교하고 선택하는 방법

예전 모니터의 종류는 CRT와 LCD로 나누어 보는 것이 보편적인 방법이었지만 최근에는 거의 LCD만 사용되고 있는 실정입니다. LCD 패널의 단점이 많이 향상되었기 때문이지만 부피가 큰 CRT의 사용이 불편하기 때문이기도 합니다.

01 다양한 모니터 종류

모니터의 기본적인 종류와 패널에 대해서 이해하도록 하겠습니다. CRT는 크게 신경쓸 필요는 없고 이런 모니터 종류가 있었다는 정도만 이해해도 되겠습니다.

1. CRT 모니터

예전에는 색 재현력 때문에 주로 사용되었지만 현재에는 그마저도 LCD 모니터에 자리를 내주고 말았습니다. CRT 모니터는 전자총으로 RGB 전자빔을 주사하는 방식을 사용했는데 이 때문에 눈의 피로도도 LCD에 비해서 큰 편입니다. 당시에는 LCD보다 저렴하다는 이유로 많이 사용되었지만 지금은 LCD도 가격이 꽤 하락해서 대부분이 LCD를 사용하고 있는 추세입니다.

CRT 모니터

2. LCD 모니터의 분류

'Liquid Crystal Display'의 약자로 CRT와 달리 자기발광성이 없어서 눈의 피로도가 적은 장점과 동작 전압이 낮은 장점을 두루 가지고 있는 디스플레이 표현 방식입니다. LCD의 종류로는 수동형(passive-matrix) 방식과 능동형(active-matrix) 방식으로 나뉩니다.

- **수동형(passive-matrix) 방식 :** 손목시계, 전자계산기처럼 간단한 디스플레이 장치가 필요한 곳에 주로 사용됩니다. TN-LCD를 기반으로 STN(Super-Twisted Nematic), DSTN(Double-layer STN), CSTN(Color-STN) 등이 있으며 응답 속도도 느리고 높은 해상도를 내기도 어렵습니다.

- **능동형(active-matrix) 방식** : TV와 모니터에 주로 사용되며 색상을 나타내기 위한 컬러 필터 및 공통 전극으로 구성된 상판과 박막 트랜지스터와 화소 전극이 배열된 하판 사이에 액정을 두고 정교한 화소를 제공함으로써 고해상도를 유지할 수 있다는 점이 가장 큰 특징입니다. 능동형 방식의 패널은 IPS, VA, TN 패널로 분류됩니다.

LCD 모니터

3. LCD 패널의 종류

사실 사용자 입장에서 일반적으로 사용되는 LCD 모니터가 능동형이니 수동형이니 하는 것은 별다른 의미가 없습니다. 그것보다는 현재 시판 중인 LCD 모니터의 패널의 종류를 이해해 두는 것이 더 중요합니다. 모니터의 성능은 어떤 패널을 사용했느냐가 더 중요한 잣대가 됩니다. 물론 각 제조사마다 각기 다른 패널을 사용하고 그 성능을 한층 올리고 있기 때문에 자신에게 맞는 모니터를 선택하는 것도 쉽지만은 않습니다. LCD 패널은 일반적으로 IPS 패널, VA 패널, TN 패널로 분류됩니다. 각 패널의 일반적인 특징은 다음과 같습니다.

❶ **IPS 패널** : 주로 동영상 감상에 적합
- 장점 : 시야각이 넓고 색 표현력이 뛰어남
- 단점 : TN 패널에 비해 응답 속도가 느린 편

❷ **VA 패널** : 명암비가 높아 그래픽 작업에 적합
- 장점 : 시야각이 넓고 명암비가 높아 색상 차이가 잘 표현됨
- 단점 : TN 패널에 비해 응답 속도가 느린 편

❸ **TN 패널** : 일반 사무용으로 적합
- 장점 : 응답 속도가 빠르고 저렴
- 단점 : 시야각이 좁음

모니터는 삼성과 LG가 시장 전체를 장악하고 있습니다. 기타 중소기업들이 좀 더 저렴한 제품으로 경쟁하고 있는 상태입니다. 가성비만 놓고 봤을 때는 중소기업 제품들도 나쁘진 않지만 원활한 A/S를 고려했을 때는 아무래도 삼성, LG 제품을 추천할 수 있습니다.

삼성은 VA 패널과 TN 패널을 주로 사용하고 LG는 IPS 패널을 주로 사용하고 있습니다. 자신의 사용 목적에 따라 패널을 선택하여 가격대를 고려하면 어떤 모니터를 구입하는 것이 좋을지 선택이 쉬울 것입니다. 모니터에는 부가적인 기능을 제공하고 있습니다. 부가적인 기능 중에 자신에게 꼭 필요한 기능이 있을 수 있으니 반드시 비교 구매하는 것이 좋습니다.

02 선택! 모니터를 비교 구매하는 방법

패널 선택이 끝났다면 모니터의 성능을 비교하는 몇 가지 요소들을 이해해야 합니다. 명암비, 응답 속도, 시야각, 밝기 등을 총체적으로 비교해야 합니다.

모니터를 구매할 때는 다음의 6가지 사항을 비교하여 구매하는 것이 가장 일반적입니다. 모니터의 성능을 비교하는 잣대가 됩니다.

1. 명암비

보통 500:1, 1000:1 등으로 표시하는데 가장 어두운 검정을 '1'이라고 봤을 때 가장 밝은 흰색을 표현하는 비율을 의미합니다. 500:1은 가장 어두운 검정이 '1'일 때 가장 밝은 흰색은 '500'을 의미합니다. 그렇다면 500:1보다는 1000:1이 더욱 좋은 명암비를 가진 제품이라고 볼 수 있습니다. 그래픽 작업을 주로 한다면 명암비가 높은 제품을 선택하는 것이 좋습니다.

2. 동적 명암비

말 그대로 동적으로 명암비를 조절해주는 기능이라고 보면 됩니다. 예를 들어 밝은 화면이 갑자기 어두워졌을 때도 백라이트의 밝기를 자동으로 조절하여 최적의 명암비를 유지해주는 기능입니다. 보통 10,000:1 이상이면 육안으로는 비교가 불가능합니다. 단, 명암비가 동일하다면 동적 명암비가 높은 제품을 선택하는 것이 좋습니다. 동적 명암비보다는 명암비가 선택의 주요한 요인입니다.

3. 시야각

시야각은 옆에서 보더라도 원래 색상 그대로 보여지는 각도를 의미하는데 보통 '광시야각'이라고 광고하는 제품들은 178도 이상의 시야각을 제공하는 제품들을 일컫는 말입니다. 역시 그래픽 작업을 하는 경우 시야각이 넓은 제품을 구매하는 것이 좋습니다.

4. 밝기

LCD는 혼자 빛을 낼 수 없기 때문에 백라이트가 필요한데 이 백라이트의 밝기가 밝은 제품이 좋습니다. 화면의 밝기는 사용자가 임의로 조정할 수 있기 때문에 이왕이면 밝은 제품을 선호합니다. 보통 250cd(candela) 이상의 밝기 제품이면 사용하기에 무난합니다.

5. 응답 속도

화면의 반응 속도를 말합니다. 단위는 ms(milli second)로 표시하며 1/1000초를 의미합니다. 응답 속도는 빠른 것이 좋기 때문에 5ms보다는 2ms가 응답 속도가 더 빠른 제품입니다. 응답 속도가 느린 제품은 영상 재생 시에 잔상이 남는 단점을 가지게 됩니다.

6. 모니터의 크기

모니터의 가격이 하락하면서 최근에는 23인치나 24인치가 주를 이루고 있습니다. 더 넓은 모니터를 사용하면 더 많은 정보를 표현할 수도 있고 더 크게 표시할 수도 있기 때문에 영화 등을 감상하기 위해서도 큰 모니터를 사용하는 것이 일반적인 추세입니다. 27인치의 경우에는 TV를 볼 수도 있는 TV 수신 기능이 포함된 제품들도 많이 선보이고 있습니다.

03 모니터의 부가 기능 종류

모니터에 부가적인 기능들이 많이 탑재되어 있습니다. 성능이 비슷한 모니터라면 부가 기능을 꼼꼼히 따져보세요. 자신에게 꼭 필요한 기능이 탑재된 모니터를 구매할 수 있습니다.

1. TV 수신

최근에는 HDTV를 수신할 수 있는 모니터들이 많이 출시되었습니다. 이런 모니터에는 HD 방송 수신기가 모니터에 내장되어 있어서 PC를 켤 필요 없이 모니터만 셋탑박스에 연결하고 켜면 바로 TV를 시청할 수 있습니다.

2. PIP

화면 분할 기능으로 모니터의 외부 입력 단자를 연결하여 플레이 스테이션이나 XBOX 등의 게임 화면을 동시에 볼 수 있습니다.

3. 틸트와 엘리베이션

틸트는 모니터 화면의 각도를 상하로 조절할 수 있는 기능을 말합니다. 자신의 눈높이에 맞춰 상하로 모니터의 각도를 조절할 수 있습니다. 엘리베이션은 모니터의 각도를 조절하는 것이 아니라 모니터 자체를 위/아래로 움직이는 기능을 말합니다.

4. MHL

스마트폰과 모니터를 연결하는 기능으로 MHL 표시가 있는 HDMI 단자에 MHL 케이블을 연결하고 반대편을 자신의 스마트폰과 연결하면 스마트폰 내의 영상을 모니터로 볼 수 있습니다. 이때 주의할 점은 MHL 케이블이 자신의 스마트폰과 호환되는 케이블인지 확인해야 합니다. MHL 연결을 지원하지 않는 모니터의 HDMI 단자에도 MHL 케이블을 연결할 수는 있지만 이 경우 MHL 케이블용 보조 전원이 필요합니다.

5. USB 호스트

모니터에서 USB 호스트 기능을 제공한다면 PC를 켜지 않고 USB 외장 장치를 모니터에 연결하여 사진이나 영상을 볼 수 있습니다. 단, 예전 모니터의 경우 사진만 지원하거나 영상만 지원하는 경우가 있으니 지원하는 파일 형식을 확인하는 것이 좋습니다.

6. 터치 화면

스마트폰처럼 모니터에 터치하여 입력할 수 있는 기능을 구현한 것입니다. 싱글 터치와 멀티터치 방식이 있으며 멀티 터치는 손가락 두 개를 이용하여 사진을 회전시키거나 확대/축소할 수 있습니다.

7. 피봇

모니터를 90도 회전하여 세로로 화면을 볼 수 있는 기능입니다. 문서 작성이나 대량의 파일을 처리하는 경우, 세로 이미지 작업이 많은 경우에 사용하면 한 번에 많은 양의 데이터를 표시할 수 있기 때문에 업무에 큰 도움이 됩니다.

04 모니터의 다양한 연결 단자

모니터에서 제공하는 연결 포트는 매우 다양합니다. 컴포지트, S-Video, 컴포넌트, DVI, D-Sub, HDMI, Display Port 등이 있으며 최근에는 DVI, HDMI가 주를 이루고 있습니다. 각 단자의 모양과 연결 케이블의 모양에 대해서 간략하게 알아보겠습니다.

모니터에서 제공하는 다양한 연결 단자의 모습입니다. 모니터에서 다양한 연결 단자를 제공한다고 해서 모든 단자를 사용할 수 있는 것은 아닙니다. 자신의 PC에서 모니터와 연결하는 단자로 어떤 단자를 지원하느냐에 따라 사용할 수 있는 단자가 달라집니다.

1. D-Sub 단자

PC와 연결 시 가장 널리 사용되었던 방식이지만 현재는 DVI가 더 많이 사용되고 있습니다. D-Sub는 아날로그 방식으로 디지털 방식인 DVI에 비해 화질에 제약이 있는 단점이 있습니다.

D-Sub 케이블

2. DVI 단자

PC와 연결하는 방식으로 현재 가장 널리 사용되고 있습니다. HDMI와 동일한 디지털 방식이지만 HDMI와는 달리 영상만 지원한다는 점이 차이점입니다. 하지만 방식이 동일하기 때문에 DVI 단자가 고장났을 때 변환 젠더를 이용하여 HDMI 단자에 DVI 케이블을 꽂아 사용할 수도 있습니다.

Chapter 07 모니터 - 모니터를 비교하고 선택하는 방법

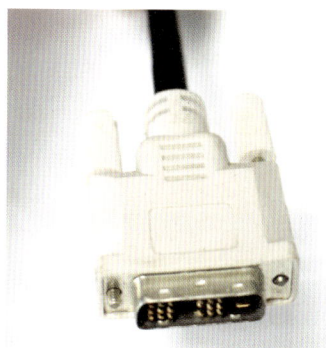
DVI 케이블

 참고

기타 모니터 연결 단자

- 컴포지트 단자
요즘에는 잘 사용하지는 않습니다. 1개의 영상 단자와 2개의 음성 단자로 구성되어 있으며 화질이 떨어지는 단점이 있습니다. 컴포지트 케이블로 연결합니다.

- S-Video 단자
역시 예전의 TV나 모니터에서 제공되던 단자로 컴포지트보다 조금 나은 화질을 제공합니다. S-Video 케이블을 이용하여 연결합니다.

S-Video 케이블

5. HDMI 단자

아날로그 전송 방식인 컴포넌트 단자에 비해 디지털 전송 방식인 HDMI 단자는 영상과 음성을 하나의 케이블로 전송할 수 있고 영상과 음성이 모두 우수하다는 장점이 있어서 현재 가장 널리 사용되고 있습니다.

 참고

기타 케이블과 단자

- 컴포넌트 단자
3개의 영상 단자와 2개의 음성 단자를 지원하여 720p, 1080i의 해상도를 지원합니다. PS2나 Wii 등에 주로 사용하였지만 아날로그 전송 방식이라는 점이 한계입니다.

- Display Port
차세대 디지털 전송 방식으로 하나의 케이블로 영상과 음성을 모두 전송할 수 있다는 장점이 있지만 Display Port를 지원하는 모니터가 많지 않아서 현재는 HDMI가 널리 사용되고 있습니다.

Chapter 08 하드디스크 – 적절한 용량의 선택

Part 01 PC 부품을 완벽하게 파헤쳐보자!

대용량 데이터를 저장하기 위한 방법으로 최근에는 하드디스크를 사용하고 있습니다. 얼마 전까지만 해도 DVD를 저장 매체로 사용했지만 최근에는 하드디스크의 가격이 워낙 저렴해져서 하드디스크를 백업 저장 매체로 사용하는 사용자들이 늘고 있습니다.

01 하드디스크 구성 요소의 명칭과 역할

하드디스크를 사용하는 데 있어서 굳이 그 구조를 알 필요가 있을까 싶지만 중요한 데이터를 저장하는 용도로 사용되기 때문에 사용상의 주의를 위해서도 기본적인 동작 형태를 알아두는 것이 도움이 됩니다.

1. 하드디스크 드라이브의 외부

하드디스크는 SATA 방식과 PATA 방식이 있습니다. 현재는 SATA 방식을 주로 사용하고 있습니다. 외부의 모양은 거의 비슷하지만 연결 커넥터만 다르다고 보면 됩니다.

SATA 하드디스크 드라이브

PATA 하드디스크 드라이브

❶ **SATA 전원 단자** : 전원을 공급하는 단자로 파워 서플라이의 SATA 전원 케이블을 연결합니다.

❷ **SATA 데이터 단자** : 데이터를 이동시키는 데이터 케이블을 연결하는 단자로 SATA 데이터 케이블을 연결합니다.

❸ **SATA 점퍼 블럭** : SATA 2용 하드디스크에서 점퍼를 끼우면 SATA 1로 동작합니다.

❹ **제조사/모델명/용량/보증 스티커** : 제조사와 모델명, 용량이 표시되면 보증 스티커가 그 위에 붙어 있는 경우도 있습니다.

❺ **PATA 데이터 단자** : PATA 하드디스크의 데이터를 전송하기 위한 단자입니다. PATA용 케이블을 사용해야 합니다.

❻ **PATA 점퍼 블럭** : SATA의 점퍼 블럭과 달리 마스터와 슬레이브를 지정하기 위해서 사용됩니다. 마스터는 운영체제가 설치된 하드디스크를 말하며 슬레이브는 데이터 저장이나 프로그램을 설치하기 위해서 사용됩니다. PATA 하드디스크는 2개 이상의 하드디스크를 함께 설치할 때 반드시 마스터/슬레이브 설정을 점퍼를 통해서 해야 합니다.

❼ **PATA 전원 단자** : PATA용 전원 케이블을 파워 서플라이로부터 연결합니다.

SATA 데이터 케이블

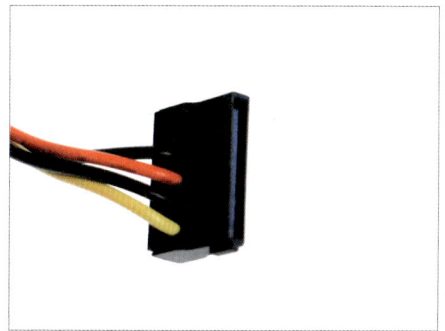
SATA 전원 케이블

PATA 데이터 케이블

PATA 전원 케이블

2. 하드디스크 드라이브의 내부

❶ **헤드** : 하드디스크의 플래터에서 실제적으로 데이터를 읽고 쓰는 역할을 합니다. 플래터에 직접 접촉하여 데이터를 접근하는 것이 아니라 마이크로미터 단위로 부상하여 데이터에 접근합니다. 헤드가 부상하지 않은 채로 플래터에 접촉되어 읽기/쓰기 동작이 이루어질 경우 손상을 주게 되고 베드 섹터(Bad Sector)가 발생하여 하드디스크의 수명과 성능에 문제가 생깁니다.

❷ **액세스 암** : 헤드를 움직이는 기둥의 역할을 하며 하나의 플래터를 앞/뒷면에 모두 접촉해야 하기 때문에 플래터당 두 개의 액세스 암이 준비되어 있습니다.

❸ **스핀들 모터** : 플래터를 회전시키기 위한 장치입니다. 스핀들 모터가 고장나면 사실상 하드디스크를 폐기해야 한다고 보면 됩니다.

❹ **플래터(섹터, 트랙)** : 데이터가 실제로 기록되는 원판으로 데이터를 저장하기 위해서 금속 재질을 자성체로 코팅하였고 하드디스크는 하나 이상의 플래터가 존재합니다.

02 SATA? PATA? 인터페이스의 종류와 크기에 따른 분류

현재에는 SATA 방식의 하드디스크가 주를 이루고 있지만 이전에는 PATA 방식의 하드디스크가 널리 사용되었습니다. 또한 하드디스크의 용도에 따라 크기도 달라진다는 점을 유의하세요.

1. SATA vs PATA

현재는 SATA 3 방식의 하드디스크를 주로 사용하고 있습니다. 하지만 구형 PC의 경우 PATA 방식의 하드디스크를 이용하는데 아직 PATA 방식의 하드디스크를 사용하는 구형 PC가 있으므로 각 방식의 차이점을 알아두는 것이 좋습니다.

① PATA 방식

PATA(Parallel ATA)의 인터페이스에는 병렬 방식의 IDE 방식과 E-IDE 방식이 있습니다. 또한 E-IDE 방식에도 다양한 버전의 인터페이스 연혁이 있는데 굳이 그 방식들에 대해 열거하고 이해할 필요는 없습니다. 단, 한 가지 구형 PATA 하드디스크를 어디선가 구해서 사용해야 하거나 구형 PC를 사용하게 되었는데 열어 보니 PATA 방식의 하드디스크가 들어있다면 사용할 수 있을 정도로만 이해하면 됩니다. 왜냐하면 사용하고 있는 PC가 고장이 난다면 아마도 그 후로는 PATA 방식의 하드디스크를 사용할 일이 거의 없어질 것이기 때문입니다.

PATA 방식의 하드디스크를 사용하려면 메인 보드에 PATA 케이블을 꽂을 수 있는 단자를 지원해야 합니다. 요즘 메인 보드에는 혹시나 모를 PATA 하드디스크를 대비하여 SATA 단자와 함께 PATA 단자를 지원하는 메인 보드들이 있습니다.

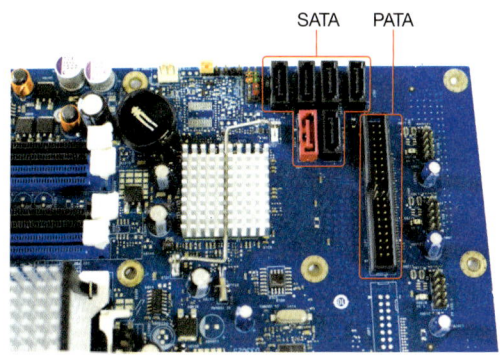
SATA와 PATA 단자를 모두 지원하는 메인 보드

PATA 방식의 하드디스크

PATA 하드디스크와 메인 보드를 연결하는 케이블은 40선 케이블과 80선 케이블이 있습니다. UDMA/66(UDMA4) 이상의 하드디스크는 80선 케이블을 사용하고 그 이하는 40선 케이블을 이용해야 합니다. 아마도 어디선가 구한 PATA 하드디스크는 UDMA/66 이상일 확률이 매우 높습니다. 2000년 이후에는 그 이전 모델이 단종되었기 때문입니다.

② SATA 방식

병렬 방식의 하드디스크 인터페이스를 개선하여 나온 새로운 인터페이스가 직렬 방식의 SATA(Serial ATA)입니다. SATA 1, SATA 2, SATA 3까지 출시되고 있으며 SATA 4가 출시될 예정입니다. 차례대로 SATA 1은 1.5Gbps(전송 속도로는 150MB/s)의 속도를 내고 SATA 2는 2배인 3.0Gbps(300MB/s), SATA 3는 6.0Gbps(600MB/s)의 속도를 냅니다. 물론 어떤 버전의 SATA를 사용하느냐는 메인 보드에 달려 있습니다. 메인 보드가 SATA 3를 지원한다면 SATA 1/2/3를 모두 사용할 수 있지만 SATA 2를 지원하는 메인 보드의 경우 SATA 1/2만 연결하여 사용할 수 있습니다.

SATA형 하드디스크

2. 2.5인치 vs 3.5인치 하드디스크

노트북이나 PC에 사용하는 하드디스크의 크기는 보통 2.5인치나 3.5인치입니다.

① 2.5인치 하드디스크

2.5인치 하드디스크는 주로 노트북용으로 사용됩니다. 하드디스크의 회전 수를 RPM(Revolution Per Minute)이라는 단위로 나타내는데 플래터의 분당 회전 수를 말합니다. 2.5인치는 보통 5,400RPM의 속도를 냅니다. 반면 3.5인치 하드디스크는 보통 7,200RPM의 속도여서 더 빠른 데이터 액세스가 가능합니다. 2.5인치 하드디스크라 하더라도 가이드를 대서 PC에 장착하여 사용할 수 있습니다.

2.5인치 하드디스크

② 3.5인치 하드디스크

일반 PC에 사용하는 하드디스크로 7,200RPM입니다. 5,400RPM인 하드디스크보다는 빠른 회전 속도를 내지만 높은 발열과 소음이 상대적으로 크다는 단점이 있습니다.

> **tip 하드디스크의 버퍼**
> 데이터를 기록할 때 잠깐 동안 데이터를 저장해두는 공간이라고 생각하면 됩니다. 대용량의 파일을 읽고 쓸 때 버퍼(Buffer) 메모리의 용량이 크다면 속도에 더 유리합니다. 보통 버퍼 메모리의 크기가 클수록 가격이 비싸며 32MB, 64MB의 제품들이 출시되어 있습니다.

3. 하드디스크의 용량

최근 주로 사용되는 하드디스크의 용량은 1TB나 2TB 제품들입니다. 물론 용량이 커질수록 하드디스크의 가격이 비쌉다. 때문에 자신에게 맞는 용량의 하드디스크를 구매해야 필요 없는 낭비를 막을 수 있습니다. 보통 1TB 정도만 되어도 운영체제를 설치하고 대량의 데이터를 전부 담아서 사용할 수 있습니다.

단, 큰 용량의 사진 파일을 대량으로 사용하거나 동영상 관련 데이터를 대량으로 처리하는 경우는 고민을 해보는 것이 좋습니다. 또한 2TB를 사용할 정도라면 1TB 하드디스크를 2개 하는 편이 좋습니다. 하드디스크도 사용 연한이 있고 고장이 나는 경우에는 1TB를 2개 구매했을 때 고장난 1개는 버리고 나머지 1개를 사용할 수도 있고 RAID 등을 구성해서 사용할 수도 있기 때문입니다. 또한 하드디스크의 용량이 2.2TB를 초과하는 3TB의 하드디스크는 구형 메인 보드나 윈도우 XP에서 사용 시 3TB 전체 인식이 되지 않는 문제점을 가지고 있습니다. 물론 메인 보드 제조회사에서 이러한 문제를 해결하는 프로그램을 제공하는 곳도 있기는 합니다. 또한 운영체제를 업그레이드하여 GPT를 활용하여 인식시키는 방법도 있지만 여러 모로 조금은 귀찮은 일이 발생할 수 있습니다. 이런 저런 이유로 특별하게 대용량의 데이터를 처리할 것이 아니라면 2TB 이하의 하드디스크를 여러 개 구매하는 것이 현명한 선택입니다.

03 SATA 컨트롤 모드를 반드시 확인하고 사용하자

SATA 형태의 하드디스크나 SSD를 사용할 때 CMOS에서 반드시 확인해야 할 사항이 있습니다. SATA 컨트롤 모드를 AHCI 모드로 사용해야 한다는 점입니다.

PATA 하드디스크 방식이 주를 이루던 때에는 하드디스크의 컨트롤 방식을 당연히 IDE 방식으로 놓고 사용했었습니다. 하지만 SATA 하드디스크가 주를 이루는 현재도 CMOS의 SATA 컨트롤 모드의 기본값이 IDE 모드라는 점입니다.

CMOS의 컨트롤러 타입 변경 화면

물론 IDE 모드로도 SATA 하드디스크는 문제없이 동작하지만 이 경우 SATA 하드디스크의 장점인 NCQ 기능을 사용할 수 없게 됩니다. NCQ란 'Native Command Queuing'의 약어로 데이터를 입출력하는 명령어를 순차적으로 저장해두고 가장 최적의 경로로 해당 데이터를 접근하는 방식을 말합니다. 명령어를 모아서 한꺼번에 최적의 경로를 계산해서 데이터를 접근하기 때문에 빠른 속도를 낼 수 있다는 장점이 있습니다.

NCQ를 사용하지 않은 경우 트랙을 차례대로 움직여서 데이터를 접근하게 되고 NCQ를 사용한 경우 헤드의 움직임이 해당 데이터로 이동하는 최적의 경로로 이동하여 빠르게 접근이 가능합니다.

CMOS에서 SATA 컨트롤 모드를 AHCI로 변경한 후에 운영체제를 설치해야 합니다. 운영체제를 이미 설치한 후에 SATA 컨트롤 모드를 변경할 경우 부팅이 되지 않는 상황을 맞을 수 있습니다. 특히 윈도우 XP의 경우 AHCI 모드를 활성화하려면 드라이버를 설치해야 하는 등 몇 가지 번거로운 점이 있습니다. 이 부분은 윈도우 XP를 설치할 때 알아보겠습니다. 윈도우를 설치한 후에 SATA 컨트롤 모드를 변경하는 방법도 있지만 굳이 추천하고 싶은 방법은 아니기에 이 책에서는 다루지 않겠습니다.

04 선택! 하드디스크의 성능을 비교 구매하는 방법

하드디스크의 성능을 비교 구매하는 방법은 다른 부품에 비해서 좀 더 편리합니다. 몇 가지만 고려하면 자신에게 맞는 최적의 하드디스크를 구매할 수 있습니다.

1. 노트북은 2.5인치, PC는 3.5인치를 구매하세요.

노트북은 2.5인치만 사용 가능합니다. PC는 2.5인치와 3.5인치가 사용 가능합니다. 단, 2.5인치의 경우 속도도 느리고 가이드가 있어야 PC의 3.5인치 하드디스크 베이에 설치가 가능합니다. 굳이 속도 느린 2.5인치를 PC용으로 구매할 필요는 없습니다.

2. SATA 1/2/3, E-IDE

컴퓨터가 너무나 오래된 구형이어서 메인 보드에서 SATA 단자를 지원하지 않는다면 E-IDE를 구매해야 합니다. 하지만 그럴리는 없을테니 보통 SATA 하드디스크를 구매합니다. 그러면 SATA 1/2/3 중에 어떤 하드디스크를 구매해야 할까요? 일단 SATA 3를 구매해서 사용해도 됩니다. SATA는 각 버전마다 호환이 가능합니다. 단, 예를 들어 메인 보드의 SATA 2 단자에 SATA 3 하드디스크를 연결하면 성능은 SATA 2 성능이 나옵니다. 즉, 메인 보드가 하드디스크의 SATA 버전과 같아야 원하는 속도를 낼 수 있습니다.

3. RPM

플래터의 회전 속도를 RPM이라고 설명했습니다. 당연히 RPM은 빠를수록 좋습니다.

4. 버퍼 용량

버퍼 용량도 데이터 캐시를 위해서 이왕이면 용량이 큰 것이 좋습니다.

5. A/S 보증 기간

하드디스크도 일종의 소모품입니다. 사용하기에 따라서 몇 년 만에 못쓰게 될 수도 있어서 최대한 보증 기간이 긴 제품이 좋습니다. 하드디스크의 AS는 보통 다른 제품들과 마찬가지로 수리가 아닌 제품을 교환해주는 방식입니다.

6. 지원 용량

용량이 커질수록 가격이 비싸지기 때문에 무턱대로 큰 하드디스크를 구입할 필요는 없습니다. 보통 1TB 정도면 운영체제를 설치하고 사용하기에 충분합니다. 단, 사진 촬영이 취미라서 RAW 파일로 많은 촬영을 하거나 동영상 등의 대용량 데이터를 많이 사용한다면 용량이 좀 더 큰 하드디스크를 고려해봐도 됩니다.

Part 01 PC 부품을 완벽하게 파헤쳐보자!

SSD - SSD! 확실한 성능 향상의 선택

하드디스크를 대체하는 가장 확실한 부품인 SSD는 아직까진 가격이 비싸다는 단점을 가지고 있어서 운영체제나 소프트웨어 설치용에 주로 사용되고 있습니다. 대량의 데이터를 저장하기 위해서는 아직까지 하드디스크를 사용하는 것이 좋습니다.

01 왜! SSD인가? SSD의 성능의 척도!

왜? SSD가 각광을 받을까요? 그리고 SSD를 사용하면 얻을 수 있는 장점이 무엇이기에 하드디스크를 대체하는 장치로 SSD가 각광을 받을까요? 그 이유를 알아보겠습니다.

1. 하드디스크를 대체하는 SSD

PC에서 병목 현상이 발생하는 가장 큰 이유 중에 하나가 바로 하드디스크입니다. CPU의 성능도, RAM의 용량과 속도도, 그래픽 카드의 속도도 모두 향상되었지만 하드디스크의 기본적인 구조상 속도는 느리게 발전되어 온 것이 사실입니다. 하드디스크는 속도보다는 용량의 한계를 계속 극복해왔다고 보는 것이 맞을 것입니다.

하드디스크는 오랫동안 7,200RPM을 넘지 못하고 있습니다(SCSI나 특정 하드디스크의 경우에는 7,200RPM을 넘는 제품도 있습니다). 버퍼의 용량을 키우거나 다른 부분의 기술 혁신으로 조금씩 속도를 높이는 작업을 해왔지만 다른 부품들의 속도 향상에 비하면 늘 미미한 정도였습니다.

병목 현상이란?
데이터를 처리함에 있어서 여러 가지 부품들의 유기적인 결합으로 PC는 동작합니다. 그런데 특정 부품의 한계 때문에 처리가 늦어지는 문제가 발생하는데 이를 '병목'이 발생했다고 말합니다. 예를 들어 4차선 도로의 차들이 2차선 도로로 합쳐지는 경우에 '병목'이 발생했다고 말하는 것과 같은 이치입니다.

하드디스크의 데이터 전송 속도는 최대로 봤을 때 대략 150MB/s 정도입니다. 이에 비해 MLS SSD의 경우 읽기와 쓰기 모두 500MB를 넘는 속도를 자랑합니다. 단순 비교를 해봐도 속도면으로는 하드디스크에 비해 월등한 속도를 자랑합니다.

문제는 가격입니다. SSD는 저장 용량에 비해 꽤 비싼 가격대를 아직까지도 유지하고 있습니다. 따라서 데이터 저장용으로 SSD를 사용한다는 것은 무리가 큽니다. SSD 512GB 정도면 웬만한 PC 1대 가격과 비슷하기 때문입니다. SSD의 주 목적은 PC의 병목 현상을 극복하고 속도를 올리는데 있습니다. 128GB나 256GB 정도의 SSD를 사용하여 운영체제와 사용할 소프트웨어를 설치하여 사용하는 목적으로 이용하는 것이 가장 합리적입니다.

하드디스크에 운영체제를 설치하여 부팅할 때의 시간과 SSD에 운영체제를 설치하여 부팅하는데 걸리는 시간의 차이는 꽤 큽니다. 또한 포토샵이나 3DS MAX와 같은 무거운 프로그램도 SSD에 설치하면 빠르게 실행되는 것을 볼 수 있습니다. 이런 이유로 운영체제 설치용으로 SSD를 사용한다면 PC에서 꽤 큰 속도 향상을 맛볼 수 있습니다.

2. MLC SSD vs TLC SSD

SSD는 대개 MLC SSD와 TLC SSD가 판매되고 있습니다. 보통 둘 중에 하나를 구매하는데 기본적으로 MLC와 TLC를 이해해야 구매를 제대로 할 수 있습니다. MLC는 'Multi Level Cell'의 약어이고 TLC는 'Triple Level Cell'의 약어입니다. 언뜻 보면 TLC가 더 좋은 성능을 낼 것 같지만 실제로는 그렇지 않습니다. 'Triple'이 'Multi'보다 동시에 처리할 수 있는 처리량이 더 클 것 같지만 그렇지 않습니다.

'MLC'는 1개의 소자가 2bit를 가질 수 있으며 'TLC'는 1개의 소자가 4bit를 가질 수 있습니다. 2bit와 4bit를 저장할 수 있다는 것이지 동시에 그만큼의 데이터를 처리한다는 것이 아닙니다. 각 소자에 데이터를 저장해두고 차례로 처리한다는 관점으로 보는 것이 좋습니다. 그래서 TLC보다는 기다림 없이 바로 처리할 수 있는 MLC가 처리 속도도 빠르고 안정성도 좋습니다. 물론 이 때문에 MLC가 더 고가로 판매되고 있습니다.

3. SSD 성능은 컨트롤러!

SSD의 성능은 MLC냐, TLC냐에 따라 크게 달라지지만 성능의 차이는 컨트롤러로 결정짓게 됩니다. 삼성에서 출시되는 SSD의 경우 830 시리즈에서는 MCX 컨트롤러를 사용했고 840 시리즈에서는 MDX 컨트롤러를 사용했습니다. MCX는 220Mhz의 속도이고 MDX는 300MHz의 속도 차가 발생하며 소비 전력도 1.8V와 1.2V로 MDX가 처리 속도와 전력 소비에서 높은 성능을 자랑합니다.

컨트롤러의 성능은 초기 SSD가 가지고 있는 문제점인 '프리징'과도 밀접한 관련이 있습니다. 프리징 현상이란 데이터가 입출력하면서 충돌하는 문제로 시스템이 잠시 멈추는 현상을 말하는데 컨트롤러의 성능이 향상되면서 많이 줄어들고 있습니다. 프리징을 예방하는 몇 가지 방법에 대해서는 다음 번에 설명하기로 합니다.

4. SSD의 성능 저하를 막기 위한 TRIM 기능 활성화

일반적으로 파일을 삭제하면 실질적으로 파일이 씌워진 공간을 삭제하는 것이 아니라 파일이 저장된 위치값을 삭제합니다. 때문에 실질적으로 파일 데이터는 디스크에 그대로 있다고 보면 되는데 하드디스크는 디스크 안에 새로운 파일을 쓸 때 지워진 파일 위에 새로운 데이터를 쓸 수 있지만 SSD는 빈 공간에만 데이터를 쓸 수 있습니다. 때문에 하드디스크와는 달리 SSD에서는 삭제한 파일의 공간을 미리 비워두는 작업이 필요한데 이 작업을 TRIM이라고 합니다.

AHCI 모드로 설정하여 윈도우 7을 설치하였다면 TRIM 기능은 자동으로 동작합니다. 하지만 윈도우 XP의 경우에는 TRIM을 지원하지 않습니다. 윈도우 XP를 사용하는 사용자는 SSD 제조사에서 제공하는 프로그램의 TRIM 기능을 사용해야 합니다.

SSD가 설치된 PC에서 TRIM 기능이 실행되고 있는지 확인하려면 [시작] 버튼을 클릭하고 [모든 프로그램]–[보조 프로그램]–[명령 프롬프트]를 마우스 오른쪽 버튼으로 클릭합니다. 단축 메뉴에서 [관리자 권한으로 실행]을 클릭합니다.

'fsutil behavior query disabledeletenotify'를 입력하고 Enter 를 누릅니다. DisableDelete Notify 값이 '0'으로 표시되면 TRIM 기능이 실행됩니다. 만약 '0' 이외의 값이 표시된다면 'fsutil behavior query disabledeletenotify=0'을 입력하고 Enter 를 누릅니다.

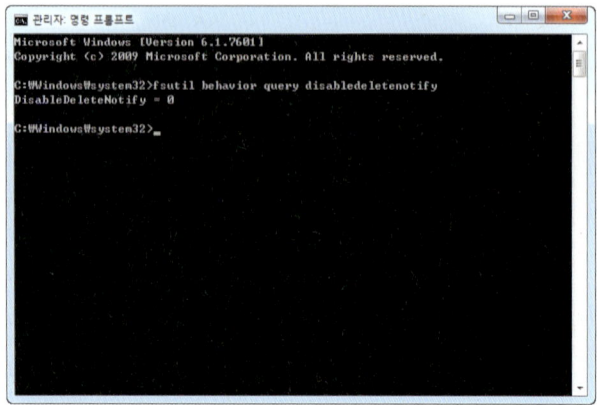

명령 프롬프트 입력 화면

02 SSD의 구성 요소의 명칭과 역할

SSD를 구매했을 때 각 주요 구성의 명칭과 역할에 대해서 알아보겠습니다.

❶ **SATA 전원 단자** : 하드디스크의 SATA 전원 단자와 동일합니다.
❷ **SATA 데이터 단자** : 하드디스크의 SATA 데이터 단자와 동일합니다. 메인 보드 지원 기준으로 SATA 3 이상에 연결해야 SSD의 성능을 모두 사용할 수 있습니다.

> Chapter 09 SSD - SSD! 확실한 성능 향상의 선택!!

참고

SSD 기타 구성 요소
- 플래시 메모리 : SSD의 실질적인 저장매체로서 대부분 병렬 NAND 어레이로 구성됩니다. SSD의 용량마다 각기 다른 용량의 플래시 메모리를 탑재하여 원하는 용량의 SSD 제품을 만들어 냅니다.
- 컨트롤러 : SSD에서 중요한 역할을 하는 컨트롤러입니다. 실제 데이터를 입출력하는 역할을 담당합니다.
- 버퍼 메모리 : SSD와 주변 장치 사이의 속도 차를 극복하기 위한 방편으로 버퍼 메모리를 탑재하는 경우가 많은데 보통 저전력 DDR3 메모리를 사용합니다.

03 SSD의 프리징 예방과 안전 사용법

SSD를 사용하다보면 프리징을 경험하는 경우가 있습니다. 컴퓨터가 멈추는 프리징은 급할 때 발생하면 더 짜증나기 마련입니다. SSD는 프리징 예방 방법 만큼이나 안전하게 사용하는 몇 가지 방법이 있습니다. 아직은 고가의 SSD이므로 다음을 주의해서 사용하는 것이 좋습니다.

1. SATA 컨트롤 모드는 반드시 AHCI 모드로 설정

SATA 컨트롤 모드를 AHCI 모드로 설정해야 SSD의 다양한 성능을 활용할 수 있습니다. 이미 설명했던 NCQ나 TRIM 기능을 원활히 사용하려면 CMOS에서 SATA 컨트롤 모드를 AHCI로 변경한 후 사용합니다.

2. 빠른 포맷으로만 포맷하고 디스크 조각 모음을 사용하지 않습니다.

SSD는 하드디스크와는 달리 플래시 메모리를 사용하기 때문에 하드디스크를 포맷하는 방식의 일반 포맷은 SSD와 어울리지 않습니다. 제조사에서 제공하는 포맷 프로그램을 이용하거나 빠른 포맷으로 포맷해야 합니다. 또한 같은 이유로 SSD에서는 디스크 조각 모음을 사용하지 않습니다.

1 Windows 7에서 디스크 조각 모음을 사용하지 않도록 설정하려면 [시작] 버튼을 클릭하고 [모든 프로그램]-[보조 프로그램]-[시스템 도구]-[디스크 조각 모음]을 실행합니다. [디스크 조각 모음] 창이 실행되면 [일정 구성] 버튼을 클릭합니다.

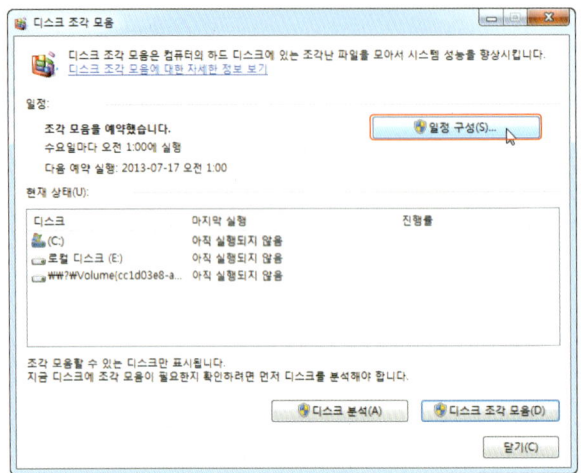

2 일정을 수정할 수 있는 창에서 '예약 실행'에 체크를 해제한 후 [확인] 버튼을 클릭합니다. 디스크 조각 모음이 자동으로 실행되는 것을 막도록 설정되었습니다.

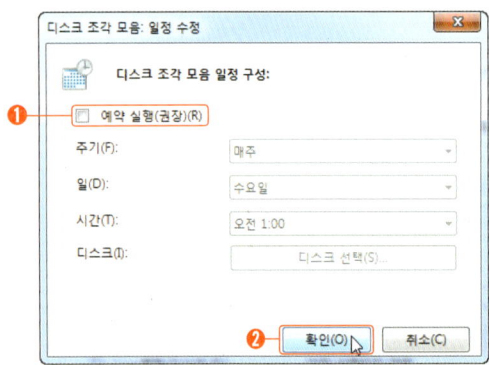

3. 색인 기능, Superfetch(윈도우 7/8), Prefetch(윈도우 XP) 비활성화

파일 검색을 빠르게 하기 위해서 미리 색인을 만들거나 프로그램을 빠르게 로딩하기 위해서 사용하는 Superfetch(Prefetch) 기능은 SSD의 빠른 속도로 오히려 불필요한 기능이 되었습니다. SSD의 경우 이 기능을 비활성화하는 것이 좋습니다.

4. 최대 절전 모드 비활성화

윈도우 운영체제에는 절전 모드를 사용할 수 있는데 이때 불필요한 SSD 쓰기/읽기 동작이 발생합니다. 절전 모드 진입 시에 메모리에 올려진 작업 상태를 SSD에 저장하고 절전 모드를 해제할 때 SSD에 저장된 작업 상태를 불러들여 절전 모드 이전 상태로 돌아옵니다. 당연히 메모리의 용량이 클수록 많은 상태 정보가 저장되고 그 만큼 SSD에 쓰기/읽기 동작이 발생합니다. 불필요한 쓰기/읽기 동작은 시스템 속도를 저하시키고 SSD의 수명을 단축하게 하므로 최대 절전 모드를 비활성화하는 것이 좋습니다.

1 [시작] 버튼을 클릭하고 [모든 프로그램]-[보조프로그램]-[명령 프롬프트]를 마우스 오른쪽 버튼으로 클릭합니다. [관리자 권한으로 실행] 메뉴를 클릭합니다.

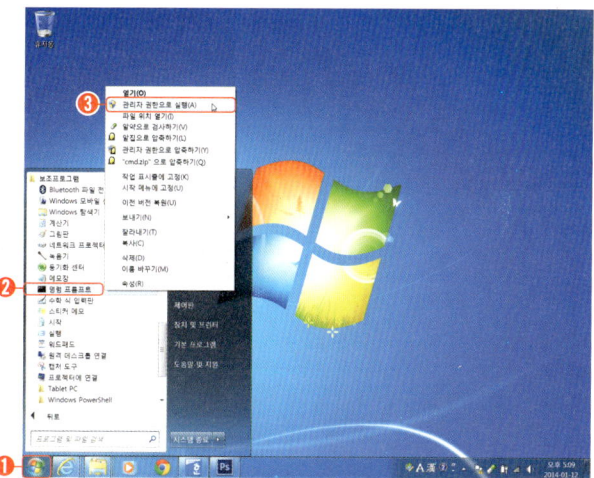

2 [명령 프롬프트] 창이 표시되면 'powercfg -h off'를 입력한 후 [Enter]를 누릅니다. 이상으로 최대 절전 모드가 비활성화되었습니다. 다시 활성화시키고 싶다면 [명령 프롬프트] 창에서 'powercfg -h on'을 입력한 후 [Enter]를 누릅니다.

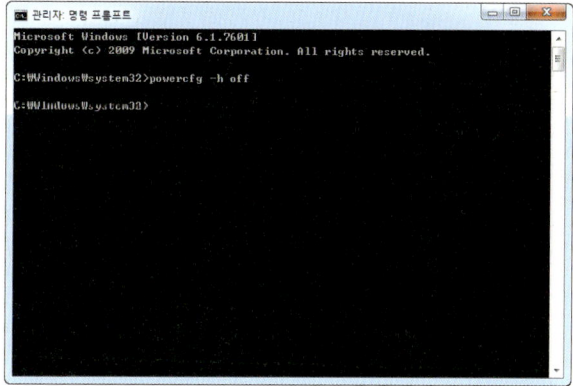

5. 가상 메모리 설정 해제

RAM 메모리 가격이 고가였던 시절에 RAM을 대신하여 하드디스크를 사용하는 가상 메모리 기능을 사용했었습니다. 하지만 RAM의 가격이 많이 싸졌기도 하거니와 SSD를 사용할 때 가상 메모리 기능을 이용하면 SSD와 메모리 사이에 스와핑이 빈번히 발생하여 SSD의 수명을 저하시키는 요인이 될 수 있습니다. 가상 메모리의 설정을 해제하는 것이 좋습니다. 단, 흔치는 않지만 구형 게임이나 프로그램의 경우 가상 메모리를 요구하는 경우가 있습니다. 이 경우 512MB~2GB 정도로 가상 메모리를 설정하여 사용합니다.

6. 램 디스크를 활용한 임시 파일의 최적화

인터넷이나 윈도우를 사용하다보면 다양한 캐싱을 위하여 작거나 큰 임시 파일들이 만들어집니다. 임시 파일은 기본적으로 SSD에 만들어지고 빈번하게 읽기와 쓰기가 반복되는데 임시 파일이 생성되는 물리적 공간을 램 디스크로 옮겨놓으면 SSD의 성능 저하를 막거나 수명을 늘리는데 큰 도움이 됩니다. 램 디스크는 RAM의 일정 공간을 디스크처럼 사용하는 것을 말하는데 램 디스크에 임시 파일 저장 공간을 만들어두면 PC의 전원이 꺼졌을 때 자동으로 임시 파일이 삭제되어 편리합니다. 램 디스크 관리 프로그램으로 자주 사용되는 QSoft사의 RAMDISK 프로그램을 사용하여 설정해 보겠습니다. 단, RAM의 용량이 4GB 이상인 경우만 추천하고 램의 일부 공간을 빌려서 쓰는 것이니 너무 많은 공간을 램 디스크로 사용하는 것은 오히려 역효과가 있다는 점을 명심해 두기 바랍니다.

7. 휴지통 사용 안 함과 시스템 복원 사용 안 함

파일을 삭제하면 기본적으로 휴지통으로 이동됩니다. 다시 되살리고 싶을 때 휴지통에 보관된 삭제 파일을 복원합니다. 유용한 기능이기는 하지만 SSD의 용량을 조금이라도 더 확보하려면 휴지통 기능을 사용하지 않는 것도 방법입니다. 단, 파일이 휴지통에 보관되지 않고 바로 삭제되므로 파일 삭제 시에 늘 주의해야 합니다. 이런 비슷한 이유로 윈도우의 시스템 복원 기능을 사용하지 않는 것도 SSD의 용량을 좀 더 확보하는 방법입니다. 단, 시스템에 문제가 발생했을 때 시스템 복원 기능을 사용할 수 없다는 단점이 있으니 고민하여 결정하도록 합니다.

1 바탕화면에서 '휴지통'을 마우스 오른쪽 버튼으로 클릭한 후 단축 메뉴에서 [속성] 메뉴를 클릭합니다. SSD 드라이브를 선택한 후 '파일을 휴지통에 버리지 않고 삭제할 때 바로 제거'를 선택합니다. [확인] 버튼을 클릭하면 SSD 드라이브와 관련된 휴지통 기능을 사용할 수 없게 됩니다.

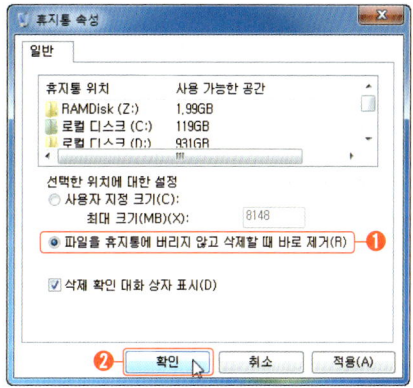

2 시스템 복원 기능을 비활성화하겠습니다. [시작] 버튼을 클릭하고 [컴퓨터]를 마우스 오른쪽 버튼으로 클릭한 후 [속성] 메뉴를 클릭합니다. [시스템] 창의 왼쪽에서 [시스템 보호]를 클릭합니다.

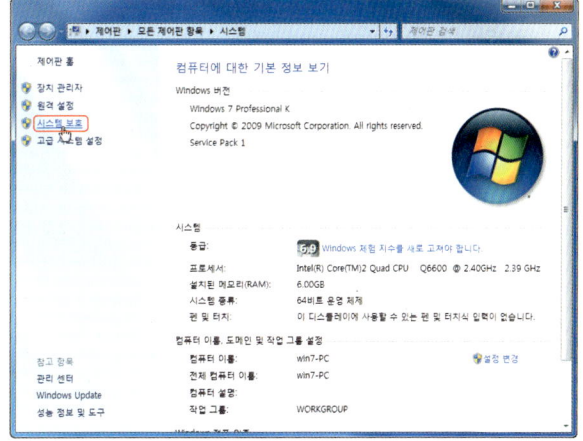

3 C 드라이브가 '설정'으로 되어 있을 것입니다. C 드라이브를 선택한 후 [구성] 버튼을 클릭합니다.

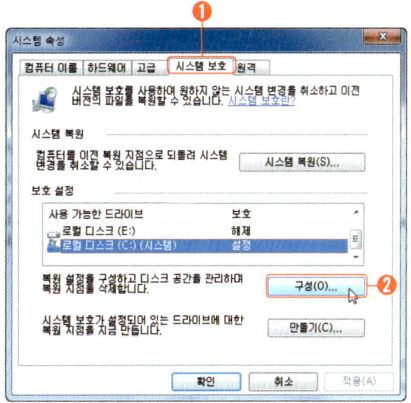

4 [삭제] 버튼을 클릭하여 기존의 모든 복원 지점을 삭제합니다. '시스템 보호 해제'를 선택하고 [확인] 버튼을 클릭하면 시스템 복원 기능을 사용할 수 없게 됩니다.

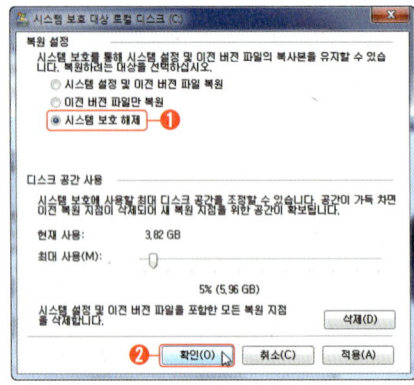

04 선택! SSD를 비교 구매하는 방법

SSD를 구매하기 위해서는 몇 가지만 주의하면 됩니다. 특히 용량을 너무 추구하면 생각보다 많은 비용이 발생하니 아직까지는 운영체제와 프로그램만을 빠르게 실행하겠다는 관점에서만 접근하는 것이 좋습니다.

1. 속도가 목적이라면 TLC보다는 MLC SSD를 구매합니다.

물론 TLC가 저렴하고 MLC는 비쌉니다. 하지만 SSD를 구매하는 목적이 하드디스크의 불편한 속도를 개선하기 위함입니다. 목적이 속도라면 조금 더 비용을 지불하더라도 원래 목적을 유지하는 것이 좋습니다.

2. 단일 운영체제를 설치하려면 120GB 정도면 충분합니다.

하나의 운영체제만을 설치하여 운영하려면 SSD 용량은 120GB면 충분합니다. 굳이 256GB의 SSD는 많은 비용만을 지불하게 될 것입니다.

3. 256GB 이상의 SSD가 필요하다면?

256GB의 SSD가 필요하다고 가정했을 때 256GB의 SSD 1개를 구매할 수도 있지만 120GB SSD 2개를 구매하는 것도 방법입니다. 2개를 구매했을 때는 1개가 고장나더라도 나머지 1개를 사용할 수 있다는 장점이 있습니다. 또, SSD 2개를 RAID로 구성하여 256GB 1개처럼 사용할 수도 있습니다. 물론 256GB 1개가 120GB 2개보다 좀 더 저렴합니다. 따라서 어떤 구매를 선택할지 고민

해 보는 것이 좋습니다.

4. 무상 AS 기간이 긴 제품을 선택합니다.

SSD는 고가의 제품이기도 하지만 수리도 쉽지 않은 제품입니다. 때문에 무상 AS 기간이 긴 제품을 선택하는 것이 좋습니다.

5. 읽기와 쓰기 속도를 비교합니다.

어느 정도 SSD의 읽기/쓰기 속도를 비교하고 구매합니다. 구매하려는 제품을 2~3개로 압축한 후에 비교합니다.

6. 컨트롤러를 확인합니다.

간혹 SSD의 컨트롤러가 문제가 되는 경우가 있습니다. 최신의 컨트롤러를 선택하는 것이 좋습니다. 샌드포스 컨트롤러의 경우 모델명이 'SF-xxxx'로 표시되는데 xxxx의 숫자가 높을수록 성능이 좋습니다. 마벨 컨트롤러도 모델명의 숫자가 높을수록 성능이 좋습니다. 삼성은 mcx보다는 mdx 컨트롤러가 성능이 좋습니다.

Part 01 PC 부품을 완벽하게 파헤쳐보자!

SATA 컨트롤을 AHCI 모드로 설정하기

SSD의 SATA 컨트롤을 변경하기 위해서는 CMOS에서 변경해야 합니다. SSD는 반드시 AHCI 모드로 변경한 후 사용하도록 합니다.

01 컴퓨터를 켜고 CMOS 셋업 화면으로 이동합니다. 보통 F2나 Del을 눌러서 이동합니다.

02 UEFI BIOS가 표시됩니다. 기본적인 현재 하드웨어 상태가 표시됩니다. 확장 모드로 이동하기 위해서 [Advanced Mode]를 클릭하거나 F7을 누릅니다.

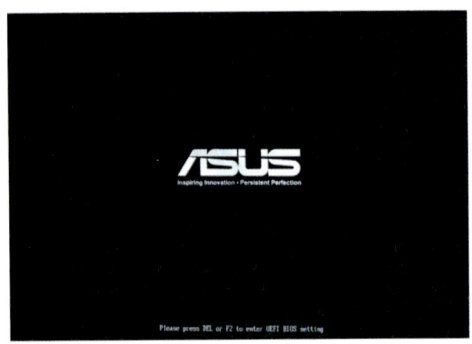
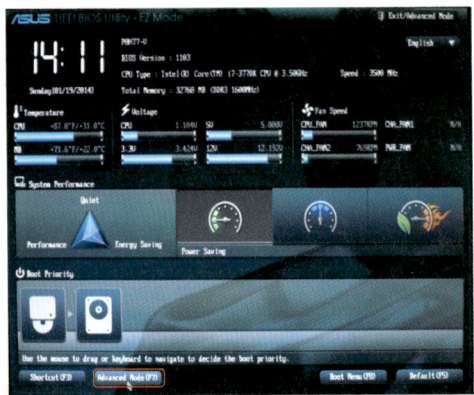

03 [Advanced Mode]로 이동됩니다. 하드디스크나 SSD의 SATA 컨트롤 변경은 [Advanced] 탭에서 지정할 수 있습니다. 상단의 탭 중에서 [Advanced] 탭을 클릭합니다.

04 [Advanced] 탭으로 이동됩니다. SATA 컨트롤러의 환경 설정을 변경하기 위해서 [SATA Configuration] 항목을 클릭합니다.

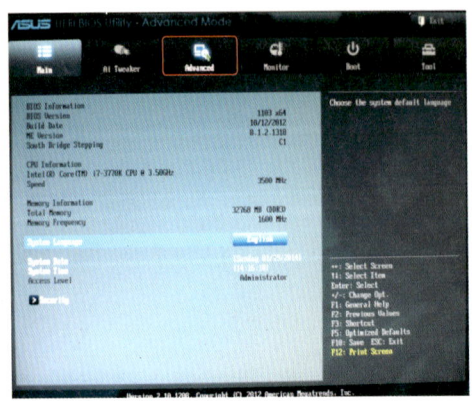

05 [SATA Mode Selection] 항목이 'IDE'로 되어 있다면 클릭합니다. 제공되는 모드에서 'AHCI'를 선택합니다.

06 SATA 모드가 IDE 모드에서 'AHCI' 모드로 변경되었습니다. 이제 변경된 내용을 저장하기 위해서 F10을 누릅니다.

07 변경된 사항을 저장할 것인지를 묻는 대화상자가 표시됩니다. [Yes]를 선택하면 지금까지 설정한 내용을 저장한 후 PC가 재부팅됩니다.

성능 UP!
활용 UP!
따라하기

색인 기능, Superfetch, Prefetch 비활성화하기

SSD의 성능을 안정적으로 이용하기 위해서 색인 기능, Superfetch, Prefetch 기능을 비활성화하고 사용하도록 합니다.

01 색인 기능을 비활성화하겠습니다. [시작] 버튼을 클릭하고 [컴퓨터]를 마우스 오른쪽 버튼으로 클릭합니다. 단축 메뉴에서 [관리] 메뉴를 클릭합니다.

02 [컴퓨터 관리] 창이 표시되면 왼쪽에서 [서비스]를 클릭합니다. 오른쪽에서 'Windows Search'를 찾아 더블 클릭합니다.

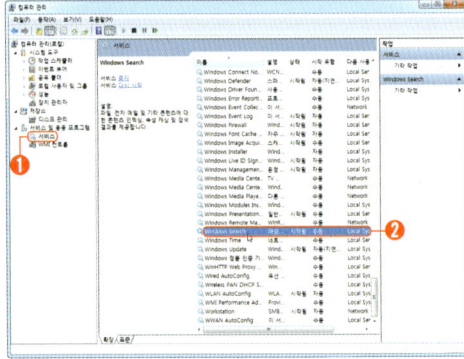

03 [Windows Search] 창이 표시되면 '시작 유형'-'사용 안 함'으로 설정하고 [중지] 버튼을 클릭합니다. [확인] 버튼을 클릭하면 색인 기능이 비활성화됩니다.

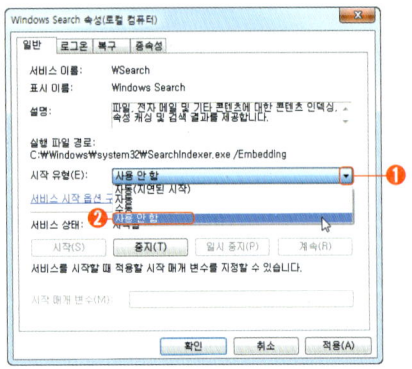

04 윈도우 7에서 Superfetch를 비활성화하겠습니다. [컴퓨터 관리] 창에서 'Superfetch'를 더블 클릭합니다.

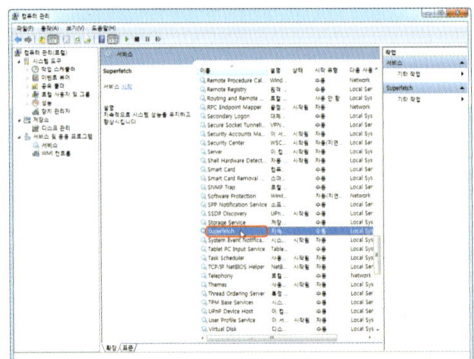

05 '시작 유형'을 '사용 안 함'으로 설정한 후 [확인] 버튼을 클릭하면 Superfetch가 비활성화됩니다.

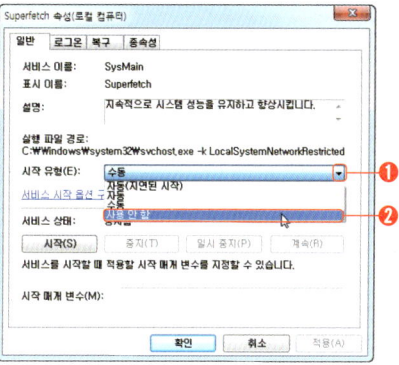

성능 활용 따라하기

가상 메모리 설정 해제

가상 메모리의 설정을 해제하도록 하겠습니다. 만약 가상 메모리 때문에 다른 프로그램을 이용하는데 문제가 생긴다면 원래대로 되돌려야 합니다. 원래 설정되어 있는 값을 기억해 두는 것이 좋습니다.

01 가상 메모리 설정을 해제하겠습니다. [시작] 버튼을 클릭하고 [컴퓨터]를 마우스 오른쪽 버튼으로 클릭합니다. 단축 메뉴에서 [속성] 메뉴를 클릭합니다.

02 [시스템] 창이 표시되면 왼쪽에서 [고급 시스템 설정] 메뉴를 클릭합니다.

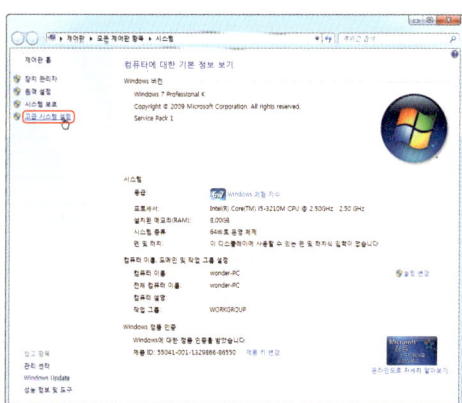

03 [시스템 속성] 창에서 '성능'의 [설정] 버튼을 클릭합니다.

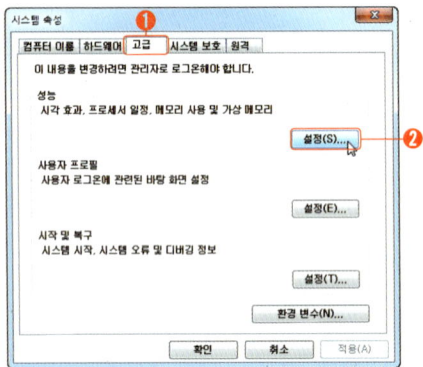

04 [성능 옵션] 창이 표시되면 [고급] 탭을 클릭하고 [변경] 버튼을 클릭합니다.

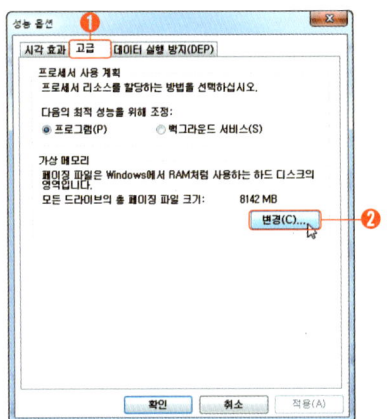

05 [가상 메모리] 창이 표시되면 SSD 드라이브를 선택하고 '페이징 파일 없음' 옵션을 선택합니다. [설정] 버튼을 클릭한 후 [확인] 버튼을 클릭하면 가상 메모리를 사용하지 않도록 설정됩니다. 경고 메시지가 나타난 후 컴퓨터를 재부팅해야 합니다.

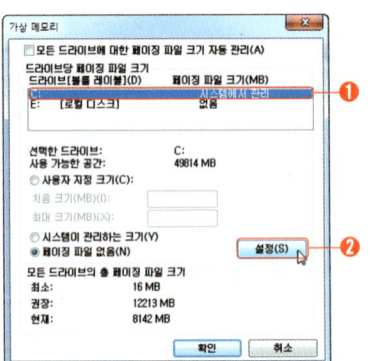

램 디스크 설치하고 운영체제 임시 폴더 변경하기

QSoft사의 RAMDISK 프로그램은 무료로 사용할 수 있습니다. 설치법이 조금 복잡하니 잘 따라오세요. 램 디스크가 설치되면 운영체제의 임시 폴더를 램 디스크로 변경해보도록 하겠습니다.

01 RAMDISK를 다운받기 위해서 'http://qsoftramdisk.net84.net/RAMDriv/main/try_buy_on.htm' 사이트로 이동합니다. 32bit용과 64bit용이 준비되어 있습니다. 업데이트가 가능한 버전 중에 자신의 운영체제와 맞는 버전을 클릭하여 다운받습니다. 여기서는 64bit용을 다운받겠습니다.

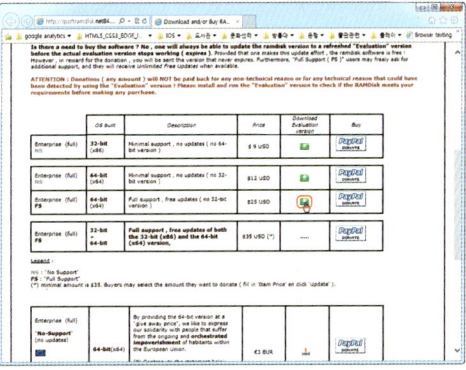

02 다운받은 파일을 압축 해제합니다. [시작] 버튼을 클릭한 후 [제어판]을 클릭합니다. [제어판] 창이 표시되면 [장치 관리자]를 더블 클릭합니다.

03 [장치 관리자] 창이 표시되면 램 디스크를 추가하기 위해서 가장 상단의 컴퓨터 이름을 클릭한 후 [동작]-[레거시 하드웨어 추가] 메뉴를 클릭합니다.

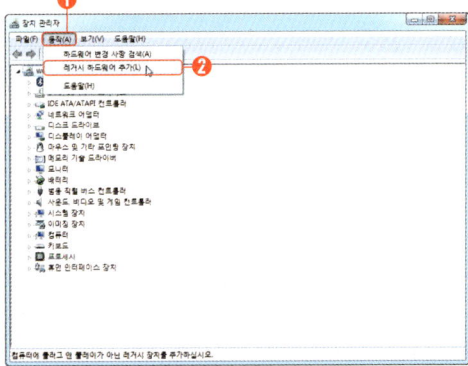

04 [하드웨어 추가 마법사]가 실행됩니다. 첫 화면에서 [다음] 버튼을 클릭합니다. 다음 화면에서 '목록에서 직접 선택한 하드웨어 설치(고급)'을 선택한 후 [다음] 버튼을 클릭합니다. 하드웨어 종류 선택 화면에서 '모든 장치 표시'를 선택한 후 [다음] 버튼을 클릭합니다.

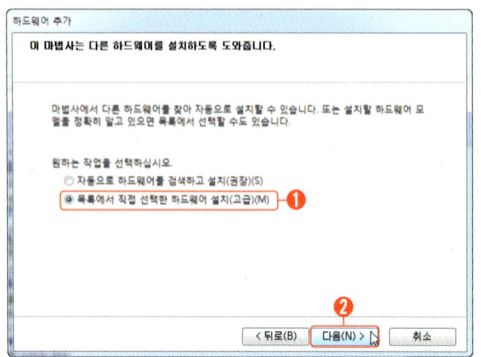
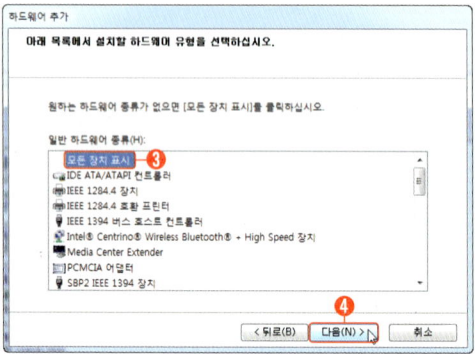

05 설치할 하드웨어를 선택하는 단계입니다. 다운받은 RAMDISK를 설치하기 위해서 [디스크 있음] 버튼을 클릭합니다. 다운받은 파일을 선택하기 위해서 [찾아보기] 버튼을 클릭합니다.

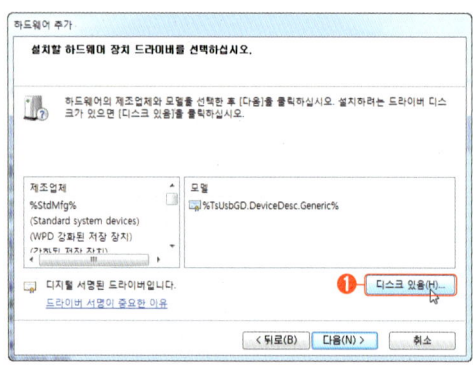
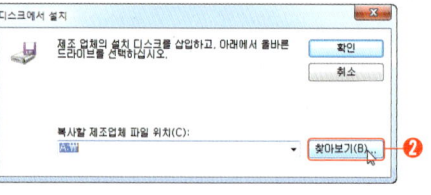

06 압축을 해제한 폴더로 이동한 후 'ENG' 폴더 안으로 이동합니다. 'RAMDriv' 파일을 선택한 후 [열기] 버튼을 클릭합니다. 드라이버 파일이 선택됩니다. 계속해서 [확인] 버튼을 클릭합니다.

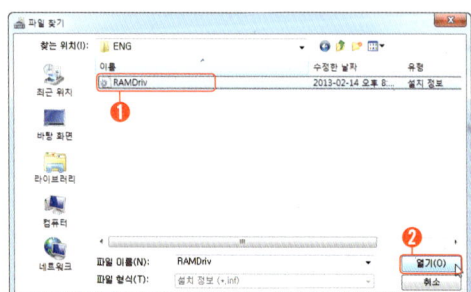
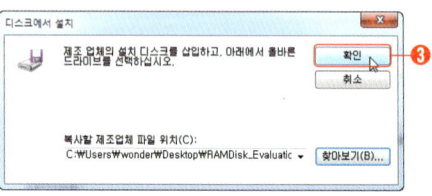

07 설치된 장치로 RAMDrive가 표시됩니다. RAM Drive를 선택한 후 [다음] 버튼을 클릭합니다.

08 설치할 하드웨어가 표시됩니다. [다음] 버튼을 클릭합니다. 설치할 것인가를 묻는 대화 상자가 표시되면 [설치] 버튼을 클릭합니다.

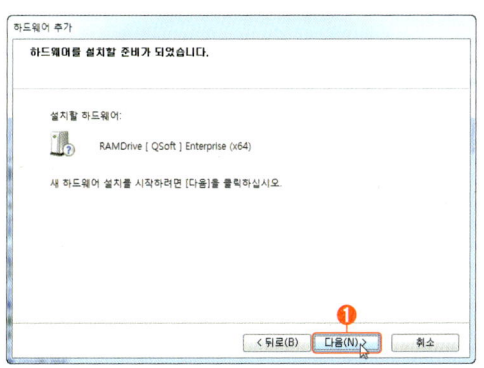
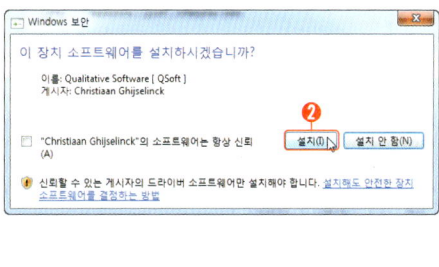

09 설치가 완료됩니다. [마침] 버튼을 클릭합니다. 장치 관리자에서 RAMDrive가 설치된 것을 확인할 수 있습니다. 설치된 RAMDrive를 마우스 오른쪽 버튼으로 클릭한 후 [속성] 메뉴를 클릭합니다.

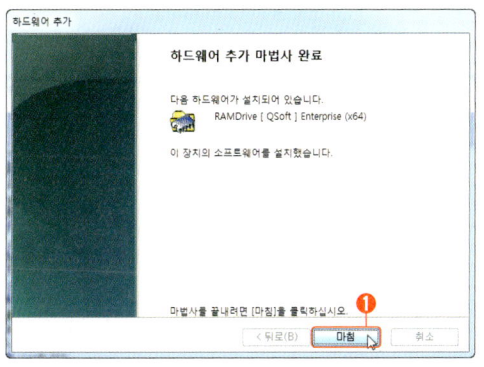
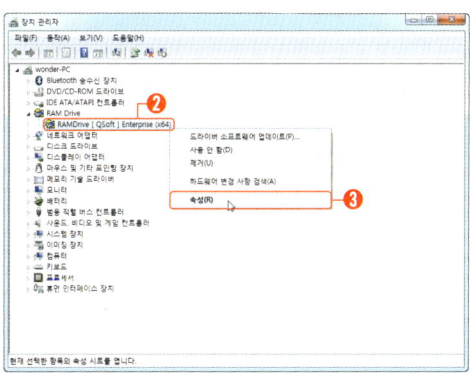

10 [RAMDrive 속성] 창이 표시되면 [Ram Disk Properties] 탭을 클릭합니다. 'Drive Letter'에는 드라이브명을 'Z'로 선택하고 'Disk Size'는 RAM 용량 중에서 램 디스크로 사용할 용량을 선택합니다. 여기서는 2GB인 2048MB를 선택합니다. 'Filesystem'은 'NTFS'로 선택하고 [확인] 버튼을 클릭합니다.

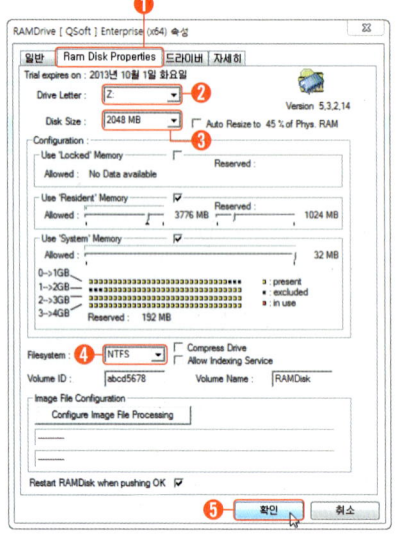

11 잠시 뒤에 램 디스크가 완성된 것을 확인할 수 있습니다. 램 디스크에 운영체제의 임시 폴더로 사용할 폴더(여기서는 Temp 폴더)와 인터넷 임시 파일이 저장될 폴더(Temporary Internet Files)를 미리 만들도록 합니다. 이후에 크롬의 임시 폴더(캐시 폴더)도 변경할 것이니 크롬 캐시 폴더(Chromecache)도 만들겠습니다.

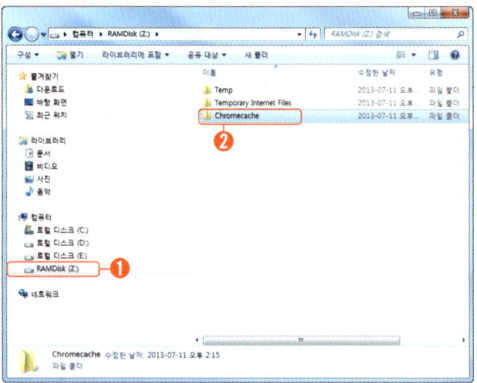

12 운영체제의 임시 폴더를 램 디스크로 변경하겠습니다. [시작] 버튼을 클릭한 후 [내 컴퓨터]를 마우스 오른쪽 버튼으로 클릭합니다. 왼쪽에서 [고급 시스템 설정]을 클릭합니다.

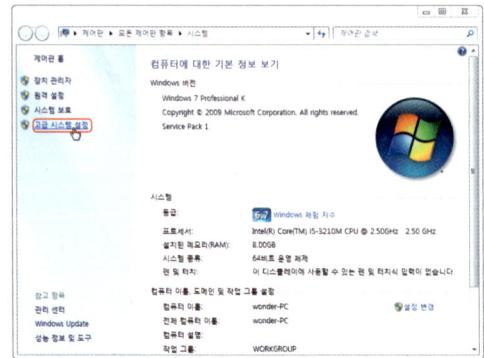

13 [시스템 속성] 창이 표시되면 [고급] 탭을 클릭한 후 [환경 변수] 버튼을 클릭합니다. 'Temp' 항목을 더블 클릭하고 값을 Z:\Temp로 변경합니다. [확인] 버튼을 클릭합니다.

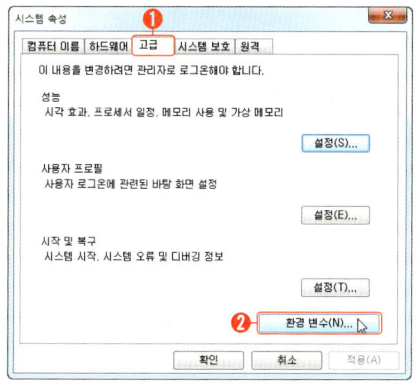
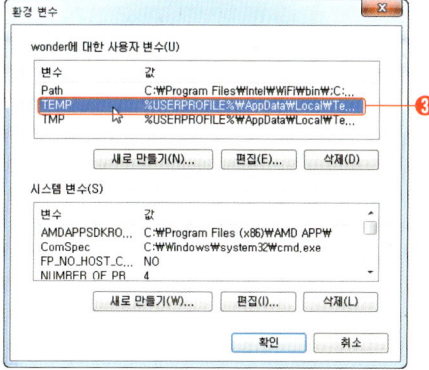
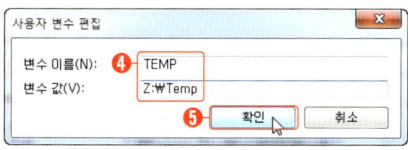

14 동일한 방법으로 'TMP'를 더블 클릭한 후 값을 Z:\Temp로 변경합니다. 아래 '시스템 변수'에서도 'TEMP'와 'TMP'를 찾아 값을 사용자 변수와 동일하게 변경합니다. 모두 변경한 후 [확인] 버튼을 클릭하면 운영체제의 임시 파일들이 램 디스크에 저장됩니다.

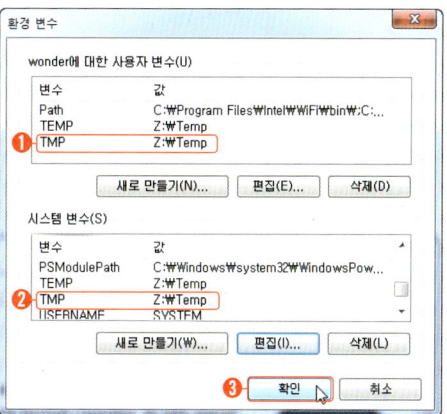

129

램디스크에 인터넷 임시 파일 폴더 설정하여 성능 올리기

인터넷 익스플로러의 인터넷 임시 파일이 저장되는 폴더를 램 디스크로 옮겨놓으면 인터넷 속도도 빨라질 뿐만 아니라 컴퓨터가 꺼질 때마다 인터넷 임시 파일이 자동으로 삭제되는 효과도 얻을 수 있습니다. 주의할 점은 고용량의 스트리밍 동영상 재생 시나 파일 다운로드 시에 에러가 발생할 수 있습니다. 이때는 원래대로 설정을 되돌려 사용하거나 램디스크의 용량을 늘립니다.

01 이번에는 인터넷 임시 파일이 저장될 폴더를 램디스크로 설정하겠습니다. [시작] 버튼을 클릭하고 [제어판]을 클릭합니다. [인터넷 옵션]을 클릭합니다.

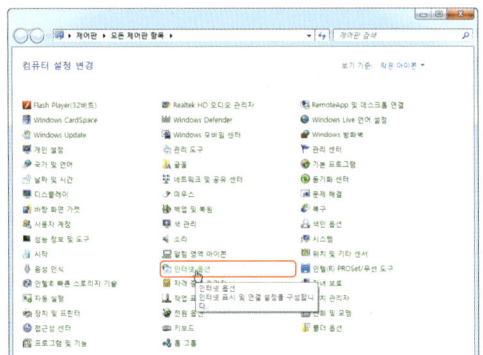

02 [인터넷 속성] 창이 표시되면 기존의 임시 파일을 삭제하기 위해서 [삭제] 버튼을 클릭합니다. [검색 기록 삭제] 창이 표시되면 모두 체크 표시한 후 [삭제] 버튼을 클릭합니다. 임시 인터넷 파일의 저장 위치를 변경하기 위해서 [설정] 버튼을 클릭합니다.

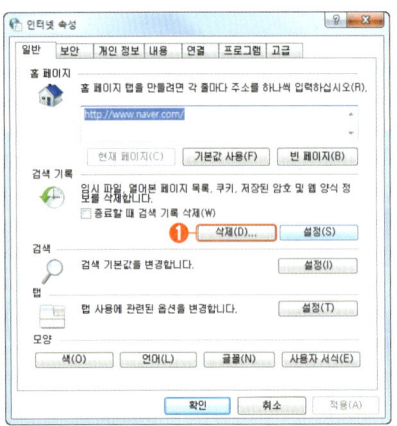 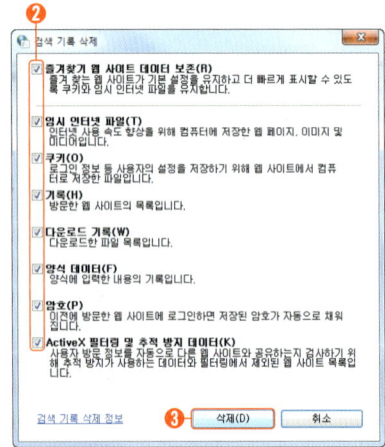

03 '사용할 디스크 공간'의 임시 인터넷 파일 공간의 용량을 지정할 수 있습니다. '250'으로 설정한 후 [폴더 이동] 버튼을 클릭합니다. 미리 만들어둔 Z드라이브의 'Temporary Internet Files' 폴더를 선택한 후 [확인] 버튼을 클릭합니다.

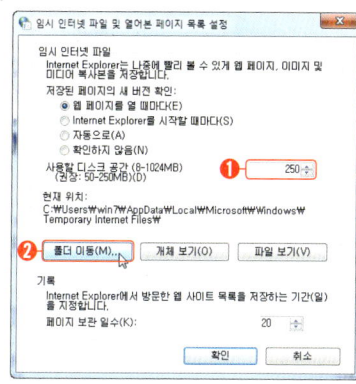
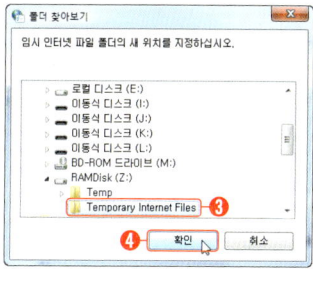

04 임시 인터넷 파일의 저장 공간을 변경하면 재부팅하라는 메시지가 표시됩니다. [예] 버튼을 클릭하여 재부팅을 하면 설정이 완료됩니다.

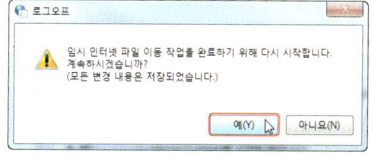

Part 01 PC 부품을 완벽하게 파헤쳐보자!

램 디스크에 크롬 임시 파일 폴더 설정하여 성능 올리기

크롬의 인터넷 임시 파일 폴더를 인터넷 익스플로러처럼 램 디스크로 설정하면 역시나 빠른 속도로 크롬을 이용할 수 있습니다. 크롬은 인터넷 익스플로러와는 달리 실행하는 아이콘에 직접 설정하기 때문에 설정한 아이콘으로만 실행해야 램 디스크를 이용할 수 있습니다. 당연히 크롬이 설치되어 있어야 합니다.

01 바탕화면에 크롬 아이콘을 마우스 오른쪽 버튼으로 클릭한 후 [속성] 메뉴를 클릭합니다. 설정된 아이콘으로만 크롬을 실행해야 램 디스크를 이용한다는 점을 잊지마세요.

02 [Chrome 속성] 창의 '대상'란에는 크롬의 실행 파일 위치가 표시됩니다. 클릭하여 커서를 가장 뒤로 이동시킵니다.

03 커서가 가장 뒤에서 깜빡거리면 한 칸 띄고 '――disk-cache-dir=z:\Chromecache'를 입력하고 [확인] 버튼을 클릭합니다. 크롬 캐시 폴더가 설정되었습니다. 이제 좀 더 빠른 크롬을 이용할 수 있습니다.

Part 01 PC 부품을 완벽하게 파헤쳐보자!

Chapter 10

DVD/CD - 데이터 백업을 위한 가장 쉬운 방법

데이터를 저장하는 저장 공간으로 CD와 DVD가 각광을 받던 시기가 있었습니다. 지금은 하드디스크가 점차 저가로 내려가면서 DVD에 데이터를 저장하는 일이 줄어들고 있지만 그래도 경우에 따라서는 DVD에 데이터를 저장하는 것이 더 효율적일 때가 있습니다.

01 광디스크 드라이브 구성요소의 명칭과 역할

광디스크 드라이브는 CD나 DVD를 미디어에 사진, 동영상 등 대용량의 데이터를 저장하기에 적합한 구조를 가지고 있습니다. 최근에는 CD보다는 대용량의 DVD 미디어가 널리 사용되고 있습니다. CD나 DVD에 데이터를 기록하거나 읽을 수 있는 광디스크 드라이브 구조에 대해서 알아보겠습니다.

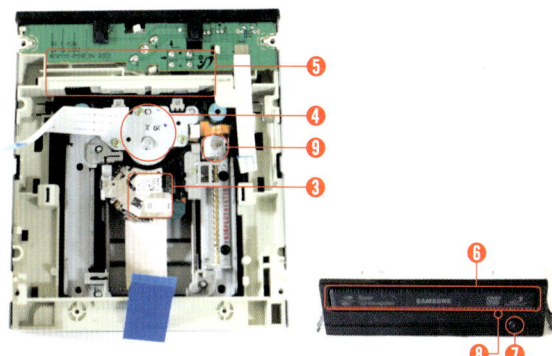

❶ **PATA 전원 단자** : IDE 전원 단자라고도 합니다. PATA 하드디스크와 마찬가지로 전원을 공급합니다. 구형 광디스크 드라이브는 PATA 방식을 사용합니다. PATA 전원 케이블로 연결합니다.

❷ **PATA 데이터 단자** : IDE 데이터 단자라고도 합니다. PATA 데이터 케이블과 연결하여 데이터를 전송하는 역할을 합니다.

❸ **레이저 픽업** : 광디스크 드라이브의 가장 중요한 부품으로 CD/DVD의 데이터를 읽거나 기록하는 데 사용됩니다. 레이저 픽업에서 레이저 빔을 쏘고 반사된 빛으로 데이터를 읽습니다.

❹ **스핀들 모터** : CD/DVD를 회전시키는 역할을 합니다.

133

❺ **트레이 구동 모터** : 트레이를 열거나 닫을 때 사용됩니다.

❻ **트레이** : CD/DVD를 얹어서 삽입할 때 사용합니다.

❼ **방출 버튼** : 트레이를 열 때 누릅니다.

❽ **강제 출구 홀** : 방출 버튼으로 트레이가 열리지 않을 때 강제 출구 홀을 핀으로 눌러 강제로 트레이를 열 수 있습니다.

❾ **스텝 모터** : 레이저 픽업이 수직으로 이동할 수 있도록 움직여줍니다.

02 알아둬야 할 DVD/CD 관련 용어

광디스크 드라이브의 기능은 용어만 이해해도 충분히 기능을 미루어 짐작할 수 있습니다. 상품이 몇 가지로 나누어 구성되어 있어서 명칭을 이해하고 구매 가이드로 삼으면 됩니다.

1. 내장형/외장형

광디스크 드라이브는 내장형과 외장형이 있습니다. 내장형은 PC 케이스에 장착하여 사용하고 외장형은 USB로 연결하여 사용합니다. 내장형에 비해 약 2배의 높은 가격을 형성합니다.

외장형 DVD-RW 드라이브

2. CD-RW, DVD-ROM, DVD-Recorder

DVD 미디어가 출시되기 전에는 CD-RW가 광학 드라이브로 가장 널리 사용되었습니다. CD-RW는 CD 미디어에 데이터를 쓰거나 읽을 수 있으며, DVD-ROM은 CD/DVD 미디어를 읽기만 할 수 있고 DVD-Recorder는 CD/DVD 제품을 읽거나 쓸 수 있습니다. 당연히 현재는 DVD-Recorder을 구매해야 합니다.

3. 읽기/쓰기 속도인 배속

광학 드라이브는 읽기와 쓰기 속도를 배속으로 표현합니다. 각 미디어마다 읽기/쓰기의 최고 속도가 다릅니다. CD의 경우 48배속의 쓰기/읽기를 제공하며 DVD 미디어의 경우 쓰기는 최대 24배속, 읽기는 최대 16배속을 지원합니다. 단, DVD 듀얼 레이어(DL), DVD RW 제품의 경우는 쓰기의 경우 6~8배속, 읽기의 경우 12배속이 현재 최대 속도입니다.

> **참고** 광학 드라이브의 배속과 미디어(공디스크) 의 배속
>
> 광학 드라이브에 지원되는 배속이 잘 설명되어 있습니다. 어떤 미디어에서는 몇 배속을 지원한다는 것이 표시되어 있는데 마찬가지로 미디어에도 지원되는 배속이 있습니다. 24배속을 지원하는 광학 드라이브에 24배속을 지원하는 미디어를 넣어야 24배속의 속도로 데이터를 처리할 수 있습니다. 광학 드라이브가 24배속을 지원하더라도 미디어가 최대 12배속을 지원한다면 전체적인 속도는 12배속으로 움직인다는 점을 주의하세요.

4. 공디스크(미디어)의 종류

광학 드라이브에 저장 미디어로 사용되는 공디스크의 종류는 꽤 다양합니다. CD-R, CD-RW, DVD+R, DVD+R DL, DVD+R RW, DVD-R, DVD-RW, DVD-R DL, M-DISC 등이 있습니다. CD-R은 약 700MB의 저장 공간을 사용할 수 있습니다. 물론 800MB 이상의 저장 공간을 지원하는 미디어도 있습니다. CD-RW는 약 700MB의 저장 공간을 지원하며 CD-R과 다른 점은 CD-R은 딱 한 번만 쓰기가 가능하지만 CD-RW는 지우고 쓰기가 반복적으로 가능하다는 장점을 가지고 있습니다.

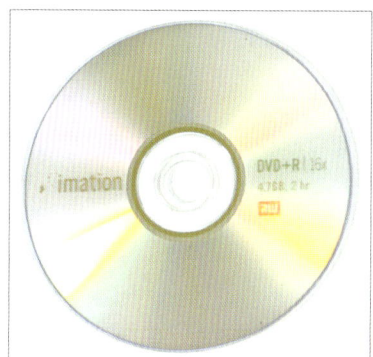

DVD+R 미디어

CD-R 미디어

DVD+R과 DVD-R은 4.7GB의 저장 용량을 지원합니다. 일반적으로 DVD-R 미디어가 호환성이 좋고 DVD+R 미디어가 안정성이 좋다고 알려져 있습니다. DVD+RW와 DVD-RW는 DVD+R, DVD-R에 비해 여러 번 쓰기가 가능합니다. DVD+R과 DVD-R은 재기록이 불가능합니다.

DVD+R DL과 DVD-R DL의 DL은 듀얼 레이어(Dual Layer)를 의미합니다. DVD 미디어를 1개의 층에 기록하는 것이 아니라 2개의 층을 만들어 각 층에 데이터를 따로 저장하게 하므로 저장 공간을 두 배로 늘려서 사용할 수 있다는 장점이 있습니다. 때문에 DVD+R DL과 DVD-R DL은 4.7GB의 2배인 8.5GB의 용량을 제공합니다.

M-DISC는 1,000년 이상 보존이 가능하다고 알려진 새로운 광디스크 미디어입니다. 일반 DVD 드라이브에서 읽기만 가능하고 M-DISC에 데이터를 기록하려면 M-DISC를 지원하는 DVD-Recorder를 사용해야 합니다. M-DISC 미디어 자체가 워낙 고가라 아직 사용자가 많지 않습니다.

> **tip** **DVD 미디어와 광학 드라이브의 궁합**
> 간혹 DVD 미디어와 광학 드라이브가 궁합이 잘 맞지 않는 경우가 있습니다. 예를 들어 DVD-R 제품은 잘 읽어내는 데 DVD+R 제품은 잘 읽지 못하는 등의 문제가 구형 광학 드라이브에서는 있어 왔습니다. 레이저 픽업의 특성 때문인데 이런 경우에는 잘 읽히는 미디어를 사용하는 방법이 가장 속편합니다.

5. 레코딩 프로그램

CD/DVD에 데이터를 저장할 때 사용하는 프로그램을 레코딩 프로그램이라고 합니다. 가장 널리 사용되는 프로그램은 'Nero'입니다. 광학 드라이브를 구매하면 번들로 포함되어 있기 때문에 크게 신경 쓰지 않아도 됩니다.

6. Light Scribe

라이트 스크라이브(Light Scribe) 기술은 CD/DVD 겉면에 원하는 텍스트나 그림을 인쇄할 수 있습니다. 공미디어에 데이터를 기록할 때와는 반대로 뒤집어서 삽입해야 하며 광학 드라이브와 공미디어가 모두 라이트 스크라이브(표면 인쇄)를 지원해야 합니다.

03 선택! DVD/CD의 성능을 비교 구매하는 방법

광학 드라이브를 구매하는 방법은 매우 간단합니다. 크게 고민할 것이 없기 때문입니다. 기술력이 고만고만하기 때문에 몇 가지만 자신에게 맞는지 확인한 후 구매하면 됩니다.

1. 가장 최신형의 제품을 구매합니다.

가장 최신형의 제품이 가장 빠른 속도를 제공하는지를 보고 이왕이면 국내 대기업 제품으로 구매하는 것이 AS가 편리합니다.

2. 1대의 컴퓨터에 사용한다면 내장형을 구매합니다.

여러 컴퓨터에 광학 드라이브를 사용할 것이고 각 컴퓨터에 설치된 기존 광학 드라이브가 속도가 느리거나 잘 동작하지 않는 광학 드라이브가 있다면 외장형을 구매해서 필요한 컴퓨터에 USB로 연결하여 사용하는 편이 가격면에서 유리합니다. 단, 내 컴퓨터 1대에 사용할 것이라면 굳이 외장형을 구매할 필요는 없습니다.

3. DVD-Recorder을 구매합니다.

블루레이 레코더니 M-DISC니 말도 많지만 호환성과 경제성을 고려했을 때 아직까지는 DVD-Recorder가 정답입니다.

4. 공디스크는 DVD 제품을 사용합니다.

데이터의 종류가 700MB 이하로 저장된다면 CD 미디어를 구매하겠지만 요즘처럼 사진이나 동영상 파일의 용량이 커지는 것을 감안했을 때는 DVD에 데이터를 저장하는 것이 편리합니다. 예전에 비해 DVD 공미디어의 가격이 많이 떨어졌기 때문입니다.

Part 01 PC 부품을 완벽하게 파헤쳐보자!

11 케이스 – 확장성을 고려해서 선택하자

보통 저가의 제품을 구매하고 마는 부품 중에 하나가 케이스입니다. 특별하게 성능에 영향을 주지 않기 때문이지만 실상은 꼭 그렇지만 않습니다. 나중에 PC를 업그레이드하거나 케이스에서 지원하는 다양한 단자들이 있다면 편리한 부분도 있으니 고려해야 할 사항입니다. 또한 많은 내부 부품을 사용하면서 너무 작은 케이스를 사용한다면 공기의 흐름에 방해가 되어 내부 온도를 높이는 요인도 되니 가격보다는 적절하게 자신에게 필요한 것을 선택하는 편이 좋습니다.

01 케이스의 다양한 종류

케이스는 크기로 분류하는데 이때 주의할 점은 사용할 메인 보드의 크기와 그래픽 카드의 크기, 파워의 크기입니다. 메인 보드의 크기는 일반적으로 가장 작은 것부터 mini-ITX, Micro-ATX, ATX의 3가지입니다. 예를 들어 가장 큰 ATX 메인 보드를 가장 작은 초슬림 케이스에 넣으려는 것은 불가능한 일입니다. 구입할 내부 부품의 크기를 염두해 두고 케이스를 고르는 방법에 대해서 알아봅니다.

1. 케이스의 크기 분류

일반적으로 케이스는 크기순으로 봤을 때 초슬림, 미니타워, 미들타워, 빅타워의 4가지라고 보면 됩니다. 각 케이스마다 지원하는 메인 보드의 크기가 다릅니다. 구입할 메인 보드의 크기를 고려하여 케이스를 골라야 합니다. 각 크기의 케이스마다 지원하는 메인 보드의 규격은 다음과 같습니다.

빅타워 케이스

- **초슬림** : mini-ITX 또는 mATX 보드를 지원합니다.
- **미니타워** : mini-ITX 또는 mATX 보드를 지원합니다. 간혹 ATX 메인 보드를 지원하는 경우도 있습니다.
- **미들타워, 빅타워** : ATX 메인 보드와 mATX 메인 보드를 모두 지원합니다.

초슬림형 케이스를 선택했을 때 주의할 점은 또 한 가지가 있습니다. 그래픽 카드의 크기입니다. 초슬림형 케이스는 초슬림형(LP)의 그래픽 카드만 장착이 가능합니다. 보통 그래픽 카드의 성능이 높아질수록 그래픽 카드의 크기도 커지는 경향이 있기 때문에 높은 사양의 그래픽 카드를 사용할 것이라면 미들타워 이상의 케이스를 선택해야 합니다. 고사양의 그래픽 카드는 메인 보드의 장착 공간으로 28cm~30cm 이상의 공간을 필요로 합니다.

PC 본체 내부에는 다양한 부품이 포함되어 있어서 많은 열을 내기 때문에 너무 작은 케이스를 사용하여 많은 부품을 넣는다면 내부 발열 때문에 문제가 될 수 있습니다. 고사양의 PC를 꾸릴 예정이라면 케이스도 미들타워나 빅타워를 선택하는 것이 안정적입니다.

2. 쿨러의 개수를 확인하자.

케이스의 주요 사항 중에 하나가 내부 열을 밖으로 배출시켜주는 것입니다. 케이스 옆면에 부착된 쿨러가 바로 그 역할을 담당하는 데 케이스마다 쿨러의 크기와 개수가 다릅니다. 물론 열 배출만 생각한다면 큰 쿨러가 많이 달려있는 것이 좋습니다.

쿨러가 많을수록 열 배출 성능이 좋다.

하지만 쿨러가 많이 달려있을수록 PC 내부로 먼지가 유입될 확률이 높고 PC 내부의 전자파가 쉽게 밖으로 통과된다는 단점이 있습니다. 또한 쿨링팬이 많을수록 그에 따른 소음이 많이 발생된다는 단점도 가지고 있습니다. 한 가지 더 알아둘 점은 케이스의 팬 속도를 외부에서 조절할 수 있는 제품들이 있다는 것입니다. 바이오스에서 조절하는 케이스 팬 속도를 케이스 외부의 버튼으로 쉽게 조절할 수 있다면 좀 더 편리합니다.

3. 다양한 단자를 지원하면 편리합니다.

케이스의 앞면과 윗면에 다양한 단자를 지원하는 케이스들이 있습니다. USB 포트는 기본이고 오디오 단자, HDD 도킹 단자까지 지원하고 있습니다.

케이스 뒷면

USB는 2.0 단자와 3.0 단자를 함께 지원하는 제품들이 많아서 몇 개씩을 지원하는지를 파악해야 합니다. 하위 호환이 되기 때문에 USB 3.0 단자가 많은 제품을 선택하는 것이 유리합니다.

HDD 도킹 단자는 하드디스크를 밖에서 바로 연결하여 사용할 수 있다는 장점이 있습니다. 외장 하드의 역할을 할 수 있어서 생각보다 꽤 편리한 장점을 가지고 있습니다. 하드디스크를 외장으로 연결하려면 외장 케이스가 따로 필요한데 HDD 도킹 단자가 있으면 하드디스크를 쉽게 탈부착하여 외장 케이스 없이 사용할 수 있습니다. HDD 도킹 단자는 모두 SATA 하드디스크만 제공한다는 점을 유의하세요.

HDD 도킹 지원 케이스

4. 드라이브 베이의 개수를 확인하자.

하드디스크와 광학 디스크 드라이브 등의 설치가 많다면 5.25/3.5/2.5인치 베이의 지원 개수를 확인해야 합니다. 케이스가 클수록 많은 수의 베이를 지원합니다. 특히 하드디스크 등을 베이에 설치할 때 나사를 사용하지 않는 무나사 지원 여부를 확인하세요. 드라이버가 필요 없기 때문에 탈부착이 많은 경우 편리합니다. SSD를 장착하는 경우 2.5인치 베이가 있다면 더 편리합니다. 단, 3.5인치 가이드에 SSD를 붙여서 사용할 수 있기 때문에 크게 구애받지 않아도 됩니다.

5. 파워 서플라이의 크기도 고려하자.

파워 서플라이의 크기는 ATX, mATX, TFX의 크기가 있습니다. 케이스의 파워 서플라이 지원 크기는 사양표에 나와 있으므로 특별한 크기의 파워 서플라이를 사용한다면 체크하는 편이 좋습니다. 다음의 내용을 참고하되 반드시 구입 전에 확인합니다. 보통은 ATX를 사용하기 때문에 큰 문제는 없을 것입니다.

- **ATX :** 슬림, 미니, 미들, 빅타워 케이스 모두 지원
- **mATX :** 초슬림, 슬림, 미니타워 케이스 지원
- **TFX :** 초슬림만 케이스 지원

02 케이스의 내부와 외부 구성 요소

케이스의 내부와 외부의 명칭과 역할 정도만 이해해도 전반적인 케이스의 역할을 이해할 수 있습니다.

1. 케이스의 내부 구성 요소

❶ **드라이브 베이** : 2.5/3.5/5.25인치의 하드디스크, 광학 디스크 드라이브, SSD 등을 설치하는 공간입니다.

❷ **드라이브 고정 나사** : 나사로 드라이브를 고정합니다. 무나사를 지원하는 경우 레버로 드라이브를 고정합니다.

❸ **신호선 케이블** : 케이스의 외부 단자들(USB 단자, 오디오 단자, eSATA 단자 등)을 사용할 수 있게 해주는 신호선 케이블입니다.

❹ **쿨러 전원 커넥터** : 케이스 외부의 쿨러와 연결되어 전원을 공급합니다.

❺ **파워 서플라이 베이** : 파워 서플라이를 설치하는 공간입니다.

❻ **통풍구** : 케이스 내부 쿨링을 위한 쿨러가 설치됩니다.

❼ **슬롯 가이드와 고정 레버** : 메인 보드에 카드류를 설치할 때 케이스의 기존 가이드를 제거하고 설치합니다. 고정 레버나 나사로 연결합니다.

❽ **메인 보드 장착부** : 메인 보드를 설치하는 공간입니다. 메인 보드마다 메인 보드 스테이션에 설치하는 나사 위치가 조금씩 다를 수 있으니 케이스와 비교하여 설치합니다.

❾ **백 패널 베젤** : 메인 보드에서 제공되는 단자들이 케이스 밖으로 나오는 부분입니다. 케이스에서 제공하는 베젤을 떼어내고 메인 보드에서 제공하는 베젤을 설치해야 합니다.

2. 케이스의 외부 구성 요소

  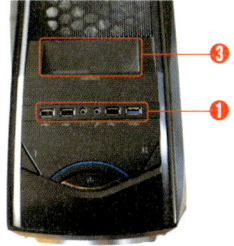

❶ **전면 패널** : 케이스에서 제공하는 다양한 단자와 버튼들이 모여 있습니다. 전원 버튼이나 리셋 버튼은 케이스의 종류에 따라 위치가 다를 수 있습니다.

❷ **쿨링팬** : 케이스 외부에서 보이는 쿨링팬입니다. 케이스마다 크기와 위치가 다릅니다. 옆면에는 대형 쿨링팬이 위치하는 경우가 많은데 큰 쿨링팬을 사용할 수 있는 유일한 공간이기 때문입니다.

❸ **HDD 도킹 단자** : 하드디스크를 직접 연결하여 외장 하드디스크처럼 사용할 수 있도록 도와줍니다.

❹ **메모리 카드 단자** : CF 카드, SD 카드 등의 메모리 카드를 직접 연결하여 파일을 전송할 수 있는 단자입니다. 케이스마다 지원하지 않는 경우도 많습니다.

03 선택! 케이스의 성능을 비교 구매하는 방법

케이스를 선택할 때는 어느 정도의 성능을 내는 PC를 조립할 것이냐에 따라 달라집니다. 크기를 선택한 후에 다양한 단자나 쿨링 시스템을 비교하여 구매합니다.

1. 높은 성능의 PC를 꾸리려면 빅타워나 미들타워!

높은 성능의 PC를 꾸리려면 아무래도 설치할 부품도 크기가 커지게 되고 지원 장치들의 개수도 늘어납니다. 그래픽 카드가 일단 28cm보다 크다면 선택의 여지없이 빅타워를 고민해봐야 합니다.

2. 쿨러의 개수와 크기는 적당한가?

만약 오버 클러킹이라도 한다면 PC 내부의 쿨링 시스템에 대해서 심각하게 고민해보는 것이 좋습니다. 그렇지 않더라도 적절한 개수의 쿨러와 쿨러 크기 등을 고려해야 하며 케이스 내부의 케이블 배치가 편리한가도 고민해야 합니다. 요즘 출시되는 케이스들은 케이블 배치가 편리하도록 되어 있어 예전처럼 케이블에 의한 쿨링 문제점이 발생하는 경우는 많지 않습니다.

3. 지원 단자가 많을수록 사용이 편리합니다.

다양한 단자가 지원될수록 PC 사용 환경이 편리해지는 것은 사실입니다. 하지만 지원 단자의 형태가 케이스를 선택하는 첫 번째 이유라고 보기엔 적절치 못합니다. 그보다는 먼저 케이스와 쿨러를 선택한 후에 그 중에서 자신이 원하는 단자를 지원하는지를 고르는 편이 유리합니다.

4. 가격대는 3만 원선에서 6만 원선까지를 고려합니다.

저렴하게 케이스를 구매하겠다면 2만 원선에서도 구매가 가능합니다. 하지만 2~3만 원만 더 주면 더 효율성이 높은 케이스를 구매할 수 있으며 향후 업그레이드까지 고려한다면 2~3만원이 더 싼 케이스보다는 조금 더 가격이 있는 케이스를 구매하여 오래 사용하는 편이 이득입니다.

Part 01 PC 부품을 완벽하게 파헤쳐보자!

Chapter 12

파워 서플라이 – 정격 출력이면서 적절한 파워의 선택

파워 서플라이만큼 별다른 특별함이 없으면서도 동시에 특별한 부품도 없습니다. 파워 서플라이는 말 그대로 PC에 전력을 공급하는 장치입니다. 그 외에는 특별한 기능을 하지 않는 것처럼 보이지만 저가의 제품을 잘못 썼다가는 큰 코 다치기 쉽습니다. 파워 서플라이는 몇 만 원의 돈으로 꽤 안정적인 PC를 만드는데 큰 기여를 하므로 꼭 설명하는 부분을 숙지한 후 구매할 것을 권장합니다.

01 파워 서플라이 구성 요소의 명칭과 역할

파워 서플라이의 외부는 크게 주요한 부분은 없지만 각 커넥터의 역할은 반드시 숙지해야 합니다. PC 부품들과 직접 연결하여 전원을 공급하는 커넥터이기 때문에 어디에 연결하는지 정도는 이해해야 합니다. 파워 서플라이마다 지원하는 커넥터가 다릅니다.

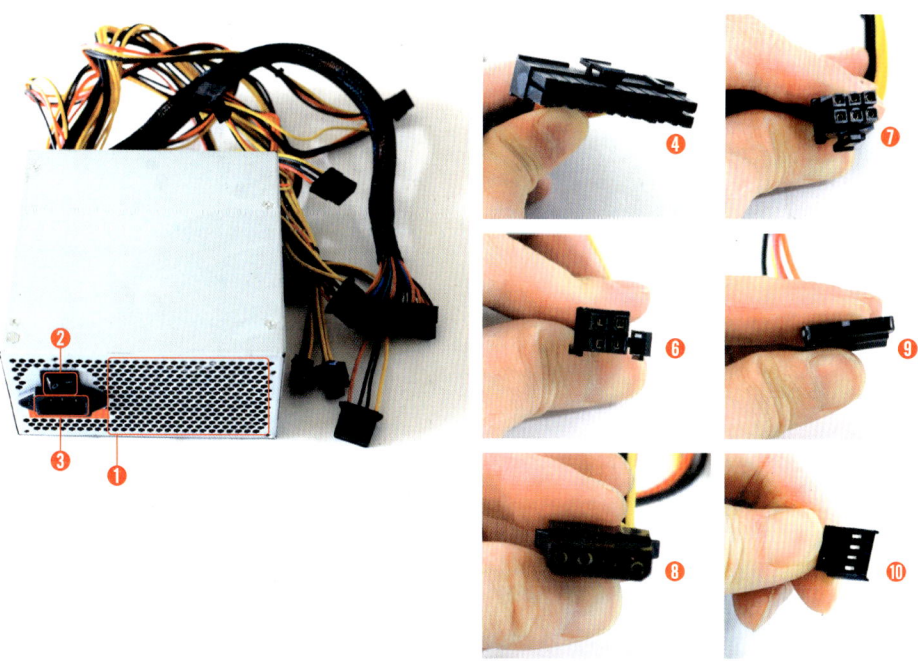

145

❶ **파워 서플라이 쿨링팬** : 파워 서플라이 내부에서 발생하는 열을 배출합니다.
❷ **전원 스위치** : 파워 서플라이의 전원을 켜거나 끌 수 있습니다. 보통 항상 켜진 상태로 사용합니다.
❸ **AC 교류 전원 단자** : 전원 케이블을 연결합니다.
❹ **24핀 메인 보드 전원 커넥터** : 메인 보드에 전원을 공급합니다.
❺ **8핀 전원 커넥터** : 12V로 CPU에 전원을 공급합니다.
❻ **8(4+4)핀 전원 커넥터** : 구형 메인 보드에 사용하기 위한 단자로 CPU에 전원을 공급합니다.
❼ **6핀 PCI Express 커넥터** : 그래픽 카드의 보조 전원 단자로 전원을 공급합니다.
❽ **4핀 PATA 전원 커넥터** : PATA용 하드디스크나 광학 디스크 드라이브에 전원을 공급하고 쿨링팬에 연결하여 쿨링팬에 전원을 공급합니다.
❾ **SATA 전원 커넥터** : SATA용 하드디스크, 광학 디스크 드라이브, SSD에 전원을 공급합니다.
❿ **FDD 전원 커넥터** : 플로피 디스크 드라이브에 전원을 공급합니다. 보통 플로피 디스크 드라이브를 사용하지 않기 때문에 활용성은 거의 없습니다.

02 선택! 파워 서플라이의 구입 시 주의점과 비교 구매 방법

파워 서플라이의 사양표를 읽다보면 자연스럽게 어떤 제품을 구매해야 하는지 이해할 수 있습니다. 파워 서플라이는 저가형 제품은 되도록 피하고 다음에 설명하는 요소들을 모두 지킨 제품을 구매하는 것이 여러 모로 돈을 아끼는 방법입니다.

1. 80 PLUS 인증을 챙기자

파워 서플라이를 선택할 때는 안정성을 최우선으로 해야 합니다. 불안한 전력은 컴퓨터가 아예 켜지지 않거나 여러 가지 문제점을 가져올 수 있습니다. 때문에 최대 출력보다는 정격 출력을 확인해야 합니다. 정격 출력은 특정한 시간 안에 연속해서 낼 수 있는 최대 출력을 말합니다. 때문에 지속적으로 동일한 출력을 낼 수 있어서 안정적인 전원을 공급할 수 있습니다. '80 PLUS 인증'은 정격 출력에 대한 인증으로 '화이트, 브론즈, 실버, 골드' 등급이 있습니다. 화이트가 가장 낮은 등급이고 골드가 가장 높은 등급으로 등급이 높을수록 효율이 좋고 가격이 비쌉니다. 안정성을 고려한다면 80 PLUS 인증이 있는 제품인지를 확인합니다.

2. 액티브 PFC를 사용한 제품인가?

PFC란 전원 장치에 전력 효율을 향상시킬 목적으로 절전 회로를 추가한 회로입니다. PFC는 액티브 PFC와 패시브 PFC가 있는데 액티브 PFC가 효율이 더 좋기 때문에 액티브 PFC를 추천하고 단순히 전력 효율뿐만 아니라 고주파 방지 및 송전 시에 손실 전력을 방지하는 등의 추가적인 장점도 있습니다.

3. 12V 출력 채널이 많은가?

PC에서 가장 많이 사용하는 출력이 12V 출력입니다. '+12V 다중 출력'이라고 쓰여진 제품은 독립된 2개 이상의 12V 출력을 공급합니다. 고성능 그래픽 카드나 여러 개의 하드디스크, SSD를 사용하는 경우, 다양한 부품을 많이 연결하여 사용하는 경우에는 +12V 다중 출력 제품을 사용할 것을 추천합니다. 그렇지 않을 경우에는 +12V 연결 채널이 부족하여 파워 서플라이를 다시 구입할 수도 있습니다.

4. 되도록 프리 볼트 제품을 구매하세요.

프리 볼트란 100V~240V 사이의 교류 전류를 받아들여 직류로 변환하는 기능을 말합니다. 국내는 220V를 사용하기 때문에 굳이 프리 볼트를 사용할 필요는 없는 것처럼 보이지만 전압의 다양한 변동에 적응이 쉽도록 만들어졌기 때문에 자동적으로 프리 볼트 제품이 과전압을 보호해주는 역할을 합니다. 과전압은 PC 자체에 치명적이기 때문에 프리 볼트를 추천하는 이유입니다.

5. 다양한 보호 기능이 있는가?

과전류, 과전압, 쇼트, 과열 등에 대한 보호 기능이 있는 제품이 아무래도 안정성에서 유리합니다. 물론 이런 기능을 하는 제품이 가격은 조금 더 올라가는데 가격 대비를 고민하여 구매하면 됩니다.

Part 01 PC 부품을 완벽하게 파헤쳐보자!

Chapter 13
키보드와 마우스 – 잘 선택하면 업무 효율 UP

키보드와 마우스는 PC 사용 시에 반드시 필요한 입력 도구입니다. 왜 필요한지에 대한 설명은 굳이 필요하지 않지만 두 부품을 선택할 때 알아두어야 할 다양한 방식에 대해서는 이해를 해 두는 것이 좋습니다.

01 키보드와 마우스의 종류

키보드의 종류와 마우스의 종류에 대해서 알아보도록 하겠습니다. 최근에는 선 없이 편안하게 이용하기 위해서 무선 제품들이 많이 사용되고 있습니다.

1. 연결 방식에 따른 키보드/마우스의 종류

키보드와 마우스는 연결 방식에 따라 USB, 무선, PS/2 방식으로 나뉩니다. PS/2 방식은 예전에 사용하던 연결 방식으로 현재는 메인 보드에서 연결 커넥터를 지원하지 않는 경우도 많기 때문에 추천하지 않습니다. 간혹 예전 PS/2 키보드를 PC의 USB 단자에 연결해서 사용해야 할 경우가 있는데 이때는 USB-PS2 젠더를 이용해서 연결할 수 있습니다.

USB 방식

PS/2 방식

보통은 USB형과 무선형 둘 중에 하나를 구입합니다. 가격적인 면에서는 USB형이 많이 사용되지만 마우스와 키보드가 모두 USB 형태이면 선이 책상 위에 있어서 불편할 수 있습니다. 반면에 무선형의 경우 가격은 유선형에 비해서 비싸지만 선이 없어서 책상 환경이 편안하다는 장점이 있습니다. 또한 무선의 경우 건전지가 필요해서 유지 비용이 발생한다는 점도 단점입니다. 저렴한 유선 키보드와 무선 키보드의 가격 차이는 대략 3~4배 정도입니다.

무선 키보드

2. 키보드 입력 방식의 종류

키보드는 멤브레인 방식과 펜타 그래프 방식으로 나누어집니다. 이 두 방식은 키보드의 접점 방식이 다른데, 터치감에서 크게 다릅니다. 멤브레인 방식은 돌출된 키를 누르는 방식이어서 타이핑 소음이 좀 더 발생되지만 타이핑 감이 확실히 전달되는 장점이 있습니다. 펜타 그래프 방식은 멤브레인 방식에 비해서 타이핑 감은 조금 떨어지지만 부드럽게 타이핑이 가능하여 소음 발생이 적습니다. 펜타 그래프 방식은 노트북에 가장 널리 사용되는 키보드 방식입니다.

3. 무선 방식의 종류

키보드와 마우스에서 사용하는 무선 방식은 블루투스 방식과 2.4/5GHz의 무선 연결 방식이 있습니다. 2.4/5GHz 방식은 수신 거리도 넓고 반응 속도도 빠르다는 장점을 가지고 있습니다. 또한 방향성이 없어서 수신기와의 사이에 책상 등의 장애물이 있어도 통신이 잘 된다는 점입니다. 블루투스 방식의 가장 큰 장점은 스마트폰이나 스마트패드, 노트북 등에 별도 수신 동글 없이도 연결하여 사용할 수 있다는 장점이 있습니다. 단, 각 스마트 기기에서 지원하는 기능이 조금 다를 수 있습니다.

4. 마우스의 감도와 기능 버튼

마우스의 경우 dpi(dot per inch)로 표시되는 감도 수치가 제공됩니다. 감도란 마우스를 1인치 움직였을 때 화면상의 커서가 얼마나 움직일 수 있는가를 수치로 나타낸 단위입니다. 해상도가 큰 모니터에서 커서를 움직일 때 감도가 높다면 마우스를 조금만 움직여도 더 많은 거리를 이동시킬 수 있습니다. 반면에 감도가 낮다면 커서를 움직이기 위해서 마우스를 좀 더 길게 움직여야 한다는 차이가 있습니다. 보통 프로 게이머들이 고감도의 마우스 제품을 이용하고 있습니다. 감도는 마우스 표면의 휠과 버튼을 이용해서 빠르게 조절이 가능합니다.

일반적인 마우스는 2개의 버튼이 제공되지만 측면에 여러 개의 버튼을 제공하는 제품들이 있습니다. 각 제품마다 마우스의 역할이 다르게 제공되는 것들이 있으니 확인한 후 구매해야 합니다. 제품에 따라 추가로 제공되는 버튼이 더 많은 편리함을 제공하는 경우가 많습니다. 하지만 꼭 필요한 기능이 아닐 수도 있으니 불필요하게 버튼이 많을 필요는 없습니다.

02 선택! 키보드와 마우스의 성능을 비교 구매하는 방법

키보드와 마우스의 선택은 먼저 무선과 유선을 선택하고 가격대를 고려하여 구매합니다.

1. 무선으로 갈지? 유선으로 갈지?

가격대를 고려한다면 유선이 우선입니다. 성능에는 큰 차이가 없기 때문입니다. 하지만 책상위에 여러 케이블 선들이 불편하게 널려 있는 것이 싫다면 무선을 고려해 보세요. 무선 키보드/마우스는 유선 제품에 비해서 비싸지만 그래도 책상을 단출하게 사용할 수 있다는 장점이 있습니다.

2. 선택이 무선이라면 키보드와 마우스 동시 사용 제품을 선택합니다.

무선 제품을 사용한다면 키보드와 마우스를 함께 사용할 수 있는 무선 제품을 사용합니다. 키보드 따로, 마우스 따로 구매하는 것보다 저렴하고 하나의 무선 동글을 사용하기 때문에 USB 포트를 하나만 사용할 수 있습니다.

3. 무상 AS 기간이 긴 제품이 좋습니다.

유무선이 선택되었다면 무상 AS 기간이 긴 제품을 선택합니다. 키보드와 마우스의 AS는 보통 수리보다는 동일한 제품으로 교환하는 방법이기 때문에 고장이 났을 때 새로운 제품을 사용할 수 있다는 장점이 있습니다. 생각보다 고장 나는 경우가 있기 때문에 AS 기간이 길수록 유리합니다.

4. 크기가 작은 미니 마우스는 피합니다.

노트북의 마우스를 크기가 작은 미니 마우스를 사용하는 경우가 많습니다. 물론 휴대의 편리성 때문이지만 손이 큰 경우나 남성의 경우 오히려 크기가 작아서 그립감이 좋지 못한 경우가 많습니다. 노트북을 많이 사용하지 않는 경우가 아니라면 되도록 미니 마우스는 피하는 것이 좋습니다.

5. 대형 모니터를 사용한다면 감도가 높은 제품을 사용합니다.

대형 모니터를 사용한다면 감도가 높은 제품이 사용하기에 편리합니다. 모니터 화면상에서 마우스 커서를 이리 저리 옮기기엔 감도가 높은 제품이 커서의 이동시에 편리합니다.

6. 마우스는 그립감, 키보드는 터치감으로 선택합니다.

모든 비교가 끝났다면 그립감과 터치감이 좋은 제품을 선택합니다. 직접 만져보고 구입할 수 없다면 많이 팔린 제품을 선택하면 후회할 소지를 줄일 수 있습니다.

7. 가격대는?

다른 부분에 대한 고민이 모두 끝났다면 그 중에서 가격이 너무 저렴하지도, 고가이지도 않은 제품을 선택합니다. 매우 고가인 제품을 제외하면 가격대의 차이가 크지 않기 때문에 선택이 더 편리할 것입니다.

Part 01 PC 부품을 완벽하게 파헤쳐보자!

Chapter 14 프린터 – 유지비는 적게! 인쇄는 깔끔하게!

PC의 부속 부품 중에서 가장 유지비용이 많이 들어가는 부품이 프린터입니다. 때문에 단순히 제품의 가격만 놓고 비교할 것은 아니고 유지비용도 함께 고려해야 가장 합리적인 구매가 될 수 있습니다.

01 프린터의 종류

프린터의 종류는 잉크젯과 레이저로 크게 나눌 수 있습니다. 레이저 프린터는 다시 컬러용과 흑백용으로 나눌 수 있습니다. 정교한 출력이 목적이 아니라면 유지비용을 고려하여 구매하도록 합니다.

1. 잉크젯과 레이저 프린터

잉크젯은 말 그대로 잉크를 사용하여 출력하는 프린터입니다. 잉크를 사용하기 때문에 분리형 잉크의 수가 많을수록 고품질의 인쇄물을 얻을 수 있습니다. 단, 잉크 수가 많을수록 유지비용이 비쌉니다.

프린터 기능을 포함한 복합기의 사용이 경제적이다.

레이저 프린터는 잉크 대신에 토너를 사용하며 레이저를 사용하여 인쇄합니다. 잉크젯에 비하여 좀 더 섬세한 인쇄가 가능합니다. 컬러 레이저 프린터의 경우 유지비용이 비싼 편입니다. 유지비용과는 상관없이 고품질로 인쇄하기 위해서 사용합니다. 많은 흑백 출력 인쇄가 필요하다면 흑백 레이저 프린터가 유지비용 상으로는 유리합니다. 컬러 레이저 프린터에 비해서 흑백 인쇄만 가능하다는 단점이 있지만 리포트나 대량의 보고서를 많이 인쇄하는 경우는 잉크젯 프린터에 비해서 유지비용도 적고 관리도 편하다는 장점이 있습니다.

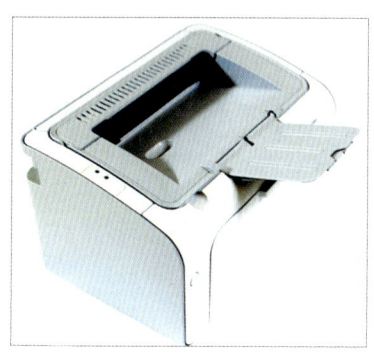

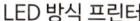

LED 방식 프린터

인쇄 시에 광원을 레이저가 아닌 LED를 사용하는 프린터입니다. 저전력, 친환경 제품으로 크기도 작고 고화질의 인쇄 품질을 자랑하며 인쇄 속도도 꽤 빠른 편입니다. 단점은 프린터 자체의 가격도 꽤 고가라는 점입니다. 중가의 LED 프린터는 2백만 원, 고가의 경우는 4백만원 정도의 제품을 구매할 수 있습니다.

2. 무선 랜 연결 제품 vs 유선 랜 제품 vs USB 연결 제품

예전 프린터는 보통 USB로 PC와 직접 연결하는 제품을 사용했습니다. PC와 직접 연결되다보니 책상 주변에 반드시 위치해야 한다는 단점 때문에 책상을 넉넉히 사용하기에도 불편했습니다. 요즘에는 무선 랜을 지원하는 제품이 판매되고 있어서 집 안에 무선 신호가 잡히는 곳이라면 어디에든 설치할 수 있습니다. PC와 직접 연결할 필요가 없기 때문에 책상 주변이 쾌적한 상태로 이용할 수 있습니다. 단, USB 제품에 비해서 가격이 고가입니다. 유선 랜 제품은 유선 공유기와 연결하여 사용하는데 PC와 직접 연결하지는 않지만 그래도 랜 케이블이 연결되기 때문에 주변이 어지럽혀질 수 있습니다.

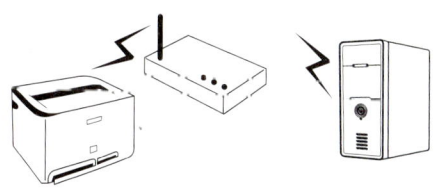

무선 랜은 무선 공유기를 통해서 프린터와 PC가 연결되어 선이 필요 없습니다.

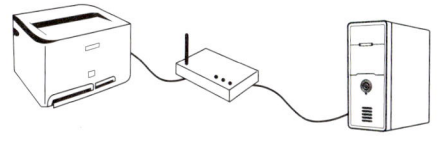

유선 랜 제품은 랜 케이블을 통해서 유무선 공유기와 연결합니다.

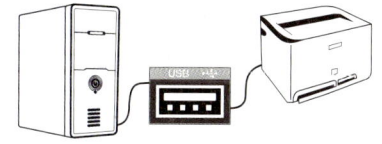

USB 연결은 USB 케이블로 PC와 프린터를 직접 연결합니다.

02 프린터 용어 이해하고 쌈지 돈 굳히기

프린터 인쇄 방식에 따른 제품 종류를 이해하고 연결 방식에 따른 제품 종류를 알아봤습니다. 이제 실제 구매를 위해서 어떤 제품을 선택할지는 프린터와 관련된 몇 가지의 용어를 이해함으로써 구매 가이드를 만들 수 있습니다.

1. PPM과 IPM – 프린터의 인쇄 속도

PPM(Pages Per Minute)과 IPM(Images Per Minute)은 모두 프린터의 인쇄 속도를 나타내는 단위입니다. 문제는 PPM 방식은 일반 사용자들이 느끼는 인쇄 체감 속도와는 아주 판이하게 다른 속도감을 낸다는 것입니다. 반면에 IPM은 일반 사용자들이 겪는 인쇄 속도와 거의 유사한 속도로 측정되었기 때문에 신뢰할 수 있다는 점입니다.

프린터 제조사의 PPM은 페이지 안에 텍스트만 입력되어 있는지, 이미지가 들어있는지 측정 당시에 인쇄 샘플의 비교에서 문제가 1차적으로 발생하고 고속 인쇄 방식일 때 측정한 결과값으로 제조사에서 20PPM의 속도를 낸다고 해도 실제 사용자가 인쇄하면 절반의 속도인 10PPM을 내지도 못하는 경우가 허다하다는 것입니다. 문제는 제조사마다 측정 환경이 다르기 때문에 속도 비교를 하기 어렵다는 단점이 가장 큰 문제입니다.

반면에 IPM은 국제 표준화 기구인 ISO가 제정한 공식 문서인 ISO/IEC 24734, 24753을 사용하여 인쇄 속도를 측정하고 사용자가 주로 이용하는 일반 모드로 인쇄하여 측정하기 때문에 사용자의 환경과 거의 유사한 상태에서 속도를 측정하여 믿을 수 있는 결과값을 사용한다는 점이 다릅니다. 현재 다양한 프린터 제조사 중에 유일하게 캐논만이 선택하고 있어서 다른 제품들과의 속도 비교가 쉽지 않다는 단점이 있습니다. 물론 IPM과 PPM의 단위 환산도 불가능하여 제조사가 제공하는 단위를 기준으로 제품을 선택해야 한다는 불편함이 있습니다.

2. dpi – 프린터의 인쇄 해상도

프린터의 인쇄 해상도는 dpi(dot per inch)로 표기합니다. 수치가 높을수록 고품질의 인쇄 결과물을 얻을 수 있습니다. 인쇄 속도와 마찬가지로 인쇄 해상도가 높을수록 프린터의 가격은 비싸집니다. 현재 4800dpi 이상의 제품들이 판매되고 있으며 4800dpi만 되도 고품질의 인쇄 결과물을 얻을 수 있습니다. 좀 더 품질이 높은 인쇄물을 원한다면 더 높은 dpi의 제품을 구매하면 됩니다.

3. 인쇄 지원 용지

인쇄를 지원하는 용지의 크기가 A4 사이즈인 경우가 가장 보편적인 형태이지만 A3 인쇄를 지원하는 프린터도 있습니다. 보통은 A3 인쇄를 지원하는 프린터가 더 고가입니다. 특별하게 A3 인쇄가 필요한 경우가 아니라면 A4 사이즈까지만 지원되는 프린터를 구매합니다. 또한 특별한 인쇄 용지에 인쇄를 해야 하는 경우에 프린터에서 해당 용지의 인쇄를 지원하는지의 여부를 확인하고 구매해야 합니다.

4. 픽트브리지와 USB 연결 인쇄

컴퓨터를 켜지 않고 인쇄할 수 있는 인쇄 방식으로 USB 연결 인쇄는 USB에 인쇄할 파일을 넣어 놓고 프린터에 USB를 꽂아서 바로 인쇄할 수 있습니다. 따라서 PC를 켜지 않고 인쇄할 수 있습니다. 픽트브리지(PictBridge)는 디지털 카메라를 프린터의 USB 포트에 연결하여 카메라 안의 사진을 인쇄하는 방식입니다. 단, 디지털 카메라도 픽트브리지를 지원하는 제품이어야 합니다.

5. 정품 잉크/토너 vs 재생 잉크/토너 vs 리필 잉크/토너

인쇄 품질이 가장 좋은 정품 잉크/토너는 프린터 제조사에서 판매하지만 가격이 매우 비쌉니다. 유지비용은 바로 이 정품 잉크 때문에 높아집니다. 정품 잉크를 2~3번 구매하면 프린터 가격과 비슷한 제품도 있습니다. 때문에 재생 잉크/토너나 리필 잉크/토너를 사용하는 구매자들이 늘고 있습니다.

재생 잉크는 흔히 호환 잉크라고 하며 토너는 재생 토너라고 말합니다. 재생 잉크/토너는 사용한 정품 카트리지를 수거하여 잉크나 토너를 보충하여 판매하는 제품입니다. 정품 잉크/토너에 비해 가격은 저렴하지만 인쇄물의 품질이 떨어지고 인쇄 매수도 정품에 못 미치는 경우가 많습니다. 또한 재생 잉크/토너를 사용하다가 프린터에 문제가 생기면 무상 수리를 받을 수 없거나 수리 자체를 거부하는 경우도 있습니다. 하지만 잘만 사용하면 프린터 1대 가격을 뽑을 수 있을 만큼 저렴하게 사용할 수 있어서 AS의 고충을 알고 있더라도 재생 잉크/토너를 사용하는 경우가 많습니다.

리필 잉크/토너는 사용자가 직접 잉크나 토너를 리필하는 방식입니다. 보통 '충전한다'라고 말하는데 잉크나 토너를 충전할 때 프린터에 흘러 고장의 원인이 될 수도 있으며 좋지 못한 품질의 잉크는 헤드가 막히는 원인이 되기도 합니다. 하지만 가장 저렴하게 잉크/토너를 사용할 수 있는 방법이기 때문에 직접 충전하는 방식을 선호하는 사용자도 있습니다.

재생 잉크/토너나 리필 잉크/토너를 잘 사용하기만 하면 유지비용을 꽤 아낄 수도 있지만 프린터가 망가질 수 있다는 점을 유의해야 하며 고장 시에 새로운 제품을 다시 구매해야 할 수도 있다는 점도 명심해야 합니다.

무한 잉크 공급기

잉크젯 프린터의 경우 무한 잉크 공급기를 사용하여 유지비용을 아끼는 방법도 있습니다. 보통은 유선 제품을 사용하는데 설치에 어려움이 있고 에러가 발생하는 경우도 있어서 사용시에 주의할 점이 있습니다. 단, 매우 저렴하게 프린터를 유지할 수 있다는 장점 때문에 역시나 사용하지만 적지 않은 사용자들이 불편을 겪는 경우도 있습니다. 무한 잉크 공급기는 따로 구매해야 하며 무한 잉크 공급기 제조사의 설명서를 잘 숙지한 후에 사용해야 합니다.

03 선택! 프린터의 성능을 비교 구매하는 방법

프린터의 구매는 성능이냐 유지비용이냐의 두 가지를 고려해서 구매해야 합니다. 고품질의 인쇄를 원한다면 유지비용이 많이 발생합니다.

1. 고품질의 인쇄를 원한다면

인쇄 해상도가 높은 제품을 구매해야 합니다. 많은 수의 분리형 잉크를 제공하는 제품을 구매하면 다 쓴 잉크만 바꿔 사용하면 되기 때문에 길게 봤을 때는 유지비용을 감소시킬 수 있으며 색 발현력이 좋아 더 높은 인쇄 품질을 얻을 수 있습니다.

2. 리포트 등의 인쇄물이 많은 경우

굳이 컬러 인쇄물이 필요하지 않다면 흑백 레이저를 구매하되 재생 토너를 구매할 수 있고 재생 토너의 가격이 저렴한 제품을 구매합니다. 재생 토너는 생각보다 고장이 적은 편이어서 컬러 인쇄물이 필요하지 않은 경우에는 이 방법이 가장 적은 유지비용을 지불하는 방법입니다.

3. 최대한 유지비용을 줄이겠다면

잉크젯에 무한 잉크 공급기를 연결한 제품을 사용할 수 있습니다. 유지비용이 가장 작게 들지만 사용상에 고충이 따를 수도 있습니다. 100% 권장하는 형태는 아니지만 잘 사용하는 사용자들도 있습니다.

4. 프린터 위치를 맘대로 하고 싶다면

책상 옆이 아니라 어디든 두고 사용하고 싶다면 무선 제품을 사용하세요. 사무실이나 집 안의 무선 신호를 잡을 수 있는 곳이라면 어디든 설치가 가능합니다.

복합기의 사용

프린트만 가능한 프린터와는 달리 프린트, 복사, 스캔, 팩스의 기능을 모두 합한 복합기라는 제품이 있습니다. 팩스 기능만 뺀 복합기도 있으며 좀 더 저렴하게 구입할 수 있습니다. 인쇄 품질이 크게 중요하지 않은 경우에 구매를 고려할 수 있습니다. 프린터와 마찬가지로 잉크젯, 컬러 레이저, 흑백 레이저 제품이 있으며 무선 랜, 유선 랜, USB를 지원하는 제품이 있습니다. 단, 인쇄 품질과 인쇄 속도가 일반 프린터에 비해서 떨어진다는 점을 주의합니다.

Part 01 PC 부품을 완벽하게 파헤쳐보자!

Chapter 15 알면 도움이 되는 PC 지원 장치들

PC 주변 장치는 상당히 많습니다. 이런 장치들을 구입할 때 가장 우선시 하는 것이 가격과 디자인입니다. 하지만 가격과 디자인보다 더 중요한 정보들이 있습니다. 다양한 PC 지원 장치들에는 어떤 것들이 있고 구입할 때 어떤 것들을 비교해야 하는지 알아보겠습니다.

01 카드 리더기 종류와 선택하기

카드 리더기는 전용 리더기와 멀티 리더기, 저장용 리더기가 있습니다. 전용 리더기는 특정 메모리만 읽을 수 있는 리더기를 말합니다. 카드 리더기를 선택할 때는 읽을 수 있는 메모리 종류 외에도 다양한 정보를 비교해야 합니다.

멀티 리더기는 다양한 메모리를 연결하여 데이터를 읽을 수 있는 장치로 4종류의 메모리를 읽을 수 있는 4 in 1과 11 종류의 메모리를 읽을 수 있는 11 in 1 등이 있습니다. 마지막으로 저장용 리더기가 있습니다. 저장용 리더기는 메모리에 저장되어 있는 파일을 리더기에 저장해두는 리더기입니다. 리더기와 외장형 저장 장치가 일체형으로 구성되어 있다고 할 수 있습니다.

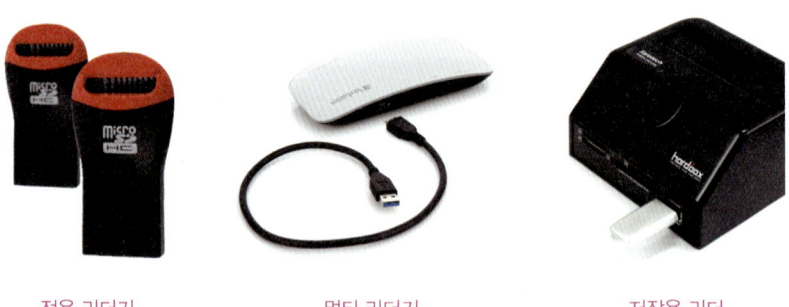

전용 리더기   멀티 리더기   저장용 리더

또한 카드 리더기는 외장형 제품이 일반적이지만 내장형 제품도 있습니다. 외장형 제품은 PC 외부에 나와 있는 USB 포트에 꽂아 사용하는 제품이며 내장형 제품은 플로피디스크 트레이에 설치하며 내부 USB 포트에 연결합니다.

카드 리더기를 선택할 때 확인할 사항은 어떤 메모리를 사용할 것인가와 인터페이스입니다. 사용할 메모리의 종류에 따라 microSDHC, SDHC, microSD, microSDXC, microSDHC, MS, xD, SD, SDXC, CF, MSDUO 등 필요한 포트를 지원하는지 확인합니다. 그런 다음 인터페이스를 선택합니다. 일반적으로 카드 리더기는 USB를 이용하는데 USB 2.0만 지원하는지, USB 3.0까지 지원하는지 확인합니다.

02 USB 메모리 종류와 선택하기

USB 메모리는 플래시 메모리가 들어있는 착탈 가능한 소형 케이스로서 데이터를 이동, 운반, 저장할 수 있는 장치를 말합니다. 일반적으로 USB 메모리를 선택할 때 가장 먼저 고려해야 하는 것은 용량과 가격일 것입니다. 하지만 소형 케이스에 들어가 있는 플래시 메모리에 따라 성능과 수명 등이 달라지기 때문에 실제 구입할 때에는 속도와 수명, 안정성, 가격을 비교해야 합니다.

1. 메모리의 칩셋 비교

USB 메모리의 속도와 수명, 안정성, 가격 등은 메모리 내의 칩셋에 따라 결정되는데 USB 메모리에 사용하는 칩셋은 보통 SLC, MLC, TLC로 구분합니다.

- SLC(Single Level Cell)는 메모리 셀 하나에 1비트를 저장할 수 있는 칩셋으로 수명이 10만 회이고 속도는 50~100K(1cycle당)입니다. 하지만 가격이 고가라서 시중에서 접하기 힘듭니다.
- MLC(Multi Level Cell)는 메모리 셀 하나에 2비트를 저장할 수 있는 칩셋으로 수명이 10,000회이고 속도는 5~10K(1cycle당)입니다. SLC에 비해 속도 차이가 크지 않고 가격이 SLC에 비해 저렴합니다.
- TLC(Triple Level Cell)는 메모리 셀 하나에 3비트를 저장할 수 있는 칩셋으로 수명은 1천회이고, 속도는 1~2K(1cycle당)입니다. 가격이 저렴하여 가장 많이 사용하고 있습니다.

간단히 정리하면 수명, 속도, 안정성, 가격은 SLC > MLC > TLC 순입니다. USB 메모리를 구입할 때 제품 상세 정보나 제품 이름에 SLC, MLC 등이 표시되어 있지 않으면 TLC를 사용합니다.

2. 메모리의 인터페이스 비교

그렇다면 같은 종류의 메모리를 구입할 때 비교해야 되는 것은 무엇일까요? 다음은 일반적인 메모리의 사양입니다.

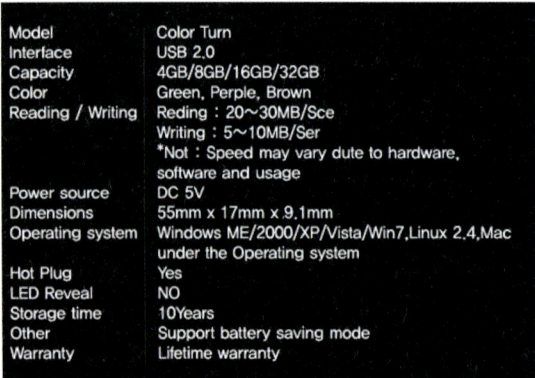

정보가 서로 다르게 표현되어 있지만, 이번에 비교할 것은 인터페이스입니다. 왼쪽 그림의 제품은 USB 2.0을 지원하며 오른쪽 제품은 USB 3.0을 지원합니다. USB 2.0과 3.0은 읽기 속도에서 많은 차이를 보입니다. 단순히 최대 순차 읽기 속도만 비교해도 2배 이상의 차이를 보입니다. 하지만 사용하는 PC가 USB 3.0을 지원하지 않는다면 굳이 USB 3.0을 지원하는 메모리를 구입하지 않아도 됩니다. 왜냐하면 USB 3.0을 지원하는 메모리를 USB 2.0 포트에 연결하면 속도는 USB 2.0에 맞춰지기 때문입니다.

> **Chapter 15** 알면 도움이 되는 PC 지원 장치들

참고 **USB 버전별 비교**

USB 2.0과 USB 3.0은 단자의 모양은 같지만 확연한 속도 차이를 보입니다.

	USB 1.0/1.1	USB 2.0	USB 3.0
전력 공급	500mA	500mA	900mA
최대 전송 속도	12Mbit/s	480Mbit/s	5Gbit/s

같은 메모리를 USB 2.0과 USB 3.0에 연결한 후 테스트한 결과입니다. 이론상의 최대 속도는 나오지 않았지만 USB 2.0과 USB 3.0의 속도 차이가 많이 나는 것을 알 수 있습니다.

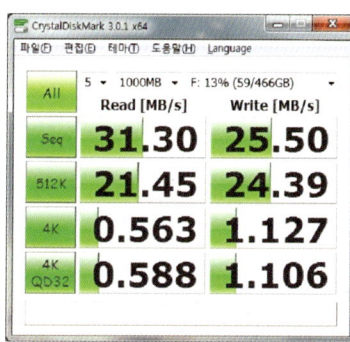
USB 2.0 속도 테스트

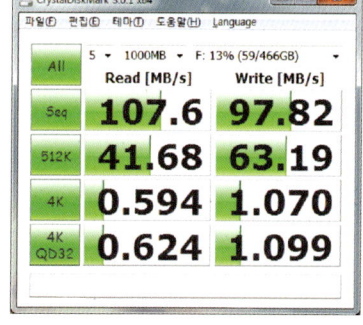
USB 3.0 속도 테스트

참고 **각 속도의 정의**

❶ Seq : 운영체제가 사용 중일 때 하드디스크 또는 외장 메모리에서 읽고 쓰는 최고 속도를 말하는 것으로 프로그램을 로딩하거나 저장하는 속도입니다.
❷ 512K : 운영체제가 사용 중일 때 하드디스크 또는 외장 메모리에서 읽고 쓰는 평균 속도를 말합니다.
❸ 4K : 운영체제를 읽고 쓰는 속도로서, 운영체제의 설치나 부팅 속도입니다.
❹ 4K QD32 : 하드디스크나 외장 메모리에서 시스템의 명령을 수행하는데 필요한 읽고 쓰는 속도로서, 명령을 이행하는 반응 속도입니다.

3. 메모리의 용량 비교

메모리의 인터페이스를 결정했다면 이번에는 메모리의 용량을 비교해야 합니다. 같은 모양의 USB 메모리라도 여러 가지 용량의 메모리를 제공하므로 적당한 용량의 메모리를 선택하면 됩니다. USB 메모리를 구입한 후 확인하면 제조업체에서 제공하는 메모리 크기와 실제 구입한 후 메모리 크기를 비교하면 용량이 다르다는 것을 알 수 있습니다.

Part 01 PC 부품을 완벽하게 파헤쳐보자!

제조업체에서 제공하는 메모리 정보

실제 메모리 용량

이렇게 다른 이유는 메모리 제조업체에서 메모리 크기를 계산하는 방법과 운영체제에서 메모리 용량의 계산 방법이 다르기 때문입니다. 메모리 제조업체에서는 1G를 약 1000MB로 계산하며 1MB는 1000KB, 1KB는 1000바이트로 계산합니다. 따라서 31,515,297,535바이트를 저장할 수 있는 메모리라면 이것을 1000,000,000으로 나눈 '31.5'를 반올림하여 32G라고 표시합니다. 하지만 운영체제에서는 1G = 1024 MB, 1MB = 1024KB, 1KB = 1024바이트라는 정확한 계산법으로 메모리의 크기를 확인하기 때문에 29.4GB라고 표시됩니다.

4. USB 메모리의 디자인

USB 메모리의 디자인은 마음에 드는 것을 선택하므로 단자 보호 방법을 놓치기 쉽습니다. USB 단자는 이물질이나 물기 등에 취약하므로 슬라이드 형이나 탈착식 캡, 완전 밀폐형 등과 같이 다양한 방법으로 보호하고 있습니다. 따라서 이물질이나 물기 등이 취약한 곳에서 사용한다면 적절한 단자 보호 방법을 선택하는 것이 좋습니다.

단자 보호 없음   슬라이드형   탈착식 캡형   완전 밀폐형

5. USB 메모리의 A/S 기간

마지막으로 USB 메모리의 보증 기간을 확인합니다. 보증 기간은 3년~10년 또는 평생 A/S를 제공하는 경우까지 매우 다양합니다. 하지만 소규모 업체에서 생산한 제품인 경우 업체가 없어지는 경우도 있으므로 주의해야 합니다.

03 USB 3.0 컨트롤러 종류와 선택하기

USB 3.0 컨트롤러를 메인 보드에서 지원하는 경우도 있지만, 지원하지 않는 보드이거나 보드에서 지원하지 않는다면 별도의 USB 3.0 컨트롤러를 사용하는 것이 좋습니다. USB 3.0 컨트롤러를 선택할 때는 최대 전송 속도, 지원 포트 수, PCI 슬롯, 지원 OS 등을 확인해야 합니다. 슬림 케이스를 사용하는 경우에는 크기도 확인해야 합니다. 그러면 지금부터 어떤 것들을 비교해야 하는지 알아보겠습니다.

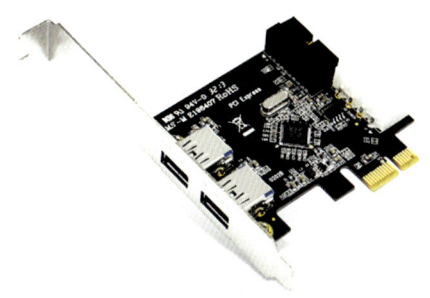

- Rocket 1144E : 2개의 USB Type A 커넥터와 3.0 포트, 2개의 6GB/s의 eSATA 포트를 지원합니다.
- Rocket 1144C : 5Gb/s의 USB 3.0 포트와 UAS 성능 향상을 지원합니다.
- Rocket 1122 : 4개의 PCI 익스프레스 2.0과 2개의 USB Type A 커넥터와 3.0 포트를 지원합니다. USB 포트당 5GB/s의 속도와 10GB/s의 전송 대역폭을 지원합니다.
- Rocket 1022C : 2세대, 2포트의 PCIe 2.0 슈퍼 스피드 USB 3.0 HBA는 최대 5Gb/s의 성능을 제공하며 업계 표준의 USB 2.0/3.0 저장 장치 및 주변 기기와 완벽하게 호환됩니다.
- Rocket 1142A : 20GB/s의 전송 대역폭과 4개의 PCI-E 2.0, 최대 5Gb/s의 유형-A 포트 (외장 HDD/SDD, 인클로저를 지원하고 도킹 베이를 지원합니다. 1개의 USB 3.0 전면 패널을 지원합니다.)

04 유무선 공유기 종류와 선택하기

공유기는 연결 방식에 따라 유선, 무선, 유무선 공유기로 구분할 수 있습니다. 유선 공유기는 LAN 선을 이용해 모든 장비를 연결하는 방식이고 무선 공유기는 와이파이(Wifi)만을 이용해 연결하는 방식입니다. 유무선 공유기는 유선과 무선을 모두 사용할 수 있습니다. 유무선 공유기를 비교할 때는 무선 랜 규격과 속도, 포트 수를 비교해야 합니다.

1. 무선 랜 규격 비교하기

무선 랜 규격은 b → a → g → n 순으로 나와 있으며 다음과 같은 특징이 있습니다.

유무선 공유기

■ **무선사양**

무선	IEEE 802.11a, IEEE 802.11b, IEEE 802.11g, IEEE 802.11n
주파수	2.4GHz / 5GHz
수신감도	-65dBm at 300Mbps -65dBm at 54M -87dBm at 11M
송신파워	16dBm ± 2dB
변조방식	OFDM, CCK, BPSK, QPSK
보안설정	64/128bit WEP WPA-PSK WPA2PSK WPAPSK/WPA2PSK WPS (외부버튼지원)

쇼핑몰에서 제공하는 무선 공유기 사양 정보

- **802.11b** : 무선 랜의 최초 규격이라고도 할 수 있으며 2.4Ghz(주파수 대역폭) 대에서 11Mbps(연결 속도)를 구현하는 방식입니다.

- **802.11a** : 802.11a는 802.11b와는 달리 5GHz 대에서 54Mbps를 구현하는 고속 무선 랜입니다. a와 b는 서로 다른 주파수 대를 사용하므로 호환되지 않습니다. 즉, 802.11b만 지원하는 무선 랜 카드는 802.11a 네트

워크에 사용할 수 없습니다.

- **802.11g** : 802.11g는 속도는 54Mbps의 고속이지만 하위 제품인 802.11b와 같은 2.4GHz 대를 사용하기 때문에 상호 호환성을 갖습니다. 따라서 802.11g 무선 랜 카드는 802.11b 네트워크에서도 사용이 가능합니다.
- **802.11n** : 속도의 한계를 극복하기 위해 등장한 것으로 20MHz에서 40MHz를 넘나드는 130M~300M의 속도를 구현합니다. n 규격에는 2.4GHz와 5GHz 제품이 있는데 5GHz의 경우 수신율과 수신 거리가 더 좋습니다.

2. 수신 감도와 송신 파워 비교하기

수신 감도는 수신기의 성능을 나타내는 것으로 얼마만큼의 세기로 전파를 수신할 수 있는지를 나타낸 것입니다. 송신 파워는 무선 안테나에서 나오는 출력을 의미합니다.

3. 유선 지원 포트 수

유선으로 연결할 장치가 많다면 이에 적합한 포트 수를 지원하는지 확인합니다. 유선 공유기의 경우 허브 역할을 함께 하므로 넉넉한 포트를 지원하는 공유기를 선택합니다.

유선 지원 포트

05 공 CD/DVD 종류와 선택하기

공 CD와 DVD는 크게 읽기만 할 수 있는 것과 읽기 쓰기가 가능한 것으로 구분할 수 있습니다. 일반적으로 CD는 700MB 정도의 데이터를 저장할 수 있으며, DVD는 4.7GB 정도의 데이터를 저장할 수 있습니다. 공 CD와 공 DVD는 제품에 따라 품질의 차이가 나타납니다. 품질의 차이는 기판의 폴리카보네이트부터 데이터가 저장되는 염료, 반사층, 라벨면의 코팅 등에서 차이가 나타납니다. 저가 공 CD의 경우 품질이 좋지 않은 염료와 반사층으로 인해 데이터를 기록한 다음 데이터를 읽지 못하는 경우가 발생하기도 합니다.

다양한 공 CD/DVD

1. 기록 가능한 CD의 종류

- **CD-R** : 데이터를 한 번만 기록할 수 있습니다.
- **CD-RW** : 대략 1000회까지 데이터를 기록했다가 지울 수 있습니다.

2. 기록 가능한 DVD의 종류

- **DVD-R** : 데이터를 한 번만 기록할 수 있습니다.
- **DVD-RW** : 약 1000회까지 데이터를 지웠다가 다시 굽기 가능합니다.
- **DVD+R** : 데이터를 한 번만 기록할 수 있습니다.
- **DVD+RW** : 약 1000회까지 데이터를 지웠다가 다시 굽기 가능합니다.
- **DVD-RAM** : 10만 번까지 재생 및 기록이 가능합니다. 대용량이지만 비싼 단점이 있습니다.

 공 DVD에서 +와 -차이는 +가 개선되어 나온 제품이지만 일반 DVD 플레이어에서 +를 인식하지 못하는 기기도 있기 때문에 여러 기기에서 사용하려면 - 미디어를 사용하는 것이 좋습니다. 요즘에는 +나 -나 성능이나 속도, 품질 등에서 두 가지 비슷합니다. 쿨러를 새로운 쿨러로 교체할 때도 정품 쿨러는 버리지 않고 보관해 두는 것이 좋습니다.

3. DVD의 용량 비교

- 싱글 레이어 : 4.7GB
- 더블 레이어 : 9.5GB

06 외장 하드디스크 종류와 선택하기

하드디스크를 설치할 수 없고 용량이 큰 자료를 보관하거나 이동하려면 외장 하드디스크를 구매하게 됩니다. 외장 하드디스크는 용량 크기만큼 중요한 것이 있는데 지금부터 어떤 정보를 비교해야 되는지 알아보겠습니다.

외장 하드디스크의 종류는 크기에 따라 5.25인치, 2.5인치, SSD 하드디스크로 구분할 수 있습니다. 5.25인치의 비교적 크기가 큰 하드디스크로 일반 하드디스크로 사용하려면 별도의 전원을 연결해야 합니다. 5.25인치 하드디스크는 비교적 저렴한 가격에 큰 용량의 외장 하드디스크를 만들 수 있기 때문에 데이터 백업용으로 많이 사용합니다.

5.25인치 외장 하드디스크　　2.5인치 외장 하드디스크　　SSD 외장 하드디스크

2.5인치 외장 하드디스크는 노트북 하드디스크를 사용하는 것으로 크기가 작고 별도의 전원이 필요 없기 때문에 휴대용으로 많이 사용합니다. 하지만 5.25인치에 비해 저장 용량이 작은 것이 단점입니다. SSD는 빠른 전송 속도와 저 전력을 사용하는 하드디스크로서 SSD 외장 하드디스크는 크기가 작고 무게가 가볍습니다. 이제 외장 하드디스크의 기본적인 종류에 대해 알아보았으니 나에게 맞는 제품을 어떻게 선택해야 하는지 알아보겠습니다.

1. 완제품(?), 조립품(?)

외장 하드디스크는 완제품을 구입해도 되고, 외장 하드디스크 케이스와 하드디스크를 별도로 구매하여 조립하는 방법이 있습니다. 완제품을 구입할 때는 제조사가 믿을 만하다는 것입니다. 다양한 테스트를 통해 최고의 성능을 발휘할 수 있도록 하드디스크와 케이스를 구성하기 때문입니다. 그리고 완제품을 구매하는 경우 A/S가 편리합니다.

케이스와 하드디스크를 별도로 구입하여 조립하면 완제품보다 더 저렴한 가격에 구입할 수 있습니다. 그리고 원하는 하드디스크 제조사를 선택할 수 있는 장점이 있습니다. 하지만 케이스와 하드디스크를 별도로 구입하여 조립하면 고장이 발생했을 때 하드디스크와 케이스의 A/S를 별도로 받아야 된다는 번거로움이 있습니다.

2. 저장 용량

외장 하드디스크를 구매하는 가장 큰 이유는 용량이 큰 자료를 저장하기 위해서입니다. 외장 하드디스크의 저장 용량은 하드디스크의 용량에 따라 좌우되는 것으로 구입할 때 얼마만큼의 데이터를 저장할 것인지를 결정하고 적당한 용량의 외장을 선택해야 합니다. 만약 고정한 상태에서 데이터를 백업할 목적으로 사용한다면 5.25인치 하드디스크 트레이를 여러 개 지원하는 제품을 선택해도 됩니다.

3. 인터페이스

인터페이스는 외장 하드디스크를 컴퓨터와 연결했을 때 얼마나 빠르게 데이터를 읽고 쓸 것인지를 결정하는 가장 큰 요인입니다. USB 3.0을 지원하는지, USB 2.0만 지원하는지를 확인합니다. 또한 케이스와 하드디스크를 별도로 구입하는 경우 설치할 수 있는 하드디스크가 E-IDE 방식인지, S-ATA 방식인지를 확인합니다. 그리고 무선 랜이나 유선 랜도 지원하는 외장 하드디스크도 있으므로 필요에 따라 적합한 인터페이스를 선택합니다.

4. 정격 전압/소비 전력

정격 전압과 소비 전력은 외장 하드디스크가 작동하는데 필요한 전압과 전력으로서 전원이 부족하면 외장 하드디스크가 덜컥거리거나 '삐~삐~' 소리가 납니다. 또한 인식이 원활하지 않거나 드라이브가 나타났다 사라졌다 반복할 때 데이터 전송은 실패합니다. 따라서 소비 정격 전압이나 전력이 낮은 제품을 선택하는 것이 좋습니다.

5. 중량과 크기

외장 하드디스크는 휴대용으로 사용할 것인지, 고정 장치로 사용할 것인지를 결정해 크기와 무게를 결정합니다. 큰 용량의 외장 하드디스크가 필요하면 5.25인치 하드디스크를 사용하는 케이스로 2~3TB 이상의 외장 하드디스크를 만들 수 있습니다. 휴대용으로 사용할 것이면 2.5인치 하드디스크를 사용하는 외장 하드디스크를 사용합니다. 그리고 속도가 빠르고 가벼운 외장 하드디스크가 필요하면 외장 SSD 하드디스크를 사용합니다.

Part 01 PC 부품을 완벽하게 파헤쳐보자!

Chapter 16 맞춤형 PC 부품 고르기

PC를 조립할 때 부품을 선택하려면 나에게 가장 적합한 부품을 선택하는 것입니다. 부품을 선택할 때는 여유를 갖고 부품의 성능과 가격을 비교하고 사용 후기 등도 꼼꼼히 살펴보는 것이 좋습니다.

01 난 어떤 컴퓨터가 필요할까?

컴퓨터의 가격과 성능은 천차만별입니다. 따라서 컴퓨터를 구입할 때는 어떤 목적을 가지고 어떤 프로그램을 주로 사용할 것이며, 동시에 사용하는 프로그램의 수 등을 고려하여 성능을 결정하는 것이 좋습니다.

컴퓨터를 구입할 때 가장 중요한 사항은 어떤 목적으로 사용할 것이냐입니다. 어떤 목적으로 사용하느냐에 따라 필요한 성능과 요구사항이 결정되기 때문입니다. 사용 목적이 일반 컴퓨팅이나 인터넷 서핑을 목적으로 한다면 저사양으로 충분합니다. 다시 말해 내장 그래픽을 탑재한 듀얼 코어 정도의 성능만 가지고 있고, 2G 정도의 RAM만 있어도 충분합니다. 프로그램을 여러 개 사용하는 업무용이 필요하다면 RAM을 조금 늘리고 하드디스크의 공간을 늘려 놓는 것이 좋습니다. 만약 그래픽 관련 업무를 주로 한다면 별도의 그래픽 카드를 설치하는 것이 좋습니다. 그리고 용량이 큰 프로그램을 이용한다면 RAM과 CPU도 고급 사양을 사용하는 것이 좋습니다. 가장 고성능을 요구하는 것은 3D 게임이나 3D 관련 프로그램을 사용할 목적으로 컴퓨터를 구매하는 경우입니다. 이런 경우 최고 인텔 i7과 2G 메모리를 탑재한 그래픽 카드, 8G 이상의 RAM, SSD 하드디스크를 장착하는 것이 좋습니다.

일반 컴퓨팅/인터넷 서핑	단순 컴퓨터 업무	그래픽 관련 업무	3D 게임 및 3D 관련 프로그램
← 저성능			고성능 →

사용 목적에 따른 컴퓨터의 성능

컴퓨터의 사용 목적이 결정되었다면 가격을 결정합니다. 좋은 성능의 컴퓨터를 구입하려면 가격도 비싸지는 것은 당연합니다. 그러므로 어느 정도 가격대에서 구입할지를 결정하고 컴퓨터를 결정하는 것도 중요합니다. 만약 여건이 되지 않거나 사용 목적에 따라 어떤 컴퓨터를 구매해야 될지 모르겠다면 일단 쉽게 업그레이드가 가능한 부품의 투자를 줄이고 업그레이드가 힘든 부품부터 고성능을 선택하는 것도 한 가지 방법입니다.

CPU → 메인 보드 → 파워 서플라이 → 그래픽 카드 → 메모리 → 하드디스크 → ODD → 케이스

업그레이드를 고려한 부품의 선택

업그레이드를 고려한 부품의 선택 순서를 살펴보면 CPU를 가장 먼저 선택하게 되는데 CPU를 선택하면 그에 따라 메인 보드를 선택합니다. 만약 CPU를 업그레이드하게 된다면 메인 보드까지 교체해야 하고 남는 CPU를 활용하지 못하게 되어 결국 비용이 많이 들게 됩니다. 따라서 업그레이드를 고려하고 있다면 일단 CPU와 메모리를 고성능으로 구입합니다.

파워 서플라이는 컴퓨터의 안정성을 유지하기 위한 가장 중요한 부품 중의 하나입니다. 파워 서플라이는 가격 차이가 크지 않은 제품으로 차후 확장까지 고려한다면 충분한 정격 출력과 안정성을 가지고 있는 제품으로 선택합니다.

그 다음은 그래픽 카드입니다. 일반 컴퓨팅이나 단순 업무를 주로 한다면 그래픽 카드의 중요성이 크게 부각되지 않지만 그래픽 작업이나 3D 게임을 주로 한다면 그래픽 카드가 상당히 중요합니다. 그래픽 카드는 CPU만큼이나 다양한 종류와 가격대가 형성되어 있는 제품으로 가격이 부담된다면 보급형을 장착한 다음 전문가용으로 변경하는 것이 좋습니다.

RAM은 컴퓨터 성능을 좌우하는 큰 요소 중의 하나입니다. RAM 슬롯에 4G RAM을 모두 설치하면 좋지만, 그렇게 할 수 없다면 일단 필요한 만큼의 메모리만 구입한 후 차후에 별도로 구매하여 설치하는 것이 가격을 낮출 수 있는 방법입니다.

하드디스크는 처음부터 2T, 1T와 같이 큰 용량을 구매해도 되지만 사용하다보면 500G 이상을 채우기 어렵습니다. 적당한 가격대의 하드디스크를 구입한 다음 추가 장착하거나 시스템이 느리다면 SSD를 장착하는 것으로 업그레이드하는 것이 좋습니다.

마지막 ODD는 제품별 가격 차이가 거의 없는 제품으로 고장나지 않는 이상 거의 업그레이드를 하지 않는 제품 중의 하나입니다. 처음 구입할 때 사용 목적에 따라 DVD-R, DVD-RW 등을 고려하여 장착합니다.

이렇게 사용 목적과 성능에 따라 컴퓨터를 결정하였다면 마지막으로 고려할 것은 구입해서 사용할 사용자의 컴퓨터 실력입니다. 사용자가 운영체제를 설치하거나 드라이버 설치에 문제가 없는지, 혹시 고장이 발생했을 때 원인 분석과 기본적인 응급 처치가 가능한지 등을 미리 확인해야 합니다. 운영체제조차 설치하지 못하는 초보자라면 대기업 완제품 PC를 구입하는 것이 좋으며, 운영체제와 드라이버 설치에 문제가 없는 사용자라면 조립 PC 중 완제품 PC를 구입하는 것도 좋습니다. 그리고 고장이 발생했을 때 원인 분석과 기본적인 응급 처치가 가능한 실력을 가진 사용자라면 조립 PC를 구매하는 것이 좋습니다.

그 외에도 사용자의 상황에 따라 필요한 PC를 선택해야 합니다. 무조건 가격이 비싸고, 최고의 성능을 가진 PC가 좋은 것은 아닙니다. 자신의 사용 목적에 가장 적합한 PC가 가장 좋은 PC입니다.

02 조립할까? 그냥 살까?(각각의 장단점)

조립 PC가 좋은지 완제품 PC가 좋은지는 그 누구도 정답을 내려줄 수 없을 것입니다. 특히 대기업 완제품 PC의 인지도와 A/S에 대한 신뢰도는 많은 사람들이 선호하며, 조립 PC의 낮은 가격과 더 높은 성능이 사람들을 유혹하기 때문입니다. 더불어 조립 PC업체에서도 조립 완제품의 PC 형태로 공급하는 경우도 많기 때문입니다.

1. 왜 대기업 완제품 PC를 구입하는가?

대기업 제품을 구입하는 이유에 대한 대답은 여러 가지가 있지만 결국은 대기업이니깐 믿을 수 있다는 것으로 모아집니다. 그만큼 많은 테스트를 거쳐 안정성이 뛰어나며 A/S가 용이하다는 것입니다. 그 외에도 대기업 완제품 PC에는 다양한 장점이 있습니다.

장점
- 믿을 수 있는 전국망 A/S
- 조립 PC에서는 보기 어려운 디자인
- 각 부품별 호환 및 성능 테스트
- 복구 프로그램을 제공하여 오류 시 쉽게 복구
- 리모컨, 카드 리더와 같은 다양한 편의 사항을 제공
- 정품 OS 및 번들 소프트웨어 제공

단점

- 대부분의 무상 A/S 기간은 1년
- 업그레이드나 확장이 어려움

대기업 제품은 전국망 A/S를 통해 언제 어디서든 A/S가 가능하다는 것입니다. 또한 무상 출장 서비스까지 가능하므로 고장이 발생하면 빠르게 A/S를 받을 수 있다는 장점이 있습니다. 하지만 무상 A/S의 조건이 아닌 경우 별도의 수리비를 지불해야 됩니다.

무상 수리

- 품질 보증 기간 이내에 정상적인 상태에서 발생한 성능, 기능상의 고장인 경우
- CS프로(엔지니어)가 수리한 후 2개월 이내에 동일 부위 재고장 발생 시

유상 수리

- 보증기간이 경과된 제품
- 사용 설명 및 분해하지 않고 간단한 조정 시
- 인터넷, 안테나, 유선 신호 등 외부 환경 문제 시
- 배송된 제품의 초기 및 판매점(고객)에서 부실하게 설치해 주어 재 설치 시
- 제품의 이동, 이사 등으로 인한 설치 변경 시
- 제품 내부의 먼지, 헤드 등의 세척 및 이물 제거 시
- 타사 제품(소프트웨어 포함)으로 인한 고장 설명 시
- 사용 설명서 내에 주의사항을 지키지 않아 고장 발생 시
- 전기 용량을 틀리게 사용하여 고장이 발생된 경우
- 당사에서 지정하지 않은 소모품이나 옵션품으로 발생된 고장의 경우
- 서비스 센터 CS프로(엔지니어)가 아닌 사람이 수리하여 고장이 발생한 경우
- 외부 충격이나 떨어뜨림 등에 의한 고장, 손상 발생 시
- 천재 지변(낙뢰, 화재, 지진, 풍수해, 해일 등)으로 인한 고장의 경우
- 소모성 부품의 수명이 다한 경우(배터리, 형광등, 헤드, 필터류, 램프류, 토너, 잉크 등)

또 다른 장점으로는 조립 PC에서 보기 어려운 디자인을 둘 수 있습니다. 조립 PC에서도 케이스를 잘 고른다면 대기업의 완제품 PC보다 멋진 디자인을 가진 케이스를 선택할 수 있지만 일체형 PC

나 몇몇 디자인은 완제품만이 갖는 특징이라고 할 수 있습니다.

각 부품별 호환성과 안정성 테스트는 대기업의 완제품을 찾는 가장 큰 이유라고 할 수 있습니다. 각 부품별로 많은 테스트를 거쳐 가장 이상적으로 작동하는 부품끼리 연결하여 완제품으로 출시하기 때문에 작동 중 PC의 고장 발생이 적을 수밖에 없습니다.

완제품 PC의 경우 고장 발생률이 적고 고장이 발생한다고 해도 PC의 하드웨어가 아닌 소프트웨어 요소에 의해 발생하는 경우가 많습니다. 그런 이유 때문에 완제품 PC에서는 복구 프로그램을 제공합니다. 복구 프로그램을 이용하면 처음 설치했을 때와 마찬가지로 운영체제와 기본 번들 소프트웨어가 함께 설치됩니다. 초보자들이라면 운영체제에 문제가 생겼을 때 간단하게 복구할 수 있는 가장 중요한 요소입니다. 하지만, 복구 프로그램으로 복구하는 경우 사용자가 작성했던 파일이 지워질 수 있다는 단점도 있습니다.

대기업 완제품 PC는 운영체제를 제공합니다. 윈도우 8.1의 가격이 17만 원 대인 것을 감안한다면 이것을 무료로 제공한다는 것은 커다란 장점이라고 할 수 있습니다. 정품 운영체제를 사용하지 않고 불법 유통되는 운영체제를 구해서 설치하는 경우 바이러스나 해킹 툴이 적용된 경우도 있어 정품을 사용하는 것이 좋습니다.

리모컨을 제공하거나 카드 리더와 같은 장치들이 설치되어 있는 경우가 많습니다. 이런 사항들을 조립 PC에서 사용하려면 별도의 장치를 구입해서 설치해야 합니다. 일부 장치는 활용하지 않은 경우도 있지만 유용하게 사용되는 경우도 많습니다.

마지막 장점은 디자인입니다. 조립 PC에서는 볼 수 없는 디자인으로 모니터와 결합된 일체형 PC와 같이 조립 PC로는 구성하기 힘든 디자인의 제품이 많습니다.

일체형 PC

하지만 대기업 완제품 PC가 이런 장점만을 가지고 있지 않습니다. 대기업 PC의 A/S는 1년만 무상으로 제공되며, 하드웨어의 고장이 아닌 소프트웨어의 오류나 바이러스 감염 등의 고장에 대해서는 유상으로 처리됩니다. 잘 작동하던 PC가 갑자기 멈추거나 고장이 발생하는 원인이 소프트웨어의 문제나 바이러스 감염, 먼지 등으로 인한 경우가 많으므로 무상 A/S보다는 유상 A/S로 처리되는 경우가 많습니다.

대기업 완제품 PC는 일반적인 컴퓨팅을 위주로 최적화되어 있기 때문에 게임이나 그래픽 전문 프로그램을 사용하기에는 한계가 있습니다. 이런 경우에 별도의 그래픽 카드를 설치하거나 메모리를 늘리는 등의 업그레이드가 필요합니다.

하지만 대기업 완제품 PC는 구입한 상태가 최적화된 상태로서 슬롯이나 베이가 부족해 새로운 그래픽 카드나 하드디스크 등을 설치하지 못할 수 있습니다. 설치가 되더라도 전원이 약해 제대로 작동하지 않을 수 있습니다. 게임이나 그래픽 전문 프로그램을 사용하기 위해 대기업 완제품 PC를 구입하려면 고가의 제품을 구입해야 합니다.

2. 왜 조립 PC를 사용하는가?

조립 PC를 찾는 가장 큰 이유는 원하는 스펙을 저렴한 가격에 구입할 수 있다는 것입니다. 기본 컴퓨팅만 가능한 수준의 저렴한 PC를 구성할 수도 있고, 게임을 위해 고사양의 그래픽 카드를 사용하거나 많은 데이터를 저장하기 위한 대용량의 하드디스크 등을 추가할 수 있습니다. 이렇게 조립 PC는 원하는 작업에 맞춰 스펙을 골라 구성할 수 있다는 장점이 있습니다. 차후 업그레이드를 고려하여 구성할 수 있습니다. 하드디스크를 추가로 설치하거나 PCI 카드를 추가 장착할 것을 고려하여 넉넉한 용량의 파워 서플라이를 장착하거나 보드의 확장성을 고려하여 장착할 수 있습니다.

조립 PC의 가장 큰 단점인 A/S도 많이 개선되었습니다. 모든 조립 PC 업체가 지원하는 것은 아니지만, 서울 또는 전국 출장 A/S를 지원하는 경우도 있습니다. 조립 PC 업체인 '해커쇼핑몰'을 예로 든다면 부품을 구입한 후 3만 원만 추가하면 조립과 1년 전국 출장 A/S를 받을 수 있습니다. 또한 컴퓨터를 전혀 모르는 사용자라면 출장 설치 서비스까지 지원합니다.

조립 PC는 부품별 A/S도 가능합니다. 택배나 A/S 센터를 방문하여 A/S를 받아야 된다는 단점은 있지만, 무상 A/S 기간이 대기업 완제품 PC가 1년인데 비해 늘어납니다. 예를 들어, 컴퓨터의 핵심 부품인 CPU의 A/S 기간은 제조일로부터 3년입니다. 인텔의 경우 통상적으로 제조일로부터 3년이지만, 유통기간을 고려하여 약 2개월 정도를 감안해 주며 AMD의 경우 구입 영수증만 지참한다면 구입한 날짜로부터 3년을 보장합니다. 그 외의 부품도 제품 제조업체에 따라 차이가 있지만

3년에서 최대 5년까지 무상 A/S를 지원합니다.

완제품 PC에만 제공되었던 시스템 복구 솔루션도 조립 PC와 함께 운영체제를 구입하면 제공받을 수 있습니다. 이 정도라면 대기업 완제품 PC에서 지원하는 서비스를 충분히 받을 수 있습니다.

그런데 왜 아직도 조립품 PC의 구입이 망설여지는 것일까요? 그 이유는 바로 안정성입니다. 조립 PC의 대부분은 사용자가 일일이 부품을 선택합니다. 가격이나 성능 위주로 각각의 제품을 비교한 후 조립하게 됩니다. 하지만 여기에서 시스템의 전체적인 안정성이나 개별 제품의 안정성은 고려되지 않습니다. 오직 해당 제품을 생산하는 곳에서 제시하는 데이터만을 비교하기 때문에 안정성은 무시하게 됩니다. 대기업 PC의 경우 각각의 부품을 수많은 테스트를 거쳐 최적의 조합을 찾아냅니다. 그래서 시스템의 사양이 조립 PC보다 못할지언정 안정성은 뛰어나다고 할 수 있습니다. 또한 완제품 PC의 가격이 많이 하락하여 조립 PC의 가격과 큰 차이를 보이지 않고 있다는 것도 완제품 PC를 찾는 이유 중의 하나입니다. 여러분이 3D 게임이나 그래픽 작업을 주로 하는 사용자가 아니라면 신중하게 완제품 PC와 조립 PC를 비교하는 것이 좋습니다.

03 목적별 베스트 부품 추천

목적별 베스트 상품을 선택할 때는 욕심을 내지 않는 것이 좋습니다. 욕심을 내기 시작하면 끝이 없기 때문입니다.

1. 일반 사무용

일반적으로 사무용 PC는 단순한 문서 작업이나 웹 서핑 등을 위주로 합니다. 따라서 저렴하면서 최적의 기능을 발휘할 수 있는 제품을 추천합니다.

CPU	3250(아이비 브릿지/3.5GHz/듀얼 코어/LGA1155/정품 박스)
쿨러	인텔 정품 CPU 쿨러
메인 보드	H61M-DGS (B3) 에즈윈 (아이비 브릿지 지원/LGA1155/H61/DDR3/mATX)
메모리	DDR3 4GB PC3-12800 (1600MHz)
VGA	내장형 VGA
HDD	500GB
ODD	Super-WriteMaster SH-224DB

사무실에서는 많은 용량의 데이터를 저장하지 않기 때문에 500G 정도의 하드디스크를 추천하였습니다. 만약 데이터를 많이 저장하는 곳이라면 하드디스크의 용량을 확장하는 것이 좋습니다. 메인 보드는 그래픽 카드와 사운드 카드가 내장되어 있는 것을 선택했습니다. 또한 뒷면 6개와 내장된 4개의 USB 포트를 지원하여 필요에 따라 다양한 장치를 연결할 수 있는 제품을 선택했습니다.

2. 가정용 PC

가정용은 문서 작업이나 웹 서핑뿐만 아니라 게임도 즐길 수 있을 수준이어야 합니다. 또한 가정용 PC는 차후 확장성을 고려하여 넉넉한 파워 서플라이와 다양한 그래픽 포트를 지원하는 메인 보드 그리고 3D 게임을 즐길 수 있는 그래픽 카드를 추천합니다.

CPU	4570(하스웰/3.2GHz/쿼드 코어/LGA1150/정품 박스)
쿨러	인텔 정품 CPU 쿨러
메인 보드	B85H3-M3 코잇(하스웰 지원/B85/LGA1150/mATX)
메모리	DDR3 4GB PC3-12800(1600MHz)
VGA	지포스 GTX650 NANO D5 1GB
HDD	500GB Barracuda ST500DM002(SATA3/7200/16M)
ODD	Super-WriteMaster SH-224DB(블랙 정품 벌크)
파워	NX 600W LT

3. 게이머를 위한 PC

게이머를 위한 PC에서 가장 중요한 부분은 그래픽 카드일 것입니다. 그래픽 카드의 성능이 뛰어나야만 빠른 처리가 가능하기 때문입니다. 또 중요한 것이 하드디스크의 속도입니다. 게임은 어느 프로그램보다 많은 데이터를 처리해야 하므로 하드디스크가 중요하게 느껴집니다. 그래서 SSD를 장착하였습니다.

CPU	4670(하스웰/3.4GHz/쿼드 코어/LGA1150)
쿨러	인텔 정품 CPU 쿨러
메인 보드	B85MG(하스웰 지원/B85/LGA1150/mATX)
메모리	DDR3 8GB PC3-12800(1600MHz/4GB*2개)
VGA	지포스 GTX660 UD2 OC D5 2GB WINDFORCE 2X
HDD	1TB Barracuda ST1000DM003 SATA3/7200/64M)
SSD	Ultra Plus 128GB(SSD/2.5인치/SATA3/3.5인치)

SSD가이드	SSD 3.5인치 가이드
ODD	Super-Multi GH24NSB0
케이스	타이푼 USB 3.0
파워	ZM600-LX(Bulk)

04 가격별 베스트 부품 추천

가격이 결정되어 있다면 그 선에서 가장 적절한 목적을 고려하는 것이 좋습니다. 저렴한 제품을 구매하려면 차후 확장성을 고려해 두는 것이 좋습니다. 확장하기 쉬운 부품은 스펙이 낮더라도 구입하고, 확장하기 어려운 부품은 좋은 제품으로 선택하는 것이 좋습니다. 또한 재사용할 수 있는 제품이라면 이점도 고려해두는 것이 좋습니다.

1. 30~40만 원대

30~40만 원대라고 하면 가장 저렴한 구성일 것입니다. CPU는 인텔 펜티엄 G3220을 사용하였지만 i3-4130에 비해 스레드 수와 작동 속도가 약간 뒤쳐지는 것에 비하면 가격 대비 훌륭한 성능을 발휘합니다. 메인 보드는 인텔 H81 칩셋을 탑재한 메인 보드로서 4세대 i3, i5, i7까지 지원 가능합니다.

CPU	G3220 하스웰/3.0GHz
쿨러	인텔 정품 CPU 쿨러
메인 보드	ESSENTIALS H81H3-M4 코잇
메모리	DDR3 4GB PC3-12800
VGA	내장형 VGA
HDD	500GB Barracuda ST500DM002
ODD	Super-Multi GH24NSB
파워서플라이	[APEX CNP] NX 600W LT

참고

저가 PC를 구입할 때는 CPU와 메인 보드가 차지하는 비중이 높습니다. 그리고 고가형 PC는 메인 보드와 CPU의 차이보다는 그래픽 카드와 SSD 등을 장착하여 성능을 높이는 경우가 많습니다. 따라서 저가형 PC를 구입할 때는 차후 업그레이드를 고려하여 구성하는 것이 좋습니다. 예를 들어, 메인 보드가 어느 정도의 CPU까지 지원하는지, 메모리의 확장성은 어떠한지 등을 고려하여 구성하고, 사용 중 필요에 따라 별도의 그래픽 카드를 장착하거나 SSD 장착, 메모리 확장, CPU 교체 등으로 업그레이드하는 것이 좋습니다.

2. 40~50만 원대

메인 보드는 인텔 H81 칩셋을 사용한 메인 보드로서 4세대 하스웰 CPU를 지원합니다. 또한 그래픽 카드로 지포스 GTX650을 사용하여 최신 3D 게임 및 3D 응용 프로그램을 충분히 활용할 수 있습니다.

CPU	CPU 3250(하스웰/3.4GHz/듀얼 코어/LGA1150)
쿨러	인텔 정품 CPU 쿨러
메인 보드	H81M-HDS 디앤디컴(하스웰 지원/H81/LGA1150/mATX)
메모리	DDR3 4GB PC3-12800(1600MHz)
VGA	지포스 GTX650 NANO D5 1GB
HDD	500GB Barracuda ST500DM002(SATA3/7200/16M)
ODD	Super-WriteMaster SH-224DB
파워 서플라이	ZM600-LX

3. 60~70만 원대

60~70만 원대라고 하면 중고급 제품이라고 할 수 있습니다. CPU를 인텔 펜티엄 i3 4130을 사용하였으며, 메인 보드는 인텔 H81 칩셋을 탑재한 메인 보드로서 4세대 i3, i5, i7까지 지원 가능합니다.

CPU	4670(하스웰/3.4GHz/쿼드 코어/LGA1150)
쿨러	인텔 정품 CPU 쿨러
메인 보드	[이엠텍] B85MG(하스웰 지원/B85/LGA1150/mATX)
메모리	DDR3 4GB PC3-12800 1600MHz)
VGA	지포스 GTX650 NANO D5 1GB
HDD	500GB Barracuda ST500DM002(SATA3/7200/16M)
ODD	Super-WriteMaster SH-224DB
파워서플라이	ZM600-LX

 중고급 제품은 메인 보드의 안정성과 그래픽 카드에 중점을 두고 선택하는 것이 좋습니다. 또한 필요하다면 HDD를 늘리거나 SSD로 교체하여 최상의 성능을 발휘할 수 있습니다.

4. 70~80만 원대

70~80만 원대 제품은 게이머를 위한 제품이라고 할 수 있습니다. 요즘 게임들이 많은 데이터 처리와 3D 그래픽 처리를 요구하기 때문에 그만큼 고성능의 사양을 요구합니다.

CPU	4670(하스웰/3.4GHz/쿼드 코어/LGA1150)
쿨러	인텔 정품 CPU 쿨러
메인 보드	[ASRock] H81M-HDS 디앤디컴(하스웰 지원/H81/LGA1150/mATX)
메모리	DDR3 8GB PC3-12800(1600MHz/4GB*2개)
VGA	지포스 GTX650 Ti Maxx D5 1GB
HDD	1TB Barracuda ST1000DM003(SATA3/7200/64M)
ODD	Super-Multi GH24NSB0
파워 서플라이	ZM600-LX

5. 80~90만 원대

이 구성은 70만 원대 제품과 유사하지만 그래픽 카드의 성능을 높인 구성으로 3D 게임이나 그래픽 처리가 많은 작업을 하는 사용자에게 적합합니다.

CPU	3570(아이비브릿지/3.4GHz/쿼드 코어/LGA1155)
쿨러	인텔 정품 CPU 쿨러
메인 보드	GA-B75M-D3V 피씨디렉트(아이비브릿지 지원/B75/LGA1155/mATX
메모리	DDR3 8GB PC3-12800(1600MHz/4GB*2개)
VGA	지포스 GTX660 GC V2 D5 2GB
HDD	1TB Barracuda ST1000DM003(SATA3/7200/64M)
ODD	Super-Multi GH24NSB0
파워 서플라이	ZM600-LX

6. 90~100만 원대

90만 원대 이상의 사양을 갖는 PC는 최고의 사양입니다. 이 정도 수준은 그래픽 전문가나 게이머들에게 추천할만한 사양입니다.

CPU	3570(아이비브릿지/3.4GHz/쿼드 코어/LGA1155)
쿨러	인텔 정품 CPU 쿨러
메인 보드	[GIGABYTE] GA-B75M-D3V 피씨 디렉트(아이비브릿지 지원/B75/LGA1155/mATX
메모리	DDR3 8GB PC3-12800 (1600MHz/4GB*2개)
VGA	[갤럭시] 지포스 GTX760 Gamer GC D5 2GB
HDD	1TB Barracuda ST1000DM003 (SATA3/7200/64M)
ODD	Super-Multi GH24NSB0
파워 서플라이	ZM600-LX

7. 100만 원대 이상

100만 원대 이상의 최고의 사양을 갖는 PC라고 할 수 있습니다. 90만 원대 제품과 유사하지만 SSD를 장착하여 하드디스크의 속도를 향상한 제품입니다.

CPU	[인텔] 4670K(하스웰/3.4GHz/쿼드 코어/LGA1150)
쿨러	인텔 정품 CPU 쿨러
메인 보드	[GIGABYTE] GA-Z87X-UD3H 피씨 디렉트(하스웰 지원/Z87/LGA1150/ATX)
메모리	DDR3 8GB PC3-12800 (1600MHz/4GB*2개)
VGA	[갤럭시] 지포스 GTX760 Gamer GC D5 2GB
SSD	Ultra Plus 128GB(SSD/2.5인치/SATA3/3.5인치 가이드 미포함)
ODD	Super-Multi GH24NSB0
파워서플라이	ZM600-LX

05 부품 가격 비교 이렇게 하세요

특정 제품 하나 또는 2~3개의 제품만 구입한다면 가격 비교 사이트를 이용하는 것이 좋습니다. 이렇게 하면 부품별로 배송비가 적용되지만 저렴한 가격에 구입할 수 있습니다. PC의 부품 가격을 업체별로 비교하려면 '다나와', '에누리닷컴' 같은 가격 비교 사이트를 활용합니다.

다나와 온라인 견적

PC 전체를 조립한다면 PC 조립품을 판매하는 사이트에서 일괄 구매하는 것이 좋습니다. 일괄 구매를 하면 PC 조립은 무료로 해주거나 배송비를 절약할 수 있으며 출장 A/S 등 다양한 서비스를 제공받을 수 있습니다.

구입에 시간적 여유가 있다면 다나와 같은 사이트에 필요한 부품을 선택한 후 업체의 견적을 기다리는 방법이 있습니다. 이렇게 하면 최저가의 가격을 비교하여 선택할 수 있습니다.

다나와 견적 의뢰

세부적인 부품 가격을 비교할 때 가장 중요한 것은 정품, 병행 수입, 벌크인지를 확인해야 합니다. 정품, 병행 수입, 벌크에 따라 가격이 달라지지만 이것에 따라 A/S도 달라집니다. 제품을 비교할 때 먼저 비교해야 하는 것이 정품, 병행 수입, 벌크인지를 확인해야 합니다. 정품은 공식 수입업체를 통해 수입된 제품으로 공식업체를 통해 A/S를 받을 수 있습니다. 병행 수입은 독점 수입권자에 의해 수입된 제품으로 제3자가 다른 유통 경로를 통해 유통시킨 제품입니다. 벌크는 정품에서 개별 포장 없이 제품만 판매하는 것을 의미합니다. 벌크는 주로 대량 구입처에 판매하기 위해 만든 제품인데, 이것을 일반 사용자에게 유통시킨 것을 말합니다. 벌크는 정품인 경우도 있지만 병행 수입인 경우도 있어 A/S가 되지 않을 수 있습니다.

Chapter 16 PC 하드웨어 로드맵! 업그레이드 방향을 정하다!

자! 이제 자신의 PC를 조립해 보세요

PC 조립에 필요한 사항부터 실제 조립 과정을 순서대로 따라해 보겠습니다.

Part 02 자! 이제 자신의 PC를 조립해 보세요

 조립 전 반드시 챙기자

조립을 하기 전에 챙겨야 할 것은 PC 구성 품목 외에도 여러 가지가 있습니다. 제대로 준비가 되지 않은 상태에서 조립을 시작하면 조립 중간에 작업을 멈춰야 하는 상황이 발생할 수도 있습니다.

01 조립할 PC 구성 품목 확인

조립을 하기 전에 장치가 모두 있는지 확인합니다. 필요한 장비에는 케이스, 메인 보드, CPU, 메모리, 광학 디스크 드라이버, 하드디스크, 파워 서플라이, 그래픽 카드 등이며 그 외에 설치할 부품이 모두 준비되어 있는지 꼼꼼히 확인합니다.

조립에 필요한 부품들

메인 보드에 동봉되어 있는 설명서도 함께 준비합니다. 메인 보드에 동봉되어 있는 설명서는 케이스의 지원 장치를 연결하거나 USB 커넥터, 오디오 커넥터 등을 연결할 때 필요합니다. 그 외에 조립이 끝난 후 설치할 운영체제와 제품에 포함되어 있던 드라이버 CD를 챙겨둡니다.

02 조립에 사용될 도구 확인

조립에 필요한 도구는 기본적으로 드라이버입니다. 드라이버 하나만 있어도 충분히 조립이 가능하며 어떤 경우에는 이조차 필요치 않는 경우도 있습니다. 하지만, 조립을 많이 해본 전문가라면 기본적인 장비는 갖추고 조립을 시작합니다.

조립에 필요한 기본 장비는 드라이버입니다. 컴퓨터 조립은 십자형 드라이버를 가지고 나사를 조이거나 푸는 작업이 주를 이루기 때문에 반드시 필요합니다. 또한 메인 보드에 서포트 나사를 설치할 때는 롱 노즈가 필요합니다. 손으로 조이게 되면 자칫 서포트 나사가 풀릴 수 있습니다. 조립 마무리 단계에서는 선 정리를 위한 케이블 타이가 필요합니다. 깨끗한 선 정리는 보기도 좋을 뿐만 아니라 케이블이 쿨러에 걸려 제대로 작동하지 않을 수 있기 때문입니다. 마지막으로 케이블 타이를 잘라내기 위한 니퍼가 필요합니다.

메인 보드, CPU, 메모리, 그래픽 카드 등은 민감한 전자 장치로 구성되어 있습니다. 그래서 정전기에 매우 민감한데 맨손으로 작업하다보면 정전기가 발생할 수 있습니다. 이런 경우를 대비하여 면 장갑을 끼고 작업하는 것이 좋습니다. 만약 면 장갑이 없다면 손을 깨끗하게 씻고 핸드 크림을 충분히 발라준 다음 작업을 진행합니다.

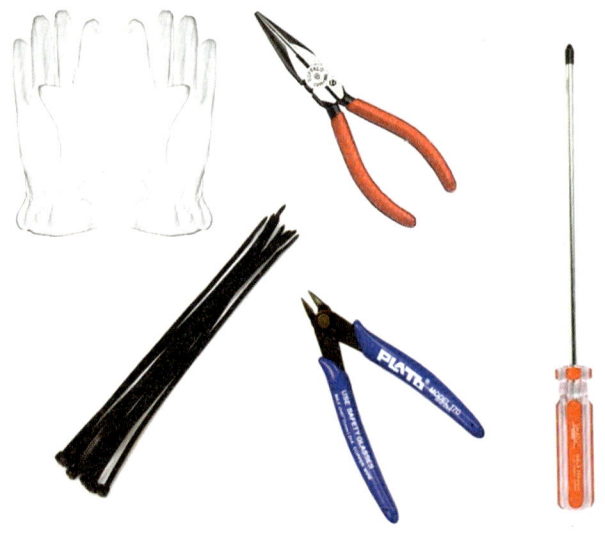

조립에 필요한 준비물

03 조립을 위한 마지막 준비

조립을 위한 모든 품목과 장비가 준비되었다면 본격적인 준비에 앞서 케이스를 열고 몇 가지 준비 작업을 진행해야 합니다. 사전 준비 작업이 잘못되면 설치 후 다시 분해하는 작업을 반복해야 됩니다.

1. 조립한 후 선 정리를 감안한 장치들의 적절한 위치 선정

각 장치들의 선 길이를 고려하여 마지막 작업인 선 정리가 수월하도록 하드웨어들의 적절한 장착 위치를 본격적인 조립 작업 전에 미리 선정합니다. 예를 들어 하드디스크나 ODD 장치 등의 위치를 선정할 때 메인 보드와 하드디스크 연결 케이블의 길이를 고려해서 적당한 위치에 하드디스크나 ODD 장치 등을 선정해야 합니다.

2. 메인 보드 설치를 위한 추가 서포트 나사 설치

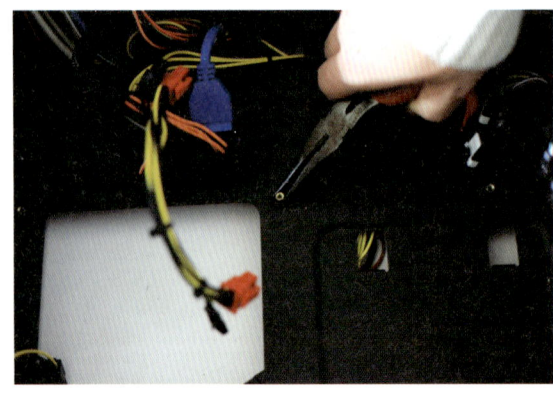

메인 보드의 경우 4~8개 정도의 홈이 있기 때문에 케이스에도 메인 보드를 조립할 위치에 서포트가 맞게 있는지 확인합니다. 서포트가 맞지 않는다면 케이스에 동봉되어 있는 서포트를 이용해 조립합니다.

3. 전면 패널에 DVD 장치 등을 설치할 경우 베이 커버 분리

5.25인치 베이에 ODD 장치를 설치하거나 3.5인치 베이에 카드 리더와 같은 장치를 설치하려면 전면 패널에서 원하는 위치의 베이 커버를 분리합니다.

4. 케이스 후면부의 I/O 패널 설치

메인 보드 I/O 패널을 안쪽에서 바깥쪽으로 밀면서 끼웁니다.

5. 별도의 그래픽 카드나 사운드 카드 등을 설치

설치될 위치를 사전에 파악하여 PCI 슬롯 커버를 분리합니다. 볼트로 고정되어 있는 경우에는 볼트를 제거한 후 커버를 분리하면 되고 케이스에 연결되어 있는 커버는 앞뒤로 흔들어주면 됩니다.

누드 테스트

조립을 많이 해본 사람들은 조립을 시작하기 전에 누드 테스트를 하게 됩니다. 누드 테스트란 가장 기본적인 장치인 CPU, 메모리, 그래픽 카드를 메인 보드에 연결하고, 파워 서플라이와 케이스의 전원을 연결합니다. 그리고 키보드만 연결하여 부팅해서 제대로 작동하는지 확인하는 과정입니다. 이렇게 함으로써 조립 전에 주요 부품에 이상이 있는지 먼저 확인하고 조립을 하게 됩니다. 하지만 이렇게 하면 누드 테스트 한 후 일부 부품을 분해해서 다시 조립해야 하고 전원을 연결한 상태에서 분해하면 쇼트가 발생할 수 있기 때문에 초보자의 경우 누드 테스트를 하지 않고 조립하는 것이 좋습니다.

02 CPU 장착하기 – 인텔 CPU

메인 보드에 CPU를 장착한 후 케이스에 메인 보드를 장착해도 되고 메인 보드를 장착한 후 CPU를 장착해도 됩니다. 하지만, 쿨러의 성능을 높이기 위해 정품 쿨러가 아닌 별도의 쿨러를 장착하는 경우 메인 보드 바닥에 가이드를 설치해야 하는 경우가 있습니다. 그러므로 쿨러의 설치 방법을 미리 확인하고 CPU 장착 순서를 결정합니다.

1 레버를 눌러 Unclip을 들어 올린 다음 로드 플레이트를 열어 보호 덮개를 분리합니다.

2 엄지 손가락과 검지 손가락을 이용해 소켓 노치에 맞춥니다. 프로세서를 소켓에 끼울 때 필요한 힘을 주지 않아도 됩니다.

3 로드 플레이트를 닫고 핸즈프리 및 소켓 레버를 누르십시오.

4 팬-방열판의 스너를 구멍에 맞춰 눌러 고정시킵니다.

5 팬 방열판을 고정시키기 위해 패스너를 아래로 밀면 '딸깍' 소리가 납니다. 각 패스너 살짝 당겨 4개의 패스너가 모두 단단히 연결되었는지 확인합니다.

6 프로세서 4선 팬 케이블 커넥터를 마더보드 4-핀 CPU 팬 헤더와 연결합니다.

> **참고 | AMD CPU 장착 방법**
>
> AMD CPU를 장착하는 방법도 인텔 CPU와 크게 다르지 않습니다. AMD CPU를 장착할 때는 슬롯에 표시되어 있는 화살표와 CPU에 표시되어 있는 화살표가 일치되도록 한 후 소켓 노치에 맞추면 됩니다. 그리고 팬-방열판을 양쪽 고정 쇠에 맞게 걸어줍니다. 쿨러 아래 부분에는 열전도 컴파운드가 발라져 있는데 이것은 냉각을 위해 사용하는 것으로 닦아 내지 않습니다.
>
> CPU 쿨러의 다른 면을 보면 잠금 장치가 있는데 이 장치를 아래로 눌러 쿨러를 완전하게 고정한 다음 쿨러의 전원을 메인 보드의 팬 전원 단자에 연결하면 CPU 장착이 완료됩니다.

03 케이스에 메인 보드 연결하기

조립 PC의 경우 메인 보드의 I/O 패널을 보호하기 위해 서포트를 제공합니다. 서포트는 메인 보드와 함께 제공되며 케이스에 먼저 설치한 후 메인 보드를 설치해야 합니다. 서포트는 케이스 뒷면에 딸깍 소리가 나도록 맞춰 끼우기만 하면 됩니다.

1 메인 보드를 서포트에 맞게 위치한 다음 케이스 뒷면의 I/O 패널에 일치하도록 위치를 잡아줍니다.

2 서포트에 나사를 조입니다. 나사는 꽉 조이지 않고 적당히 조입니다.

Part 02 자! 이제 자신의 PC를 조립해 보세요

RAM(메모리) 설치하기

메모리는 메인 보드에서 지원하는 클럭 주파수와 메모리의 클럭 주파수가 일치하는지 확인하고 설치하는 것이 좋습니다. 그리고 될 수 있으면 1, 2, 4와 같은 개수로 설치하는 것이 좋습니다.

1 메모리 슬롯의 고정 장치를 바깥쪽으로 벌려 줍니다.

 중간 홈은 정 중앙이 아닌 한쪽으로 쏠려 있는데, 이 위치는 메모리 종류마다 달라 호환되는 것인지를 확인할 때 사용하며, 메모리를 거꾸로 끼우는 것을 방지합니다.

2 슬롯 중간에 있는 홈의 위치를 확인한 다음 메모리를 슬롯 중간 홈 위치에 일치하도록 끼워 줍니다.

3 양쪽 엄지를 이용하여 양쪽 끝을 눌러주면 '딸깍' 소리가 나면서 메모리가 장착됩니다.

4 한 개 이상의 메모리를 장착할 때는 같은 색상의 메모리 슬롯에 장착합니다. 모두 같은 색상이라면 1, 3, 5 또는 2, 4, 6번 슬롯에 설치합니다.

193

Part 02 자! 이제 자신의 PC를 조립해 보세요

Chapter 05 그래픽 카드 설치하기

내장형 그래픽을 사용한다면 별도의 그래픽 카드가 필요 없지만, 별도의 그래픽 카드를 사용한다면 어떤 슬롯을 사용하는지 확인해야 합니다. 일반적으로는 PCI-E 슬롯을 사용하지만, 모니터를 확장하기 위해서는 PCI 슬롯을 이용하는 경우도 있습니다.

1 그래픽 카드 슬롯의 잠금 장치를 연 다음 그래픽 카드를 위에서 누르면 '딸깍' 소리가 납니다.

2 잘 꽂아졌는지 확인한 다음 케이스의 PCI 슬롯부에 나사를 이용 그래픽 카드를 고정합니다.

 참고   그래픽 카드를 고정시킨 후 좌우로 흔들어 빠지지 않는지 확인합니다. 그래픽 카드가 제대로 연결되지 않으면 부팅이 되지 않습니다.

3 그래픽 카드의 전원을 연결합니다.

 참고   그래픽 카드에 별도의 전원이 필요 없는 경우도 있습니다.

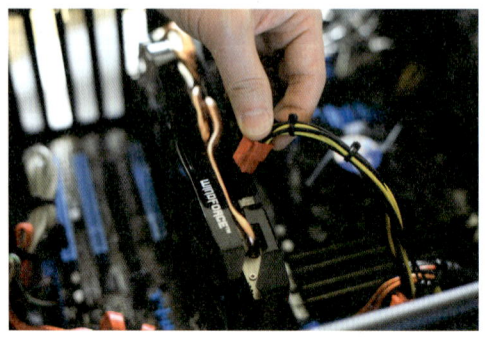

케이스 지원 장치 연결하기

케이스 지원 장치를 연결하는 방법은 제품마다 차이가 있으니 각 제품의 매뉴얼을 참조하면서 작업해야 합니다. 메인 보드의 매뉴얼을 보면 케이스에서 제공하는 파워 LED(PLED), 파워버튼(PWRBTN), 하드디스크 LED(HDLED), 리셋(RESET) 등을 어디에 연결해야 하는지 표시되어 있습니다. 또한 케이블 끝단과 메인 보드 패널 표면에는 해당 기능들의 명칭이 인쇄되어 있어서 각 명칭에 해당하는 선들을 극성에 맞춰 연결하면 됩니다.

1 연결은 그림과 같이 같은 명칭을 연결하면 되는데 극성(+, −)을 따지는 선들이 있습니다. 바로 파워 LED와 HDD LED입니다. 만약 커넥터 끝에 극성 표시가 없다면 모든 선에 공통적으로 사용된 색이 (−)극입니다. 예를 들어 그림처럼 흰색이 공통적으로 사용되었다면 흰색이 (−)극이 됩니다.

 극성을 반대로 연결하면 LED가 들어오지 않습니다. 만약 LED가 들어오지 않는다면 전원이 꺼진 상태에서 극성을 반대로 연결하면 됩니다.

2 케이스의 파워 스위치나 Reset 스위치도 여기 패널에 연결합니다. 파워 스위치나 Reset 스위치의 극성을 반대로 연결해도 동작하는 경우가 있으며 만약 동작하지 않는다면 극성을 바꿔 다시 연결합니다.

Part 02 자! 이제 자신의 PC를 조립해 보세요

USB 커넥터와 오디오 커넥터 연결

USB 커넥터는 USB 3.0과 USB 2.0 커넥터로 구분합니다. 커넥터를 자세히 살펴보면 막힌 틈의 위치가 다른 것을 알 수 있습니다. 특히 USB 3.0의 경우 핀 수와 커넥터의 폭, 색상도 달라 쉽게 구분할 수 있습니다. 하지만 USB 2.0 커넥터와 오디오 커넥터의 경우는 비슷하게 생겼기 때문에 혼동의 여지가 있습니다. 따라서 자세히 살펴보고 연결해야 합니다.

1. USB 3.0 커넥터 연결

USB 3.0 커넥터는 핀의 굵기와 숫자 등 기존 USB 2.0 커넥터 연결부와 많이 달라서 쉽게 설치할 수 있습니다. 또한 방향도 혼동되지 않도록 커넥터에 홈이 파져 있어 쉽게 연결할 수 있습니다.

2. USB 2.0 커넥터 연결

메인 보드의 핀을 살펴보면 핀 하나가 없는 것을 확인할 수 있고 USB 2.0 커넥터를 살펴보면 막혀 있는 부분이 하나 있습니다. 핀이 없는 부분과 막혀 있는 부분의 위치를 맞춰 커넥터를 연결하면 됩니다.

3. 확장 오디오 커넥터 연결

확장 오디오 패널의 경우도 핀 수가 하나 없는 것을 확인할 수 있습니다. 그런데 USB 2.0처럼 끝 부분이 아닌 라인 중간에 핀이 없습니다. 오디오 커넥터를 살펴보면 막혀 있는 부분이 있는데 핀이 없는 부분과 막혀 있는 부분을 맞춰서 연결합니다.

Part 02 자! 이제 자신의 PC를 조립해 보세요

08 기타 지원 카드 설치하기

기타 지원 카드란 랜카드나 확장형 그래픽 카드, 확장 USB 카드를 말하는 것으로 일반적으로 PCI 슬롯에 설치합니다. 너무 많은 지원 카드를 설치하거나 인접한 슬롯에 설치하면 발열로 인한 문제가 발생할 수 있으므로 여유 공간이 있다면 충분히 사이를 두고 설치하는 것이 좋습니다.

1 기타 지원 카드를 설치하기 전에 설치할 위치에 있는 PCI 슬롯 커버를 분리합니다.

참고 그래픽 카드 등에 쿨러가 설치되어 있는 경우 등을 고려하여 충분한 간격을 띄우고 PCI 슬롯 커버를 분리합니다.

2 삽입할 슬롯에 카드의 위치를 맞춘 다음 눌러줍니다.

3 볼트를 이용하여 카드를 고정시킵니다.

Part 02 자! 이제 자신의 PC를 조립해 보세요

Chapter 09 하드디스크와 SSD 설치하기

하드디스크와 SSD를 설치할 때는 케이스의 종류에 따라 나사를 조이지 않고 하드디스크에 가이드를 설치한 후 조립하는 방법이 있습니다. SSD의 경우 3.5인치 베이에 장착하는데 케이스에 따라 2.5인치 베이를 제공하지 않으면 가이드를 장착한 후 5.25인치 베이에 장착해야 합니다.

01 하드디스크 장착

하드디스크 장착은 2.5인치 베이나 3.5인치 베이에 장착합니다. 하드디스크의 크기에 맞는 베이를 선택하여 장착하면 되며 3.5인치 베이에 설치할 경우에는 ODD 장치를 장착할 베이를 고려하여 적당한 위치에 장착합니다.

1 케이스에 하드를 장착하려면 전원과 S-ATA 케이블 단자가 뒤로 오게 하여 5.25인치 베이에 넣습니다.

2 케이스 나사홀과 HDD 나사홀을 일치시킨 다음 4개의 홀에 나사를 조입니다.

3 HDD 뒷면에 보면 왼쪽에는 전원 커넥터가 오른쪽에는 데이터 전송을 위한 S-ATA 커넥터가 있습니다. S-ATA 커넥터는 'ㄱ' 모양으로 꺾여 있는데 이 모양대로 연결합니다.

02 SSD 장치 설치하기

일반적으로 SSD 장치는 2.5인치 베이에 설치합니다. 케이스에서 2.5인치 베이를 제공한다면 이곳에 설치하고 2.5인치 베이를 제공하지 않는다면 SSD에 가이드를 설치한 다음 3.5인치 베이에 장착합니다.

1 SSD는 2.5인치 크기이므로 케이스의 3.5인치 베이에 설치할 수 없습니다. 3.5인치 베이에 설치하기 위해서 먼저 SSD에 3.5인치 가이드를 설치해야 합니다. SSD에 동봉되어 있는 가이드와 SSD를 연결합니다.

2 케이스 안에 SSD의 전원 커넥터와 데이터 커넥터가 뒤로 오도록 3.5인치 베이에 설치합니다. 케이스 나사홀과 SSD 가이드의 나사홀을 일치하게 하여 나사로 조입니다.

3 S-ATA 전원 케이블과 데이터 케이블을 이용해 메인 보드와 SSD를 연결합니다.

Part 02 자! 이제 자신의 PC를 조립해 보세요

Chapter 10
파워 서플라이 설치하기

슬림형 케이스의 경우 케이스에 파워 서플라이를 미리 장착한 후 다른 부품을 조립하기도 하지만, 일반형 케이스라면 굳이 그럴 필요가 없습니다. 파워 서플라이를 장착할 때는 파워 서플라이가 흔들리지 않도록 정확히 고정시켜주는 것이 중요합니다.

1 파워에 있는 AC 코드 접속구는 케이스 뒷면으로, 팬은 밑으로 향하게 해서 케이스에 넣은 후 밀어서 케이스 뒷면에 밀착합니다.

2 서포트에 나사를 조입니다. 나사는 꽉 조이지 않고 적당히 조입니다.

Part 02 자! 이제 자신의 PC를 조립해 보세요

Chapter 11 ODD 설치하기

ODD는 하드디스크와 베이의 뒷면이 아닌 전면에서 설치합니다. 따라서 케이스 전면의 베이 커버를 분리한 후 설치합니다. 베이 커버를 분리할 때 너무 무리한 힘을 주면 고정 장치가 부러질 수 있으므로 분리하는 방법을 확인한 후 조심해서 분리합니다.

1 케이스 전면에 베이 커버가 분리되어 있는지 확인합니다.

2 케이스 전면에서 ODD 장치를 전원과 S-ATA 케이블 단자가 뒤로 오게 하여 삽입합니다.

 베이 커버에 ODD 열림 단추가 있는 경우에는 이 단추가 잘 눌리는지 확인합니다. 너무 뒤에 설치하면 ODD 열림 단추를 눌러도 ODD 장치가 열리지 않게 되고 너무 앞에 설치하면 베이 커버가 닫히지 않게 됩니다.

3 ODD의 고정 나사 홀과 케이스의 나사 홀을 일치시킨 다음 나사를 조입니다.

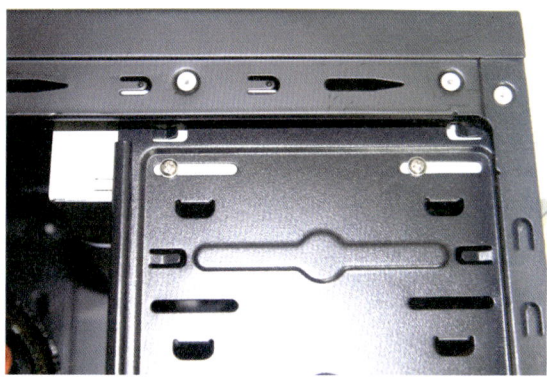

4 S-ATA 케이블을 이용해 메인 보드와 ODD를 연결합니다.

12 각종 전원 케이블 연결하기

모든 장치가 제자리를 잡았다면 각종 전원 케이블을 연결해야 합니다. 전원 케이블을 연결할 때는 선이 꼬이지 않도록 주의해서 연결합니다. 하나의 케이블에 2~3개의 전원을 연결할 수 있지만 될 수 있으면 하나씩 연결하는 것이 좋습니다.

01 메인 보드에 전원 연결

메인 보드는 CPU쪽에 공급되는 24핀 메인 전원 커넥터와 8핀 또는 4핀으로 되어 있는 보조 전원 커넥터가 있습니다. 일부 파워 서플라이에서는 8핀 전원이 분리되어 4핀으로 사용할 수 있는 것도 있습니다. 메인 보드의 전원은 24핀 메인 전원 커넥터와 8핀(4핀) 보조 전원을 모두 연결해야 합니다.

1 메인 전원 커넥터의 모양을 보면 직사각형이 아닌 모서리가 잘린 사각형이므로 전원을 연결하고 '딸깍' 소리가 날 때까지 누릅니다.

2 같은 방법으로 CPU 쪽에 공급되는 8핀(또는 4핀) 전원 커넥터도 연결합니다.

02 S-ATA 전원 연결과 그래픽 카드 보조 전원 연결

하드디스크와 ODD 장치가 S-ATA 연결 방식을 사용한다면 전원 커넥터의 모양을 살펴보고 전원을 연결합니다. S-ATA 전원은 'ㄱ' 모양으로 되어 있는데 이것이 전원 공급 커넥터의 방향입니다.

1 전원 커넥터의 방향을 확인합니다.

2 장치의 커넥터 방향을 확인한 후 전원 커넥터를 밀어 넣어 고정합니다.

3 어떤 그래픽 카드는 전원 연결을 위한 커넥터가 없는 경우도 있으며 6핀 전원 입력을 받거나 6핀 대신 8핀 전원 입력을 받는 경우도 있습니다. 이런 경우에는 알맞은 전원을 연결합니다. 파워 서플라이의 PCI-E 전용 전원 케이블을 연결합니다.

Part 02 자! 이제 자신의 PC를 조립해 보세요

Chapter 13 키보드, 마우스, 모니터 연결하기

모든 설치가 끝났으면 키보드와 마우스, 모니터를 연결하여 테스트를 진행해야 합니다. 마우스와 키보드는 PS/2 포트로 연결하거나 USB를 이용하여 연결합니다. 마우스는 연결하지 않아도 부팅할 수 있지만 키보드는 반드시 연결해야 부팅할 수 있습니다.

01 키보드와 마우스 연결

키보드와 마우스, 모니터 등을 연결하기 위해 I/O 패널에서 녹색과 보라색 PS/2 포트가 있습니다. 녹색 포트는 마우스, 보라색 포트는 키보드 접속 단자입니다.

1개의 포트에 녹색과 보라색이 함께 있는 포트도 있는데 키보드와 마우스 모두 사용할 수 있습니다. USB를 사용하는 키보드와 마우스를 사용하는 경우에는 USB 포트에 연결하면 됩니다.

02 모니터 연결

모니터를 연결하는 단자에는 D-SUB, DVI, HDMI 등이 있습니다. 같은 모니터라도 D-SUB보다는 DVI, HDMI로 연결하는 것이 더 좋은 화질을 제공하므로 모니터에서 DVI 또는 HDMI를 지원한다면 DVI나 HDMI로 연결합니다.

D-SUB 케이블은 겉 모양과 핀 수에 따라 종류가 나뉩니다. 이 단자의 이름에서 첫 문자 D는 D-SUB 단자를 가리키며 두 번째 문자에서 A는 15핀, B는 25핀, C는 37핀, D는 50핀, E는 9핀을 가리킵니다. 예를 들어, DA-15는 크기 A(15 핀 단자 크기)의 15핀 단자를 나타냅니다.

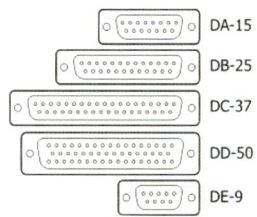

DVI는 디지털 비주얼 인터페이스(Digital Visual Interface)의 약자로서 LCD와 같은 디스플레이 장치의 화질에 최적화된 표준 영상 인터페이스입니다. HDMI는 HDMI를 지원하는 셋탑박스, DVD 재생기 등의 멀티미디어 소스에서 AV기기, 모니터, 디지털 텔레비전 등의 장치들 사이의 인터페이스를 제공합니다.

연결하는 방법은 핀 모양에 맞춰 케이블을 연결한 후 나사를 조입니다. 모니터 케이블은 손으로도 쉽게 조일 수 있습니다.

케이블의 핀 모양

그래픽 연결 단자

같은 방법으로 모니터에도 케이블을 연결한 후 조여 줍니다.

03 랜 케이블 연결

유선 랜 카드를 사용한 다면 랜 케이블을 연결합니다. 랜 케이블의 끝 모양은 凸 모양으로 되어 있습니다. 이것을 RJ-45 커넥터라고 하는데 이것을 LAN 단자에 연결합니다.

랜 케이블 포트

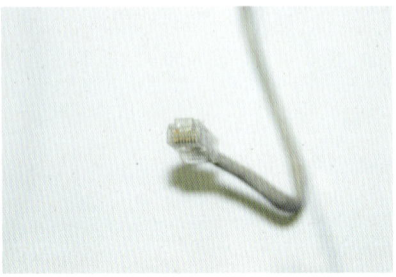
RJ-45 커넥터

Part 02 자! 이제 자신의 PC를 조립해 보세요

14 조립 PC 자가 테스트하기

이제 모든 연결이 끝났으면 PC의 전원 단추를 눌러 제대로 작동하는지 확인합니다. 자가 테스트 과정에서 부팅이 되지 않는다면 전원 케이블 연결을 해제한 다음 그래픽 카드와 램 등이 제대로 설치되었는지 확인합니다.

1 전원을 연결하고 PC의 전원 단추를 눌러 전원을 켭니다.

2 삐 소리가 한 번 들린 다음 모니터에 바이오스 진입 화면이 나타나면 [F2]나 [Del] 키를 눌러 CMOS로 진입합니다.

3 CMOS 화면이 나타나면 하드디스크와 ODD 장치가 제대로 잡혔는지 확인합니다. CMOS Setup의 'Standard CMOS Features'를 선택하면 하드디스크와 ODD 장치가 제대로 연결되었는지 확인할 수 있습니다.

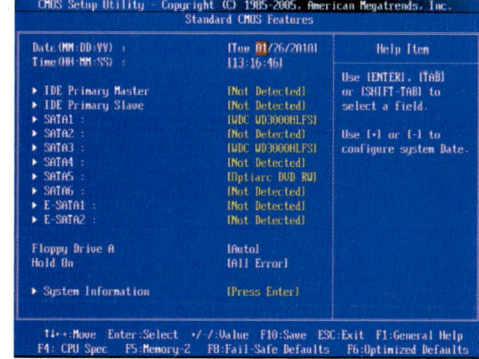

4 이번에는 랜 케이블을 확인합니다. 랜 케이블에 LED가 들어온다면 랜도 제대로 연결된 것입니다. 이렇게 하면 모든 장치가 제대로 작동한다고 할 수 있습니다.

15 케이블 정리하고 케이스 닫기

테스트까지 완료되었으면 케이블을 정리하고 케이스를 닫습니다. 이때 전원 케이블을 빼고 전원을 완전히 차단한 상태에서 케이블을 정리하는 것이 좋습니다.

1 케이블 타이를 이용하여 케이블을 정리합니다.

2 케이블이 쿨러에 부딪혀 쿨러가 제대로 돌아가지 않으면 문제가 발생할 수 있으므로 주의합니다.

3 케이스를 닫은 다음 나사를 조입니다.

Part 02 자! 이제 자신의 PC를 조립해 보세요

16 PC 조립 후 자주 발생하는 3가지 문제

컴퓨터에 문제가 발생했을 때 원인을 찾는 가장 쉬운 방법은 가장 기본적인 것부터 관련 있는 것들을 차근차근 따라가는 방법입니다. 이렇게 하면 빠지지 않고 관련된 장치를 모두 확인할 수 있고 의외로 쉽게 원인을 해결할 수 있기 때문입니다.

01 컴퓨터가 켜지질 않아요

컴퓨터가 켜지지 않을 때는 전원과 관련 있을 수 있습니다. 따라서 전원과 관련된 부분부터 차근차근 원인을 찾아보고 해결하도록 합니다.

전원이 들어오지 않는다면 멀티 탭이 켜져 있는지 확인합니다. 그런 다음 멀티 탭과 연결되어 있는 전원 케이블이 제대로 연결되어 있는지 확인합니다. 전원 케이블에 이상이 없다면 파워 서플라이의 전원 버튼이 켜져 있는지를 확인합니다. 파워 서플라이의 전원 버튼이 꺼져 있으면 작동하지 않게 됩니다.

파워 서플라이의 전원 케이블이 메인 보드에 제대로 연결되어 있는지 전원 케이블과 보조 전원 케이블의 연결을 해제한 다음 다시 '딸깍' 소리가 나도록 연결합니다.

▲ 메인 전원 연결

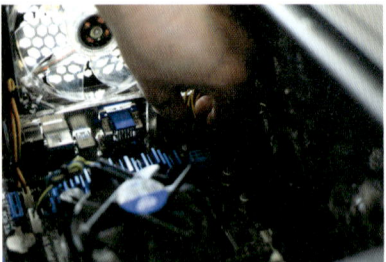
▲ 보조 전원 연결

그래도 컴퓨터가 켜지지 않는다면 케이스의 전원 스위치 케이블이 제대로 연결되어 있는지 확인합니다. 특히 극성이 맞지 않으면 전원이 들어오지 않을 수 있으므로 제대로 연결되어 있는지 확인합니다. 전원을 차단한 상태에서 메모리와 그래픽 카드 등의 장치를 하나씩 뺀 다음 다시 연결합니다.

02 부팅이 되지 않아요

컴퓨터에 전원은 들어오는데 부팅되지 않는다면, 비프음을 잘 들어보아야 합니다. 비프음만으로도 원인을 찾을 수 있기 때문입니다. 하지만 비프음이 들리지 않거나 비프음으로 원인을 모른다면, 장치 설치가 잘못되었을 수 있습니다.

부팅이 되지 않고 두 번 이상의 '삐~' 소리가 나면 키보드 이상을 의심할 수 있습니다. 따라서 키보드를 뺐다가 다시 연결한 후 부팅합니다.

그래도 부팅이 안된다면 메모리나 그래픽 카드 등을 잘못 장착했을 수 있습니다. 일단 전원을 차단한 상태에서 그래픽 카드를 뺐다가 다시 장착합니다.

다시 부팅해도 부팅이 되지 않는다면 같은 방법으로 메모리도 뺐다가 다시 장착합니다.

그래도 부팅이 안 된다면 하드디스크와 ODD의 연결을 해제하고, 최소한의 메모리와 그래픽 카드만을 장착한 후 부팅합니다. 이렇게 해서 부팅이 된다면 메모리를 하나씩 추가하면서 부팅합니다. 만약 부팅이 되지 않는다면 그래픽 카드나 메인 보드, 메모리의 이상일 수 있습니다.

03 PC 조립 후 소음이 나요

PC의 조립이 끝나면 소음이 얼마나 크게 들리는지 확인합니다. 처음 조립하면 거의 소음이 없는 것이 정상입니다. 하지만 듣기 거북할 정도의 소음이 들린다면, 조립 과정에서 잘못 조립한 부분이 있는 것을 의미하며, 그대로 계속 사용한다면 고장이 발생하게 될 것입니다.

PC 조립 후 소음이 나는 것은 대부분 팬에서 소음이 나는 것입니다. 그러므로 소음이 심하게 들린다면, 팬에 케이블이 걸리는지 확인합니다.

하드디스크나 ODD 장치의 나사를 느슨하게 조인 경우 소음이 발생합니다. 하드디스크나 ODD가 회전하면서 진동이 발생하고 이 때문에 소음이 발생합니다. 그러므로 나사를 단단히 조여주는 것이 좋습니다.

파워 서플라이와 케이스의 아래 받침에 유격이 생기면 파워 서플라이가 흔들리면서 소음이 발생할 수 있습니다. 이런 이유에서 어떤 파워 서플라이는 방진 패드까지 동봉하기도 합니다.

Part 03

완벽하게 컴퓨터에 윈도우 설치하기

이제 컴퓨터에 윈도우 운영체제를 설치해 보겠습니다. 윈도우 운영체제를 설치하기 전에 먼저 설치 CD를 준비해야 하며 조립 PC의 경우에는 윈도우 설치 CD를 따로 구매해야 하며 브랜드 제품의 경우에는 브랜드 제품을 구매했을 때 함께 동봉되어 있는 경우가 있으니 경우에 따라서 준비하도록 합니다.

Part 03 완벽하게 컴퓨터에 윈도우 설치하기

알아야할 것만 뽑은 CMOS 셋업 테크닉

윈도우를 설치하기 전에 먼저 알아두어야 할 것이 CMOS 화면입니다. 기본적으로 부팅 순서 정도는 변경할 수 있어야 윈도우 설치 CD로 부팅을 할 수 있기 때문입니다. 기타 다양한 옵션을 제공하는데 차차 PC와 친숙하게 된 후에 학습하는 것이 좋습니다. 자칫 잘못하면 부팅이 되지 않을 수도 있기 때문입니다.

01 CMOS란?

CMOS 셋업의 역할과 반드시 먼저 알아두어야 할 Load Default에 대해서 알아봅니다.

CMOS는 컴퓨터에 기본적인 하드웨어 정보(BIOS)를 저장해두는 비휘발성 메모리를 말합니다. 메인 보드에 탑재되어 있으며 비휘발성 메모리라 해도 CMOS용 배터리가 함께 제공되고 있습니다. CMOS용 배터리는 동전형의 수은전지로 CMOS 백업 배터리라고도 합니다. CMOS 배터리의 수명이 다하면 컴퓨터의 전원을 끌 때마다 CMOS의 저장 데이터가 지워져서 초기화가 됩니다. CMOS 배터리의 수명이 다했는지의 여부는 컴퓨터의 날짜를 수정하고 껐다 켜보면 알 수 있습니다. 만약 수정한 날짜 그대로 있다면 아직 수명이 남아있는 것이고 날짜가 원래대로 돌아가거나 엉뚱한 날짜로 변경되어 있다면 수명이 다된 것입니다. 이때는 CMOS 배터리를 새 것으로 교환해 주면 됩니다.

CMOS 배터리

CMOS는 하드웨어 정보를 가지고 있기도 하지만 하드웨어의 다양한 부분에 있어서 설정을 변경할 수도 있습니다. 때문에 엉뚱하게 설정을 변경하면 PC가 부팅되지 않을 수 있습니다. CMOS를 수정하기 위해서는 PC 하드웨어의 다양한 부분에 대해서 상당 부분 숙지하고 있어야 실수로 인한 문제가 발생하지 않습니다.

02 반드시 기억해야 할 Load Default

CMOS 셋업 화면으로 들어가기 전에 반드시 숙지해야 하는 것이 'Load Default'입니다. 이미 설명했지만 자칫 CMOS 설정을 잘못 바꾸면 PC가 부팅이 되지 않는 등의 문제가 발생될 수 있습니다. 이 경우 CMOS 메뉴 중에서 'Load Default'를 찾아 실행하면 잘못 수정되었던 CMOS의 내용이 원래 기본값으로 변경됩니다. 기본값으로 변경하면 잘못 수정된 CMOS로 인한 문제가 원상 복귀되는 효과가 있습니다. CMOS를 수정한 후에 문제가 발생했다면 꼭 'Load Default'로 수정하도록 합니다.

1 CMOS를 잘못 수정했다는 가정하에 Load Default를 실행해 보겠습니다. 컴퓨터를 켠 후 F2 키나 Delete 키를 눌러 CMOS 화면으로 이동합니다.

2 UEFI BIOS 화면에서 [Default] 버튼을 클릭하거나 F5 키를 누르면 초깃값으로 CMOS를 되돌릴 수 있습니다. CMOS를 변경하고 뭔가 문제가 발생했다면 CMOS를 초깃값으로 돌려 놓으면 원상태로 복구됩니다.

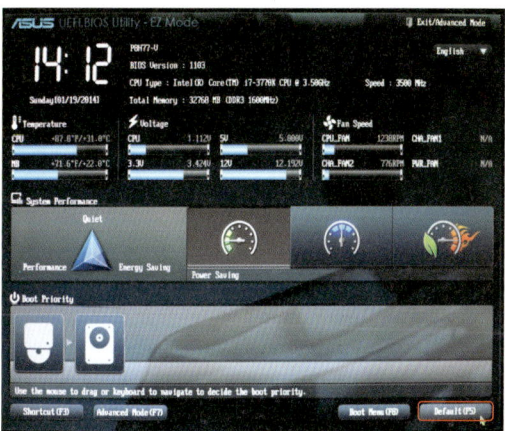

3 기본값을 불러올 것인지를 묻는 대화 상자가 표시됩니다. [OK] 버튼을 클릭하면 CMOS가 초깃값으로 변경됩니다. 이 과정은 반드시 숙지하도록 합니다.

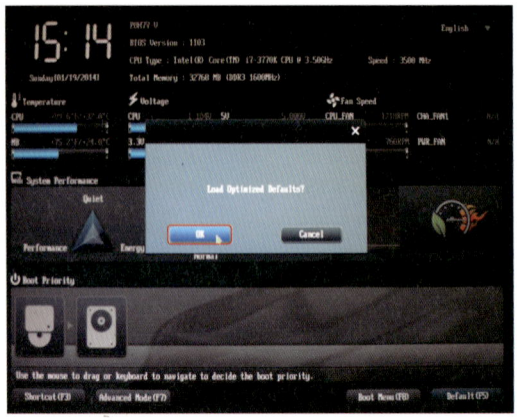

03 CMOS 셋업 기본 화면 익히기

CMOS의 기본적인 화면에 대해서 알아보겠습니다. 사용하고 있는 PC에 따라 CMOS 화면이 다를 수 있지만 대부분 비슷한 기능을 제공하므로 하나의 CMOS만 익숙해져도 다른 CMOS를 편하게 사용할 수 있습니다. 처음부터 많은 부분을 수정하려고 하면 CMOS에 문제가 발생할 수 있으니 어느 정도 하드웨어와 관련된 내용을 이해하게 되었을 때 수정해 보세요.

1. [Main] 화면

바이오스 버전과 빌드 날짜, CPU 사양이 표시됩니다. 또한 메모리 용량과 현재 날짜와 시간이 표시되며 변경도 가능합니다. [Security]에서 CMOS 자체에 암호를 설정하거나 변경할 수 있습니다.

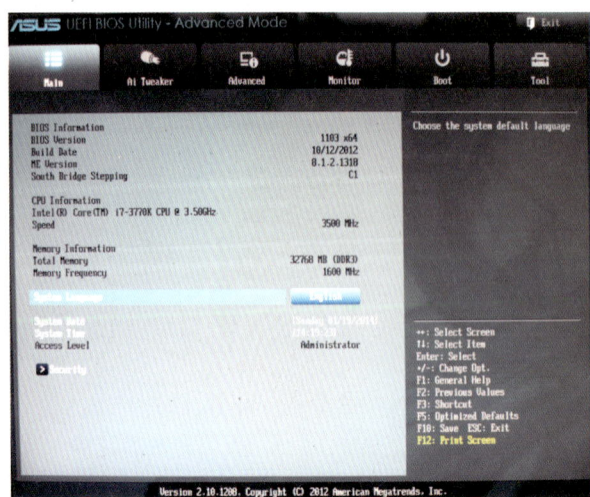

2. [Ai Tweaker]

CPU와 RAM의 다양한 설정값을 변경할 수 있습니다. 하드웨어에 어느 정도 이해도가 있는 상태에서 설정해야 하며 자칫 엉뚱한 값으로 변경하면 문제가 발생할 소지가 있습니다.

3. [Advanced]

CPU는 물론 컨트롤러, 하드디스크, SSD, USB, 온보드 비디오, 온보드 오디오, LAN, 파워 관련 등에 대한 다양한 부분의 설정 변경이 가능합니다. CMOS에서 가장 핵심적인 역할을 하는 부분으로 보통은 하드디스크나 SSD의 컨트롤러 모드를 변경할 때 주로 사용합니다.

4. [Monitor]

CPU 온도나 전압 상태, 메모리 온도 등을 표시하며 CPU 팬 속도 모드를 표시하거나 설정할 수 있습니다.

5. [Boot]

PC 부팅과 관련된 모든 설정 기능을 제공합니다. 특정 장치로 부팅을 하거나 부팅 순서를 변경하는 등의 설정이 가능합니다.

6. [Tool]

CMOS BIOS의 버전을 최신 버전으로 업데이트하거나 오버 클러킹 설정을 저장하거나 저장된 오버 클러킹 설정을 불러올 수 있습니다. 또한 메인 보드 슬롯별 상태를 확인할 수 있습니다.

04 부팅 순서 변경하기

윈도우를 설치하기 위해서는 윈도우 설치 CD로 부팅하도록 CMOS를 변경해야 합니다. PC 부팅 순서를 변경하는 방법에 대해서 알아보겠습니다.

1 컴퓨터를 켜고 CMOS 셋업 화면으로 이동합니다. 다음과 같은 화면이 표시되었을 때 F2 키나 Del 키를 누릅니다.

2 UEFI BIOS가 표시됩니다. 기본적인 현재 하드웨어 상태가 표시됩니다. 확장 모드로 이동하기 위해서 [Advanced Mode]를 클릭합니다.

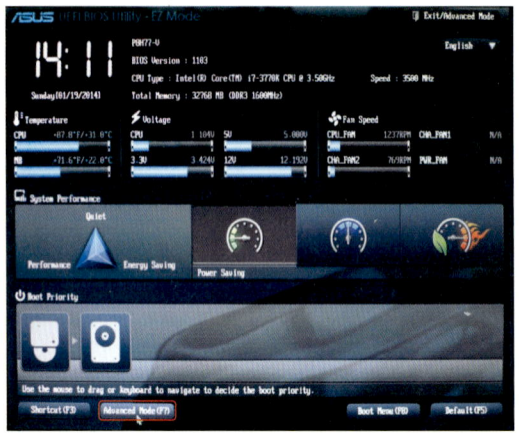

3 [Advanced Mode]로 이동되면 상단의 탭에서 [Boot] 탭을 클릭합니다. 부팅 순서를 변경하는 'Boot Option Priorities' 항목을 확인합니다. 장치가 보이는 순서대로 부팅이 가능한 것입니다. CD-ROM으로 윈도우를 설치할 것이므로 가장 처음 부팅되는 기기가 CD-ROM이 되도록 변경해야 합니다. 처음 부팅되는 장치를 클릭합니다.

4 부팅이 가능한 장치 목록이 표시됩니다. 상단에 있는 장치가 현재 선택되어 있는 장치입니다. 목록에서 CD-ROM을 찾아 클릭합니다.

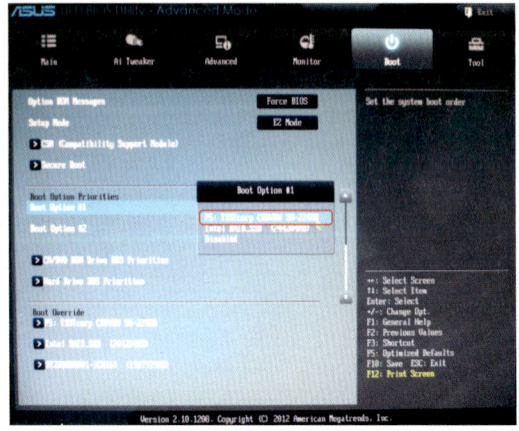

5 첫 부팅 기기가 하드디스크에서 CD-ROM으로 변경되었습니다. F10 키를 눌러 변경된 사항을 저장한 후 재부팅합니다. 이제 CD-ROM에 윈도우 설치 CD를 넣고 부팅을 하면 윈도우 부팅 화면으로 이동할 수 있습니다.

Part 03 완벽하게 컴퓨터에 윈도우 설치하기

윈도우 설치 전에 반드시 고려할 사항

윈도우 설치 전에 몇 가지를 고민해야 합니다. 운영체제를 설치하는 일 자체가 생각보다는 귀찮은 일이기 때문에 되도록 한 번 설치할 때 고려해야 할 사항들을 먼저 고려하는 것이 좋습니다.

01 윈도우 8 vs 윈도우 7 vs 윈도우 XP

운영체제를 선택해야겠지요? 보통 개인 PC에는 윈도우 운영체제를 설치하게 되는데 윈도우 8, 윈도우 7, 윈도우 비스타, 윈도우 XP가 많이 사용되므로 어떤 윈도우 버전을 선택해야 할지에 대해서 알아보겠습니다.

1. 운영체제?

OS(Operating System)라고 불리는 운영체제는 꽤 다양합니다. 우리가 흔히 사용하는 윈도우 계열도 있고 무료 OS인 리눅스 계열의 운영체제도 있습니다. 운영체제의 역할은 컴퓨터 하드웨어를 사용자가 효율적으로 사용할 수 있도록 해주는 매개체적인 기능을 담당하는 것입니다.

사용자가 그래픽 기능을 이용하려 한다면 운영체제는 컴퓨터 시스템 안의 하드웨어들 중에서 그래픽을 표현하기 위한 하드웨어를 사용자가 원하는 방향으로 최대한 효율성을 가진 채로 움직일 수 있도록 도와주는 것입니다.

대부분의 개인용 컴퓨터는 윈도우 운영체제를 선택하고 있습니다. 윈도우 8, 윈도우7, 윈도우 비스타, 윈도우 XP 등이 이러한 윈도우 계열의 운영체제입니다. 윈도우 운영체제는 구매를 해서 사용해야 한다는 점이 부담스럽지만 개인 사용자가 쉽게 사용할 수 있는 환경을 제공하기 때문에 개인용 컴퓨터에 주로 사용되고 있습니다.

반면에 무료로 사용할 수 있는 운영체제도 있습니다. 리눅스 계열의 운영체제는 무료로 사용할 수 있습니다. 무료인 반면에 불편함도 있습니다. 사용자가 찾아보고 처리해야 할 사항들이 윈도우 계열의 운영체제보다 많다는 것입니다. 이런 불편함을 감수할 수 있다면 리눅스 계열의 운영체제도 괜찮은 선택일 수 있습니다. 하지만 운영체제를 처음 설치해보는 사용자라면 리눅스보다는 윈도우 계열의 운영체제가 좀 더 그럴듯한 선택일 수 있습니다. 단, 그래도 리눅스 계열의 운영체제를 사용하고 싶다면 리눅스 계열의 '우분투(ubuntu)'를 권해드립니다. 윈도우 계열의 운영체제의 사용 경험을 어느 정도 활용할 수 있는 것이 '우분투'입니다.

2. 윈도우 운영체제의 선택

모든 운영체제는 버전 업그레이드를 합니다. 하드웨어가 발전하면서 운영체제도 발전된 형태로 새로운 버전이 출시되고 현재의 가장 최신의 운영체제가 얼마 지나지 않아 구 버전이 되기도 합니다.

'현재 가장 최신의 운영체제가 가장 좋은 운영체제일까?'

그렇지는 않습니다. 가장 최신의 운영체제가 가장 최신의 기술을 담고 있는 것은 사실입니다. 하지만 그렇다고 해서 가장 좋은 운영체제라고는 말할 수 없습니다. 자신의 하드웨어 성능과 안정성 등을 고려해야 합니다.

내 PC의 하드웨어가 최신의 사양이라면 최신 운영체제를 설치하는 것이 좋습니다. 최신의 하드웨어는 구 버전 운영체제의 드라이버를 지원하지 않을 수도 있기 때문입니다. 그리고 최신 PC에 굳이 구 버전의 운영체제를 설치할 이유도 없습니다. 단, 안정성 때문에 최신 버전보다는 한 단계 아래인 운영체제를 선택해서 설치하는 경우도 있습니다.
예를 들어 윈도우 XP의 경우 윈도우 비스타보다 이전에 나온 운영체제인데도 안정성 때문에 많은 사람들이 윈도우 XP를 계속 고수해서 사용하는 사람들이 많았습니다. 이런 경우에만 구버전의 운영체제를 선택합니다.
또, 자신의 하드웨어가 저사양이거나 조금 오래된 하드웨어를 사용한다면 이 경우에도 구버전의 운영체제를 선택해야 합니다. 가장 일반적인 선택 방법은 CPU로 구별하면 됩니다.

다음의 표는 인텔과 AMD의 CPU에 따른 추천 윈도우 설치 버전입니다. 마이크로소프트사에서는 각 운영체제마다 추천 설치 사양과 최소 설치 사양 등을 제공합니다. 최소 설치 사양에 맞춰서 운영체제를 설치하면 컴퓨터가 느리다고 느낄 확률이 큽니다. 마이크로소프트사에서 제공하는 최소 설치 사양보다는 좀 더 높은 사양으로 윈도우를 설치하는 것이 좋습니다. 다음의 표도 마이크로소프트사의 최소 설치 사양이 아니라 이 정도면 그래도 윈도우 운영체제를 설치하고 사용할 수 있을 정도라고 느낀 필자의 경험입니다. 물론 RAM이나 비디오 카드의 성능에 따라서 편차는 있을 수 있습니다.

운영체제 \ CPU	INTEL	AMD
윈도우 XP	펜티엄 3 이상	애슬론(선더버드) 이상
윈도우 Vista	펜티엄 4 이상	애슬론 64(베니스) 이상
윈도우 7/윈도우 8	인텔 코어2듀오 이상	애슬론 64X2(윈저) 이상

필자의 경험으로 추천하는 운영체제의 선택 기준입니다.

- 컴퓨터가 저사양이라면 윈도우 XP를 설치하세요.
- 컴퓨터가 고사양이라면 윈도우 8보다는 윈도우 7을 추천합니다.
- 최신의 운영체제를 사용하고 싶거나 모니터가 터치스크린을 지원한다면 윈도우 8을 사용하세요.
- 컴퓨터가 고사양이고 다양한 운영체제를 사용하고 싶다면 윈도우 XP + 윈도우 7 또는 윈도우 XP + 윈도우 8의 멀티 부팅으로 설치해 보세요.

02 32bit vs 64bit

운영체제는 32bit와 64bit로 나누어집니다. 왜 32bit와 64bit로 나누어지며 나는 어떤 것을 선택해야 하는 지에 대해 알아보겠습니다.

1. 32bit와 64bit의 차이

윈도우 운영체제는 32bit와 64bit의 두 가지 버전으로 제공됩니다. 윈도우 운영체제의 초기 모델들은 모두 32bit를 사용했습니다. 점점 RAM의 용량이 커지고 64bit로 운영되는 운영체제가 더 빠른 속도를 낼 수 있기 때문에 점차 32bit와 64bit를 함께 사용하게 되었습니다.

쉽게 생각해보면 32개의 팔을 사용하여 작업하는 것보단 64개의 팔을 사용하여 작업하는 것이 빠를 수밖에 없겠죠? 그렇다면 왜 아직도 32bit를 사용하는 사용자들이 있을까요?

가장 큰 이유는 지원 프로그램 때문이었습니다. 64bit를 지원하는 프로그램들이 많이 없었기 때문에 어쩔 수 없이 32bit 운영체제를 사용했습니다. 하지만 요즘은 64bit 운영체제를 지원하는 프로그램들이 많이 나와 있기 때문에 사용하는데 크게 불편함은 없습니다. 물론 32bit 운영체제에서만 실행되는 프로그램의 경우에는 64bit 운영체제에서 사용할 수 없습니다.

하지만 더 빠른 속도를 낼 수 있다는 면에서는 RAM이 4GB 이상이라면 64bit 윈도우를 설치할 것을 권장합니다.

2. 32bit의 RAM 인식률 문제

32bit의 운영체제는 RAM을 아무리 많이 설치했더라도 무조건 3.25GB까지만 인식이 가능합니다. 예를 들어 설치된 RAM이 8GB라고 하더라도 3.25GB까지만 인식을 합니다. 반면에 64bit 운영체제는 RAM을 최대 128GB까지 인식할 수 있습니다. 최신 PC의 경우 RAM이 4GB나 8GB로 출시되고 있는 현실에서 64bit 운영체제의 설치는 필수가 되어가고 있습니다.

3. 내 컴퓨터는 몇 bit 운영체제인가?

현재 자신의 컴퓨터에 설치된 운영체제가 몇 bit인지 확인하는 방법은 간단합니다. 윈도우 7에서는 [시작] 버튼을 클릭하고 [컴퓨터]를 마우스 오른쪽 버튼으로 클릭한 후 [속성] 메뉴를 클릭합니다. '시스템 종류' 항목에 현재 설치된 운영체제의 비트를 확인할 수 있습니다.

Part 03 완벽하게 컴퓨터에 윈도우 설치하기

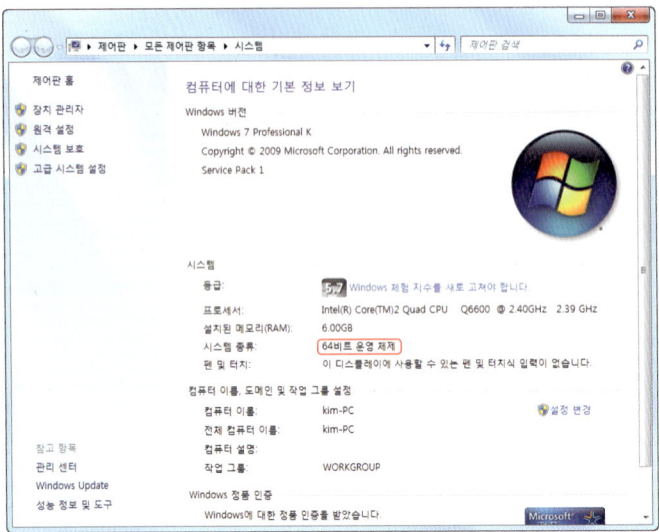

윈도우 XP에서도 [시작] 버튼을 클릭하고 [내 컴퓨터]를 마우스 오른쪽 버튼으로 클릭합니다. [속성] 메뉴를 클릭하면 [시스템 등록 정보] 창이 표시되는데 '시스템' 항목 아래에 '64bit'가 표시되어 있지 않으면 '32bit' 운영체제입니다.

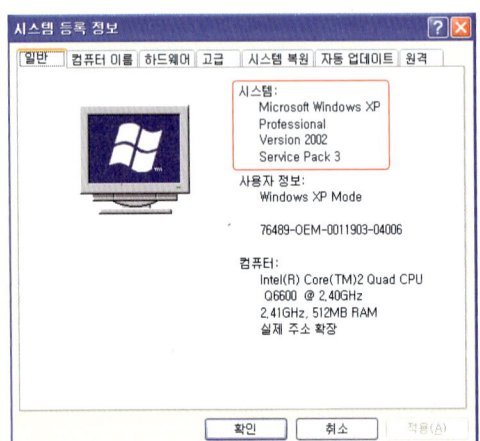

32bit인 경우 표시가 되지 않음

03 멀티 부팅이 무엇인가요?

다양한 운영체제를 이용하려는 이용자가 늘면서 멀티 부팅을 많이 사용하고 있습니다. 멀티 부팅이 무엇인지 이해하고 기본적인 멀티 부팅에 대해 이해해 보겠습니다.

1. 멀티 부팅의 조합

윈도우 XP, 윈도우 Vista, 윈도우 7, 윈도우 8 등의 운영체제를 조합해서 한 대의 컴퓨터에 설치하여 사용하는 것이 멀티 부팅의 기본적인 형태입니다. 또는 리눅스 계열의 '우분투(Ubuntu)'와 윈도우 계열의 운영체제를 함께 설치하여 사용하기도 합니다.

또는 최근 애플의 MAC용 컴퓨터에 윈도우와 MAC용 운영체제인 OSX를 함께 설치하여 사용하기도 합니다. 애플의 MAC 노트북의 사용이 늘어나면서 OSX와 윈도우 계열의 운영체제를 함께 설치하여 사용하는 사용자들이 많이 늘어났습니다.

2. 멀티 부팅 시에 하드디스크의 분할

하드디스크의 용량이 커지면서 다양한 운영체제를 함께 설치하는 멀티 부팅이 훨씬 편해졌습니다. 여러 운영체제를 함께 설치하여 사용하려면 파티션을 잘 구분하여 사용하는 것이 이후에 재설치하는 실수를 줄일 수 있습니다. 파티션을 나누는 일반적인 방법에 대해서 알아보겠습니다.

• **운영체제마다 파티션을 따로 나누어 사용합니다.**

예를 들어 윈도우 XP와 윈도우 7을 멀티 부팅으로 설치하여 사용할 것이고 윈도우 7을 주로 사용하여 다양한 프로그램을 설치한다고 생각했을 때 파티션 구분은 다음과 같습니다(하드디스크 용량은 1TB라고 가정합니다).

윈도우 XP 파티션	윈도우 7 파티션	데이터용 파티션
100GB	150GB ~ 200GB	700GB ~ 750GB

• **데이터용 파티션은 따로 나누어 사용합니다.**

데이터용 파티션과 운영체제용 파티션은 반드시 나누어서 사용하는 것이 좋습니다. 가장 큰 이유는 운영체제에 문제가 있을 때 해당 파티션만 삭제하고 운영체제만 다시 설치하여 사용하면 편리하기 때문입니다. 데이터와 운영체제를 하나의 파티션에 모두 설치했다면 운영체제에 문제가 발생했을 때 데이터를 옮길 곳도 없고 운영체제를 다시 설치하기도 불편하기 때문입니다.

데이터를 하나의 파티션으로 나누어서 사용해도 되지만 점점 하드디스크 용량이 커지면서 데이터 관리의 용이성을 위해서 데이터용 파티션을 두 개로 나누어서 사용하는 경우도 있습니다. 데이터를 두 개의 드라이브로 나누어 사용한다면 데이터용 파티션을 두 개로 나누어 사용하기만 하면 됩니다.

윈도우 XP 파티션	윈도우 7 파티션	데이터용 파티션 1	데이터용 파티션 2
100GB	150GB ~ 200GB	300GB	400GB ~ 450GB

04 IDE 설치 vs AHCI 설치

SSD가 출시되기 전에는 하드디스크에 운영체제를 설치하는 것이 당연한 일이었습니다. 하지만 SSD의 출시에 따라 AHCI 모드로 운영체제를 SSD에 설치하는 방법을 알고 있어야 합니다. IDE 설치와 AHCI 설치에 대해서 알아보겠습니다.

1. IDE와 AHCI란?

하드디스크의 설명에서 SATA 인터페이스에 대한 설명을 들었을 겁니다. IDE와 AHCI는 모두 SATA 인터페이스의 컨트롤 모드입니다. 예전에는 하드디스크의 컨트롤 모드로 PATA(IDE)를 주로 사용했었습니다. 하지만 SATA 인터페이스가 등장하면서 AHCI가 사용되기 시작했습니다. 실질적으로 SATA 인터페이스에는 IDE가 아닌 AHCI를 사용하는 것이 좋습니다.

하지만 문제는 CMOS 셋업 프로그램의 SATA 컨트롤 모드의 기본값이 IDE인 경우가 많다는 것입니다. 때문에 설치가 조금 복잡해지는 경우가 있습니다. 윈도우 7 이상에서는 AHCI 모드를 사용하는데 큰 문제가 없지만 예전 운영체제인 윈도우 XP에서는 AHCI 모드를 인식시키기 위해서 FDD가 필요합니다. AHCI 드라이버를 설치해야 하기 때문입니다. 단, IDE 모드로 윈도우 XP를 설치한 후 AHCI 드라이버로 업데이트를 하는 방법이 있지만 100% 성공한다는 보장이 없기 때문에 완벽하게 추천되는 방법은 아닙니다.

IDE보다 AHCI 모드를 사용하면 얻을 수 있는 장점은 여러 가지가 있습니다. 읽기/쓰기 작업을 효율적으로 사용할 수 있으며 NCQ 기능을 이용하여 하드디스크의 수명을 늘릴 수도 있습니다. 물론 이외에도 핫 플러깅 기능을 이용할 수 있다는 장점 등도 있지만 가장 주요한 이유는 요즘 대세가 되고 있는 SSD를 활용하려면 AHCI를 당연히 써야 한다는 부분입니다.

2. IDE와 AHCI는 언제 사용하나?

IDE 모드는 구형 컴퓨터에서 윈도우 XP나 윈도우 Vista를 사용할 때 이용할 것을 추천합니다. 여러 가지 제약도 많은데 구형 컴퓨터에서 성능 향상을 이뤄보겠다고 어렵게 AHCI를 사용할 필요는 없습니다. 실상 크게 성능이 향상되는 것도 아니기 때문입니다. 산업 현장에서 특별하게 사용되는 컴퓨터들이 있는데 이 경우 윈도우 XP를 사용하는 경우가 많습니다. 대다수 이런 경우에 사용할 것을 추천합니다.

만약 SSD에 운영체제를 설치할 것이라면 AHCI를 추천합니다. 사실 추천한다기 보단 당연히 사용해야 한다는 편이 맞을 것입니다. 하드디스크와 SSD를 함께 사용하는 경우에도 AHCI 방식을 이용합니다. 단, 하드디스크만 사용한다고 가정했을 때 신형 컴퓨터라면 AHCI와 IDE 방식을 모두 사용할 수는 있습니다. 이 경우엔 운영체제로 무엇을 사용할 것이냐에 따라 달라질 수 있습니다.

3. 운영체제에 따른 AHCI 설치

윈도우 7 이상의 운영체제에서는 AHCI 설치가 꽤 간편한 편입니다(윈도우 비스타는 추천하는 운영체제가 아니어서 논외로 놓겠습니다). 하지만 윈도우 XP의 경우 AHCI 드라이버를 설치할 때 FDD가 필요합니다. 윈도우 XP 당시에는 AHCI에 대한 내용이 없었기 때문에 자신의 컴퓨터 칩셋에 맞는 AHCI 드라이버를 찾아 설치해야 하는 번거로움이 있습니다.

현재 마이크로소프트사에서는 윈도우 XP에 대한 지원을 이제 하지 않기로 했기 때문에 굳이 윈도우 XP를 사용해야 하나라는 문제도 있고 보통 윈도우 XP의 경우 저사양의 컴퓨터에 설치하기 때문에 AHCI를 설치해서 얻을 수 있는 이점도 없는 것이 사실입니다. 때문에 SSD가 설치되지 않은 컴퓨터에 윈도우 XP를 설치한다면 그냥 IDE로 설치하고 신형 컴퓨터의 경우에는 윈도우 7 이상의 운영체제를 설치하면서 AHCI 모드를 이용한다고 생각하면 편리할 것입니다.

Part 03 완벽하게 컴퓨터에 윈도우 설치하기

윈도우 8과 윈도우 7/ 윈도우 XP 멀티 부팅 설치하기

윈도우 8, 윈도우 7, 윈도우 XP를 하나의 하드디스크에 설치할 수 있습니다. 최근 하드디스크는 1TB 이상의 공간을 제공하기 때문에 파티션을 나누어서 멀티 부팅이 되도록 설치할 수도 있고 하나의 파티션에 3개의 운영체제를 모두 설치할 수도 있습니다. 멀티 부팅에 대한 개념을 제대로 이해해야 자신에게 맞는 형태로 운영체제를 설치할 수 있습니다.

01 멀티 부팅부터 윈도우 Virtual PC 설치까지!

현재 윈도우 8까지 출시된 상태에서 필요에 의해 윈도우 7이나 윈도우 XP를 함께 사용해야 하는 경우가 있습니다. 이제 실질적으로 하나의 PC에 윈도우 8부터 윈도우 7, 윈도우 XP까지를 설치하는 방법에 대해서 알아보겠습니다.

1. 첫 번째 방법 : 하드디스크의 여러 개의 파티션을 나누고 각각 설치하기

가장 일반적인 운영체제의 멀티 설치 방법입니다. 최근 하드디스크는 1TB 이상의 제품을 사용하기 때문에 하나의 하드디스크에 여러 개의 파티션을 나누고 각 파티션마다 운영체제를 설치할 수 있습니다. 설치된 운영체제에 문제가 발생했을 때 해당 파티션만 다시 포맷하고 깔끔하게 운영체제를 새로 설치하여 사용합니다. 또 시각적으로 설치된 형태가 'Windows 탐색기'에서 쉽게 확인할 수 있기 때문에 처음 멀티 부팅에 도전하는 사용자라면 이 방법이 가장 쉬운 방법입니다.

2. 두 번째 방법 : 윈도우 7/8의 VHD 활용하기

VHD(Virtual Hard Disk)는 '가상 하드디스크'를 의미하는 기능으로 윈도우 7에서 가장 매력적인 기능 중에 하나입니다. 윈도우 8에서도 VHD를 제공하고 있지만 좀 더 익숙한 윈도우 7에서 VHD를 사용하여 윈도우 8을 설치하고 사용할 수 있습니다. 기존 파티션마다 따로 운영체제를 설치하는 방법에 비해서 VHD를 사용하는 방법은 좀 더 특별한 매력이 있습니다.

VHD는 가상 하드디스크이지만 하나의 파일로 존재합니다. 때문에 하나의 파티션에 여러 운영체제를 설치하고 사용할 수 있습니다. 굳이 여러 개의 파티션을 나누는 등의 불편함이 없습니다. 운영체제의 삭제도 파일만 삭제하면 되기 때문에 꽤 편리합니다. 파티션마다 서로 다른 운영체제를 설치하는 방법은 조금 귀찮기는 해도 크게 어려움은 없습니다. VHD를 사용하는 방법은 파티션마다 매번 운영체제를 설치하는 방법에 비해 조금 불편한 부분은 있습니다. 바로 DOS 명령어를 사용해야 한다는 점인데 이것도 몇 가지 명령어만 익히면 되기 때문에 조금 불편할 뿐입니다.

필자는 첫 번째 방법보다는 VHD 설치법을 추천합니다. VHD는 또 다른 매력이 있는데 바로 하나의 파티션에 동일한 운영체제를 여러 개를 설치할 수 있다는 점입니다. 예를 들어 하나의 파티션에 5개의 윈도우 7을 설치할 수도 있습니다. 역시나 운영체제가 파일로 존재하기 때문에 가능한 것입니다. VHD를 조금 더 잘 사용하려면 부모 VHD, 자식 VHD를 이해해야 하는데 조금 복잡하기 때문에 여기서는 VHD를 사용한 운영체제 설치법에 한정하여 설명하도록 하겠습니다.

만약 윈도우 XP까지 설치하고 싶다면 윈도우 Virtual PC를 사용하여 설치할 수 있습니다. 이 경우에도 윈도우 7이 설치된 파티션에 윈도우 XP를 설치할 수 있기 때문에 결국에는 윈도우 7, 윈도우 8, 윈도우 XP까지 하나의 파티션에 설치하고 관리할 수 있습니다. 마이크로소프트사에서 2014년 4월 8일부로 윈도우 XP의 지원을 중단한다고 선언했기 때문에 크게 사용할 일은 없지만 간혹 어쩔 수 없이 윈도우 XP를 설치하고 사용해야 할 경우가 있습니다. 이런 경우에만 설치해서 사용하면 됩니다.

02 CMOS에서 CD-ROM으로 부팅순서 변경하기

윈도우 설치 CD를 사용하여 운영체제를 설치하기 위해서는 PC의 부팅 순서를 변경해야 합니다. PC의 부팅 순서를 변경하려면 CMOS로 이동해야 합니다. CMOS에서 부팅 순서를 변경하는 것으로 윈도우 설치가 시작됩니다.

1 PC의 전원을 켭니다. 부팅 순서를 변경하기 위해서는 CMOS BIOS로 진입해야 합니다. PC마다 차이는 있지만 F2, Del 키를 이용하여 진입합니다. 화면에 표시되는 키를 누릅니다.

2 키보드의 방향 키를 이용하여 부팅과 관련된 탭으로 이동합니다. [Boot] 탭으로 이동한 후 [Boot Device Priority]로 가서 Enter 키를 누릅니다.

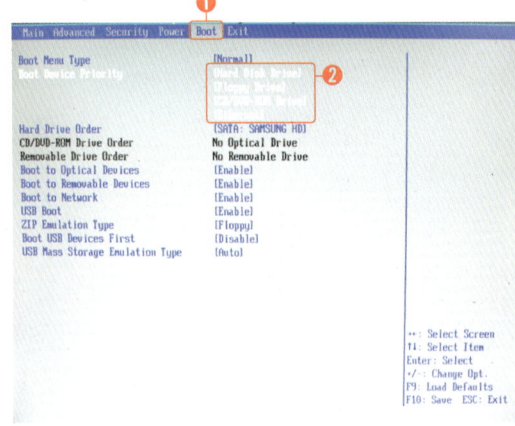

> **참고 CMOS BIOS 화면이 달라요**
> CMOS BIOS의 버전이나 종류에 따라 조금씩 다를 수 있습니다. 그래도 대부분의 메뉴가 비슷한 위치나 명칭을 가지고 있기 때문에 쉽게 찾을 수 있습니다.

3 방향 키를 사용하여 [CD/DVD-Rom Drive]로 이동합니다. +, - 키를 이용하여 [CD/DVD-Rom Drive]를 위로 이동시킨 후 Enter 키를 누릅니다.

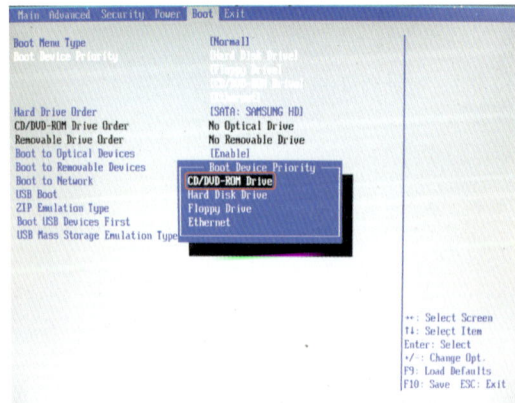

4 방향 키를 이용하여 [Exit] 탭으로 이동합니다. 방향키로 [Exit Saving Changes]를 선택한 후 Enter 키를 누릅니다. CD/DVD-ROM이 가장 먼저 부팅에 참여하도록 저장하기 위해서 [YES]를 선택한 후 Enter 키를 누릅니다.

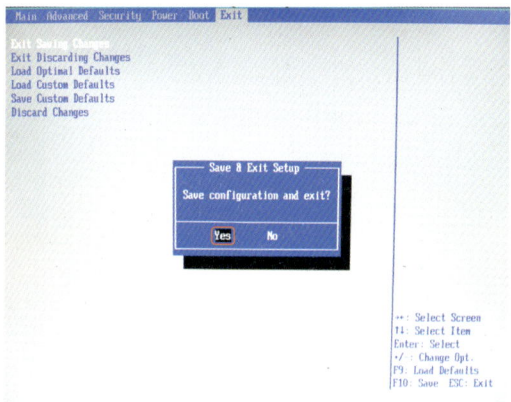

03 윈도우 7 멀티 부팅 설치하기

윈도우 7을 단일 파티션에 설치하도록 하겠습니다. VHD를 사용하지 않고 단일 파티션에 설치하는 방법으로 크게 어려운 점은 없습니다. 차근차근 따라하기만 하면 됩니다.

1 PC를 켠 후 윈도우 7 설치 DVD를 넣습니다. 다음과 같은 메시지가 표시되면 Enter 키를 누릅니다.

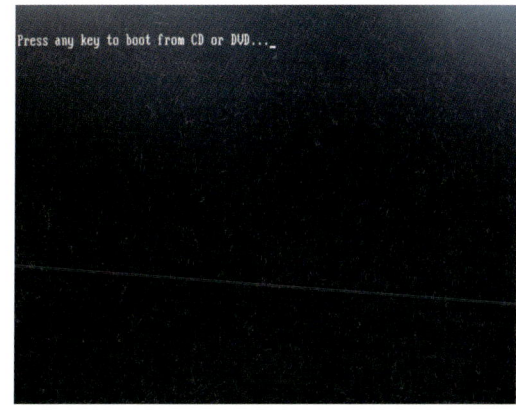

만약 CD로 부팅 메시지가 표시되지 않는다면?

참고 'Press any key to boot from CD or DVD...'라는 메시지가 표시되지 않는다면 CMOS Bios에서 부팅 순서를 제대로 설정하지 않았거나 PC를 켜고 DVD를 넣은 후에 PC가 DVD를 인식하기 전에 부팅이 진행되어서입니다. CMOS Bios에서 부팅 순서가 CD/DVD가 가장 우선인지 확인하고 윈도우 설치 DVD가 CD-ROM에 들어있는 상태에서 재부팅해 보세요.

2 윈도우 7 설치 화면이 표시됩니다. 키보드 종류만 '한글 키보드(103/106키)'로 변경한 후 [다음] 버튼을 클릭합니다.

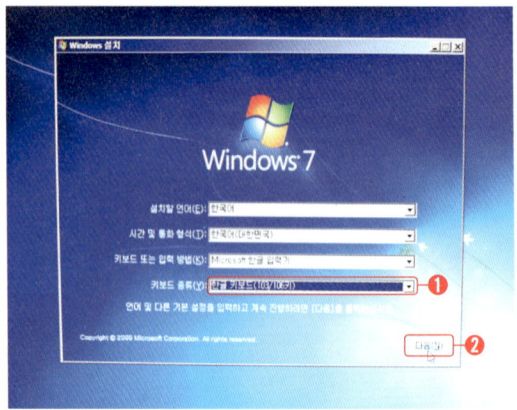

3 [지금 설치] 버튼을 클릭합니다. 사용권 계약서가 표시됩니다. 하단의 '동의함'에 체크한 후 [다음] 버튼을 클릭합니다.

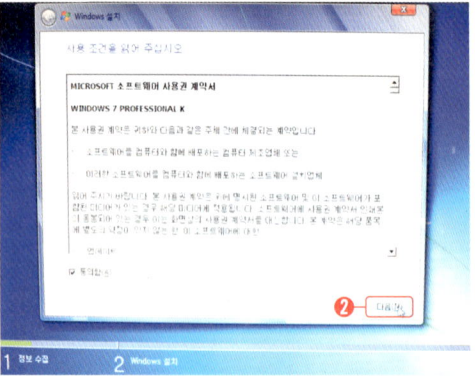

4 설치 유형을 선택하는 단계입니다. 윈도우 이전 버전에서 업그레이드하는 경우 [업그레이드]를 선택하지만 새롭게 설치하는 경우 [사용자 지정(고급)] 버튼을 클릭합니다. 되도록 업그레이드 설치보다는 새롭게 설치하는 방법을 권장합니다.

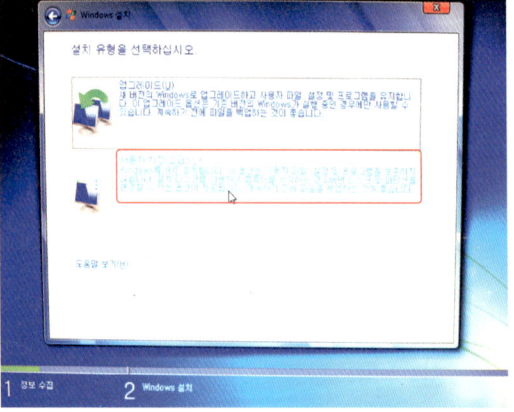

5 윈도우 7을 설치할 하드디스크를 선택하는 단계입니다. 현재는 파티션도 설치가 되지 않은 상태로 파티션을 만들기 위해서 하드디스크를 선택한 후 [새로 만들기]를 클릭합니다.

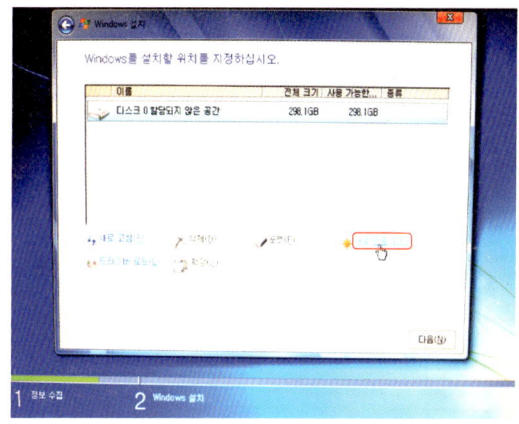

6 '크기'에 생성할 파티션의 크기를 지정합니다. 여기서는 두 개의 파티션으로 나누기 위해서 적절한 크기를 지정하고 [적용] 버튼을 클릭합니다.

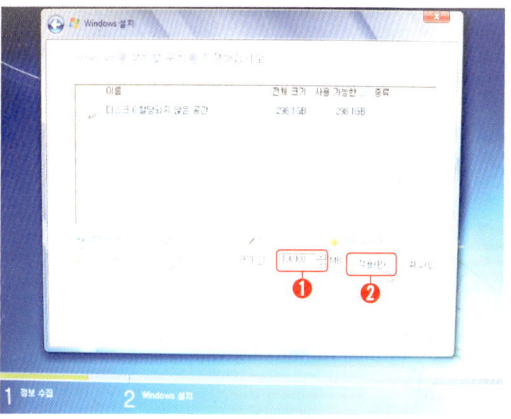

 참고

하드디스크를 하나의 파티션으로 만들려면
하드디스크 전체를 하나의 파티션으로 만들려면 초기에 주어지는 전체 크기를 파티션의 크기로 지정합니다. 특히 크기가 작은 SSD의 경우는 운영체제만 설치하기 위해서 전체를 하나의 파티션으로 지정해야 할 경우가 있습니다. 이때는 용량 전체를 하나로 파티션을 만드는 것이 좋습니다.

7 추가 파티션을 만든다는 메시지가 표시됩니다. [확인] 버튼을 클릭합니다.

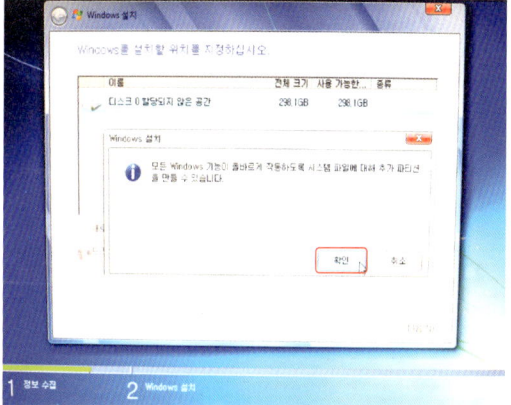

8 파티션이 만들어지지 않은 나머지 공간에 파티션을 만들도록 하겠습니다. '할당되지 않은 공간'이라고 표시되는 목록을 선택한 후 [새로 만들기] 버튼을 클릭합니다.

9 '크기'란에 전체 크기가 입력된 상태로 두고 [적용] 버튼을 클릭합니다. 물론 파티션의 크기를 또 나누어 만들 수도 있다.

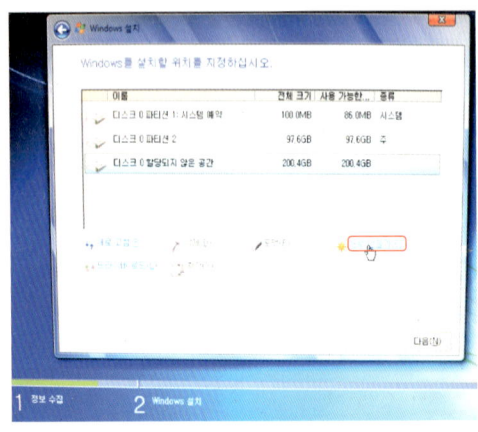
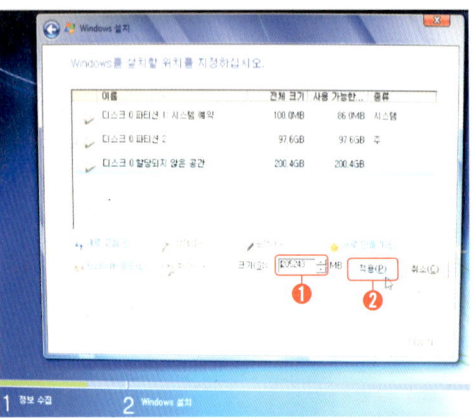

10 파티션이 만들어진 후에 운영체제를 설치한 파티션을 선택하고 [다음] 버튼을 클릭합니다. 파티션을 삭제하려면 삭제할 파티션을 선택한 후 [삭제] 버튼을 클릭하여 삭제할 수 있습니다. 여러 개의 파티션을 하나의 파티션으로 만드는 방법은 모든 파티션을 삭제한 후 하나의 파티션 크기로 만듭니다.

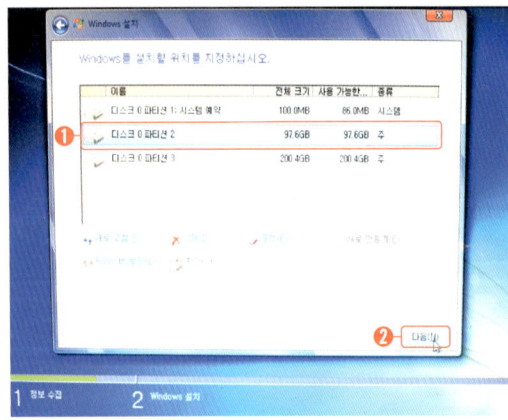

> **참고 포맷을 해야 하나요?**
> 운영체제를 설치할 파티션을 굳이 포맷한 후에 설치할 필요는 없습니다. 파티션만 만들어두면 운영체제를 설치하기 전에 알아서 포맷하고 설치가 됩니다. 단, 운영체제가 설치되지 않은 파티션의 경우에는 윈도우를 설치한 후 따로 포맷을 해줘야 합니다. 파티션을 나누고 포맷을 하지 않은 파티션에는 파일을 복사하거나 이동시키는 등의 작업을 할 수 없습니다.

11 윈도우가 설치됩니다. 설치되는 동안 PC가 자동으로 재부팅될 수 있습니다.

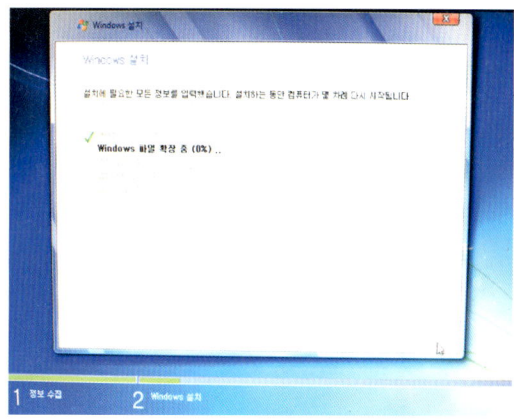

12 윈도우 7이 모두 설치되면 사용자 이름을 입력합니다. 자동으로 컴퓨터 이름이 만들어 집니다. 원하는 경우 컴퓨터 이름을 변경할 수도 있습니다. [다음] 버튼을 클릭합니다.

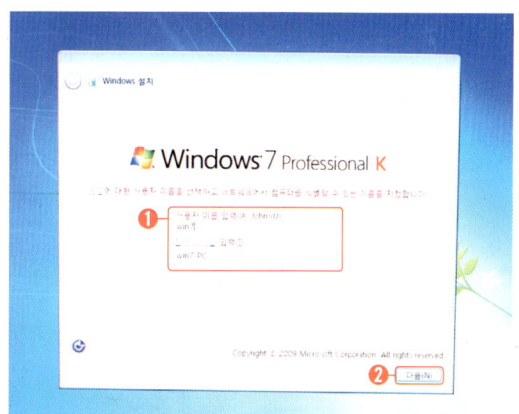

13 암호를 설정하는 단계입니다. 원하는 암호를 입력하고 암호 힌트를 입력한 후 [다음] 버튼을 클릭합니다. 암호는 나중에 설정할 수도 있기 때문에 암호를 입력하지 않고 [다음] 버튼을 클릭해도 됩니다.

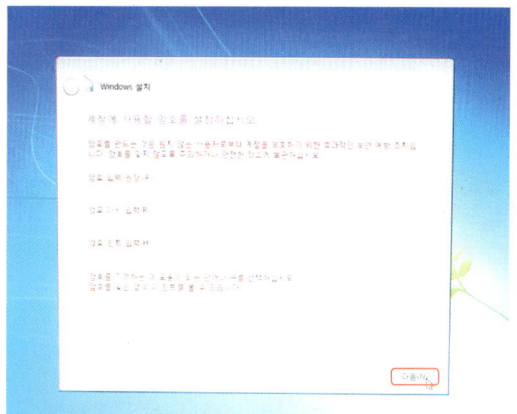

Part 03 완벽하게 컴퓨터에 윈도우 설치하기

14 업데이트 설치를 지금 할 것인지를 선택하는 단계입니다. 나중에 한꺼번에 업데이트를 설치할 수 있기 때문에 [나중에 다시 확인]을 클릭합니다.

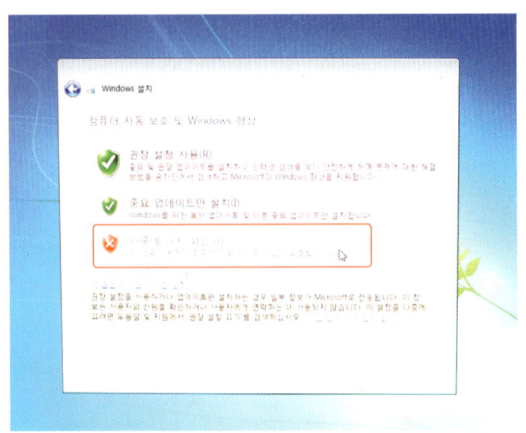

15 날짜와 시간을 설정하는 단계입니다. 현재 날짜와 시간이 맞는지 확인한 후 [다음] 버튼을 클릭합니다.

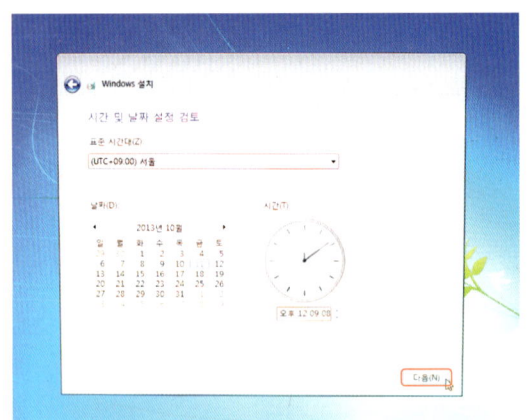

16 윈도우 7 설치가 완료됩니다. 이제 다음에는 윈도우 7 정품 인증을 하고 윈도우 7을 업데이트하는 등의 방법을 따라하면서 완벽하게 윈도우 7 세팅을 완료하도록 하겠습니다.

04 윈도우 7 정품 인증하기

윈도우 7을 설치한 후 정품 인증을 받아야 합니다. 처음 설치할 때 제품 키를 입력하지 않았기 때문에 제품 키를 직접 입력하고 설치하는 단계로 알아보도록 하겠습니다.

1 윈도우의 [시작] 버튼을 클릭한 후 [컴퓨터] 메뉴를 마우스 오른쪽 버튼으로 클릭합니다. 빠른 메뉴가 표시되면 [속성] 메뉴를 클릭합니다.

2 [시스템] 창이 표시되면 올바른 제품 키를 입력하기 위해서 하단의 [제품 키 변경]을 클릭합니다. 설치 시에 제품키를 제대로 입력했다면 바로 '자동 정품 인증 기간이 3일 남았습니다'를 클릭합니다.

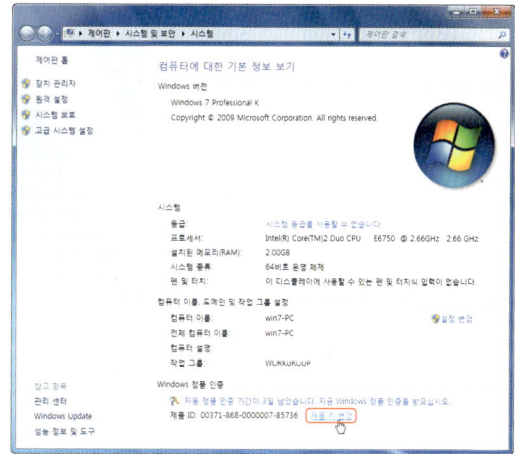

3 '제품 키'란에 윈도우 7 구입 시에 동봉된 제품키를 입력하고 [다음] 버튼을 클릭합니다. 인터넷을 통해 정품 인증이 완료됩니다.

Part 03 완벽하게 컴퓨터에 윈도우 설치하기

4 정품 인증이 완료되면 다음과 같이 'Windows에 대한 정품 인증을 받았습니다.'라는 메시지가 표시됩니다. 하드웨어가 변경되면 정품 인증을 다시 받으라는 메시지가 표시됩니다. 역시 동일한 방법으로 정품 인증을 받으면 됩니다.

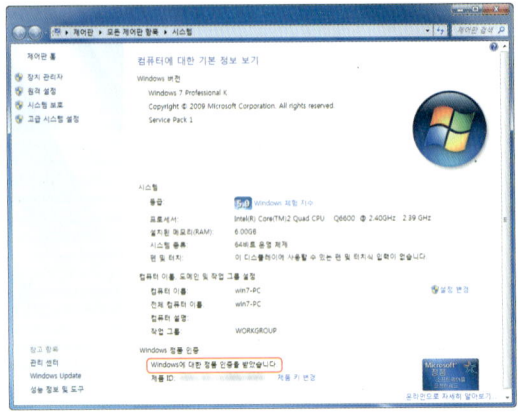

참고 | 정품 인증을 받는 또 다른 방법
윈도우 정품 인증을 받는 또 다른 방법은 마이크로소프트 고객 서비스 담당자에게 전화를 걸어 확인 ID를 제공받아 인증하는 방법입니다. 직접 전화를 해야 하는 불편함 때문에 인터넷으로 정품 인증을 받을 것을 권장합니다.

05 윈도우 8 멀티 부팅 설치하기 - VHD 설치

윈도우 7이 설치된 PC에 윈도우 8을 설치하여 멀티 부팅이 가능하도록 설치하겠습니다. 하나의 파티션에 여러 운영체제를 설치하려면 VHD를 사용하여 멀티 부팅 설치를 해야 합니다. 단, 도스 명령어가 부담스럽다면 하드디스크의 파티션을 두 개 이상으로 나누어서 윈도우 8을 설치하도록 합니다.

1 윈도우 8 설치 CD를 넣고 부팅을 합니다. CD/DVD로 가장 먼저 부팅되도록 설정되어 있다면 윈도우 7과 동일하게 다음과 같은 메시지가 표시됩니다. Enter 키를 누릅니다.

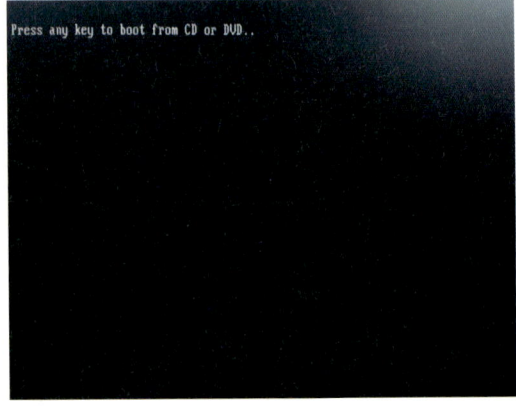

2 키보드와 언어 등을 설정하는 단계입니다. 키보드만 103키/106키로 변경한 후 [다음] 버튼을 클릭합니다. 윈도우 8을 설치하기 위해서 [지금 설치]를 클릭합니다.

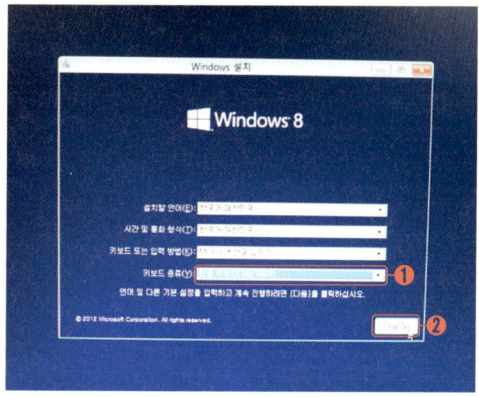 

3 사용 조건이 표시됩니다. '동의함'에 체크한 후 [다음] 버튼을 클릭합니다.

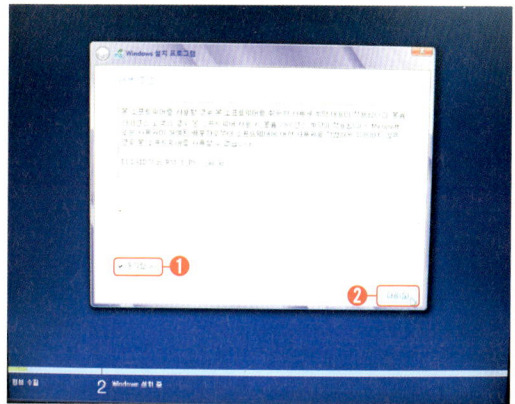

4 윈도우 설치 방법은 '업그레이드 설치'와 '사용자 지정 설치'가 있습니다. 윈도우 이전 버전에서 새로운 버전으로 설치할 때는 '업그레이드 설치'를 선택하고 새롭게 처음 설치할 때는 '사용자 지정 설치'로 설치합니다. 여기시는 처음 설치하는 것이므로 [사용자 지정 설치]를 클릭합니다.

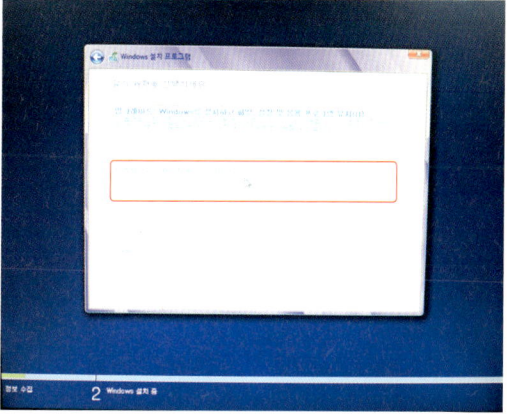

5 VHD로 설치하기 위한 특별한 과정을 진행하겠습니다. 먼저 윈도우 7이 설치된 파티션이 어느 정도의 용량을 차지하고 있는지 기억해 두도록 합니다. VHD로 윈도우 8을 설치하기 위해서는 명령 프롬프트를 실행해야 합니다. [Shift]+[F10] 키를 눌러 명령 프롬프트를 실행합니다.

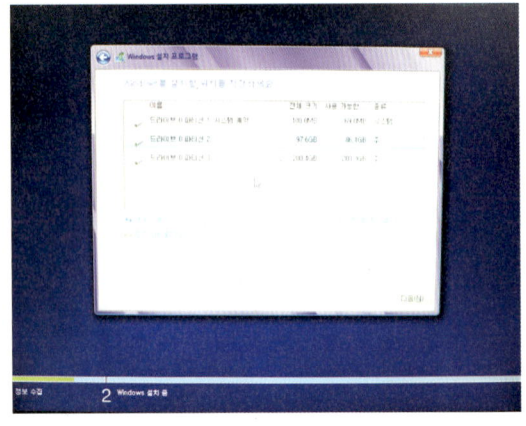

> **각각의 파티션에 운영체제 설치하기**
> 참고
> 다른 파티션에 새로운 운영체제를 설치하기 위해서는 먼저 설치된 운영체제가 있는 파티션이 아닌 비어있는 다른 파티션을 선택하고 [다음] 버튼을 클릭하여 설치합니다. 위와 같은 화면이라면 윈도우 7이 설치된 '드라이브 0 파티션 2'가 아닌 비어 있는 '드라이브 0 파티션 3'을 선택하고 [다음] 버튼을 클릭하여 윈도우 8을 설치합니다.

6 명령 프롬프트 창이 표시됩니다. 먼저 파티션의 어떤 드라이브에 윈도우 7이 설치되어 있는지 확인해야 합니다. 'diskpart' 명령어를 입력한 후 [Enter] 키를 누릅니다. 계속해서 'list volume' 명령어를 입력하고 [Enter] 키를 누릅니다. 이전 단계에서 기억했던 윈도우 7이 설치된 파티션을 용량을 비교하여 찾습니다. 윈도우 7이 설치된 파티션의 드라이브 명을 잘 기억해 둡니다. 여기서는 'E' 드라이브입니다.

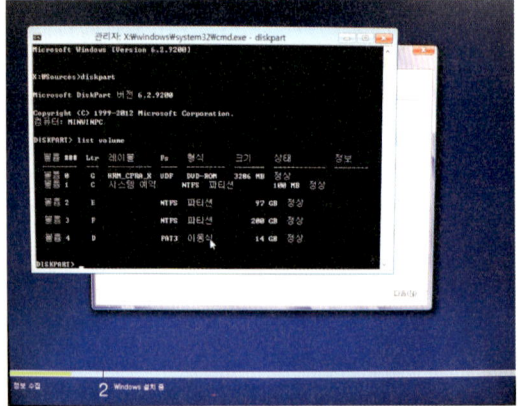

Chapter 03 윈도우 8과 윈도우 7/윈도우 XP 멀티 부팅 설치하기

7 윈도우 7이 설치된 파티션의 드라이브 명을 확인했으면 명령 프롬프트의 diskpart 프로그램을 종료해야 합니다. 'exit'를 입력한 후 Enter 키를 누릅니다.

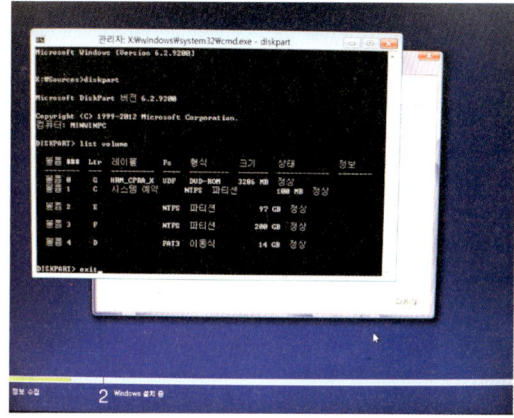

8 이제 E 드라이브에 vhd 파일을 저장할 폴더를 만들겠습니다. 'md e:\vhd'를 입력한 후 Enter 키를 누릅니다.

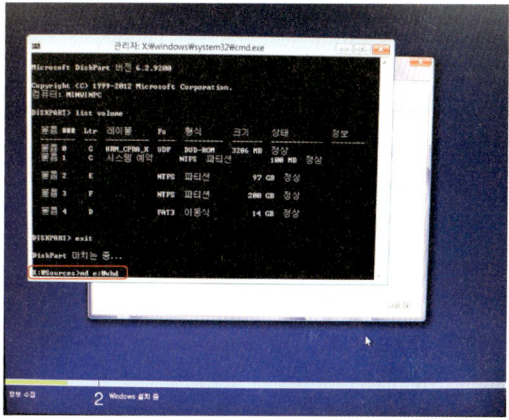

> **참고**
>
> **md e:\vhd 명령어란?**
>
> 'md'는 폴더를 만든다는 의미입니다. E 드라이브에 'vhd' 폴더를 만들기 위해서는 위치를 지정해줘야 합니다. 'e:\vhd'가 위치를 지정해주는 부분입니다. 예를 들어 윈도우 7이 설치된 드라이브가 D 드라이브이고 'vhd' 폴더를 D 드라이브에 만든다면 'md d:\vhd'라고 입력하면 됩니다.

9 폴더를 만들었으면 다시 diskpart를 실행하겠습니다. 'diskpart'를 입력한 후 Enter 키를 누릅니다.

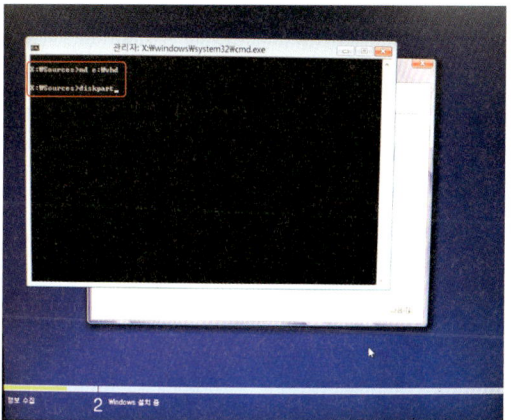

247

10 diskpart가 실행되면 윈도우 8이 설치될 볼륨 파일을 만들겠습니다. 'create vdi file="e:₩vhd₩win8.vhd" maximum=20720 type=expandable'을 입력한 후 Enter 키를 누릅니다.

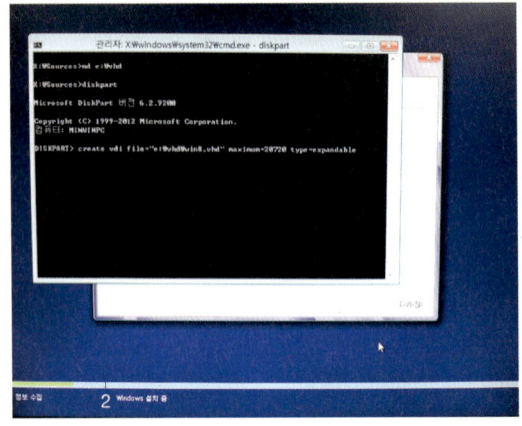

> **참고** **vhd 파일을 만드는 create 명령어**
>
> create 명령어가 조금 복잡해 보일 수 있습니다. vhd 파일 하나에 윈도우 8의 모든 내용을 넣어서 관리합니다. create 명령어는 이 vhd 파일을 만드는 것입니다. vhd 파일은 조금 전에 만든 vhd 폴더 안에 만듭니다. 즉, file="e:₩vhd₩win8.vhd"는 E 드라이브의 vhd 폴더 안에 윈도우 8 볼륨 파일로 사용할 win8.vhd 파일을 만든다는 것입니다.
>
> 'maximum=20720 type=expandable'이 의미하는 것은 20GB가 조금 넘는 용량으로 win8.vhd 파일을 만들고 가변적으로(expandable) 용량이 커질 수 있도록 만든다는 것입니다. 30GB는 '30720'을 입력합니다. 윈도우 8을 사용하다보면 정해놓은 용량이 부족할 수 있습니다. 이때 expandable로 설정해두면 자동으로 용량이 늘어나기 때문에 어려움 없이 사용할 수 있습니다.

11 가상 디스크 파일이 만들어졌다는 메시지가 표시됩니다. 만들어진 가상 디스크 파일을 연결해야 합니다. 'attach vdisk'를 입력한 후 Enter 키를 누릅니다.

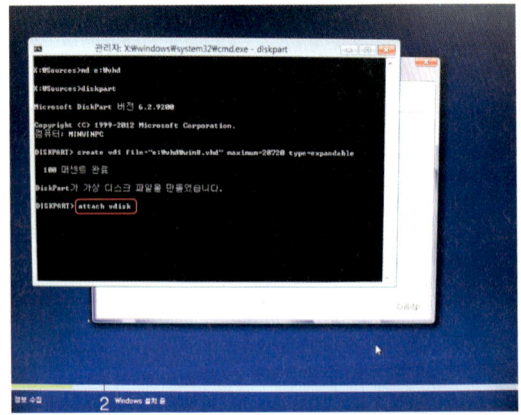

12 diskpart 프로그램을 종료하기 위해서 'exit'를 입력하고 Enter 키를 누릅니다. 이제 명령 프롬프트와 관련된 부분이 끝났습니다. 다시 한 번 'exit'를 입력한 후 Enter 키를 누릅니다. 명령 프롬프트 창이 닫힙니다.

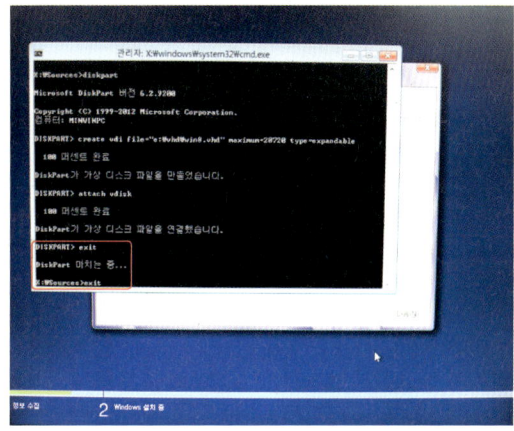

13 다시 돌아온 설치 화면에는 VHD로 만들어진 파티션이 보이질 않습니다. [새로 고침]을 클릭합니다.

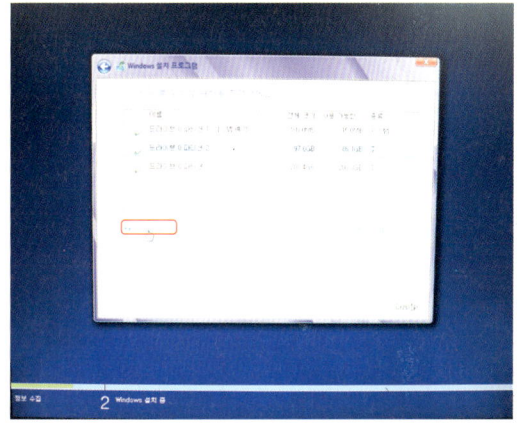

14 '할당되지 않은 공간'이라는 이름으로 VHD로 만들어진 파티션이 보입니다. VHD로 만들어진 파티션은 포맷이나 파티션 작업을 할 필요가 없습니다. 윈도우 8을 VHD로 만들어진 파티션을 선택한 후 [다음] 버튼을 클릭하여 설치하겠습니다.

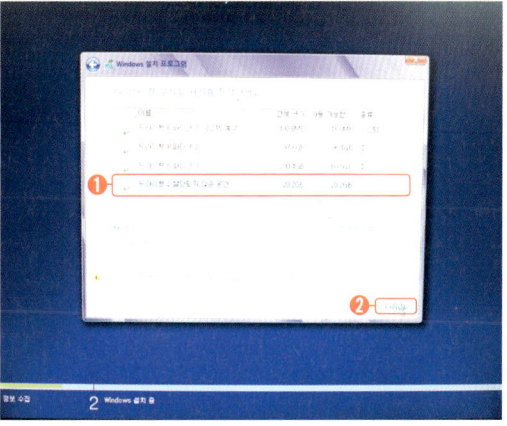

Part 03 완벽하게 컴퓨터에 윈도우 설치하기

15 윈도우 8이 설치됩니다. 설치되는 동안 몇 번의 재부팅이 일어날 수 있습니다. 모두 설치되는 동안 기다립니다.

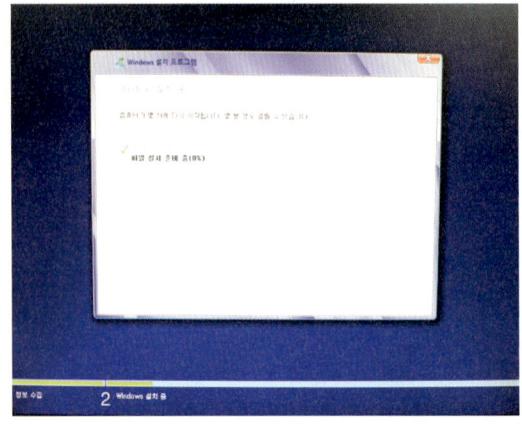

16 모두 설치된 후에 윈도우 8과 윈도우 7로 부팅할 수 있는 멀티 부팅 화면이 표시됩니다. 원하는 운영체제를 선택하면 해당 운영체제로 부팅이 됩니다. 일단 윈도우 8을 선택하여 부팅합니다.

 VHD 멀티 부팅 시 주의점
VHD 멀티 부팅을 사용하면 멀티 부팅 메뉴에서 원하는 운영체제를 선택하여 부팅할 시에 재부팅이 일어날 수 있습니다. 재부팅 후에 다시 해당 운영체제를 선택하면 됩니다.

17 윈도우 8 개인 설정 화면입니다. 원하는 배경색 색상과 'PC 이름'을 입력하고 [다음] 버튼을 클릭합니다.

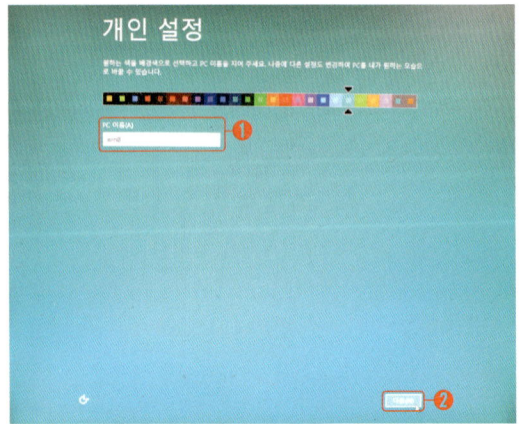

250

18 윈도우 8의 기본적인 설정을 지정하는 단계입니다. [사용자 지정]을 선택하면 일일이 자신이 원하는 형태로 지정할 수 있습니다. [기본 설정 사용] 버튼을 클릭하면 기본값으로 설정됩니다.

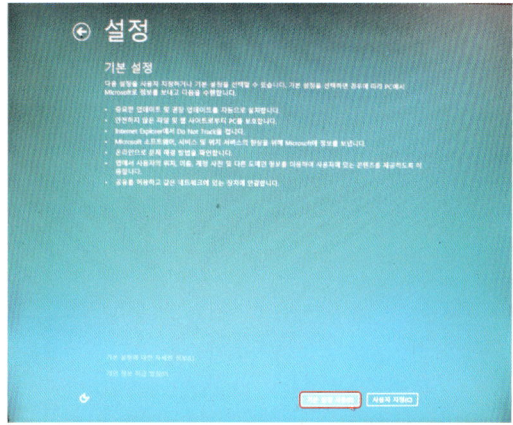

19 윈도우 8은 메일 주소를 등록하여 Windows 스토어에서 앱을 다운로드하거나 온라인 콘텐츠를 가져올 수 있습니다. 메일 주소가 등록되어 있지 않다면 '새 메일 주소 만들기'를 클릭합니다. 굳이 계정이 필요 없다면 'Microsoft 계정 없이 로그인'을 클릭합니다.

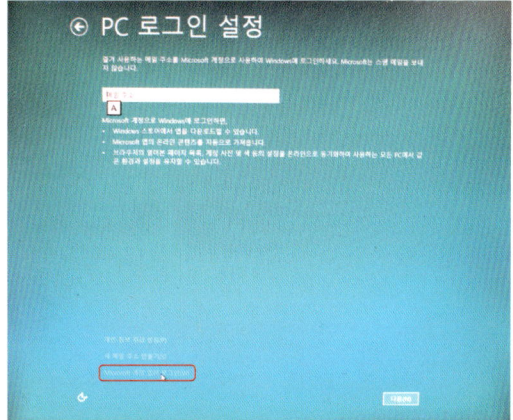

20 PC 로그인 설정 단계에서는 Microsoft 계정을 사용하지 않을 것이므로 [로컬 계정] 버튼을 클릭합니다.

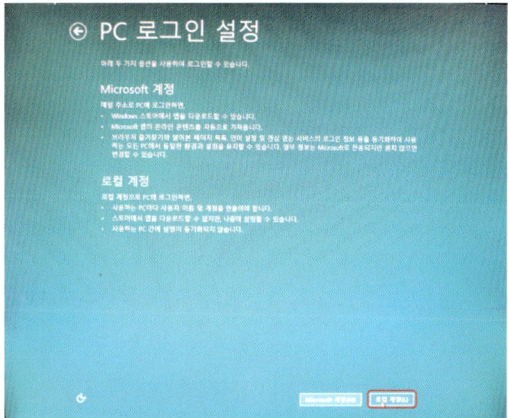

21 사용자 이름, 암호, 암호 다시 입력, 암호 힌트를 차례로 입력한 후 [마침]을 클릭합니다. 사용자 이름만 입력하고 [마침] 버튼을 클릭해도 됩니다. 암호는 나중에 다시 설정할 수 있습니다.

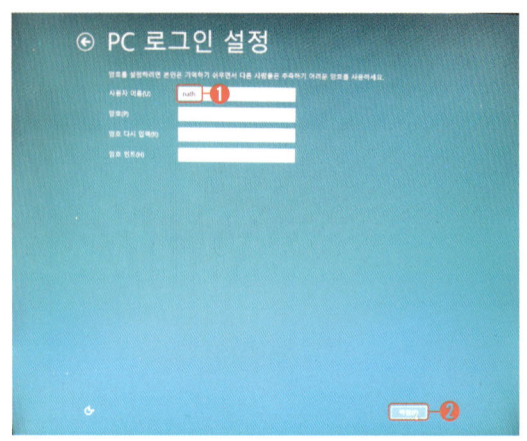

22 윈도우 8로 부팅됩니다. 윈도우 8의 처음 화면인 메트로 UI가 표시됩니다. 윈도우 7의 바탕 화면에 해당하는 데스크탑 모드로 이동하기 위해서 ■(윈도우키)를 누릅니다.

23 윈도우 바탕 화면이(데스크탑 모드) 표시됩니다. [Windows 탐색기] 버튼을 클릭합니다. 컴퓨터 창이 표시되면 왼쪽에서 '컴퓨터'를 클릭합니다. 오른쪽에 윈도우 8이 설치된 VHD 드라이브가 C 드라이브로 표시됩니다. 기억해야 할 점은 실제로 하드디스크 드라이브가 있는 것이 아니라 윈도우 7이 설치된 파티션에 윈도우 8용 VHD 파일이 C 드라이브로 보여지는 것뿐이라는 점입니다.

06 윈도우 8 정품 인증하기

윈도우 8의 정품 인증 방법은 윈도우 7의 정품 인증 방법보다는 조금 복잡합니다. 명령 프롬프트를 사용하여 직접 인증해야 합니다. 하지만 몇 가지 명령어만 알면 되기 때문에 정품 번호만 있으면 쉽게 인증을 마칠 수 있습니다.

1 윈도우 8은 정품 인증을 위해서 명령 프롬프트를 사용해야 합니다. 윈도우 바탕화면 상태에서 ■(윈도우)+X 키를 누르면 다음과 같이 빠른 메뉴가 표시됩니다. [명령 프롬프트(관리자)]를 클릭합니다.

2 명령 프롬프트가 표시되면 'slmgr /ipk 제품키'를 입력한 후 Enter 키를 누릅니다.

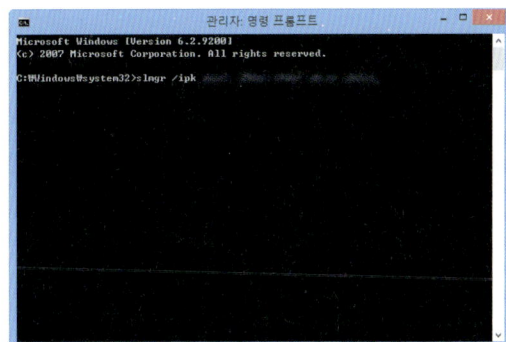

3 제품키가 설치되었다는 메시지가 표시됩니다. [확인] 버튼을 클릭합니다.

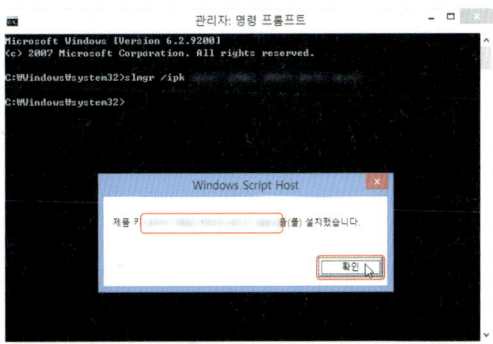

4 에러 없이 화면이 표시되면 계속해서 'slmgr /ato'를 입력한 후 Enter 키를 누릅니다.

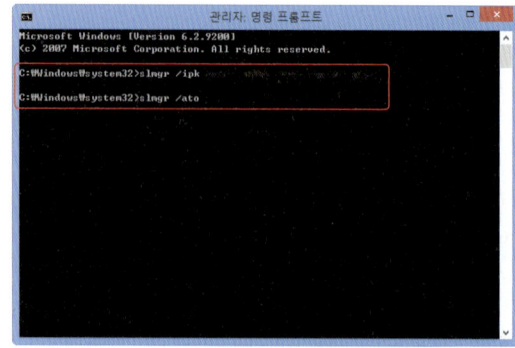

5 제품 키가 정품인지를 확인하는 단계입니다. 다음과 같은 메시지가 표시되면 [확인] 버튼을 클릭합니다. 정품 인증이 완료되었습니다.

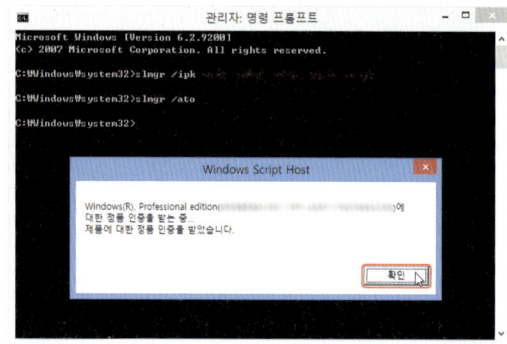

6 바탕화면이 표시되면 정품 인증이 제대로 되었는지 확인하겠습니다. ⊞(윈도우)+X 키를 누르면 표시되는 빠른 메뉴에서 [시스템] 메뉴를 클릭합니다.

7 오른쪽 하단에 정품 인증을 받았다는 메시지가 표시됩니다. 중요한 하드웨어가 변경되면 정품 인증을 다시 받아야 할 수도 있으니 정품 인증을 받는 방법을 잘 기억해 두도록 합니다.

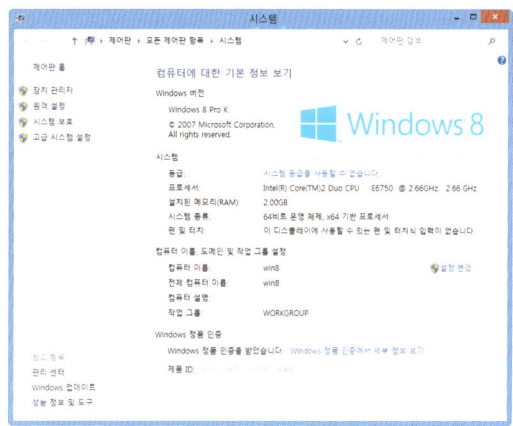

07 윈도우 멀티 부팅 관리하기

윈도우 7과 윈도우 8로 멀티 부팅을 설치해 놓으면 자주 사용하는 운영체제가 있기 마련입니다. 멀티 부팅 메뉴가 표시될 때 기본으로 위에 표시되는 메뉴를 무엇으로 할지 순서를 변경하거나 멀티 부팅 메뉴가 표시되는 시간을 변경할 수 있습니다.

1 윈도우 8의 경우 데스크탑 모드에서 ⊞(윈도우키)+X를 누릅니다. 빠른 메뉴가 표시되면 [시스템] 메뉴를 클릭합니다.

> **참고 윈도우 7의 경우**
> 윈도우 7 상태에서 멀티 부팅의 순서를 변경하려면 [시작] 버튼을 클릭하고 [컴퓨터]를 마우스 오른쪽 버튼으로 클릭합니다. 빠른 메뉴가 표시되면 [속성] 메뉴를 클릭하면 됩니다.

2 [시스템] 창이 표시되면 왼쪽에서 [고급 시스템 설정]을 클릭합니다.

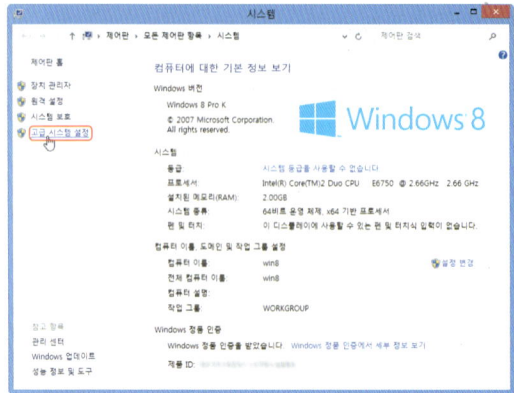

3 [시스템 속성] 창이 표시되면 상단의 [고급] 탭을 클릭한 후 '시작 및 복구'에서 [설정] 버튼을 클릭합니다.

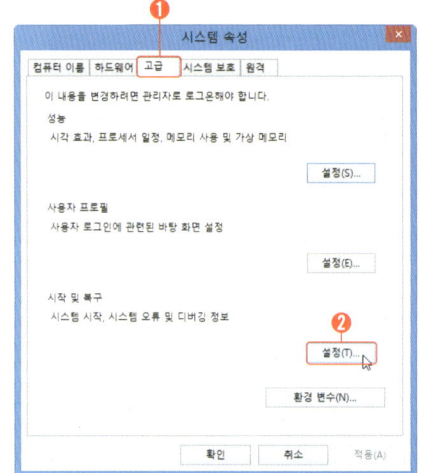

4 [시작 및 복구] 창이 표시됩니다. '기본 운영 체제'에 보이는 운영체제가 멀티 부팅 메뉴에서 가장 위에 표시되는 기본 운영체제입니다. 목록 버튼을 클릭한 후 가장 먼저 표시되고자 하는 운영체제를 선택합니다.

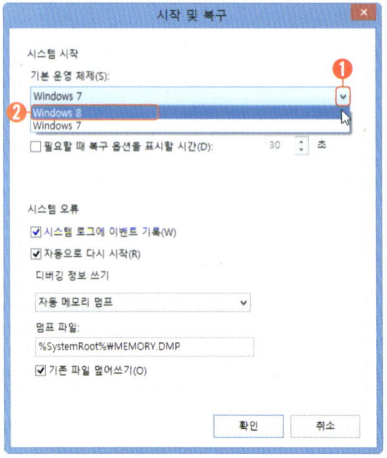

5 '운영 체제 목록을 표시할 시간'은 멀티 부팅 메뉴를 표시하는 시간입니다. 원하는 시간을 초 단위로 변경한 후 [확인] 버튼을 클릭합니다. 이렇게 멀티 부팅 순서와 부팅 메뉴가 표시되는 시간을 설정할 수 있습니다.

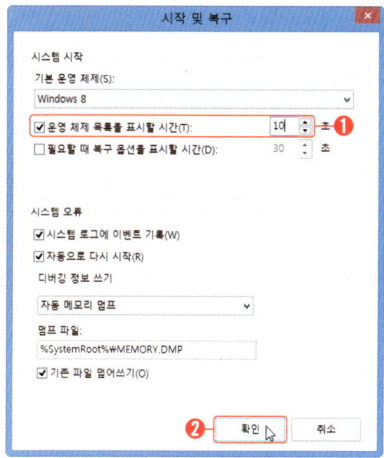

08 윈도우 Virtual PC로 윈도우 XP 설치하기

윈도우 7에는 윈도우 Virtual PC를 지원합니다. 가상으로 운영체제를 설치하고 운영하는 기능인데 윈도우 7의 모든 버전에서 사용 가능한 것은 아닙니다. 윈도우 7 Professional, Enterprise, Ultimate 버전에서만 지원합니다. 윈도우 Virtual PC도 VHD와 동일하게 하나의 파일 안에서 운영되기 때문에 하나의 파티션에 함께 설치하여 사용할 수 있다는 장점이 있습니다.

1 윈도우 Virtual PC를 설치하기 위해서 'www.microsoft.com/windows/virtual-pc'로 이동합니다. [Get Windows XP Mode and Windows Virtual PC now]를 클릭합니다.

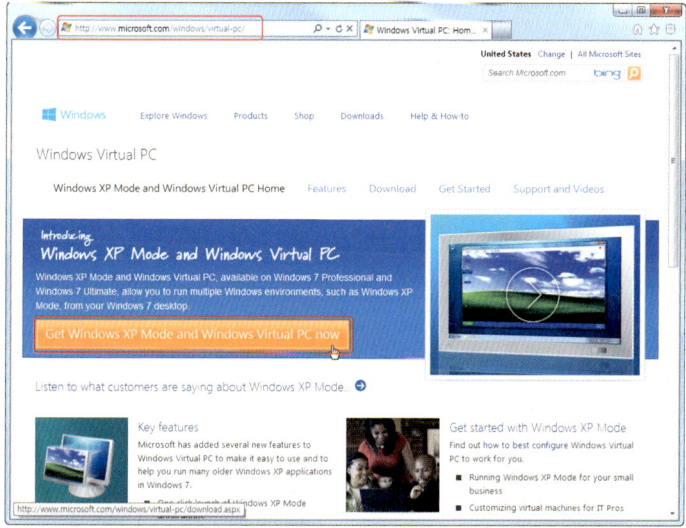

2 현재 설치되어 있는 운영체제에 맞는 버전을 선택해야 합니다. 그리고 언어를 선택하는 목록에서 'Korean'을 선택합니다.

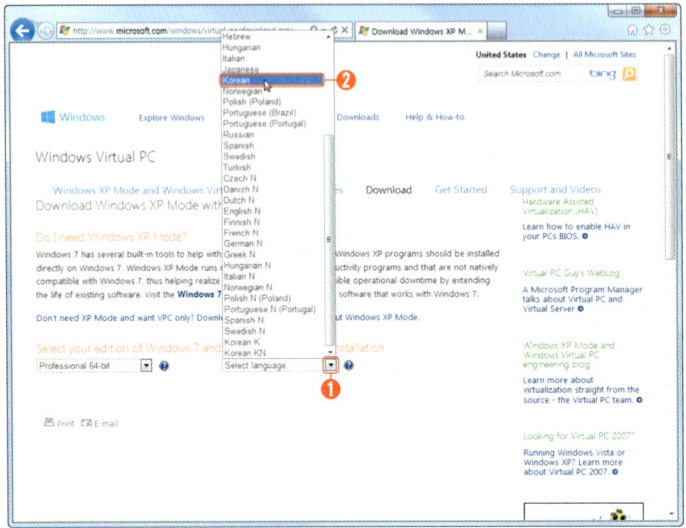

3 언어까지 선택하면 다음 단계들이 표시됩니다. Windows XP Mode를 설치하도록 하겠습니다. Windows XP Mode의 [Download] 버튼을 클릭합니다.

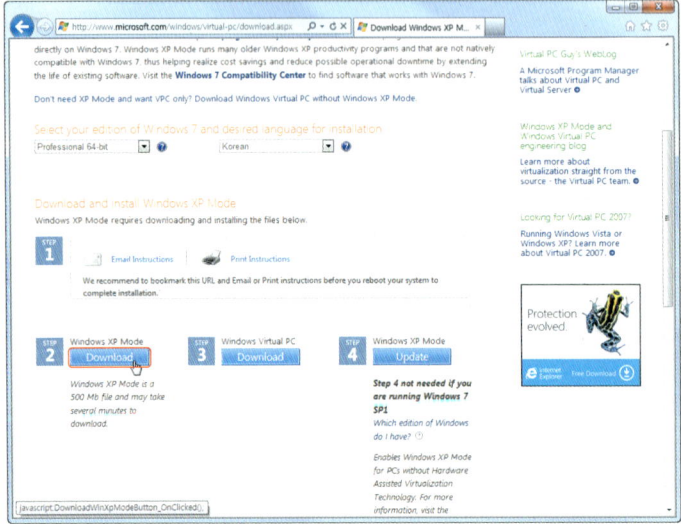

4 유효성 검사를 하는 단계입니다. 계속해서 [Continue] 버튼을 클릭합니다. 유효성 검사가 완료되면 성공했다는 메시지가 표시됩니다. [Continue] 버튼을 클릭합니다.

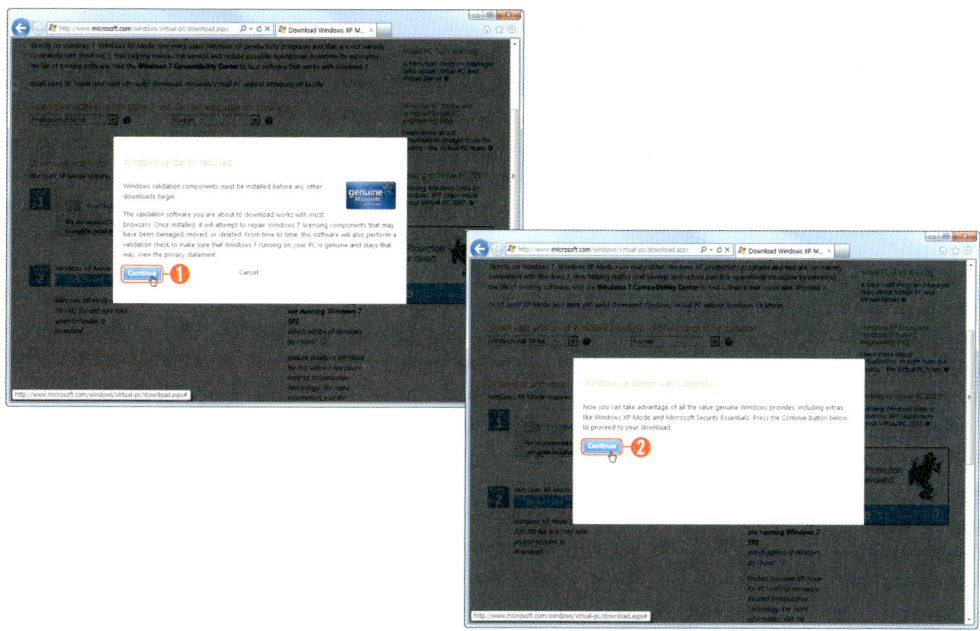

5 다운로드 메시지가 표시되면 [저장]의 목록 버튼을 클릭한 후 [다른 이름으로 저장]을 클릭합니다.

Part 03 완벽하게 컴퓨터에 윈도우 설치하기

6 [다른 이름으로 저장] 창이 표시되면 위치를 '바탕 화면'으로 변경한 후 [저장] 버튼을 클릭합니다. 다운로드되는 동안 잠시 기다립니다.

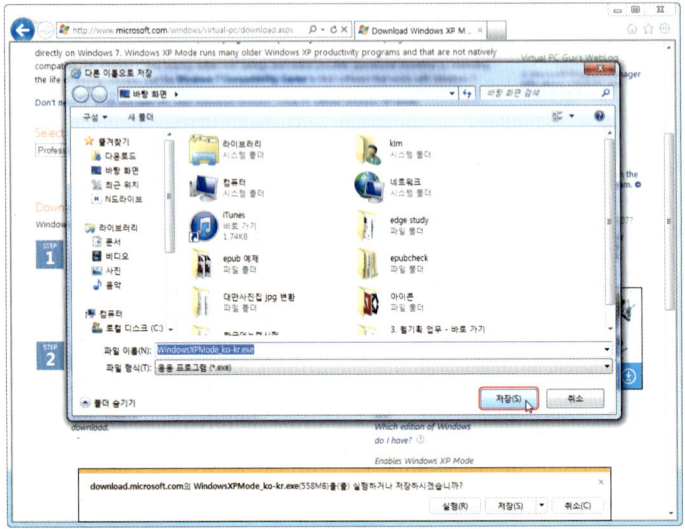

7 윈도우 Virtual PC를 다운로드 하기 위해서 STEP 3의 [Download] 버튼을 클릭합니다. [저장] 버튼의 목록 버튼을 클릭한 후 [다른 이름으로 저장]을 클릭합니다. 동일한 방법으로 바탕 화면에 저장하도록 합니다.

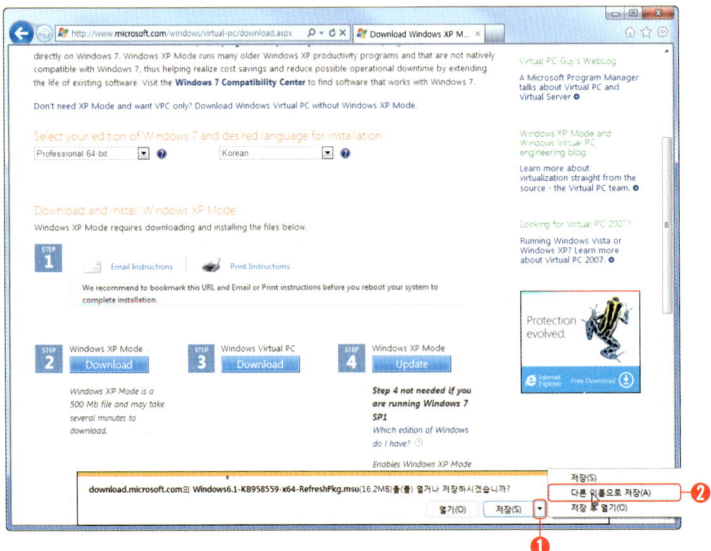

8 다운로드한 두 개의 파일을 설치하겠습니다. 처음 다운로드한 Windows XP Mode 다운로드 파일을 더블 클릭하여 실행합니다. 보안 경고 창이 표시되면 [실행] 버튼을 클릭합니다.

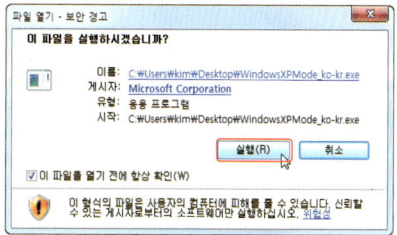

9 Windows XP Mode 설치 시작 화면이 표시됩니다. [다음] 버튼을 클릭합니다.

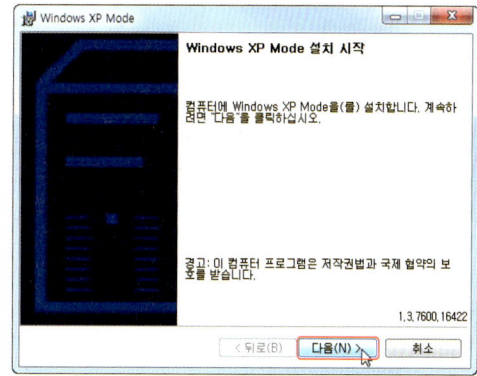

10 가상 하드디스크 파일의 설치 위치를 지정하는 단계입니다. 기본값으로 두고 [다음] 버튼을 클릭합니다. 설치가 완료되면 [마침] 버튼을 클릭합니다.

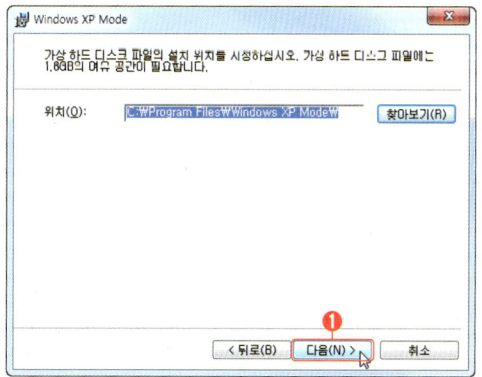 

Part 03 완벽하게 컴퓨터에 윈도우 설치하기

11 두 번째 다운로드 파일을 설치하겠습니다. 바탕 화면에 다운로드한 두 번째 파일을 더블 클릭합니다. 다음과 같이 업데이트 메시지가 표시되면 [예] 버튼을 클릭합니다.

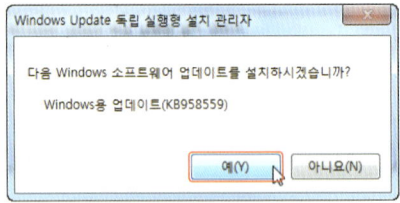

12 업데이트 다운로드 및 설치 화면이 표시됩니다. 사용 조건에 동의하기 위해서 [동의함] 버튼을 클릭합니다. 업데이트되는 동안 잠시 기다립니다.

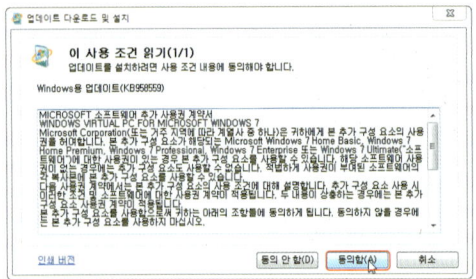 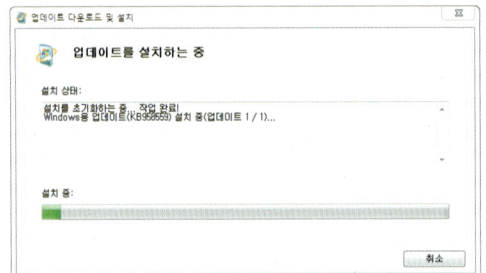

13 설치가 완료되면 컴퓨터를 재부팅해야 합니다. [지금 다시 시작] 버튼을 클릭하여 컴퓨터를 재부팅합니다.

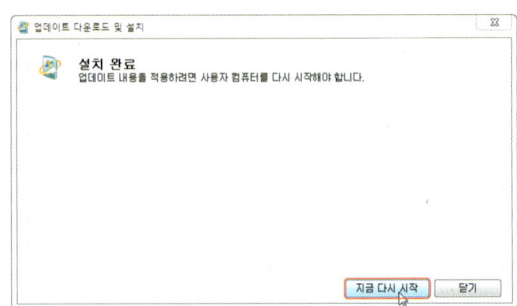

14 재부팅이 완료되면 [시작] 버튼을 클릭한 후 [모든 프로그램]-[Windows Virtual PC]-[Windows XP Mode] 메뉴를 차례로 클릭합니다.

262

Chapter 03 윈도우 8과 윈도우 7/윈도우 XP 멀티 부팅 설치하기

15 처음에는 Windows XP Mode 설치 화면이 표시됩니다. '동의함'에 체크한 후 [다음] 버튼을 클릭합니다.

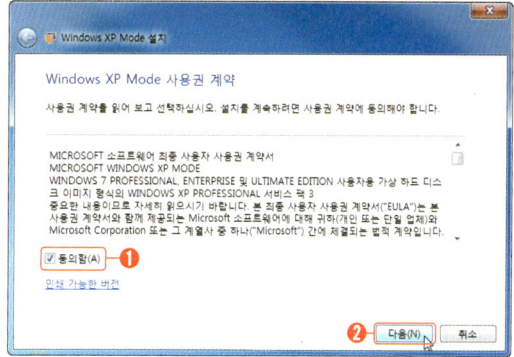

16 설치 폴더를 지정하는 단계입니다. 기본값으로 두고 암호와 암호 확인에 암호를 입력합니다. '자격 증명 저장'에 체크된 것을 확인한 후 [다음] 버튼을 클릭합니다.

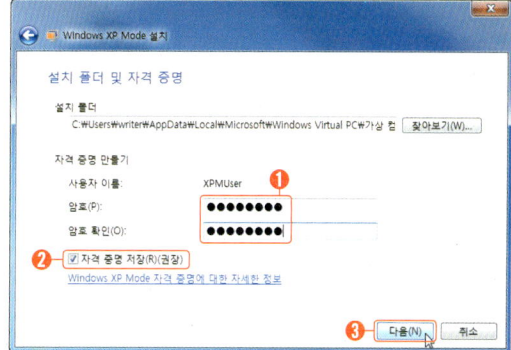

17 컴퓨터 보호 단계가 표시되면 '지금 자동 업데이트를 켜서 컴퓨터 보호'를 선택한 후 [다음] 버튼을 클릭합니다.

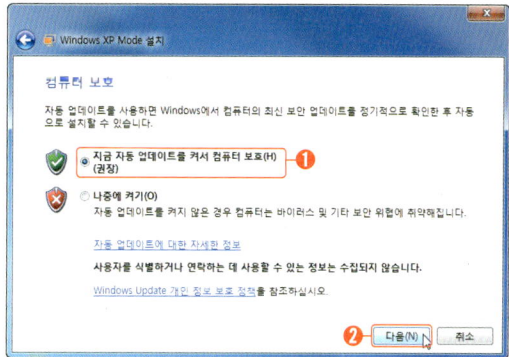

18 이 컴퓨터의 드라이브를 Windows XP Mode와 공유하겠다는 메시지가 표시됩니다. 기본 옵션이지만 변경도 가능합니다. 기본값으로 두고 [설치 시작] 버튼을 클릭합니다.

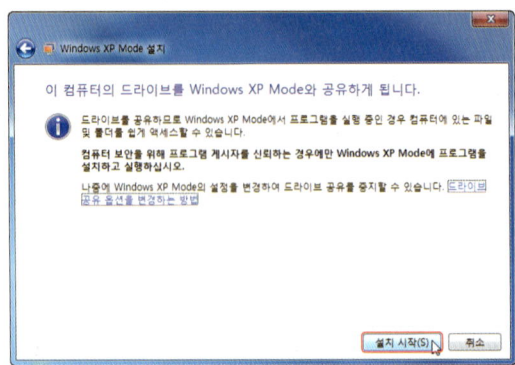

19 설치가 완료되면 자동으로 [Windows XP Mode] 창이 표시되면서 그 안에 윈도우 XP 화면이 표시됩니다. 이제 윈도우 7 안에서 윈도우 XP를 사용할 수 있게 되었습니다.

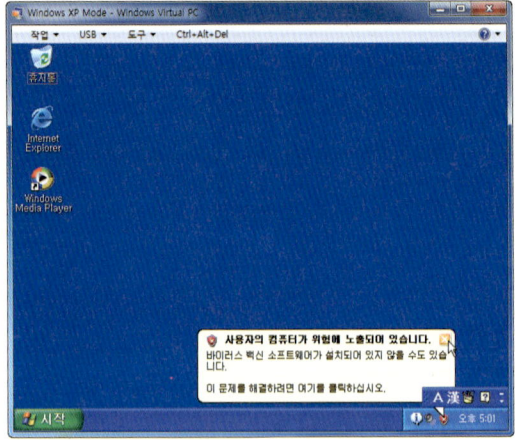

Part 03 완벽하게 컴퓨터에 윈도우 설치하기

윈도우 설치 후에 반드시 해야 할 일

윈도우 설치 후에 반드시 해야 할 두 가지가 있습니다. 첫 번째는 자동으로 설치되지 않은 드라이버를 설치하는 것이고 두 번째는 윈도우를 업데이트하는 것입니다. 윈도우를 설치한 후 드라이버를 설치하고 업데이트하는 과정을 알아보겠습니다.

01 드라이버 설치하기 – 설치된 드라이버 확인하기

각 장치가 제대로 동작하려면 드라이버를 제대로 설치해야 합니다. 먼저 어떤 장치가 드라이버가 자동으로 설치되었고 어떤 장치가 드라이버가 설치가 되지 않았는지 확인해야 합니다. 드라이버가 자동으로 설치가 된 경우에는 따로 드라이버를 설치할 필요는 없습니다. 하지만 최신의 드라이버를 추가로 설치해야 할 경우도 있습니다.

1 PC의 각 장치에 대한 드라이버가 제대로 설치되었는지 확인해야 합니다. 윈도우 8의 경우 데스크탑 모드에서 ⊞(윈도우)+X 키를 누릅니다. 빠른 메뉴가 표시되면 [장치 관리자] 메뉴를 클릭합니다.

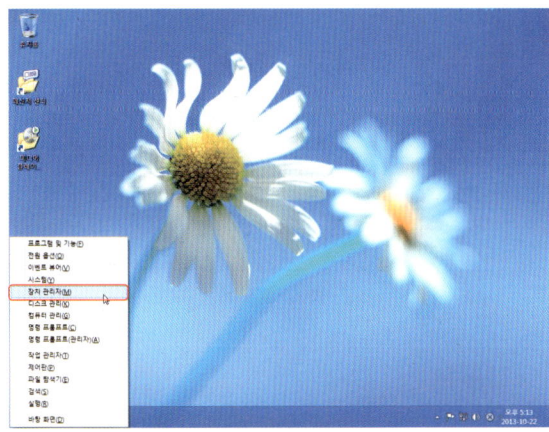

 드라이버는 어디에서 찾나요?

PC나 각 부품을 구매했을 때 CD의 형태로 드라이버가 제공됩니다. 또한 각 제조사 홈페이지에서 드라이버를 다운로드할 수 있습니다. 최신의 드라이버는 각 제조사 홈페이지에서 다운로드해야 합니다. 쿨러를 새로운 쿨러로 교체할 때도 정품 쿨러는 버리지 않고 보관해 두는 것이 좋습니다.

2 [장치 관리자]가 실행됩니다. '알 수 없는 장치'라고 표시되는 장치들은 드라이버가 제대로 설치되지 않아서 인식이 되지 않는 장치들입니다. 이런 장치들에 대해서 드라이버를 설치해야 합니다.

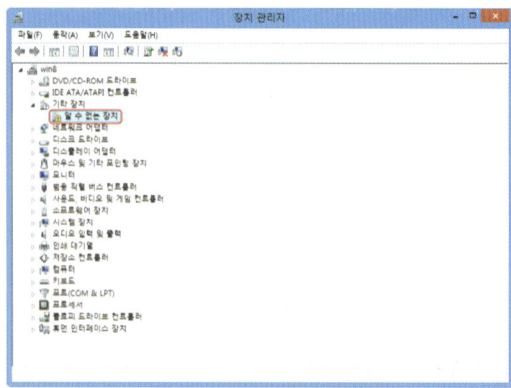

02 드라이버 설치하기 - 메인 보드

최신 운영체제는 구형 장치들에 대한 드라이버를 대부분 가지고 있습니다. 때문에 최신 운영체제를 설치했을 때는 많은 장치들이 자동으로 드라이버가 설치됩니다. 하지만 최신 운영체제의 드라이버가 작동은 제대로 되지만 구형 드라이버일 수도 있습니다. 이 경우 구매 시에 제공되는 CD나 제조사 홈페이지에서 드라이버를 다운로드하여 설치하는 것이 좋습니다.

1 메인 보드 드라이버를 설치하도록 하겠습니다. PC를 구매할 때 혹은 메인 보드를 구매할 때 동봉된 CD를 삽입하거나 메인 보드 제조사 홈페이지에서 해당 모델에 대한 드라이버를 다운로드하여 실행합니다. 메인 보드 제조사마다 설치 화면이 다를 수 있습니다. [다음] 버튼을 클릭합니다.

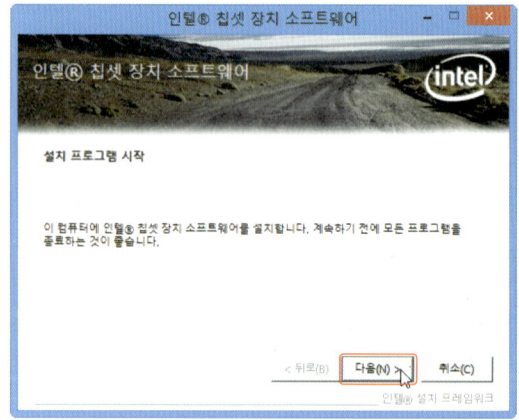

2 라이센스 계약서가 표시됩니다. [예] 버튼을 클릭합니다.

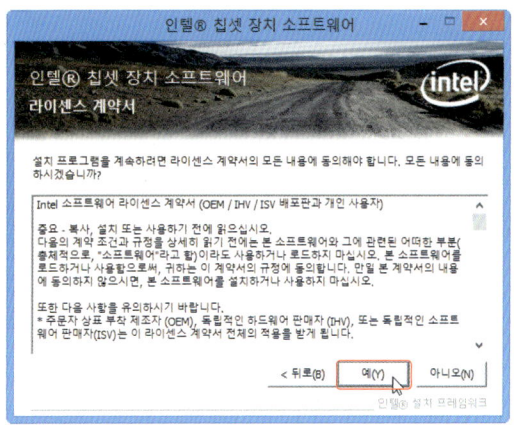

3 칩셋 장치 소프트웨어에 대한 설명이 표시됩니다. 계속해서 [다음] 버튼을 클릭합니다.

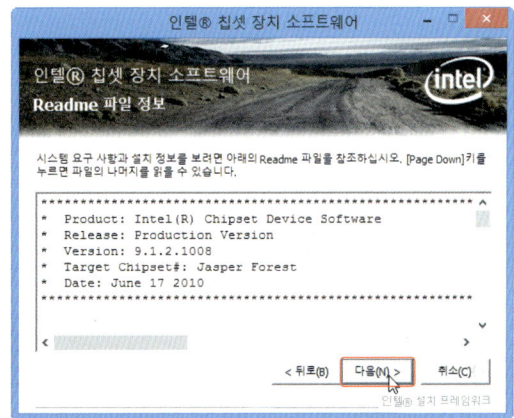

4 설치가 되는 동안 기다리도록 합니다. 메인 보드에 따라서 설치되는 동안 몇 번의 재부팅이 있을 수 있습니다. 설치가 완료되면 [다음] 버튼을 클릭합니다.

5 설치가 완료되면 컴퓨터를 다시 시작할 것인지를 묻는 창이 표시됩니다. '예, 지금 컴퓨터를 다시 시작합니다.'를 선택한 후 [마침] 버튼을 클릭합니다. 메인 보드와 관련된 드라이버 설치가 완료됩니다.

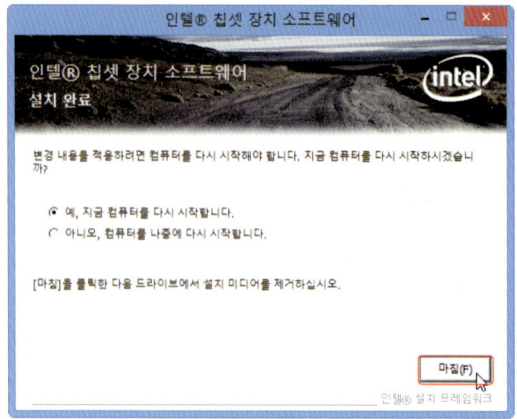

6 재부팅이 완료되면 다시 [장치 관리자]를 실행합니다. 다음과 같이 메인 보드와 관련된 드라이버가 모두 설치된 것을 확인할 수 있습니다.

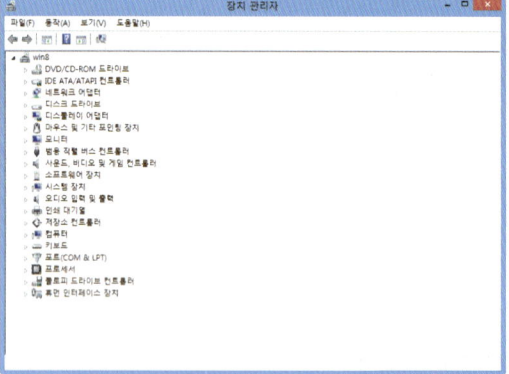

03 CPU-Z로 구형 장치 모델명 확인하기

구형 컴퓨터의 경우 드라이버가 제대로 설치되지 않거나 그래픽 카드의 모델명을 확인해야 할 경우가 있습니다. 이 경우 CPU-Z 프로그램을 사용하면 PC 케이스를 벗기지 않고 모델명을 확인할 수 있습니다. 간단하게 CPU-Z 프로그램으로 장치 모델명을 확인하는 방법을 알아보겠습니다.

1 네이버에서 cpu-z 프로그램을 검색하여 다운로드하겠습니다. 네이버(www.naver.com)의 검색란에 'cpu-z'을 입력하고 [검색] 버튼을 클릭합니다.

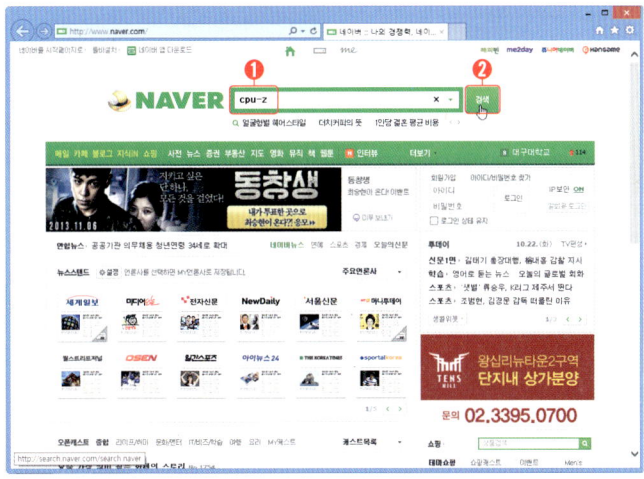

2 cpu-z 프로그램이 검색됩니다. 가장 최신 버전을 설치하도록 하겠습니다. 프로그램 설명이 표시되는 하단에 [다운로드] 버튼을 클릭합니다.

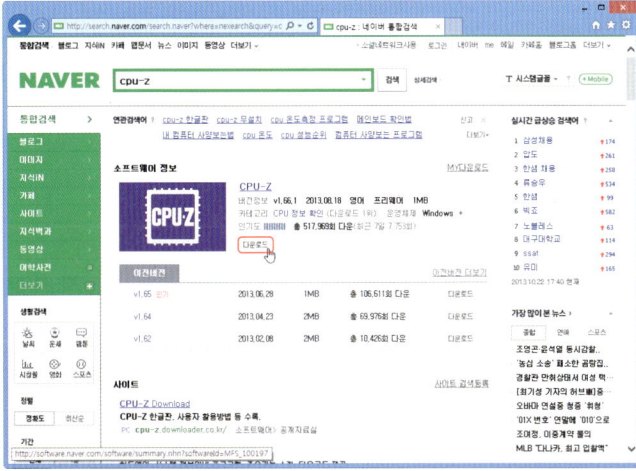

3 프로그램에 대한 자세한 설명이 표시됩니다. [무료 다운로드] 버튼을 클릭합니다. '일반속도로 다운로드 됩니다.'가 표시되면 [다운로드] 버튼을 클릭합니다.

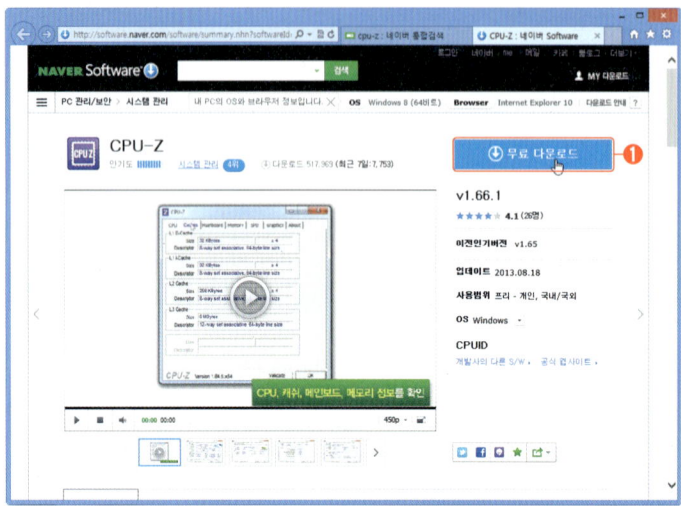

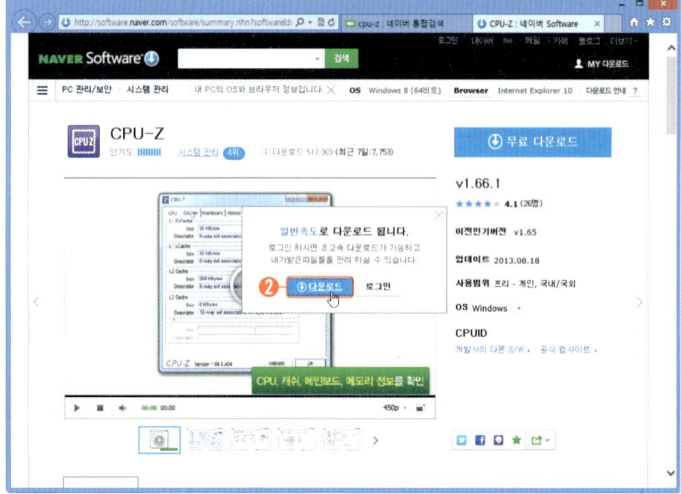

네이버 자료실의 초고속 다운로드 사용하기

참고 네이버에 회원 가입이 되어 있다면 네이버 자료실의 다운로드 속도를 초고속으로 이용할 수 있습니다. '일반속도로 다운로드 됩니다.'가 표시되면 [로그인] 버튼을 클릭하고 로그인한 후 이용하면 훨씬 빠른 속도로 다운로드할 수 있습니다.

4 네이버 자료실의 다운로드 창이 표시됩니다. 저장 위치를 확인하고 하단의 '창 닫기'에 체크합니다. '네이버 포토뷰어 설치'의 체크를 해제한 후 [다운로드] 버튼을 클릭하면 자동으로 다운로드됩니다.

5 다운로드한 cpu-z 설치 파일을 더블 클릭하여 실행합니다. 설치 프로그램이 실행됩니다. [Next] 버튼을 클릭합니다.

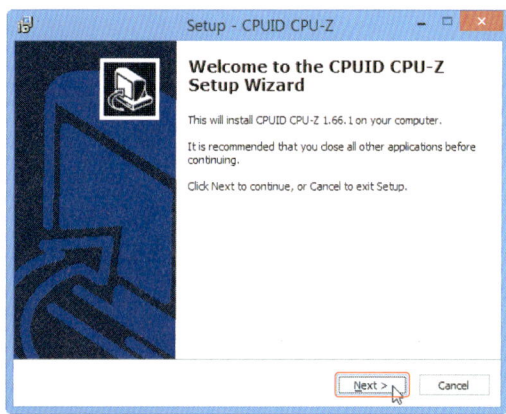

6 라이센스가 표시되면 'I accept the agreement'를 선택한 후 [Next] 버튼을 클릭합니다. 설치할 폴더를 선택하는 단계에서는 기본값으로 두고 [Next] 버튼을 클릭합니다.

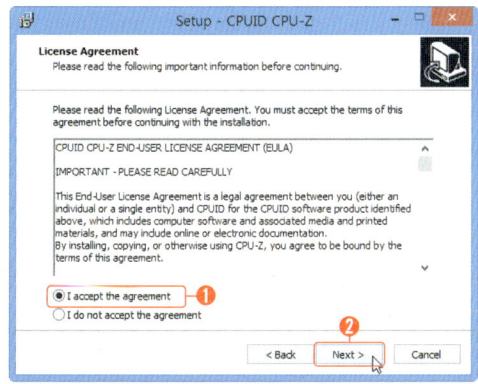 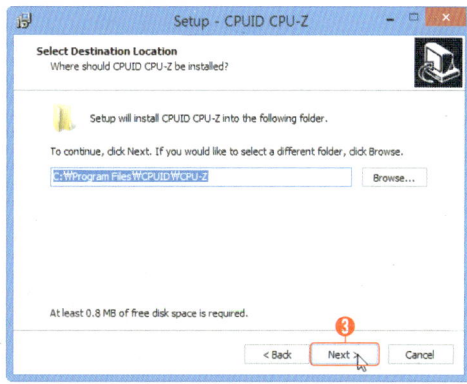

7 시작 메뉴에 등록되는 위치를 지정하는 단계입니다. 기본값으로 두고 [Next] 버튼을 클릭합니다. 데스크탑에 cpu-z 아이콘을 표시할지를 지정합니다. 'Create a desktop icon'에 체크 표시한 후 [Next] 버튼을 클릭합니다.

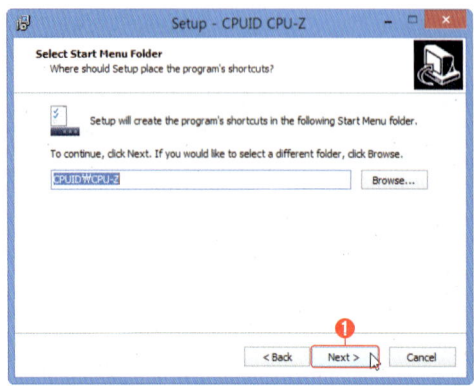
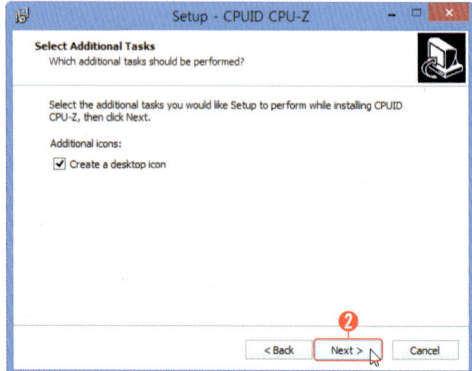

8 계속해서 [Install] 버튼을 클릭하면 cpu-z가 설치됩니다.

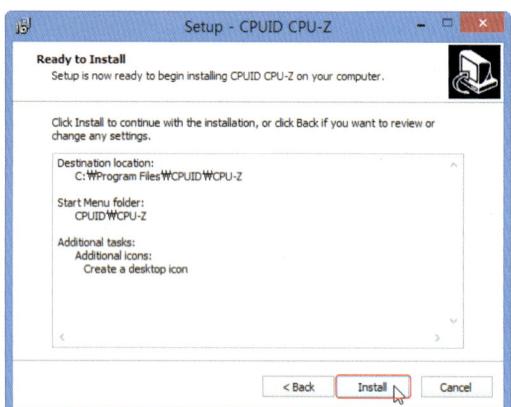

9 설치가 완료되면 'View cpuz_readme.txt'의 체크를 해제한 후 [Finish] 버튼을 클릭합니다. 바탕 화면에 표시된 [CPUID CPU-Z] 아이콘을 더블 클릭하여 실행합니다.

10 cpu-z 프로그램이 실행됩니다. 상단의 CPU, Mainboard, Memory, Graphics를 클릭하면 어떤 모델을 사용하고 있는지 모델명을 확인할 수 있습니다. [Graphics] 탭을 클릭합니다.

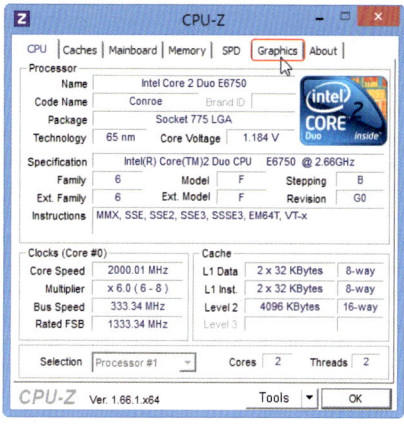

11 현재 사용하고 있는 그래픽 카드의 모델명이 표시됩니다. 모델명을 알고 있어야 제조사 홈페이지에서 해당 모델에 맞는 드라이버를 다운로드할 수 있습니다. 이제 이 그래픽 카드에 맞는 드라이버를 다운로드하여 설치해 보겠습니다.

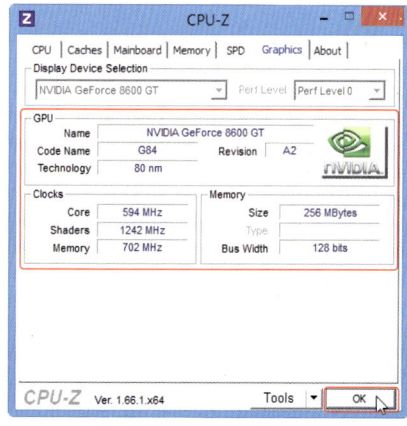

Part 03 완벽하게 컴퓨터에 윈도우 설치하기

04 드라이버 설치하기 – 그래픽 카드

이번에는 구형 그래픽 카드의 드라이버를 제조사에서 직접 다운로드하여 설치하는 방법을 알아보겠습니다. 다른 장치들의 드라이버를 설치하는 방법도 동일하기 때문에 그래픽 카드의 드라이버를 설치하는 방법을 잘 익혀두도록 합니다.

1 자! 이제 자신의 구형 PC의 그래픽 카드가 무엇인지 알았으니 드라이버를 직접 다운로드하여 설치해 보겠습니다. NVIDIA 제품을 검색할 것이므로 'nvidia'를 검색어로 입력한 후 [검색] 버튼을 클릭합니다.

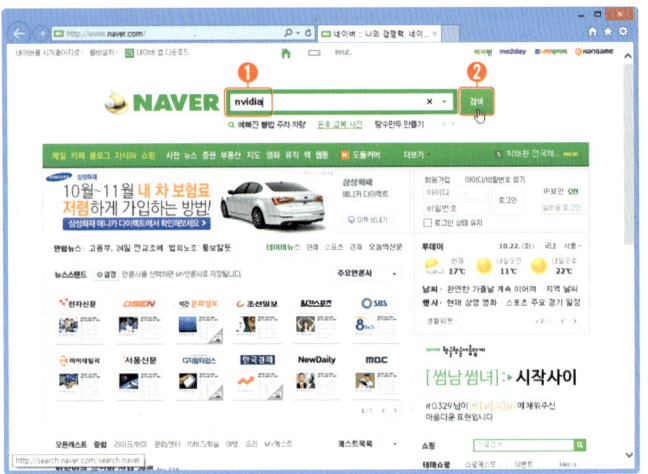

참고 ATI 그래픽 카드인 경우
ATI 그래픽 카드를 사용하고 있다면 NVIDIA가 아닌 'ATI'로 검색해야 합니다. ATI사의 한국 홈페이지 주소는 'www.ati.co.kr'입니다.

2 NVIDIA 홈페이지로 이동해도 되지만 'NVIDIA 드라이버 다운로드'가 검색되었으므로 'NIVDIA 드라이버 다운로드'를 클릭하여 드라이버를 바로 검색할 수 있는 페이지로 이동하겠습니다.

3 구형 그래픽 카드인 'GeForce 8600 GT' 그래픽 카드의 드라이버를 찾아보겠습니다. '제품 시리즈'의 목록 버튼을 클릭한 후 'GeForce 8 Series'를 클릭합니다.

4 동일한 방법으로 '제품 계열'에서 'GeForce 8600 GT'를 선택하고 자신의 운영체제와 언어를 선택합니다. 지원하는 드라이버를 검색하기 위해서 [검색] 버튼을 클릭합니다.

5 선택한 제품에 맞는 드라이버가 검색됩니다. [다운로드] 버튼을 클릭하여 드라이버를 다운로드하기 위한 다음 단계로 이동합니다.

6 사용 계약서가 표시됩니다. [동의 및 다운로드] 버튼을 클릭하여 사용 계약서에 동의하고 다운로드합니다.

7 다운로드 창이 하단에 표시됩니다. 다운로드된 후 바로 설치가 되도록 하기 위해서 [실행] 버튼을 클릭합니다. 다운로드가 완료되면 자동으로 설치 프로그램이 실행됩니다.

8 설치 프로그램이 실행되면 압축된 드라이버를 압축 해제할 폴더를 지정하는 창이 표시됩니다. 기본값으로 두고 [OK] 버튼을 클릭합니다.

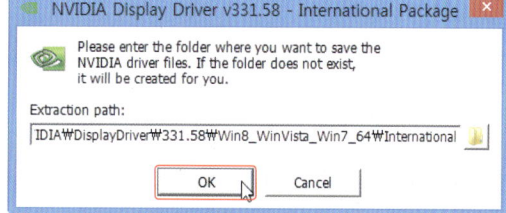

9 라이센스 계약 내용이 표시됩니다. [동의 및 계속] 버튼을 클릭합니다. 설치 옵션을 선택하는 단계에선 '빠른 설치'를 선택한 후 [다음] 버튼을 클릭합니다.

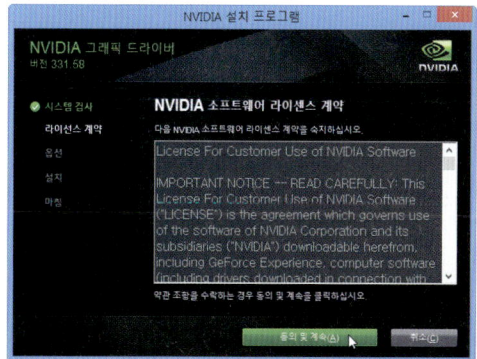 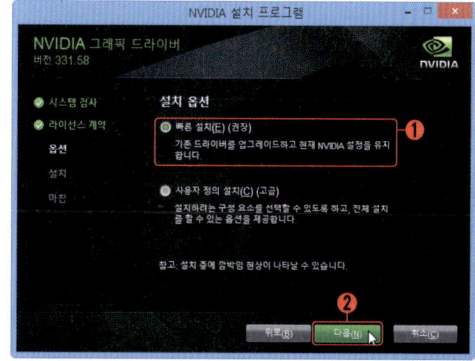

10 NVIDIA 드라이버 업데이트를 쉽게 유지시켜주는 'NVIDIA GeForce Experience 설치'에 체크한 후 [다음] 버튼을 클릭합니다. 드라이버가 설치됩니다.

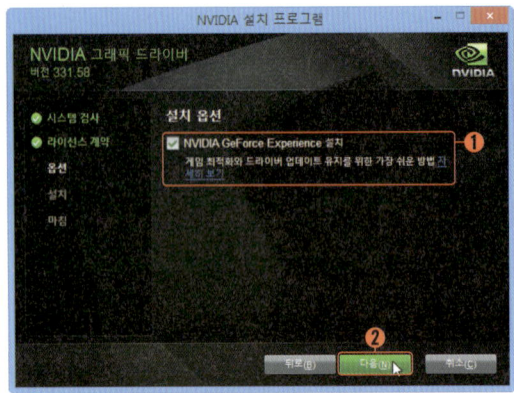

11 드라이버의 설치가 완료되었습니다. [닫기] 버튼을 클릭합니다. 다른 장치의 드라이버를 설치할 때도 동일한 방법으로 설치하면 됩니다.

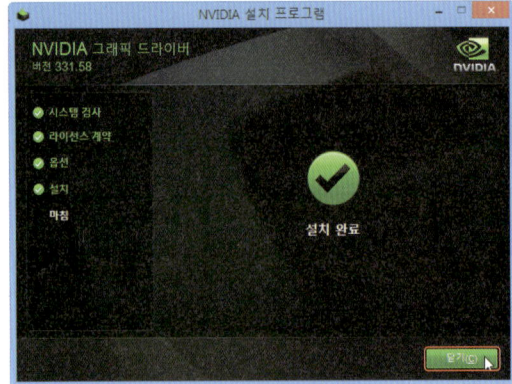

05 윈도우 8 업데이트하기

기본적인 드라이버 설치가 완료되면 윈도우를 업데이트해야 합니다. 윈도우 운영체제는 계속해서 업데이트가 이루어집니다. 업데이트를 지속적으로 해야 안정적으로 윈도우를 사용할 수 있습니다. 업데이트를 해야 할 경우 자동으로 업데이트 관련 내용이 표시되지만 사용자가 직접 업데이트를 하는 방법에 대해서 알아보겠습니다.

1 데스크탑 모드에서 오른쪽 하단으로 마우스를 움직이면 표시되는 [설정]을 클릭합니다.

2 다양한 설정 관련 기능이 표시됩니다. [PC 설정 변경]을 클릭합니다.

3 PC 설정 화면에서 왼쪽의 [Windows 업데이트]를 클릭합니다. 오른쪽에서 [지금 업데이트 확인] 버튼을 클릭합니다.

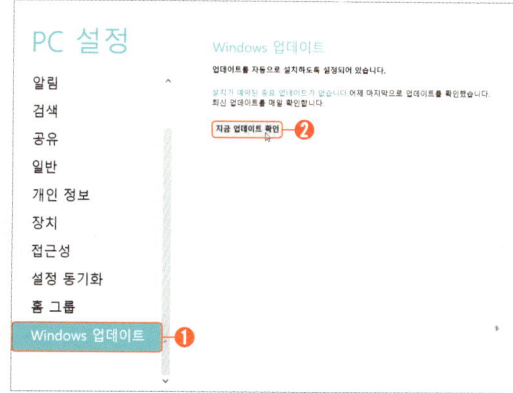

4 중요 업데이트가 있는지를 자동으로 검사합니다. '중요 업데이트 00개를 자동으로 설치합니다.'라는 메시지가 표시됩니다. 업데이트를 하기 위해서 클릭합니다.

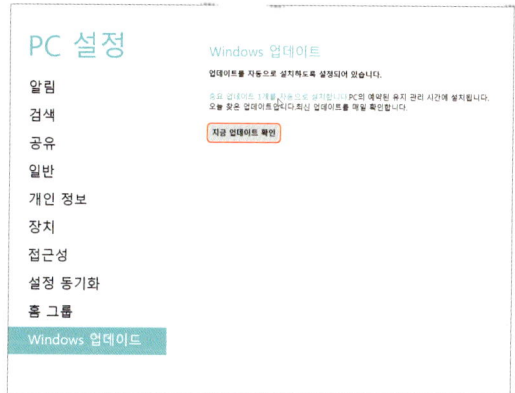

업데이트 항목 개수

업데이트 항목 개수는 상황에 따라 항상 달라집니다. 업데이트 항목 개수가 100개가 넘을 수도 있고 아예 없을 수도 있습니다. 처음 업데이트할 때는 업데이트를 해야 할 항목이 많을 수도 있습니다.

5 어떤 업데이트를 할 것인지에 대한 내용이 표시됩니다. [설치] 버튼을 클릭하면 윈도우 업데이트가 이루어집니다.

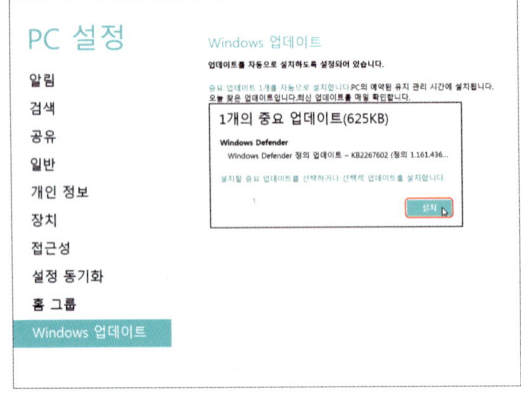

06 윈도우 7 업데이트하기

윈도우 7도 윈도우 8과 동일하게 지속적으로 운영체제가 업데이트되고 있습니다. 윈도우를 설치한 이후에는 계속해서 업데이트를 하는 노력을 기울여야 여러 가지 문제점으로부터 안전할 수 있습니다.

1 윈도우 7을 업데이트하기 위해서 [시작] 버튼을 클릭한 후 [컴퓨터]를 마우스 오른쪽 버튼으로 클릭합니다. 빠른 메뉴에서 [속성] 메뉴를 클릭합니다.

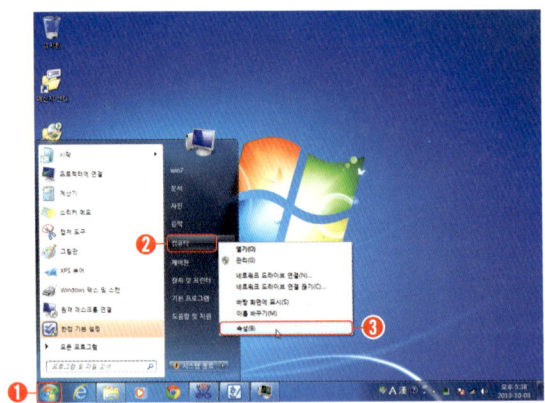

2 [시스템] 창이 표시됩니다. 왼쪽 하단의 [Windows Update] 메뉴를 클릭합니다.

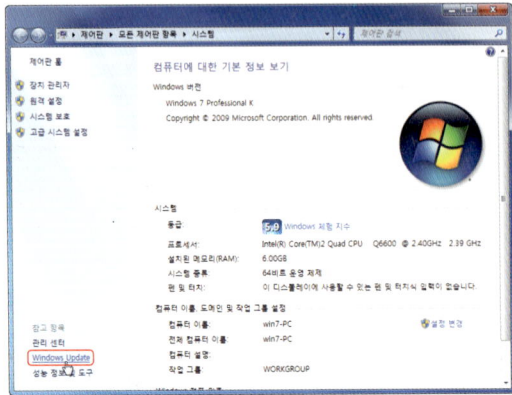

3 [Windows Update] 창이 표시됩니다. 왼쪽에서 [업데이트 확인]을 클릭하면 업데이트할 요소를 찾은 후에 오른쪽에 업데이트할 목록이 표시됩니다.

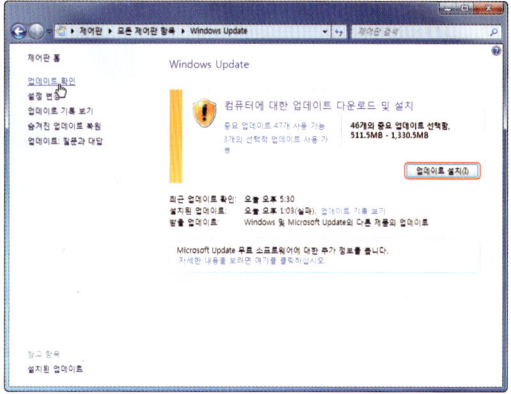

4 업데이트 목록 중 중요 업데이트는 자동으로 설치되지만 선택적 업데이트는 직접 설치할 것인지를 지정해야 합니다. 선택적 업데이트가 있는 경우 클릭합니다.

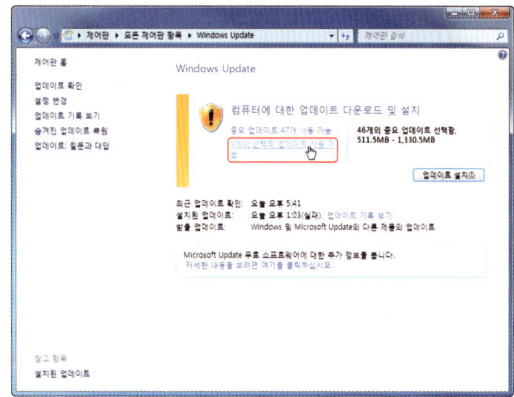

5 옵션으로 표시되는 선택적 업데이트에서 설치할 항목에 체크 표시합니다. 모두 체크하였으면 하단의 [확인] 버튼을 클릭합니다.

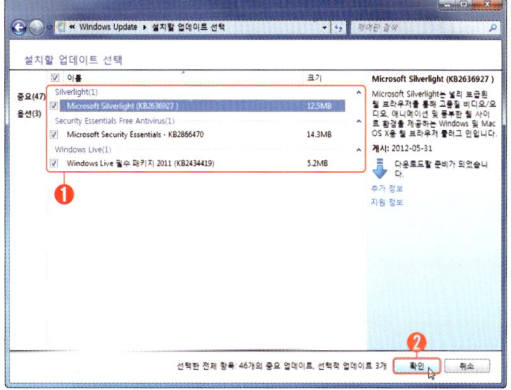

6 선택적 업데이트까지 선택된 것으로 표시됩니다. 이제 업데이트를 설치하기 위해서 [업데이트 설치] 버튼을 클릭합니다.

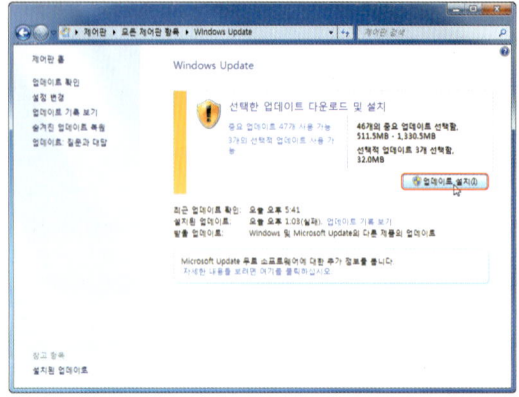

7 업데이트가 설치되는 동안 업데이트 항목에 따라 사용자에게 사용권 계약서 동의를 구하는 등의 요구를 하는 경우가 있습니다. '동의함'을 선택한 후 [마침] 버튼을 클릭합니다.

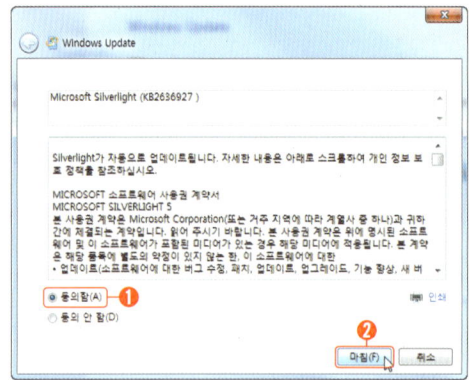

8 업데이트가 설치됩니다. 업데이트가 설치된 후에 재부팅을 해야 완벽하게 업데이트된 윈도우를 즐길 수 있습니다.

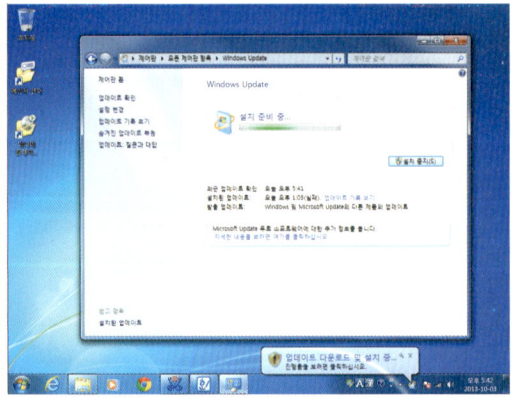

윈도우 자동 업데이트

tip 윈도우 7과 윈도우 8에서 학습한 내용은 수동으로 사용자가 직접 업데이트를 하는 것이었습니다. 하지만 윈도우에는 자동으로 업데이트를 해주는 기능이 있습니다. 업데이트할 항목이 있는 경우 오른쪽 시스템 트레이에 다음과 같은 아이콘이 표시됩니다. 이 아이콘을 선택하면 바로 윈도우 업데이트 창으로 이동할 수 있고 업데이트를 빠르게 설치할 수 있습니다.

Part 03 완벽하게 컴퓨터에 윈도우 설치하기

윈도우에 꼭 필요한 필수 유틸리티 설치하기

윈도우를 설치한 후에는 몇 가지 꼭 설치해야 하는 필수 프로그램들이 있습니다. 보통 필수 유틸리티라고 하는데 백신, 압축, 동영상 재생 프로그램과 CD나 DVD에 데이터를 저장할 수 있는 프로그램이 그것입니다.

01 백신 프로그램부터 압축 프로그램까지 한 번에 설치하기

이스트소프트사에서는 일반 사용자에게 백신 프로그램과 압축 프로그램을 무상으로 제공하고 있습니다. 윈도우를 설치한 후 백신 프로그램, 압축 프로그램, 이미지 뷰어 프로그램을 한꺼번에 설치하는 방법을 알아보겠습니다.

1 이스트소프트사에서 제공하는 무료 프로그램을 설치하도록 하겠습니다. 'www.altools.co.kr'로 이동합니다. 한꺼번에 설치하기 위해서 통합설치의 [CLICK] 클릭합니다.

283

Part 03 완벽하게 컴퓨터에 윈도우 설치하기

2 저장 메시지가 표시되면 [실행] 버튼을 클릭합니다.

3 알툴즈 설치 창이 표시됩니다. [다음] 버튼을 클릭합니다. 라이센스 계약 동의 창이 표시되면 '동의함'을 선택한 후 [다음] 버튼을 클릭합니다.

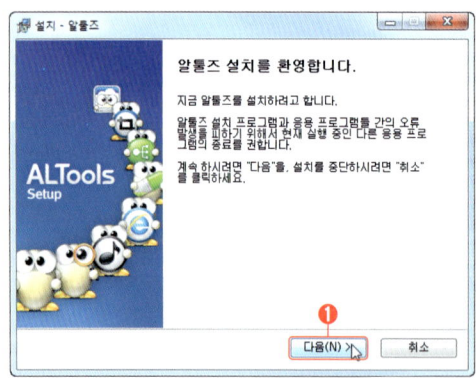 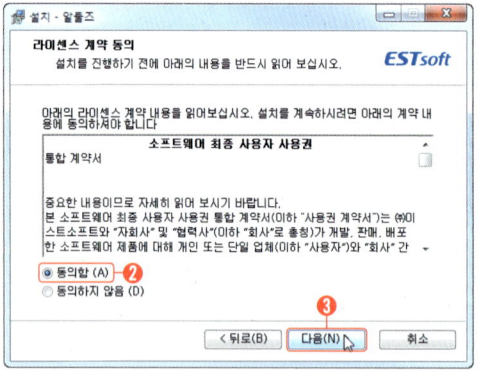

4 설치 폴더를 선택하는 단계에서 [다음] 버튼을 클릭합니다. 설치할 프로그램 목록이 표시되면 필수 프로그램인 알집, 알씨, 알송, 알약을 선택하고 [다음] 버튼을 클릭합니다.

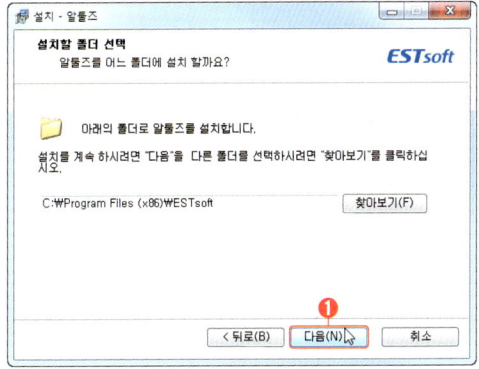 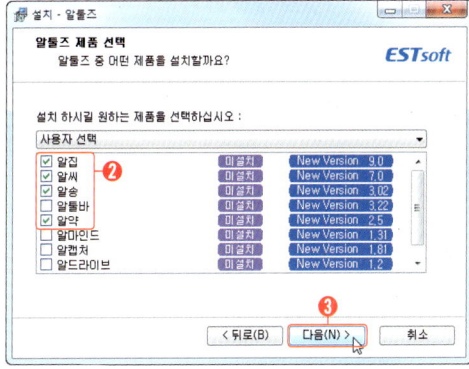

5 설치 선택 화면에서 계속해서 [다음] 버튼을 클릭한 후 알약 설치 화면이 표시되면 [빠른 설치] 버튼을 클릭합니다. 설치 단계에서는 계속해서 [다음] 버튼을 클릭합니다.

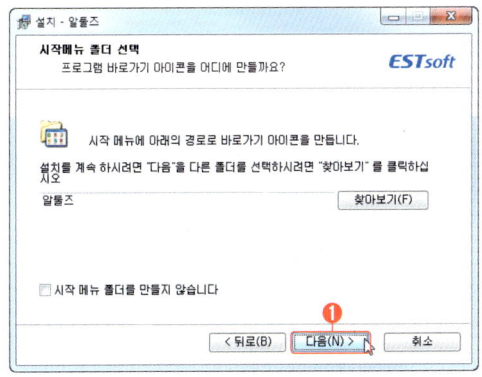 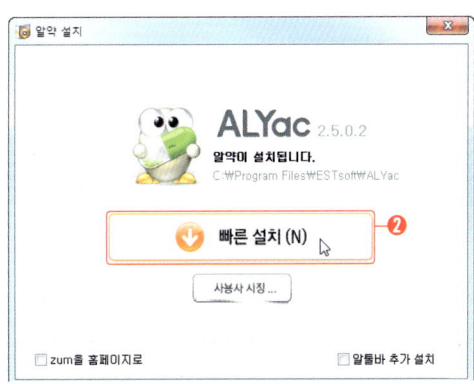

6 알약이 설치된 후 백신 프로그램인 알약의 엔진을 업데이트하기 위해서 [업데이트 시작] 버튼을 클릭합니다. 업데이트가 완료되면 모든 설치가 완료됩니다.

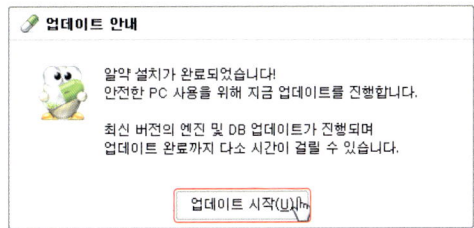

02 백신 프로그램 사용하기

알약 백신 프로그램을 사용하여 바이러스를 검사하고 치료하는 방법에 대해서 알아보겠습니다. 설치된 알약 프로그램은 따로 설정을 할 필요는 없습니다. 일주일에 한 번 정도 정밀 검사로 내 컴퓨터에 바이러스가 침투했는지 확인하는 습관이 중요합니다.

1 알약을 실행하기 위해서 작업 표시줄 오른쪽의 시스템 트레이에 알약 아이콘을(📷) 더블 클릭합니다.

2 빠르게 검사하려면 [빠른 검사]를 선택하고 정밀 검사를 하기 위해서는 [정밀검사] 버튼을 클릭합니다. 되도록 일주일에 한 번 정도는 정밀검사를 하는 것이 좋습니다. [정밀검사] 버튼을 클릭합니다.

> **tip 알약으로 PC 최적화하기**
> 백신 프로그램인 알약은 바이러스 검사 기능외에도 컴퓨터를 최적화하는 기능을 제공하고 있습니다. 알약을 실행한 후 상단의 [PC최적화]를 클릭하여 ActiveX 등 사용하지 않는 불필요한 파일을 삭제하고 최적화할 수 있습니다.

3 정밀 검사를 할 하드디스크 드라이브를 선택한 후 [검사시작] 버튼을 클릭합니다.

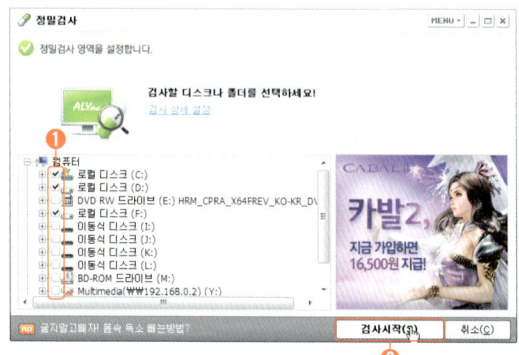

Chapter 05 윈도우에 꼭 필요한 필수 유틸리티 설치하기

4 정밀 검사가 시작됩니다. 왼쪽 하단에 '검사완료 후'의 옵션을 '자동치료'로 변경해 놓으면 바이러스를 찾은 경우 자동으로 치료됩니다.

03 압축 프로그램 사용하기

이스트소프트사에서 제공하는 무료 압축 프로그램인 '알집'을 사용하여 파일과 폴더를 압축하고 압축 해제하는 방법을 알아보겠습니다. 압축과 압축 해제의 방법은 여러 가지가 있지만 가장 간편한 방법으로 알아보겠습니다.

1 압축할 파일을 마우스를 사용하여 선택한 후 그 위에서 마우스 오른쪽 버튼을 클릭합니다. 빠른 메뉴가 표시되면 ["~~~"으로 압축하기] 메뉴를 클릭합니다.

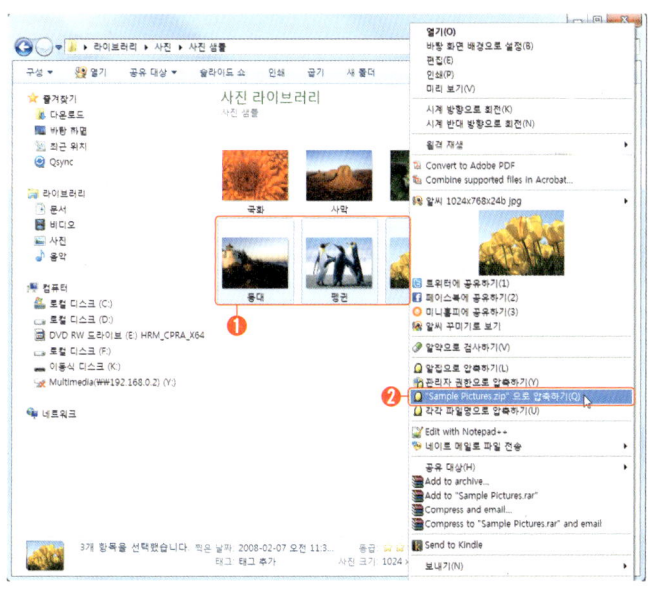

참고 **압축한 후의 결과 파일명**
알집의 "~~~으로 압축하기" 메뉴를 사용하면 자동으로 압축 파일명이 생성됩니다. 이 파일명은 압축하는 해당 파일이나 폴더의 파일명을 참고하여 자동으로 만들어집니다. 압축이 완료되면 압축 파일의 파일명을 변경하여 사용합니다.

2 압축 파일이 만들어집니다. 이번에는 압축 파일을 해제해보겠습니다. 압축 파일을 마우스 오른쪽 버튼으로 클릭한 후 ["~~~"에 압축풀기] 메뉴를 클릭합니다.

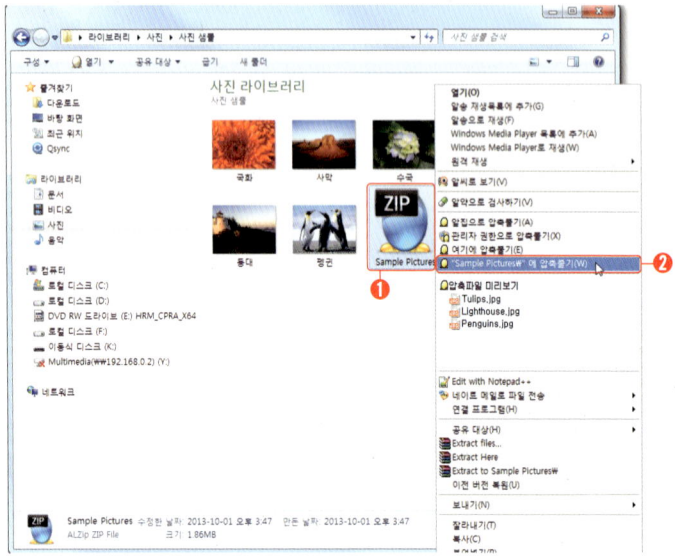

3 압축 파일과 동일한 이름으로 폴더가 생성되고 해당 폴더 안에 압축이 해제된 파일이 저장됩니다. 마우스 오른쪽 버튼을 활용하면 좀 더 쉽고 빠르게 파일을 압축하거나 압축 해제할 수 있습니다.

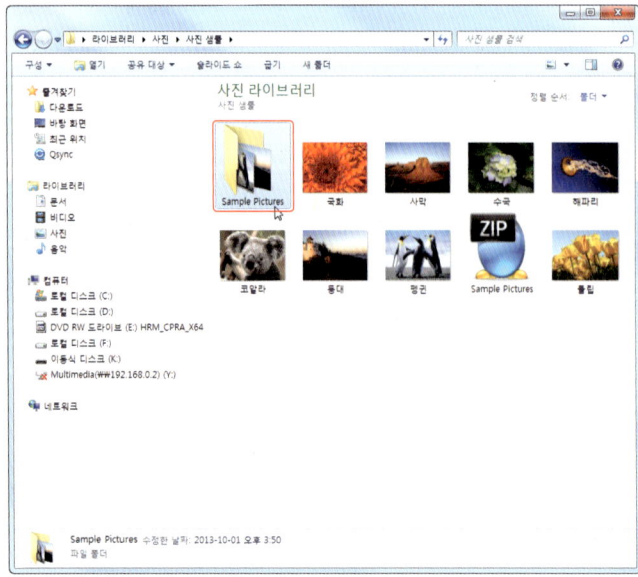

Part 03 완벽하게 컴퓨터에 윈도우 설치하기

06 네로(Nero) 버닝롬 설치와 사용하기

요즘은 데이터를 백업하는 공간으로 하드디스크나 DVD를 많이 활용합니다. 특히 DVD는 가격에 비해서 대용량의 데이터를 저장할 수 있어서 많이 사용되고 있습니다. DVD에 데이터를 저장하기 위해서는 DVD 버닝 프로그램이 필요한데 네로 버닝롬이 보통은 번들로 제공되어서 이 프로그램 하나면 DVD에 데이터를 편하게 저장할 수 있습니다.

01 네로 버닝 롬 설치하기

CD나 DVD 버닝 프로그램이 다양하게 있지만 DVD-Writer를 구매하면 번들로 함께 포함되어있는 네로 버닝롬을 설치해 보겠습니다. 네로 버닝롬 버전이나 번들 버전에 따라서 설치나 사용이 조금 다를 수 있습니다.

1 네로 버닝 롬 설치 파일을 실행합니다. 설치 마법사가 실행되는 동안 잠시 기다립니다.

2 네로 버닝 롬을 설치하기 전에 Direct 3D와 같은 필수 요소들을 설치해야 합니다. [설치] 버튼을 클릭하면 각 요소들이 모두 설치됩니다.

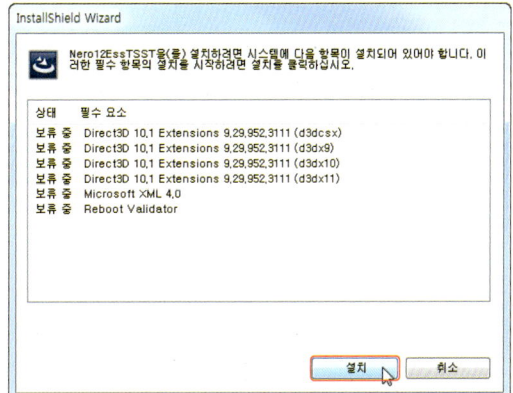

3 제품 번호를 입력하는 란이 표시됩니다. 올바른 제품 번호를 입력한 후 [다음] 버튼을 클릭합니다. DVD 구입 시 제공되는 번들의 경우 제품 번호가 자동으로 입력됩니다.

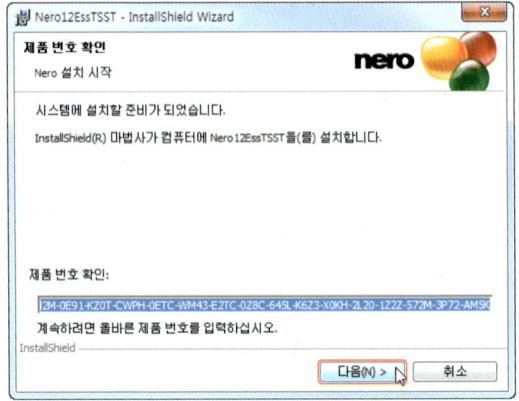

4 사용권 계약서가 표시됩니다. '사용권 계약서의 조건에 동의함'을 선택한 후 [다음] 버튼을 클릭합니다.

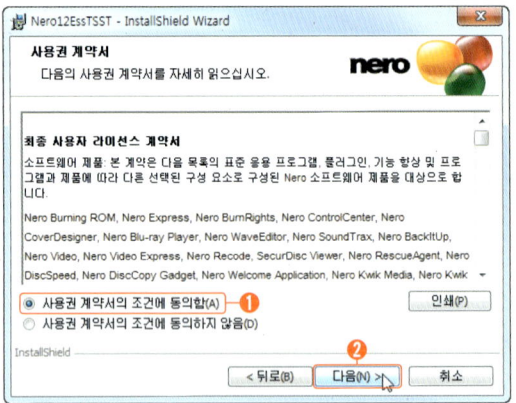

5 설치 설정을 지정하는 단계입니다. 바탕 화면에 바로 가기를 만들려는 경우에는 'Nero12EssTSST의 바탕 화면 바로 가기를 만듭니다.'에 체크합니다. 원하는 대로 설정한 후 [설치] 버튼을 클릭합니다.

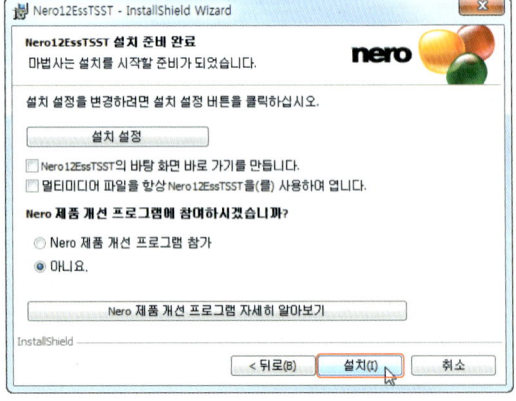

6 설치가 진행됩니다. 설치가 완료될 때까지 잠시 기다립니다. 설치가 완료되면 '자동 업데이트 알림을 사용합니다.'에 체크한 후 [마침] 버튼을 클릭합니다.

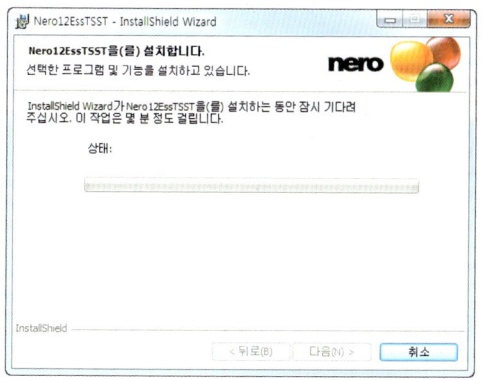 

02 네로 버닝 롬으로 CD 굽기

번들로 제공된 네로 버닝 롬을 사용하여 데이터 CD를 만들어 보겠습니다. 몇 번의 클릭만으로 자신의 데이터를 CD나 DVD에 편하게 저장하여 사용할 수 있습니다.

1 공 CD나 DVD를 DVD 롬에 넣습니다. [시작]-[모든 프로그램]-[Nero]-[Nero 12]-[Nero Express]를 실행합니다. Nero 버전에 따라서 실행하는 단계가 조금 다를 수 있습니다. 왼쪽에서 데이터의 종류를 선택하고 오른쪽에서 미디어의 종류를 선택합니다.

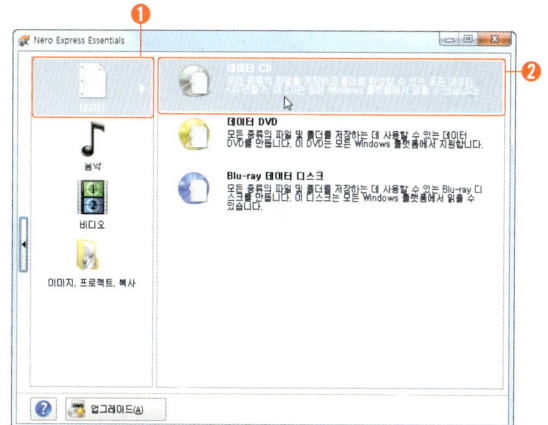

2 CD에 저장할 파일을 선택하기 위해서 [추가] 버튼을 클릭한 후 [파일] 메뉴를 클릭합니다.

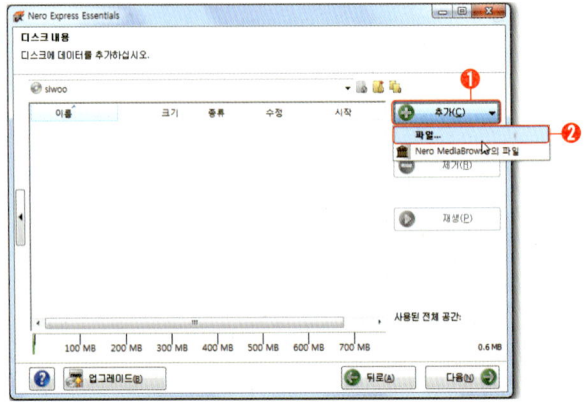

3 저장할 파일이나 폴더를 선택한 후 [추가] 버튼을 클릭합니다. 더 이상 추가할 파일이나 폴더가 없다면 [닫기] 버튼을 클릭합니다.

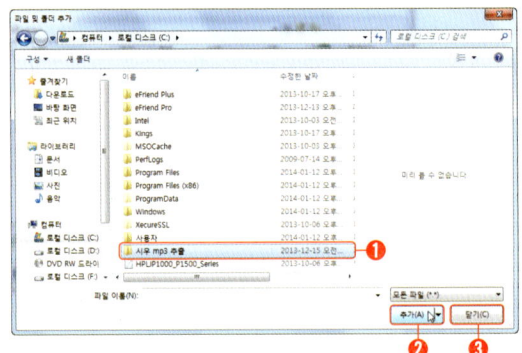

4 선택한 파일이나 폴더가 목록에 추가된 것을 확인할 수 있습니다. [다음] 버튼을 클릭합니다.

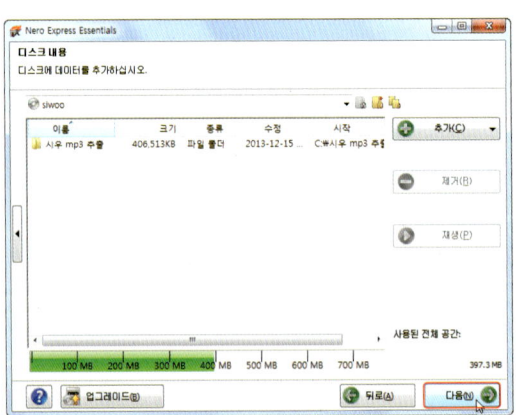

5 '디스크 이름'에 디스크의 이름을 입력하고 '복사 매수'에는 몇 장을 레코딩할 것인지를 입력합니다. 이제 레코딩을 시작하기 위해서 [굽기] 버튼을 클릭합니다.

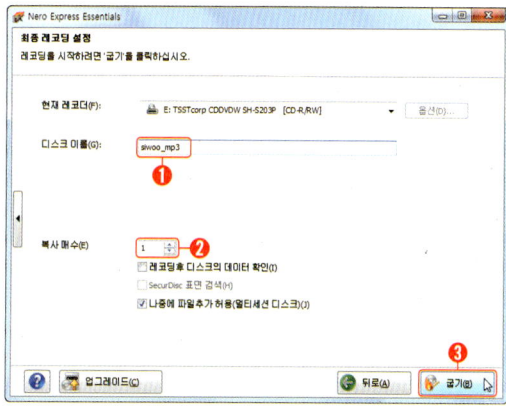

6 레코딩이 시작됩니다. 레코딩이 완료될 때까지 기다립니다. 레코딩이 완료되면 '레코딩 성공'이라는 메시지가 표시됩니다. 이제 레코딩된 CD를 꺼내 사용하면 됩니다.

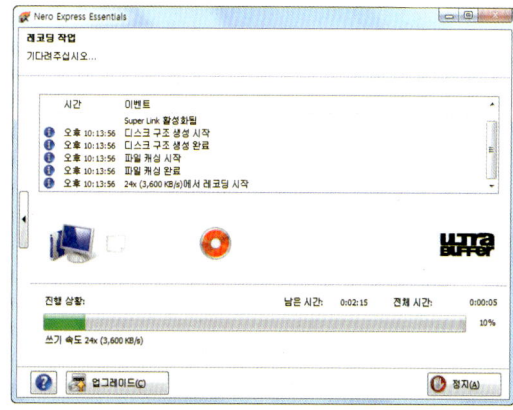

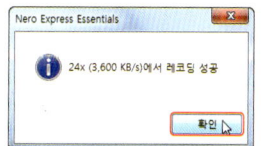

네로의 추가적인 기능들

네로(Nero)는 버전별로 다양한 프로그램을 추가로 제공하고 있습니다. 활용하며 좋은 네로의 추가적인 기능들에 대해서 알아보겠습니다.

1. Nero Cover Designer

CD 커버를 만들 때 사용하는 프로그램입니다. Light Scribe 기능을 제공하는 CD의 윗면을 디자인할 때도 사용합니다. 기본 형식이 주어지기 때문에 쉽고 빠르게 CD 커버나 케이스 디자인을 할 수 있습니다.

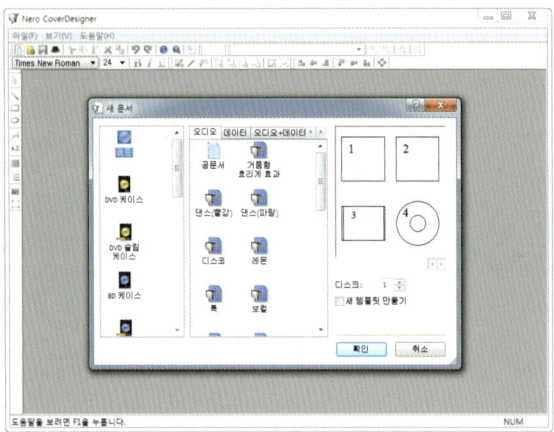

2. Nero Express

데이터 CD(DVD)나 음악, 비디오 CD(DVD)를 만들 수 있습니다. 여기까지는 기본적인 기능이지만 CD 자체를 그대로 복사할 때나 CD안의 파일(폴더)이나 하드디스크 안의 파일(폴더)을 하나의 이미지 파일로 만드는 기능을 제공합니다.

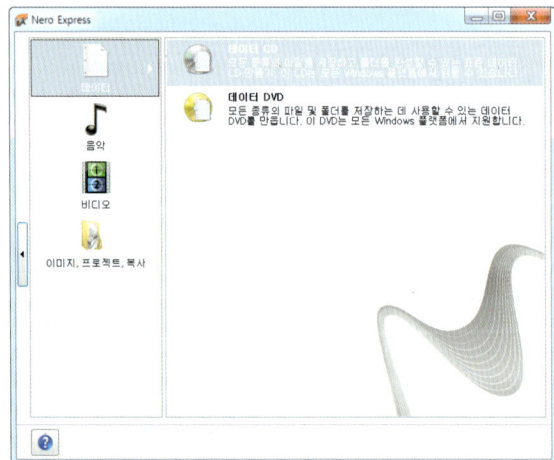

Chapter 06 네로(Nero) 버닝롬 설치와 사용하기

Part 04

최고의 컴퓨터 성능 극대화 테크닉

최고의 컴퓨터 성능을 만들기 위해서 필요한 개념과 방법에 대해 구체적으로 알아봅니다.

01 오버 클러킹! 0원으로 업그레이드 하는 확실한 방법

임의로 클럭 속도를 기본값보다 높게 설정하면, 장치는 보다 많은 전력을 필요로 하며 높은 열이 발생합니다. 이러한 문제들을 감당할 준비가 되어있는 사용자들만 오버 클럭을 사용하길 바랍니다. 오버 클럭은 순전히 사용자의 선택이며 만약 하드웨어에 이상이 발생할시 어떤 책임도 지지 않습니다.

01 오버 클러킹이란 무엇인가요?

'오버 클러킹'은 일정한 클럭 주파수를 사용하여 작동하는 장치의 클럭 주파수를 임의로 높이는 기술을 말합니다. 클럭 주파수를 높이면 그만큼 처리 속도도 빨라지므로 당연히 PC의 성능이 좋아진다고 할 수 있습니다. 제조사는 제품이 사용 중 과부하 등으로 인한 손상을 방지하기 위해 표시 성능보다 약간 더 높은 성능으로 작동할 수 있게 설계합니다. 이 때문에 사용자가 제어 프로그램을 이용하여 성능을 한계점까지 강제로 끌어 올릴 수 있습니다.

하지만 요즘에는 예전처럼 오버 클러킹을 하는 경우가 많지는 않습니다. 그만큼 PC의 성능이 좋아졌으며 굳이 클럭 주파수를 높이지 않아도 웬만한 작업을 하는데 큰 불편함이 없기 때문입니다. 또한 오버 클러킹을 한 후 발열이나 문제가 생기는 비용에 비해 한 단계 위 제품을 구입하는 것이 비용이 절감되기 때문입니다.

클럭 주파수란?

PC에는 CPU와 메모리 컨트롤러 허브(MCH, 노스 브릿지), 입출력 컨트롤러 허브(ICH, 사우스 브릿지) 그리고 클럭 칩이 들어 있습니다. 클럭 칩은 PC에 필요한 클럭을 만들어 뿌려주는 기능을 하는 것으로 클럭은 0과 1을 계속해서 바꿔주는 주기적 신호입니다. CPU가 3.0GHz이라고 하거나 DDR 메모리 뒤에 '1066'과 같이 붙는 숫자는 모두 클럭 주파수 즉 클럭 속도를 의미합니다. 이 주파수를 높여주면 그만큼 많은 데이터를 처리할 수 있습니다.

02 오버 클러킹에는 어떤 것들이 있나요?

오버 클러킹은 클럭 속도를 출하 시점에 설정된 값보다 높이는 조작법입니다. 첫 번째는 CPU 프리퀀시를 높이는 방법입니다. 클럭 속도는 'CPU로 들어가는 클럭 × 배수'가 됩니다. 예를 들어 CPU로 들어가는 클럭 속도가 300MHz이며 배수가 11이면 3.3GHz가 됩니다. 만약 배수를 12로 올려주면 3.6GHz가 됩니다. 일반적인 오버 클러킹은 프리퀀시를 높여 CPU 속도를 높여주는 것으로 CPU 속도는 빨라지지만 CPU가 적정 수준보다 많은 일을 처리하게 되어 열이 많이 발생합니다. 따라서 수냉식 쿨러를 달거나 성능이 좋은 쿨러를 사용해 열을 식혀주어야 합니다.

오버 클러킹으로 인해 많은 문제가 생기자 CPU 제조사들은 배수값을 임의로 조작하지 못하도록 바꾸었습니다. 그러자 새로운 오버 클러킹 기술이 등장했습니다. 새로운 방법은 클럭 칩을 소프트웨어로 제어하는 방법입니다. 이 방법은 CPU로 나가는 클럭 속도를 임의로 바꾸는 방법으로 예를 들어, 클럭 주파수로 300MHz가 CPU로 나가도록 설정되어 있다면 이것을 330MHz로 클럭 속도를 바꾸는 방법입니다. 이렇게 하면 배수가 10인 경우 3.0GHz에서 3.3GHz로 높아집니다. 이 방법은 클럭 속도를 높이는 메뉴를 제공하는 메인 보드를 사용할 경우에 한해서만 사용할 수 있습니다.

이 방식에도 문제가 있기는 마찬가지입니다. 신호를 잡기까지 대기 시간(셋업 타임)과 신호를 잡아낸 후 데이터를 유지하는 시간(홀드 타임)이 필요합니다. 그런데 클럭 속도를 300MHz에서 333MHz로 임의로 올리면 셋업 타임과 홀드 타임이 짧아지므로 데이터를 잡아내는 데 있어 간혹 오류가 발생합니다. 이로 인해 시스템이 다운되거나 불안정해집니다. 따라서 이 방식을 이용해 오버 클러킹을 하려면 셋업 타임과 홀드 타임 한계선을 넘지 않는 선에서 조작하면 문제가 없습니다. 또한 하드웨어를 직접 건드리지 않기 때문에 CPU에 물리적인 손상이 가해지지도 않습니다.

03 오버 클러킹이 가능한 제품들

오버 클러킹이 가능한 제품에는 크게 CPU와 그래픽 카드, 칩셋, 메모리가 있습니다. 안정적인 최대 클럭에 다다를 때까지 메인 보드의 FSB와 CPU의 배수를 높여 가면서 이를 수정할 수 있습니다. AMD CPU의 경우 K8 마이크로 아키텍처 이후 FSB가 없으며 하이퍼트랜스포트의 클럭을 변경하는 것으로 오버 클러킹이 가능합니다.

CPU 제조사인 인텔과 AMD는 배수를 조절하는 것을 제한하고 있지만 예외적으로 인텔 CPU의 'K'가 붙는 제품과 AMD의 '블랙에디션'이라고 표시된 제품은 상위 배수 조절이 가능합니다. 같은 제품이라도 K가 붙는지 여부에 따라 가격이 달라집니다.

인텔 코어 i7-4770과 i7-4470K

04 내 컴퓨터는 오버 클러킹이 가능할까?

내 컴퓨터가 오버 클러킹이 가능한지 확인하려면 먼저 컴퓨터의 정보를 확인해야 합니다. 내 컴퓨터의 정보 확인은 'CPU-Z'와 같은 프로그램을 이용하면 쉽게 확인할 수 있습니다.

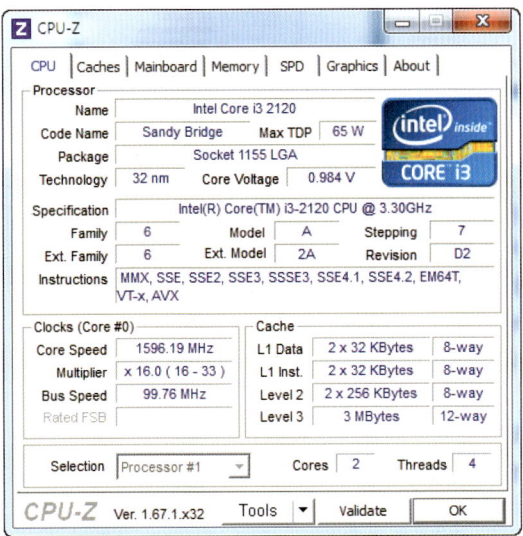

CPU-Z를 이용하면 CPU의 종류와 그래픽 카드의 종류, 메모리의 크기와 종류 등 자세한 정보를 볼 수 있습니다.

05 오버 클러킹 전에 반드시 확인하세요.

1. 나에게 오버 클러킹이 꼭 필요한가?

오버 클러킹은 하드웨어를 한계점까지 올리는 것입니다. 그러므로 많은 전력 소모와 높은 발열을 보입니다. 기본으로 제공하는 CPU 쿨러는 오버 클럭이 아닌 출시될 때의 발열량을 고려하여 설계되어 있습니다. 따라서 오버 클럭을 하면 발열을 잡아줄 수 있는 충분한 쿨러가 필요로 합니다. 또한 오버 클러킹은 체감적으로 느낄 수 있는 성능의 변화는 아닙니다. 굳이 오버 클러킹을 하지 않아도 된다는 것입니다.

2. 발열을 대비한 쿨러와 전압을 위한 파워 서플라이

CPU 오버 클러킹은 하드웨어의 온도를 높이게 됩니다. 따라서 오버 클러킹을 하기 전에 CPU, 그래픽 카드, 메모리 등의 온도와 FAN 스피드 등의 속도를 확인합니다. 이런 정보는 CPUID HWMonitor와 같은 프로그램을 이용하면 쉽게 확인할 수 있습니다.

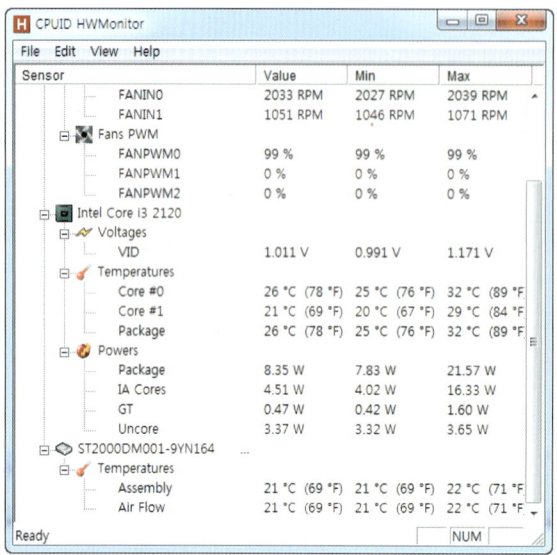

오버 클러킹을 하면 온도가 더욱 높아져 시스템이 멈출 수 있기 때문에 CPU 온도가 너무 높으면 오버 클러킹 전에 CPU 온도부터 잡아주어야 합니다. CPU의 적정 온도는 작업을 하지 않았을 때 30~35도 정도면 적정하며, 작업을 많이 했을 때 65 정도가 적정합니다.

그런 다음 전압을 확인합니다. 하드디스크나 광학 디스크, 그 외 여러 가지 장치가 많이 설치되어 있다면 각각의 전압 사용량을 계산해보고 파워 서플라이에서 충분한 전압을 제공하는지 확인합니다.

3. 오버 클러킹 테스트와 안정화를 위한 프로그램

오버 클러킹 전후 CPU와 메인 보드, 램 등의 상황을 알 수 있는 모니터링 프로그램을 준비합니다. 모니터링 프로그램에는 여러 가지가 있으며 이 중 CPUz와 Everest 등의 프로그램을 준비합니다. 이 프로그램들은 인터넷 자료실에서 쉽게 구할 수 있습니다.

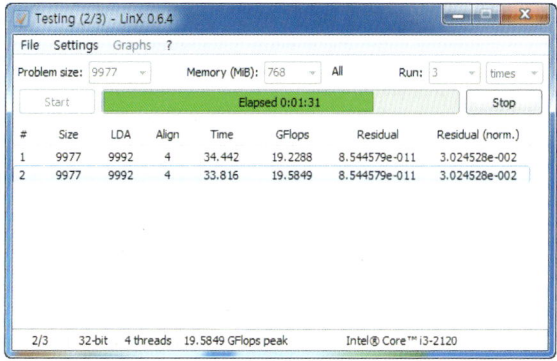

LinX로 CPU 안정화 테스트

오버 클러킹 후 메모리의 안정성을 테스트하는 Memtest 프로그램과 CPU의 안전성을 테스트해주는 Prime, LinX, intelburn 등을 준비합니다. Superpi(Hyperpi)나 DJpi 등의 프로그램도 단시간에 에러를 검출하기엔 좋습니다.

4. CPU의 기본 클럭을 정하는 방법 확인하기

오버 클러킹을 하기 전에 CPU의 기본 클럭이 어떻게 정해지는지 살펴보겠습니다. 먼저 CPUz를 실행하면 여러 가지 정보를 확인할 수 있습니다.

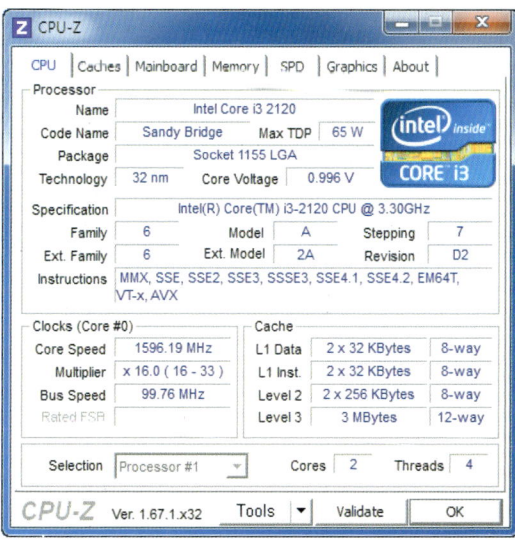

- **Name** : CPU의 이름이 표시됩니다.
- **Code Name** : CPU의 아키텍처가 표시됩니다.
- **Max TDP** : 최대 전력 소모량이 표시됩니다.
- **Package** : 소켓 이름이 표시됩니다.
- **Technology** : 공정이 표시됩니다.
- **Core Voltage** : CPU에 인가되는 전압을 표시합니다. 오버 클러킹을 할 때 이 값을 올려주게 되는데 값을 올리면 발열이 증가하고 너무 많은 값을 올리면 CPU가 타 버릴 수 있으므로 주의해야 합니다.
- **Core Speed** : CPU의 클럭 주파수를 말합니다.
- **Multiplier** : CPU의 배수를 나타냅니다. Multiplier에 Bus Speed을 곱하면 Core Speed가 됩니다.
- **Bus Speed** : 내부 버스 스피드를 말하는 것으로 인텔의 샌디 브릿지나 아이비 브릿지는 Bclk라고 하고 AMD의 경우 FSB라고 합니다.
- **QPI Link** : 프로세서와 프로세서끼리 또는 프로세서와 노우스 브릿지 사이의 전송 속도를 말하는 것으로 AMD에서는 HT로 표기합니다. 여기에서 Bus Speed는 CPU와 메모리, QPI가 값을 공유하게 됩니다. 즉, Bus Speed는 다 같이 공유하고 각자의 배수를 곱한 값을 가지게 됩니다. 예를 들어 Bus Speed가 100일 때, CPU의 배수가 40이라면 CPU 클럭은 4000MHz가 됩니다. 램의 배수가 10이라면 램 클럭은 1000MHz가 됩니다. 그리고 QPI의 배수가 30이라면 3000 MHz가 됩니다.

즉, BUS Speed를 올리면 CPU와 램, QPI까지 성능을 올릴 수 있다는 것입니다. 하지만, CPU와 램, QPI는 일정 전압에서 한계값이 서로 다릅니다. 따라서 오버 클러킹을 할 때는 이 세 가지를 모두 신경써야 합니다.

BUS Speed를 올리지 않고 각각의 배수만 조정해 오버를 하는 방법도 있습니다. 이 방법은 각자의 배율만 한계값에 신경 쓰면 되기 때문에 쉽게 오버 클러킹할 수 있습니다. 하지만, 인텔의 경우 'K'가 붙는 제품에만, AMD의 경우 '블랙 에디션' 제품에만 배수를 변경할 수 있도록 제한되어 있습니다.

5. 오버 클러킹을 초기화하기

마지막으로 오버 클러킹을 초기화하는 방법을 확인해 둡니다. 과도하게 오버 클러킹을 하면 부팅이 안되는 경우가 있습니다. 이런 경우 바이오스를 초기화할 필요가 있습니다. 바이오스 초기화는 메인 보드에 따라 다르지만 오버 클러킹을 고려해 나온 보드의 경우 CMOS Clear 버튼이 있어 쉽게 초기화할 수 있습니다. 이 버튼이 없다면 점퍼 방식으로 되어 있거나 메인 보드의 배터리를 잠시 빼두었다가 다시 꽂으면 CMOS를 초기화할 수 있습니다.

하지만, CMOS를 초기화하면 바이오스 세팅이 모두 지워져 AHCI 모드와 RAID 등의 설정을 다시 해야 합니다.

Part 04 최고의 컴퓨터 성능 극대화 테크닉

02 메인 보드 오버 클러킹 테크닉

오버 클러킹을 할 때 전력 공급량을 낮추게 되면 불안전해지므로 전원 관리 기술을 해제합니다. 전압이 인가된 상태에서 전력 사용량이 높아지면 종종 전압이 떨어지는 현상이 발생됩니다. 또한 전압 강하를 켜지 않은 상태에서 오버 클러킹을 하면 그만큼 안정화 전압이 올라가게 됩니다. 따라서 이런 것들을 방지하기 위해 전압 강하 방지 옵션을 켜준 상태에서 오버 클러킹을 진행합니다.

01 전원 관리 기술과 전압 강화 방지 옵션 설정하기

전원 관리 기술이란 CPU 사용량이 적을 때 메인 보드에서 정해진 프로필에 따라 전력 공급량을 낮춰 전력 소모를 줄이는 기술입니다.

1 컴퓨터 전원을 연결하고 포스팅 화면이 뜨는 동안 Del 또는 F2 키를 눌러 CMOS Setup으로 들어갑니다.

2 오버 클러킹을 진행하기 전에 전원 관리 기술을 설정하기 위해 Speed step, C1E Support, C-STATE 등의 항목을 Disable로 바꿔줍니다. AMD의 경우 Cool'n Quiet, C1E 등으로 표시됩니다.

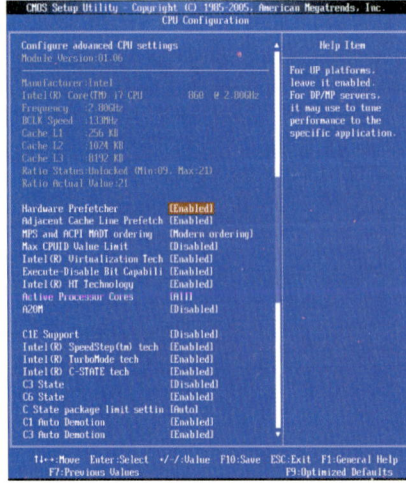
인텔 CPU용 메인 보드의 CMOS Setup

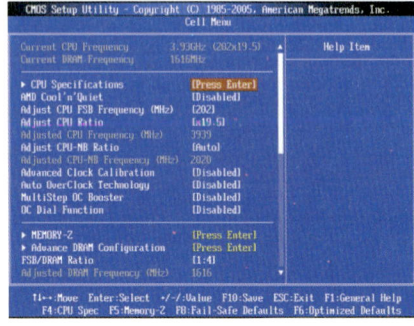
AMD CPU용 메인 보드의 CMOS Setup

3 전압 강하 방지 옵션을 설정하기 위해 VDrop을 찾아 옵션값을 Low VDop(또는 Enable)로 변경합니다. ASUS 보드의 경우 'Loadlinecalibration'으로 표시되어 있습니다.

전압 강하 방지 옵션은 메인 보드 제조업체마다 용어가 다릅니다. 따라서 메인 보드 설명서를 읽어보고 적절한 옵션을 찾아 설정을 변경합니다. 일부 메인 보드의 경우 점퍼를 조작해야 하는 보드도 있습니다.

4 [F10] 키를 눌러 CMOS Setup의 설정 사항의 변경된 내용을 저장합니다.

Part 04 최고의 컴퓨터 성능 극대화 테크닉

03 RAM(메모리) 오버 클러킹 테크닉

메모리 오버 클러킹은 메모리의 클럭 속도를 높이는 기술로 클럭 속도는 1333MHz, 1600MHz와 같이 표시됩니다. 오버 클럭을 하면 2133MHz 정도로 오버 클러킹하여 사용할 수 있지만 잘못 오버 클러킹하면 안정성이 나빠지거나 메모리가 고장날 수 있습니다.

01 메모리 정보 확인하기

Bus Speed를 조정하면 CPU 속도와 NB 클럭 속도, QPI 속도, QPI 속도, 램 클럭이 함께 올라갑니다. 그러므로 CPU의 NB, QPI(HT)와 RAM 클럭의 한계값을 알아둔 다음 목표값을 정하고 오버 클러킹하는 것이 좋습니다.

일단 CPUz에서 CPU의 QPI(HT) 값을 알아두는 것이 좋습니다.

QPI는 오버를 하더라도 성능상의 차이는 거의 없고 값을 내려도 VGA 배치값의 성능만 차이날 뿐 성능의 차이는 것의 없습니다. 따라서 현재 상태에서 CPUz의 QPI 값을 기억한 다음 그 값에 큰 변화가 없도록 조정하면 됩니다.

NB(Uncore)는 메모리 컨트롤러를 뜻합니다. 이 부분을 오버 클러킹하면 메모리의 지연 시간이 줄어듭니다. 기본적으로 이 부분도 BUS Speed 값을 올려주면 함께 올라가게 됩니다. 배수를 조절해 값을 내릴 수 있으므로 어느 정도 오버해주는 것도 성능 향상에 도움이 됩니다.

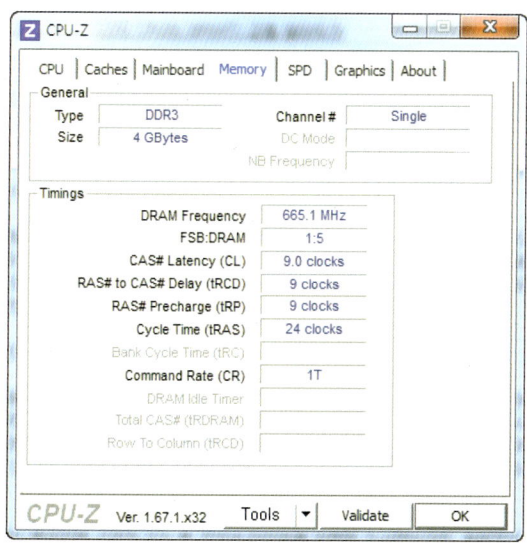

이번에는 메모리 클럭의 목표를 정합니다. CPUz상에서 위의 그림과 같이 메모리 탭을 눌러주면 나오는 CL, tRCD, tRP, tRAS, CR 등이 메모리 타이밍입니다. 이 외에도 타이밍값은 많으나 위에 표시되는 타이밍이 성능에 영향이 크기 때문에 주로 이 부분만 건드리고 나머지 부분은 'Auto'로 설정합니다.

오버 클러킹용 메모리를 구입한 경우에는 메모리에 쓰여 있는 램 전압과 타이밍을 입력해 주면 되지만, 일반적인 삼성 램의 경우는 메모리마다 어느 정도 편차가 있을 수 있으니, 다른 사람들의 메모리 오버 자료를 참조하는 것이 좋습니다. 일반적으로 1600 클럭 정도는 쉽게 들어간다고 하니 메모리 설정에 자신 없으면 타이밍을 다 Auto로 두고 1600 정도를 목표로 설정하는 것이 좋습니다.

02 CMOS에서 메모리 설정부분 확인하기

CMOS Setup의 모양은 바이오스 제조사와 보드마다 구성이 다르지만 조절할 항목은 동일합니다. 따라서 CMOS를 설정하기 전에 어떤 구성을 바꿔야 되는지 미리 확인합니다.

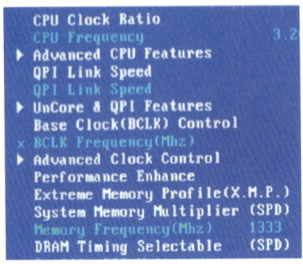

- **CPU Clock Ratio** : CPU의 배수를 말합니다. 저배수로는 조절이 가능하나 고배수 조절은 앞에서 설명했듯이 배수 제한이 해제된 CPU가 아니라면 설정을 바꿀 수 없습니다.

- **QPI Link Speed(AMD의 경우는 HT)** : QPI 속도를 말합니다. 바이오스상에서 Auto로 되어 있는 부분을 조절하면 QPI 속도를 조절하실 수 있습니다. Bclk 조절로 QPI 속도가 높아지면 저 부분으로 내려주면 됩니다.

- **UnCore & QPI Features** : NB 값을 조정해주는 부분입니다. 메모리 오버 시 이 부분에도 전압 인가가 필요합니다.

- **Bclk Control** : Bclk(BUS Speed)를 조정하는 부분으로 Base Clock(BCLK) Control을 Manual로 바꾼 다음 값을 올려 줍니다.

- **System Memory Multiplier** : 램의 배수를 정하는 부분입니다. 배수로 직접 나오는 경우도 있고 1033, 1333과 같이 기본 베이스 클럭일 때의 메모리값으로 표시되는 경우도 있습니다. RAM 클럭이 목표값에 오도록 조정합니다.

- **DRAM Timing Selectable** : 램 타이밍을 설정해 주는 기능입니다. 오버 클럭용 메모리를 사용한다면 메모리 케이스에 적혀 있는 타이밍값을 입력하면 됩니다. 일반 메모리라면 'Auto'로 설정한 후 오버를 하는 것이 좋습니다.

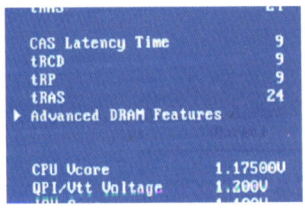

- **타이밍 조절** : 9-9-9-24 값이 주요 램 타이밍입니다. 보통 메모리를 고클럭으로 오버할수록 숫자를 올려주어야 메모리 안전성이 올라갑니다. 고클럭으로 설정하고도 타이밍이 작은 숫자로되어 있다면 메모리 오버 클러킹의 실패의 원인이 됩니다. 일반적으로 'Auto'로 설정하면 정당한 타이밍으로 설정됩니다. 기본적으로 숫자가 적을수록 속도가 빨라집니다.

03 XMP(D.O.C.P.) 기능을 이용한 메모리 오버 클러킹

XMP란 Extreme Memory Profile(X.M.P)을 말하는 것으로 오버 클럭을 통해 발휘할 수 있는 최고의 성능을 미리 제조자에서 메모리에 기록해 두었다가 메인 보드에서 자동으로 이 값을 인식해 오버 클럭이 자동으로 설정되도록 하는 기능입니다. CMOS Setup에 따라 DOCP(DRAM Overclock Profile)라는 이름으로 불리기도 합니다.

1 CMOS Setup을 실행한 다음 'Advanced Frequency Settings'를 선택합니다.

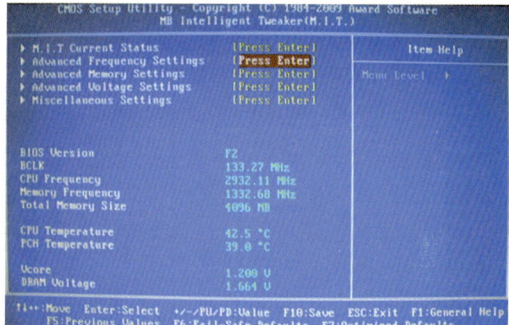

2 Extreme Memory Profile(X.M.P.)를 선택해 'Profile1'으로 변경합니다. 이렇게 하면 자동으로 설정이 바뀝니다.

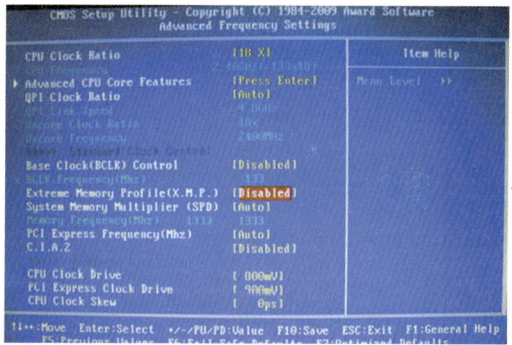

3 CMOS를 저장한 후 재부팅합니다. 만약 정상적으로 작동한다면 메모리가 오버 클러킹됩니다.

04 메모리를 수동으로 오버 클러킹하기

메모리 오버 클러킹은 미리 설정되어 있는 프로 파일을 이용하여 자동으로 할 수 있지만, 조금이라도 더 빠른 설정을 원한다면 수동으로 설정해야 합니다. 수동 설정은 잘못된 전압을 설정하면 오히려 문제가 발생할 수 있습니다.

1 메모리를 수동으로 설정하려면 'Advanced Memory Settings'를 선택합니다.

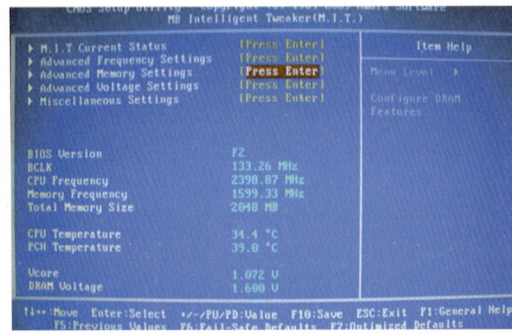

2 'System Memory Multiplier (SPD)'를 선택한 다음 Enter를 눌러 '12.0'을 선택합니다.

 System Memory Multiplier는 CPU의 기본 메모리 클럭과 실제 메모리 클럭 간의 비율을 조절하는 항목입니다.

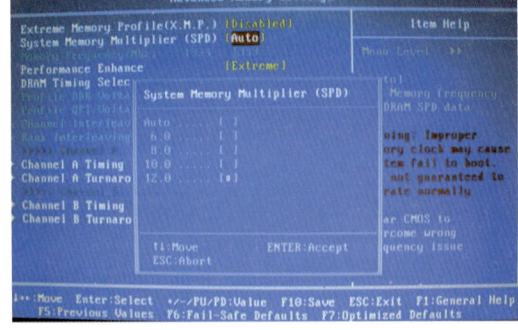

3 이렇게 하면 Memory Frequency (MHz)가 1333에서 1600으로 바뀌었습니다.

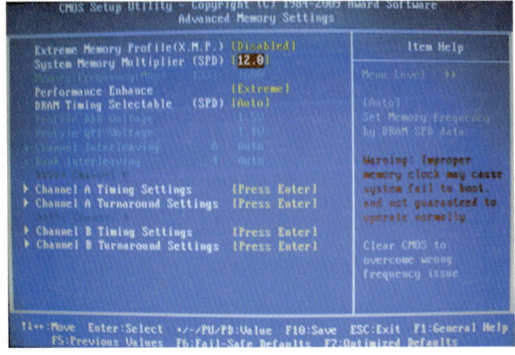

4 이번에는 램 타이밍을 조절하기 위해 'DRAM Timing Selectable (SPD)' 항목을 선택합니다.

 DRAM Timing Selectable(SPD)은 PC에서 메모리의 타이밍값을 설정하는 메뉴입니다.

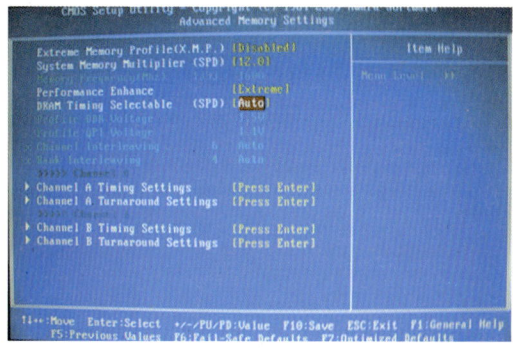

5 'DRAM Timing Selectable(SPD)'에서 'Expert'를 선택하고 Enter 키를 누릅니다.

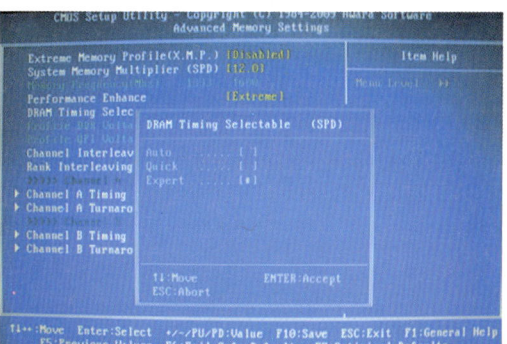

6 DRAM Timing Selectable (SPD)를 'Auto'에서 'Expert'로 변경하면 CL값 설정 환경이 나타납니다. 여기에 값을 입력합니다. 값이 작을수록 데이터 전송 시간이 줄어듭니다.

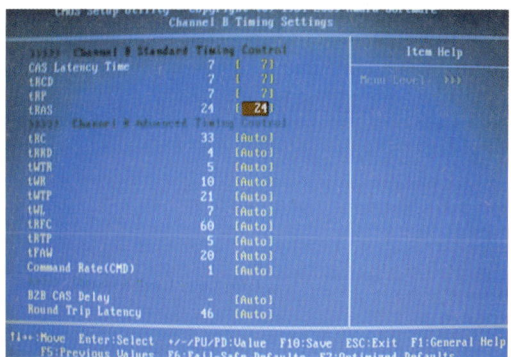

7 이번에는 메모리 전압을 설정해야 합니다. 전압을 설정하려면 Esc 키를 눌러 이전 화면으로 돌아간 다음 'Advanced Voltage Settings'를 선택합니다.

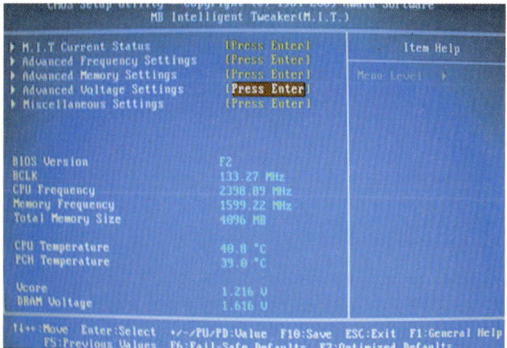

DRAM Voltage에서 적절한 값으로 변경합니다.

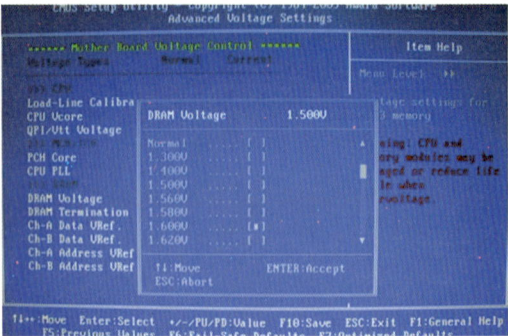

> 참고
> 일반적으로 1.6v 이상으로 올리지 않습니다. 만약 전압을 높게 올리려면 그에 맞는 쿨링 시스템을 갖추어야 하며 무리해서 전압을 올리면 메모리가 타버릴 수 있습니다.

 CMOS Setup을 저장한 다음 부팅합니다. 정상적으로 부팅되면 메모리 테스트 프로그램을 이용하여 테스트를 진행합니다. 그렇지 않다면 CMOS로 들어가 전압을 조절하거나 CMOS를 초기화한 후 재설정합니다.

05 'Memtest'로 메모리 테스트하기

부팅이 되었다고 오버 클러킹이 성공한 것은 아닙니다. 오버 클러킹을 했다면 메모리가 제대로 작동하는지 차근히 테스트해야 합니다. 메모리 테스트는 'Memtest'와 같은 프로그램을 이용합니다.

1 메모리를 테스트하기 위해 'Memtest'를 실행합니다.

> 참고
> 'Memtest' Free Version은 2G까지만 메모리를 테스트할 수 있습니다. 하지만 여러 개를 중복 실행해 동시에 테스트할 수 있으므로 RAM이 4G라면 2개의 창을 열어 놓은 다음 동시에 테스트합니다.

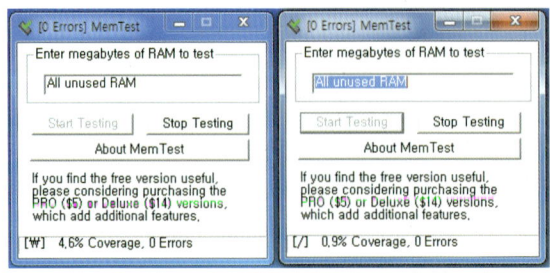

여러 개의 Memtest 실행

Chapter 03 RAM(메모리) 오버 클러킹 테크닉

2 All unused RAM에서 메모리의 크기를 입력한 후 [Start Testing] 버튼을 클릭하면 테스트를 시작합니다.

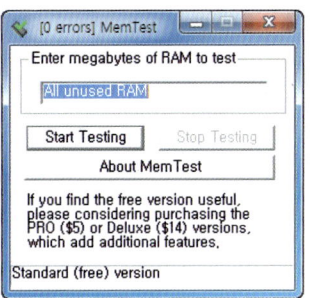

3 시간이 꽤 걸리는 작업이므로 기다립니다. 만약 에러가 나타나면 타이밍을 풀어 주거나 전압을 올려주어 에러가 나오지 않도록 조정합니다.

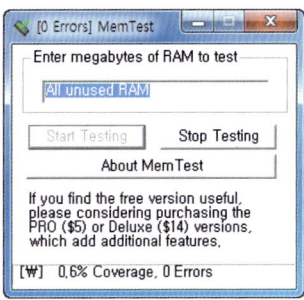

06 메모리 진단 도구로 메모리 검사하기

윈도우 7의 경우 자체적으로 메모리 진단 도구를 포함하고 있습니다. 이 프로그램을 이용해도 쉽게 메모리를 진단할 수 있습니다.

1 (윈도우키)+R을 눌러 실행 창이 나타나면 '메모리 진단'이라고 입력한 후 [확인] 버튼을 클릭합니다.

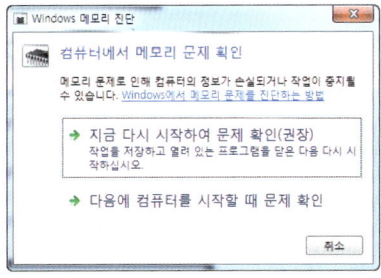

2 '지금 다시 시작하여 문제 확인'을 클릭하면 바로 재부팅되면서 메모리 검사를 시작합니다.

Part 04 최고의 컴퓨터 성능 극대화 테크닉

04 CPU 오버 클러킹 테크닉

CPU 오버 클러킹은 CPU 배수를 조절하는 방법과 버스 스피드값을 조절해 속도를 높이는 방법이 있습니다. 배수 조절은 일부 CPU를 제외하면 제한되므로 버스 스피드값을 정하는 방법에 대해 알아보겠습니다.

01 CPU 오버 클러킹하기

CPU 오버 클러킹은 CPU Clock Ratio와 CPU Frequency만 수정하면 됩니다. CPU Clock Ratio는 CPU의 배수를 의미하며 CPU Frequency는 FSB 속도를 의미합니다. 이 두 개를 곱하면 CPU의 속도가 되는 것입니다.

1 바이오스 화면에서 CPU FSB Frequency를 올려 준 다음 이번에는 CPU Ratio를 조금씩 올려줍니다. 그림에서는 CPU FSB Frequency값이 383이고 7이므로 383×7이 되므로 2.68GHz가 됩니다.

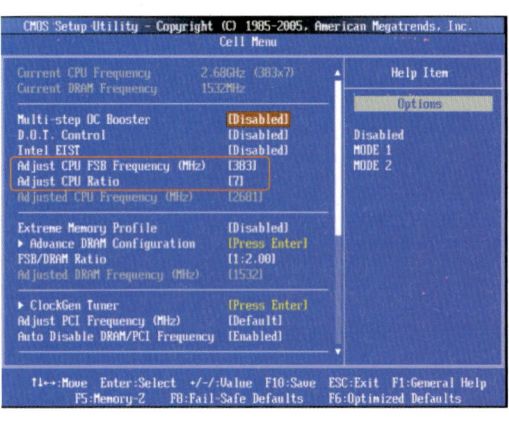

 CPU Frequency
CPU Frequency는 CMOS의 종류에 따라 FSB frequency, fsb frequency, cpu bus frequency, bus speed, base clock, BCLK 등으로 표시됩니다.

2 자신이 원하는 클럭에 도달하면 CPU Voltage에 전압을 조금씩 증가합니다.

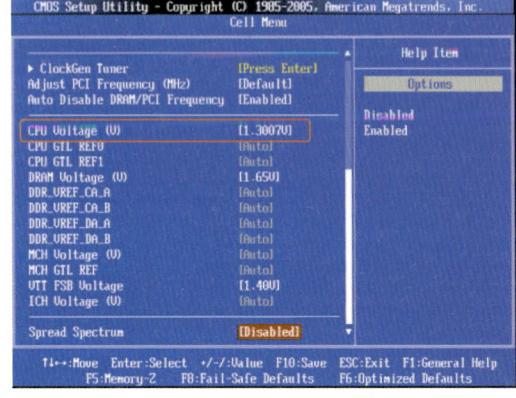

 전압 인가값은 같은 종류의 CPU라도 차이가 있으므로 조금씩 올립니다. 처음부터 많이 올리면 CPU가 타 버릴 수 있습니다. 또한 전압과 CPU 온도는 비례하므로 온도에 신경써야 합니다.

Chapter 04 CPU 오버 클러킹 테크닉

3 설정이 모두 끝나면 F10 키를 눌러 저장한 다음 재부팅합니다. 정상적으로 부팅이 되지 않는다면 클럭을 조금 내린다던지 CPU 전압을 더 인가하여 부팅합니다. 만약 부팅도 되지 않고 검은 화면만 계속해서 나타나면 CMOS를 초기화해야 합니다.

02 CPU 안정화

CPU를 오버 클러킹한 후에 부팅이 되었다면 이번에는 CPU가 안정적으로 작동하는지 확인해야 합니다. CPU 안정화 테스트는 LinX와 같은 프로그램을 사용하며 이 프로그램은 인터넷에서 쉽게 다운받을 수 있습니다.

1 LinX를 다운받아 실행합니다. LinX 프로그램을 실행한 다음 [Settings] 버튼을 클릭합니다.

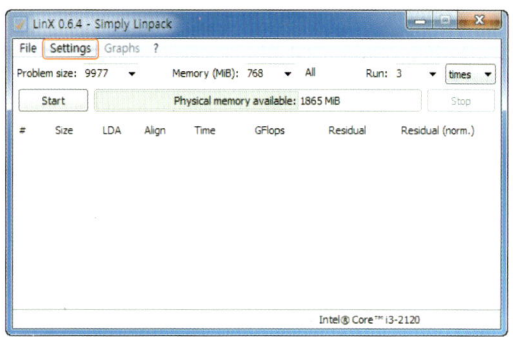

2 [Settings] 대화상자가 나타나면 'Mode와 Number of threads'를 선택하고 [OK] 버튼을 클릭합니다.

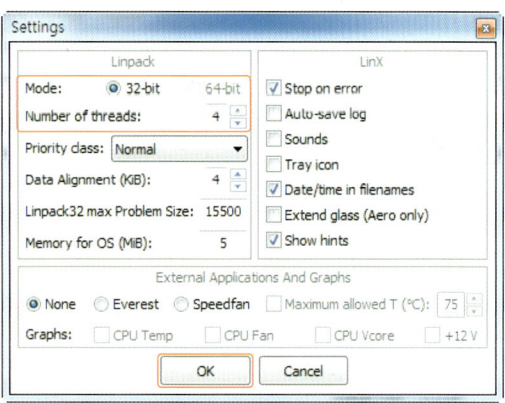

참고 — Mode는 현재 사용 중인 운영체제가 32bit 인지, 64bit인지에 따라 맞춰줍니다. 그리고 Number of threads는 CPU의 스레드 수를 입력합니다.

317

③ 이번에는 'memory' 항목에 사용할 램의 용량을 결정합니다. 여기에서 설정하는 램의 용량이 커지면 CPU에 부하가 커지게 되어 좀 더 신뢰성이 높은 안정화 테스트를 할 수 있습니다.

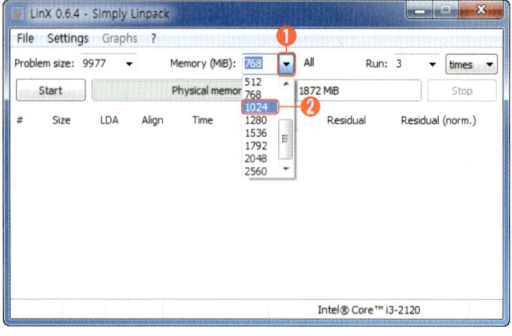

 Physical memory avaliable은 물리적 메모리의 여유 용량입니다. 'memory' 항목은 Physical memory avaliable의 여유 용량보다 100~200 MB 적게 입력하는 것이 좋습니다.

④ 'Run' 항목에 테스트를 몇 회할지를 입력합니다. 많은 테스트를 거치면 좋겠지만 20~25회 정도로 테스트를 진행합니다.

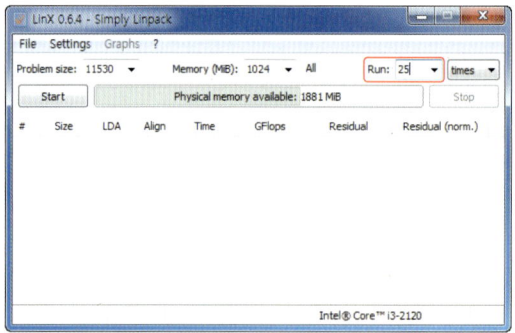

⑤ 모든 설정이 끝났으면 'Start'를 클릭해 테스트를 시작합니다.

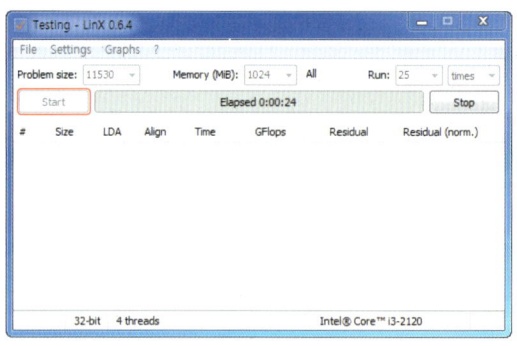

 테스트 중에는 다른 작업을 하지 않아야 정확한 결과를 얻을 수 있습니다.

6 메모리 검사 결과 이상이 없다면 정상적으로 종료되었다고 나타납니다.

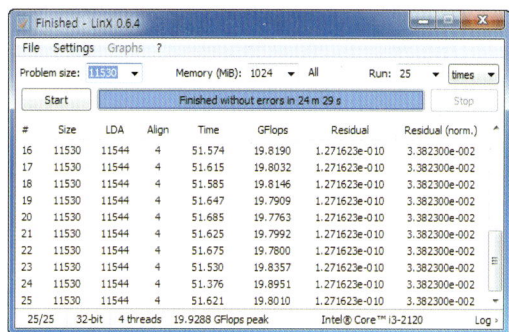

참고 | 테스트 중 오류가 발생하면 테스트가 중간에 멈춥니다.

LinX로 테스트하여 통과했다고 안정성이 확보된 것은 아닙니다. LinX 외에 다른 프로그램을 이용하여 테스트를 하고 CPU 내부 온도가 상승하지 않는지 꼼꼼히 확인해야 합니다.

05 그래픽 카드 오버 클러킹 테크닉

그래픽 카드의 오버 클러킹은 nVIDIA 계열과 ATI 계열로 나눌 수 있습니다. 그래픽 카드의 오버 클러킹은 먼저 nVIDIA 계열과 ATI 계열인지를 미리 확인하고 그에 맞는 프로그램을 다운로드 받아 오버 클러킹을 합니다.

01 nVIDIA 계열 그래픽 카드의 오버 클러킹

nVIDIA 계열의 그래픽 카드를 오버 클러킹하기 위해서는 프로그램이 필요한데 이 중 대표적인 것이 RivaTuner입니다. nVIDIA 계열의 그래픽 카드를 오버 클러킹하려면 먼저 RivaTuner를 준비해야 합니다.

1 RivaTuner를 다운받아 설치합니다. RivaTuner는 프리웨어로서 인터넷 검색으로 쉽게 다운받을 수 있습니다.

2 RivaTuner.exe를 더블 클릭해 실행하면 RivaTuner의 메인 화면이 나타납니다.

3 RivaTuner가 실행되면 화면 아래쪽의 [Driver settings] 항목에서 [Customize…]를 클릭하면 세부적인 메뉴가 나타납니다. 여기에서 그래픽 카드를 클릭합니다.

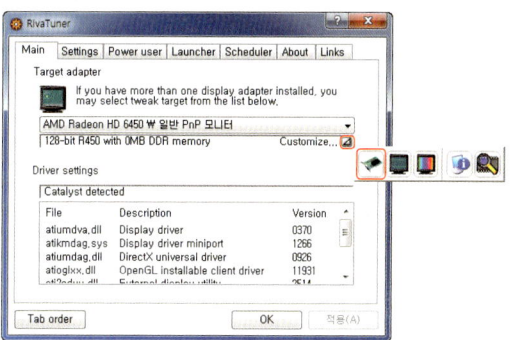

4 [System tweaks] 대화상자가 나타나면 'Enable low-level hardware overclocking' 메뉴를 선택합니다.

5 클럭을 조정하기에 앞서 설정 항목을 조절합니다. 'performance3D'를 선택하고 코어 클럭과 메모리 클럭을 조금씩 올려줍니다.

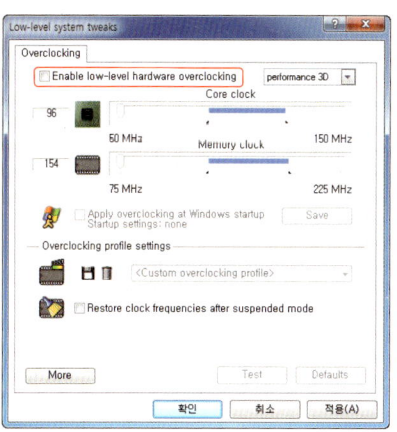

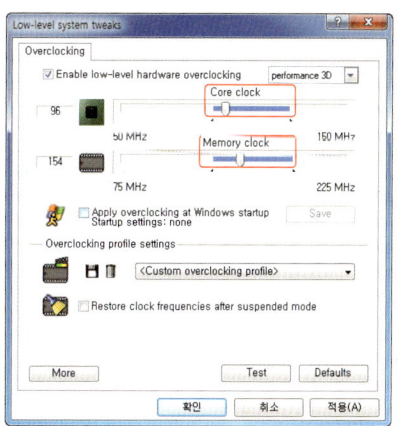

> **참고** 클럭을 올릴 때는 처음부터 무리하게 올리지 말고 조금씩 올려야 됩니다. 무리하게 올리면 그래픽 카드에 손상을 줄 수 있습니다. 또한 클럭은 10%~20% 내에서 조정하는 것이 가장 좋습니다.

6 그래픽 카드 코어 클럭과 메모리 클럭을 조절하였으면 아래쪽에 있는 [TEST]를 클릭해 적절하게 조절되었는지 확인합니다.

7 테스트가 진행됩니다. 테스트를 멈추려면 Esc 키를 누릅니다.

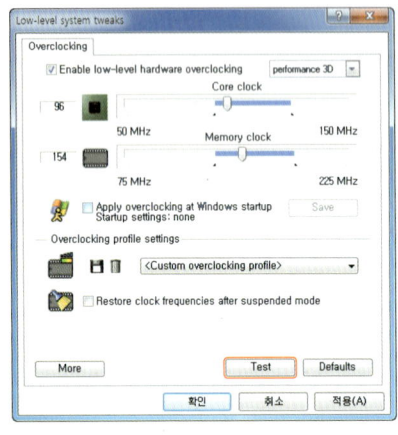

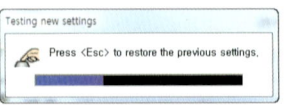

8 적용된 수치를 계속해서 사용하려면 [적용] 버튼을 클릭합니다. 이제 간단한 오버 클러킹은 끝났습니다.

참고 : 그래픽 카드가 안정적으로 돌아가는지 GPU-Z와 같은 프로그램을 이용해 그래픽 카드의 온도를 확인합니다. 특히 3D 게임과 같이 GPU를 많이 사용하는 프로그램을 실행한 다음에는 온도를 확인해야 합니다. 일반적으로 그래픽 카드가 안정적으로 작동하는 적정 온도는 70도 이하이며, 80도 이상이 된다면 다운되거나 재부팅될 수 있습니다.

02 ATI 계열 그래픽 카드의 오버 클러킹

ATI Overdrive를 사용하면 동적이고 안전한 방법으로 그래픽 카드의 클럭 속도를 최적의 수준으로 높여 GPU(Graphic Processing Unit)의 성능을 최대화할 수 있습니다. 특히, 맞춤형 냉각 솔루션을 사용하는 경우에 이 기능을 사용하면 GPU의 성능을 크게 개선할 수 있습니다. 칩에 달린 열 센서가 지속적으로 GPU의 온도를 확인하여 과열을 방지하면서 최대의 클럭 속도를 유지할 수 있습니다. GPU가 과열되면 ATI Overdrive에서 자동으로 클럭 속도를 줄여 온도를 낮춥니다. 그렇다고 그래픽 프로세서 속도가 기본 클럭 속도 이하로 떨어지지는 않습니다. Catalyst Control Center는 라데온 그래픽 카드를 구입할 때 제공된 DVD에 포함되어 있습니다. 이 프로그램을 이용하면 쉽게 오버 클러킹이 가능합니다. Catalyst Control Center가 없거나 제공된 DVD를 분실하였다면 인터넷에서 최신 프로그램을 다운로드받아 설치합니다.

1 Catalyst Control Center를 설치한 다음 실행합니다.

2 Catalyst Control Center가 실행되면 [성능]-[AMD OverDrive]를 선택합니다.

3 사용권 계약서를 읽어본 후 [허용] 버튼을 클릭합니다.

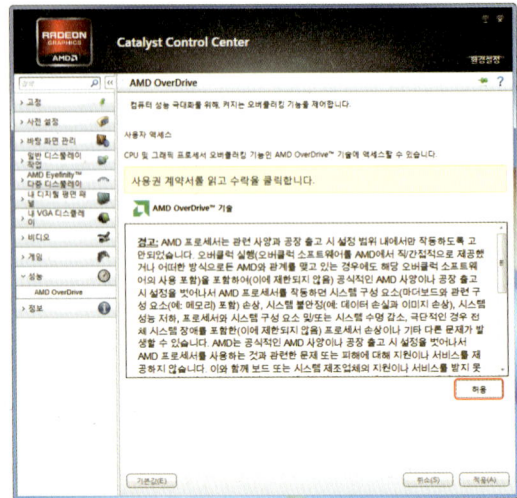

4 그래픽 카드의 GPU 클럭 속도와 메모리 클럭, 온도, 팬 속도 등이 표시됩니다.

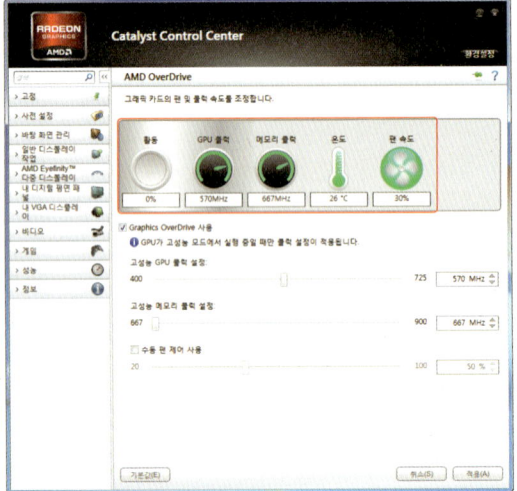

5 본격적으로 오버 클러킹하기 위해 GPU 클럭을 조금 올려준 다음 [적용]을 클릭해 테스트를 진행합니다. 테스트는 이때 3d 프로그램이나 Fishbowl(http://ie.microsoft.com/testdrive/Performance/FishBowl)과 같은 프로그램을 실행해 테스트를 진행합니다.

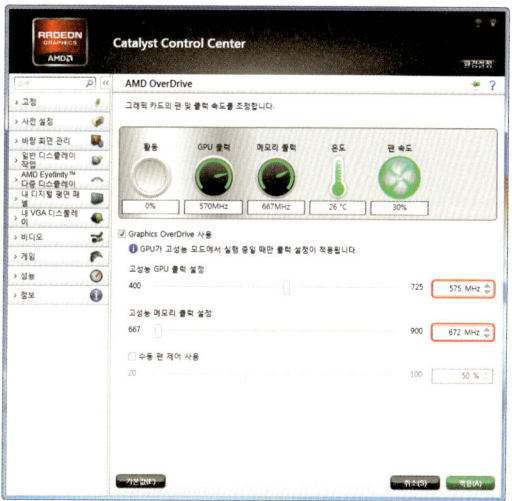

6 적용을 클릭해 속도를 확인합니다. 그래픽 카드의 활동량이 최대로 증가하지 않고 온도가 45도 이상으로 높지 않다면 조금씩 올려가면서 테스트를 진행합니다.

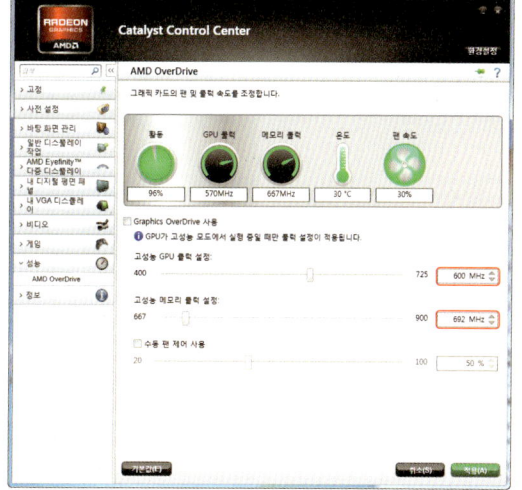

 [사용자 정의된 클럭 테스트] 단추가 있다면 이 단추를 클릭해 새 클럭 설정이 효과적으로 작동할 수 있는지 테스트할 수 있습니다.

325

홈 네트워크 구성과 여러 대 컴퓨터의 자원 공유하기

노트북의 보급과 컴퓨터의 높은 보급률에 따라 집에 PC를 여러 대 소유하고 있는 가정이 늘고 있습니다. 여러 대의 PC를 사용하는 경우 데이터를 옮기고 복사하는 등의 일이 여간 불편한 것이 아닙니다. 또한 프린터도 한 대의 PC에만 연결하여 사용하는 것이 아니라 집안의 어떤 PC와도 출력이 가능하도록 설정하고 사용할 수 있습니다.

Part 05 홈 네트워크 구성과 여러 대 컴퓨터의 자원 공유하기

인터넷 연결 공유와 네트워크 기본기 다지기

누구나 쉽게 네트워크를 구성할 수 있습니다. 이제 집에서도 여러 대의 컴퓨터를 인터넷 공유기를 사용하여 하나의 네트워크로 구성하여 사용하는 데 그 기본에 대해서 알아보 겠습니다.

01 네트워크 기본기 다지기

네트워크의 기본에 대해서 알아보겠습니다. 네트워크의 개념과 어떻게 구성되어 네트워크 안에서 장치와 자료들이 공유되어지는지 개념을 이해하는 것이 좋습니다.

1. 네트워크의 이해

네트워크란 두 대 이상의 컴퓨터를 연결하여 서로의 자원(데이터)을 공유하여 사용하는 것을 말합니다. 예를 들어 A라는 컴퓨터에 있는 파일을 B라는 컴퓨터에서 열어 작업할 수 있으며 파일을 서로 주고받을 수도 있습니다. 단순히 데이터만을 주고받는 것은 아닙니다. 네트워크상에 연결된 모든 장치를 서로 공유하여 사용할 수 있습니다.

대표적인 예로 네트워크 프린터를 생각할 수 있습니다. 네트워크에 연결된 프린터는 동일한 네트워크상의 어떤 컴퓨터에서도 프린트가 가능하며 다양한 제어도 가능합니다. 단, 네트워크 기능을 프린터 자체에서 지원한다면 네트워크상에 직접 연결할 수 있지만 USB 연결만 지원하는 프린터의 경우 네트워크상에서 임의의 PC에 로컬 프린터로 연결한 후 해당 PC에서 프린터를 공유하여 사용해야 합니다.

2. 네트워크의 구성 방법과 기기의 공유

네트워크를 구성하는 방법은 매우 다양합니다. 여기서는 일반 가정에서 여러 대의 컴퓨터를 네트워크로 구성하는 방법에 대해서 알아보겠습니다. 유무선 공유기 한 대와 유선으로 연결할 컴퓨터 2대, 무선으로 연결할 노트북 1대, USB 연결만 지원되는 프린터 1대, 랜 포트를 지원하는 프린터 1대를 예를 들어 설명하겠습니다.

홈 네트워크는 일반적으로 다음과 같은 형태로 연결됩니다. DLNA(Digital Living Network)를 지원하는 TV의 경우 TV 랜 포트와 유무선 공유기를 랜 케이블을 사용하여 연결하게 됩니다. 이렇게 하면 다른 컴퓨터의 영상 파일이나 이미지 파일을 TV에서 감상할 수 있는 DLNA를 구성할 수 있습니다.

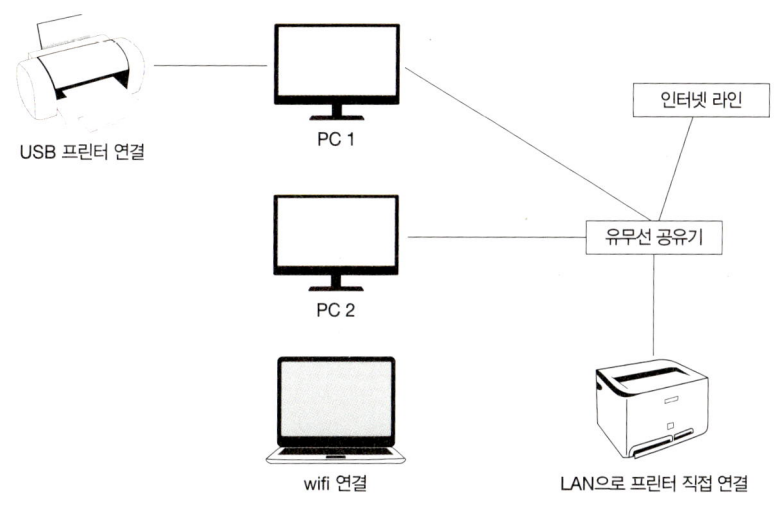

홈 네트워크 구성도

3. 데이터 공유

PC 안의 모든 파일이 네트워크로 연결되어 있다면 편하게 공유하여 사용할 수 있습니다. 공유하여 파일을 사용한다는 것은 A라는 PC에 있는 파일이나 폴더를 공유 설정을 한 후 그 외의 네트워크상의 다른 PC들과 공유하여 사용할 수 있음을 의미합니다. 공유하고자 하는 파일을 폴더 안에 넣고 폴더 공유로 다른 PC와 함께 사용할 수 있습니다.

즉, 공유된 폴더나 파일이 있다면 네트워크상의 다른 컴퓨터에서 각 컴퓨터의 공유된 폴더 안의 파일들을 보거나 복사하여 내 컴퓨터로 가져오는 등의 작업이 가능한 것을 말합니다.

4. 네트워크 장비에 대한 이해

홈 네트워킹 환경을 만들기 위해 꼭 필요한 장치가 있습니다. 바로 공유기라는 장치입니다. 무선 인터넷 환경을 함께 공유하여 사용하는 무선 공유기, 유선으로만 인터넷 환경을 공유할 수 있는 유선 공유기, 유/무선 환경을 모두 제공하는 유무선 공유기가 있습니다. 일반적으로 유무선 공유기를 가장 많이 사용합니다.

유무선 공유기는 인터넷 라인과 직접 연결되는 장치입니다. 하나의 인터넷 라인을 여러 대의 PC와 나누어 사용할 수 있도록 도와주는 장치입니다.

유무선 공유기

유무선 공유기와 PC를 연결하기 위해서는 PC에 랜 포트가 준비되어 있어야 합니다. 요즘 대부분의 PC에서는 메인 보드에서 랜 포트를 지원하기 때문에 특별하게 랜 카드가 필요하지 않습니다. 하지만 구형 PC의 경우에는 랜 카드가 따로 필요할 수도 있으며 메인 보드의 랜 포트가 망가진 경우 랜 카드를 설치해서 사용할 수도 있습니다. 랜 카드는 유선 랜 카드와 무선 랜 카드가 있으며 유선 랜 카드는 만 원 이하의 가격으로 구매가 가능합니다. 무선 랜 카드는 2~3만 원대에서 구매가 가능합니다.

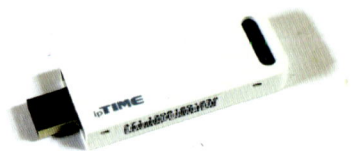

무선 랜카드

02 네트워크 연결과 인터넷 연결 공유하기

홈 네트워크는 공유기와 PC를 연결하고 공유기에 인터넷 선을 연결합니다. 간단한 설치 방법이지만 설치 시에 몇 가지만 주의하면 쉽게 연결할 수 있습니다.

1 먼저 집에 인터넷이 연결된 라인을 찾습니다. 인터넷 서비스를 제공하는 업체의 모뎀에 랜 케이블을 연결하고 반대쪽에 유무선 공유기와 연결합니다. 랜 케이블을 유무선 공유기에 연결할 때는 'WAN'이라고 씌어진 곳에 연결해야 합니다.

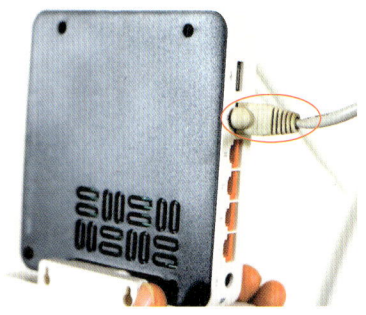

2 이제 유무선 공유기와 PC를 연결하겠습니다. 유무선 공유기의 나머지 포트 아무 곳이나 랜 케이블을 연결합니다. 유무선 공유기에 연결한 랜 케이블의 반대편을 PC의 랜 포트에 연결합니다. 다른 PC나 네트워크 프린터도 유무선 공유기에 랜 케이블을 연결하여 사용할 수 있습니다.

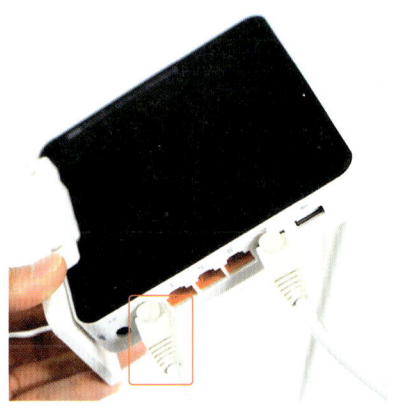

Chapter 02 내 컴퓨터 프린터 서버 만들기

Part 05 홈 네트워크 구성과 여러 대 컴퓨터의 자원 공유하기

프린터를 직접 PC에 연결하여 사용하는 경우에는 특별하게 문제가 없지만 네트워크 프린터로 설정하여 동일한 네트워크상의 모든 PC에서 프린트가 가능하게 하려면 네트워크 프린터를 설치해야 합니다. 여기서는 로컬 프린터와 네트워크 프린터를 설정하는 방법에 대해서 알아보겠습니다.

01 로컬 프린터 설치하기(윈도우 8)

프린터 한 대를 PC와 연결하여 사용하는 경우 로컬 프린터로 설치하여 사용합니다. 간단히 PC와 연결한 후 드라이버를 설치하고 사용하면 됩니다. 윈도우 8에서 설치 파일을 사용하여 프린터를 설치해 보겠습니다.

1 프린터 드라이버만 따로 제공하는 경우와 프린터 설치 파일을 제공하는 두 가지의 경우로 나뉩니다. 프린터 설치 파일을 제공하는 경우는 간단합니다. 설명서대로 프린터 설치 파일을 실행해서 계속 다음 단계로 넘어갑니다.

2 이번에는 드라이버만 제공하는 경우입니다. 윈도우 8 바탕 화면에서 ■(윈도우)+X 키를 누른 후 [제어판] 메뉴를 클릭합니다.

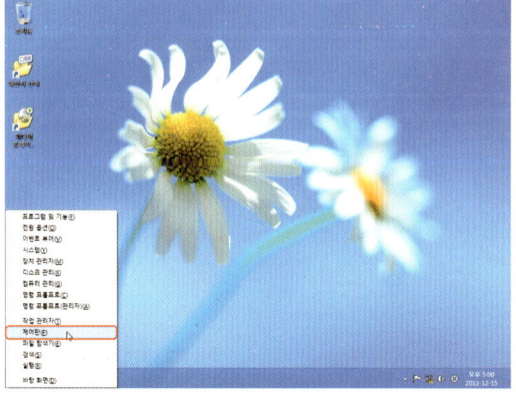

3 [제어판] 창이 표시되면 '보기 기준'의 범주를 '작은 아이콘'으로 변경합니다. 프린터를 설치하기 위해서 [장치 및 프린터]를 선택합니다. 윈도우 7의 경우에는 [제어판]에서 바로 [장치 및 프린터]를 실행합니다.

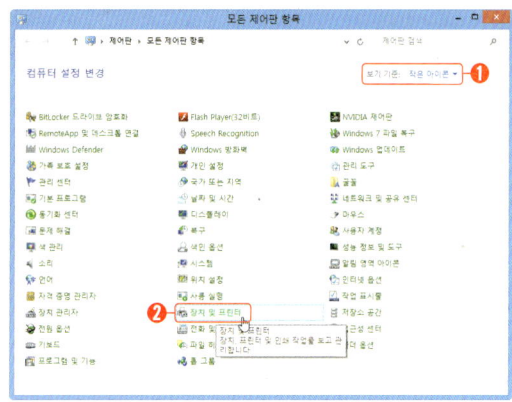

4 프린터를 PC와 연결한 후 프린터의 전원을 켭니다. [장치 및 프린터] 창이 표시되면 프린터를 추가하기 위해서 [프린터 추가] 버튼을 클릭합니다.

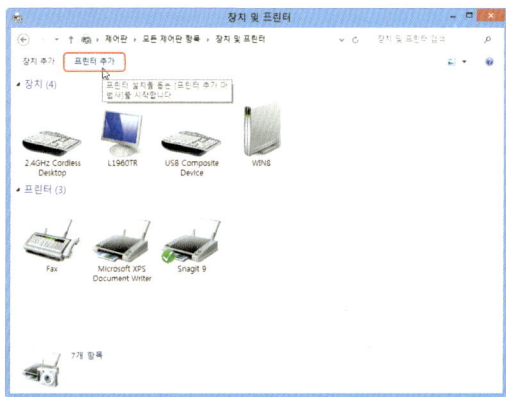

5 프린터를 자동으로 찾는 화면이 표시됩니다. [원하는 프린터가 목록에 없습니다.] 버튼을 클릭합니다.

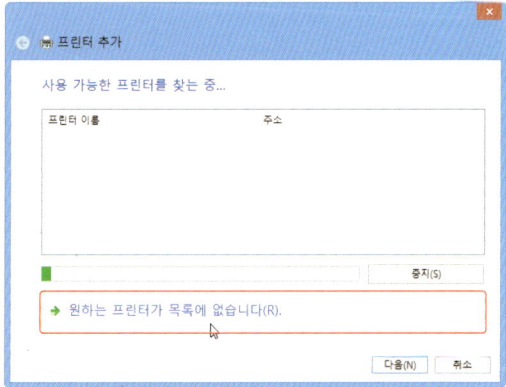

6 '수동 설정으로 로컬 프린터 또는 네트워크 프린터 추가'를 선택한 후 [다음] 버튼을 클릭합니다.

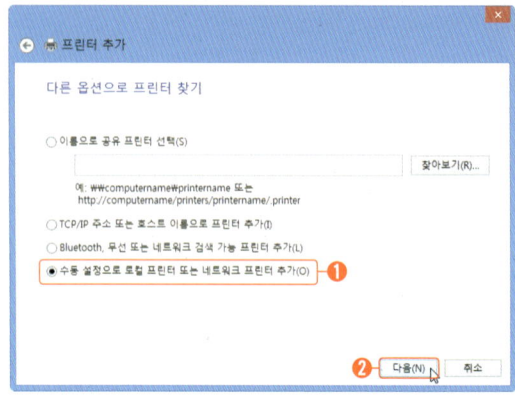

7 '기존 포트 사용'을 선택한 후 [다음] 버튼을 클릭합니다.

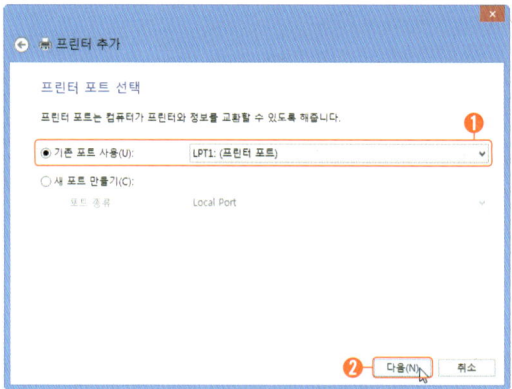

8 [디스크 있음] 버튼을 클릭합니다. [디스크에서 설치] 대화상자가 표시되면 [찾아보기] 버튼을 클릭한 후 프린터 드라이버 파일을 선택하여 설치합니다.

Chapter 02 내 컴퓨터 프린터 서버 만들기

02 로컬 프린터를 네트워크 프린터로 설정하기

로컬 프린터로 설치한 프린터를 네트워크 프린터로 설정하면 같은 네트워크에 있는 다른 컴퓨터에서 해당 프린터를 사용할 수 있습니다. 물론 이 경우 로컬 프린터가 설치된 PC와 로컬 프린터가 모두 전원이 켜져 있을 때만 네트워크 프린터로 사용이 가능합니다.

1 [제어판]에서 [장치 및 프린터]로 이동합니다. 설치한 프린터를 마우스 오른쪽 버튼으로 클릭한 후 [프린터 속성] 메뉴를 클릭합니다.

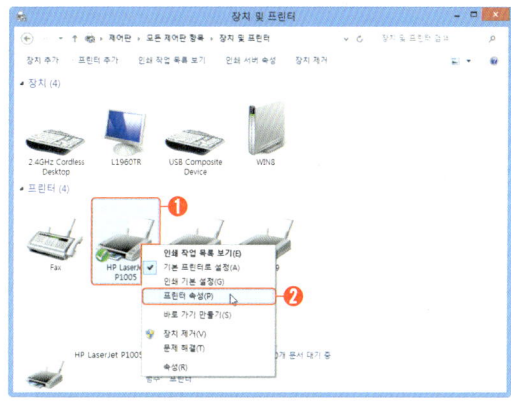

2 네트워크 프린터로 만들기 위해서 [공유] 탭을 클릭한 후 [공유 옵션 변경] 버튼을 클릭합니다.

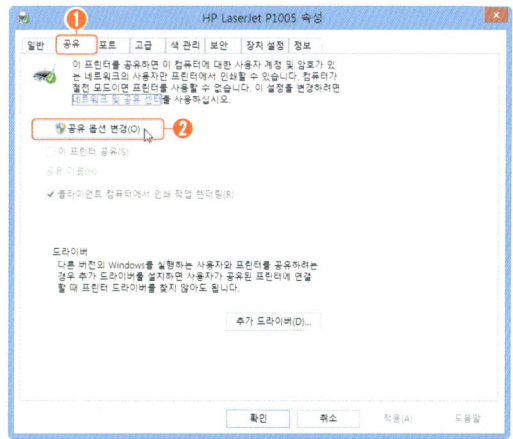

3 '이 프린터 공유'에 체크한 후 '공유 이름'을 입력합니다. '클라이언트 컴퓨터에서 인쇄 작업 렌더링'에 체크한 후 [확인] 버튼을 클릭합니다.

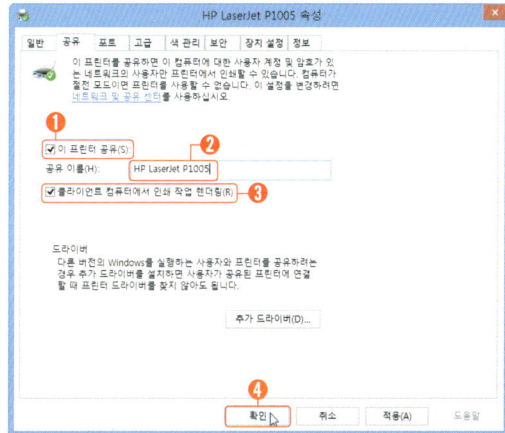

335

03 네트워크 프린터 공유하기

다른 PC에 연결된 프린터를 공유 설정하였다면 내 컴퓨터에서 해당 프린터를 네트워크 프린터로 설정하여 마치 내 컴퓨터와 연결된 것처럼 프린팅 작업을 할 수 있습니다.

1 [시작] 버튼을 클릭한 후 [제어판] 메뉴를 클릭합니다. [장치 및 프린터] 메뉴를 클릭합니다. 네트워크 프린터를 추가하기 위해서 [프린터 추가] 버튼을 클릭합니다.

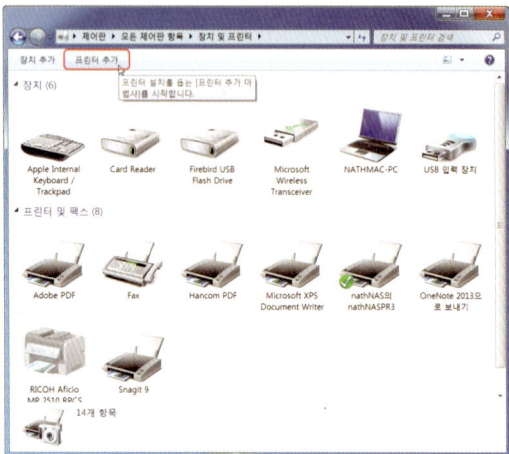

2 [프린터 추가] 대화상자가 표시됩니다. 로컬 프린터가 아닌 네트워크 프린터를 설치할 것이므로 [네트워크, 무선 또는 Bluetooth 프린터 추가] 버튼을 클릭합니다.

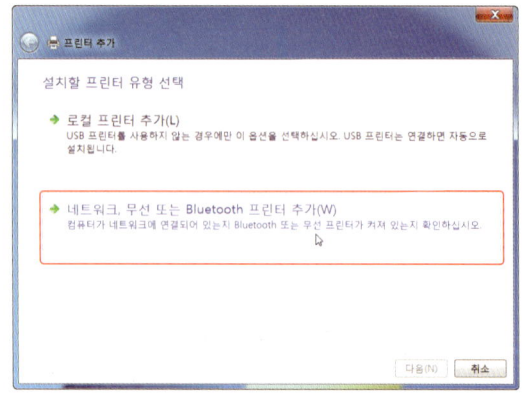

3 네트워크 프린터가 검색됩니다. 네트워크 프린터들이 검색되면 설치하고자 하는 네트워크 프린터를 선택하여 설치합니다. 설치하는 동안에 프린터 드라이버가 필요할 수도 있습니다. 이때는 프린터 제조회사 홈페이지에서 다운로드하여 설치합니다.

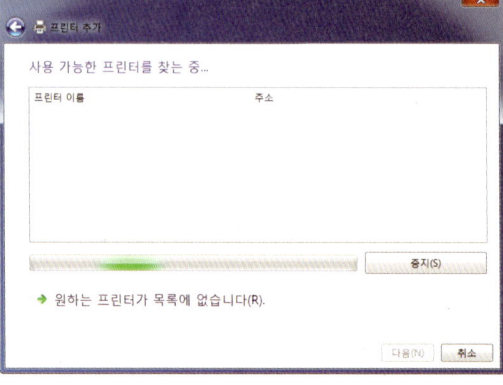

Part 05 홈 네트워크 구성과 여러 대 컴퓨터의 자원 공유하기

네트워킹의 핵심! 보안에 주의하자!

집 안에서 공유기를 사용하면 별다른 문제가 없는 것 같지만 무선을 공유해서 사용해야 하는 경우에는 무선 공유기 주변에서 다른 사람들이 함부로 사용할 수도 있습니다. 때문에 무선 공유기의 보안 설정은 반드시 해두어야 하는 부분입니다.

01 무선 공유기의 보안 설정하기

무선 공유기에서 보안을 설정하는 방법에 대해서 알아봅니다. 비밀번호를 설정하여 무선 인터넷에 접속할 때 이 비밀번호를 알고 있는 사용자만 접속할 수 있도록 합니다.

1 공유기에 접속하겠습니다. 인터넷 익스플로러를 실행한 후 '192.168.0.1'을 입력하고 Enter 키를 누릅니다. 공유기 제조 회사에 따라 접속하는 IP 주소가 다를 수 있습니다. 구매시 동봉된 매뉴얼을 참고하세요.

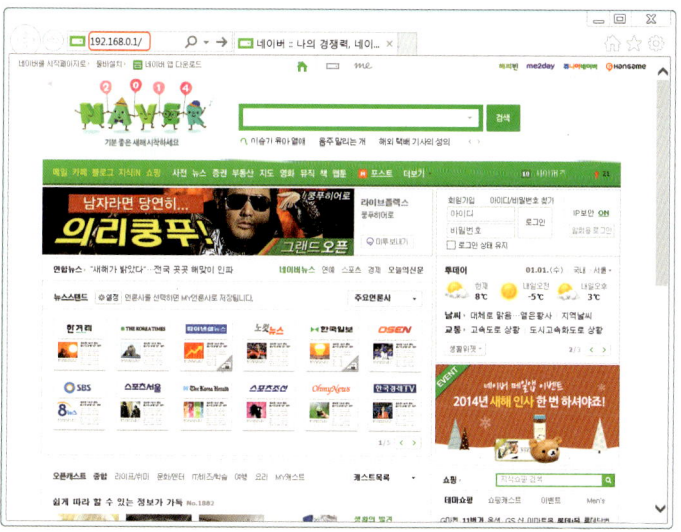

2 IPTIME 공유기 접속 화면이 표시됩니다. [관리도구]를 클릭합니다.

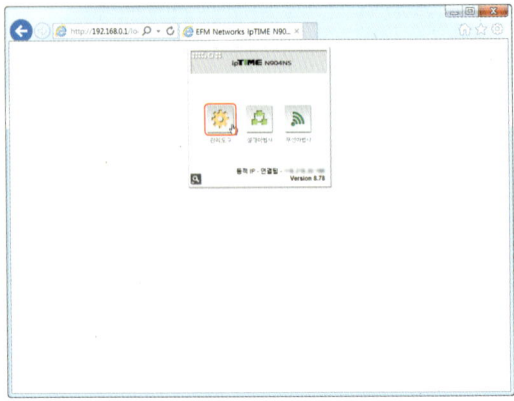

3 시스템 요약 정보가 표시됩니다. 무선 설정에 대한 보안을 설정할 것이므로 '2.4GHz 무선 설정/보안'을 클릭합니다. 2.4GHz와 5GHz을 모두 사용하는 공유기의 경우에는 각각 동일한 방법으로 비밀번호를 설정하도록 합니다.

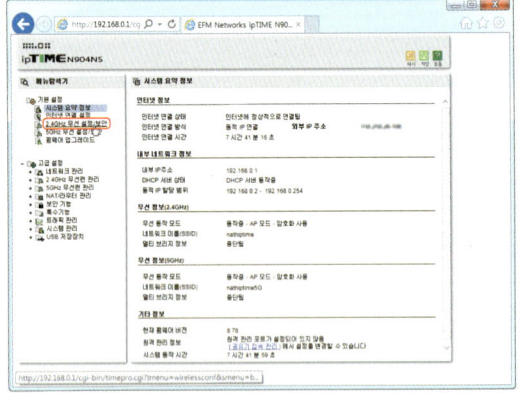

4 인증 방법을 'WPAPSK/WPA2PSK'를 선택하고 'AES'를 선택합니다. '네트워크 키'에 비밀번호를 입력하고 [적용] 버튼을 클릭합니다.

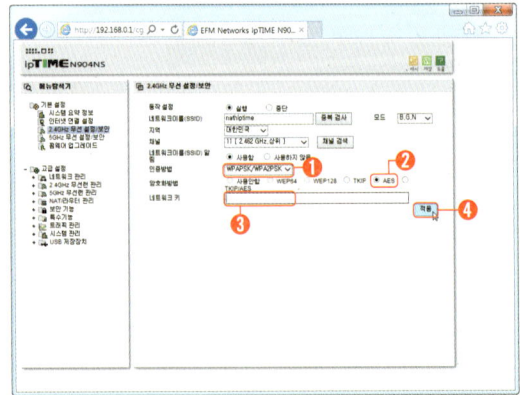

5 이제 무선 인터넷에 연결하려면 다음과 같은 비밀번호를 입력하는 입력란이 표시됩니다. 비밀번호를 입력하고 [확인] 버튼을 클릭해야 무선 인터넷을 사용할 수 있습니다.

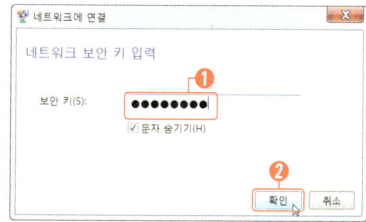

> **참고 공유기 처음 접속 시 비밀번호를 물어볼 때**
> 공유기에 처음 접속할 때 비밀번호를 묻는 경우가 있습니다. 보통은 비밀번호가 '0000'으로 설정되어 있지만 공유기 제조회사마다 다른 비밀번호를 사용하는 경우가 있으니 구매 시 동봉된 매뉴얼을 참고하세요.

02 MAC 주소를 이용한 무선 보안

MAC 주소란 랜 카드의 물리적인 주소를 말합니다. 내 PC의 랜 카드에 있는 MAC 주소를 찾아 인터넷 공유기에서 이 MAC 주소를 가진 랜 카드의 경우에만 무선 공유기를 사용할 수 있도록 설정하면 한 번 등록으로 비밀번호 설정 없이 보안이 되도록 만들 수 있습니다.

1 [시작] 버튼을 클릭하고 [모든 프로그램]-[보조 프로그램]에서 [명령 프롬프트]를 클릭합니다. [명령 프롬프트]가 실행되면 'ipconfig /all'을 입력한 후 Enter 키를 누릅니다.

2 해당 PC의 다양한 정보가 표시됩니다. 무선 LAN이나 Wifi 항목과 관련된 '물리적 주소'에 적힌 주소를 찾아 메모해 둡니다.

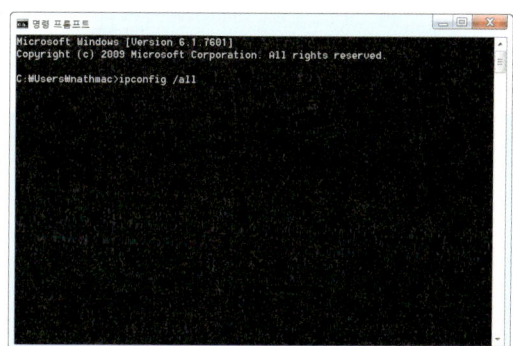

Part 05 홈 네트워크 구성과 여러 대 컴퓨터의 자원 공유하기

3 인터넷 공유기를 인터넷 익스플로러로 접속한 후 '고급 설정'을 클릭합니다. '24. GHz 무선랜 관리'를 선택하고 'MAC 주소 인증'을 선택합니다.

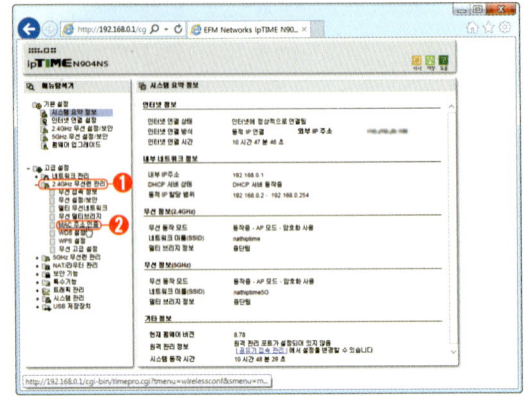

4 MAC 인증된 PC만 무선 인터넷에 접속할 수 있도록 '등록된 주소만 허용'을 선택합니다. '검색된 무선 MAC 주소'에 메모해둔 MAC 주소를 입력하고 [추가] 버튼을 클릭합니다.

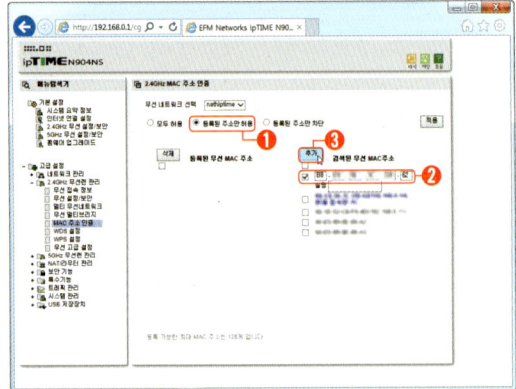

5 '등록된 무선 MAC 주소'에 MAC 주소가 등록됩니다. [적용] 버튼을 클릭합니다. 이렇게 MAC 주소가 등록된 PC만 무선 인터넷에 접속할 수 있도록 설정하면 비밀번호 등을 따로 설정하지 않고도 보안을 유지할 수 있습니다.

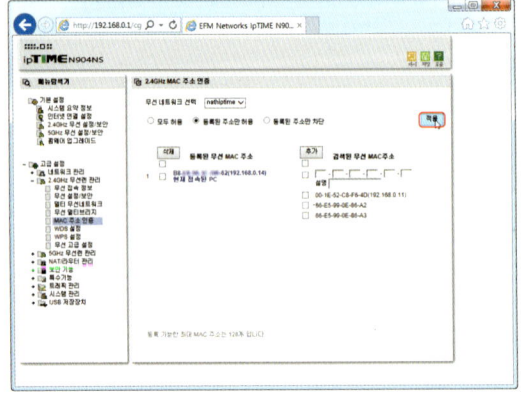

Part 05 홈 네트워크 구성과 여러 대 컴퓨터의 자원 공유하기

원격 데스크톱으로 다른 컴퓨터 제어하기

운영체제인 윈도우에서 제공하는 '원격 데스크톱'이라는 기능이 있습니다. 이 기능은 하나의 PC에서 다른 PC를 제어할 수 있는 기능으로 마치 다른 컴퓨터를 내 컴퓨터처럼 다룰 수 있는 기능을 말합니다. 원격 데스크톱을 사용하는 방법에 대해서 알아보겠습니다.

01 원격 데스크톱이란?

원격 데스크톱의 개념에 대해서 알아봅니다. 자칫 헷갈릴 수 있지만 기본을 알게되면 그리 어렵지 않게 필요성에 대해서도 알게 될 것입니다.

1. 원격 데스크톱이란?

원격 데스크톱은 하나의 PC를 다른 PC에서 인터넷을 통해 조작할 수 있도록 만든 기능입니다. 다음 그림처럼 A 컴퓨터에서 B 컴퓨터를 연결하여 원격으로 조종하고 작업할 수 있다는 것입니다. 그 반대의 경우도 가능합니다.

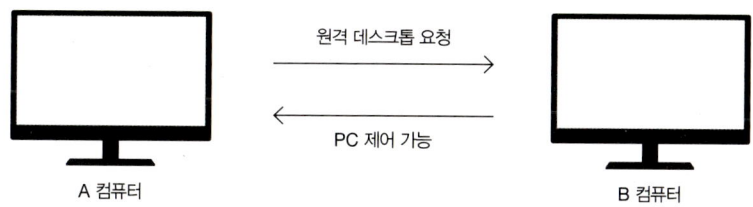

2. 내부 네트워크와 외부 네트워크 상태에서의 원격 데스크톱

내부 네트워크에 있는 PC 사이에는 특별하게 IP 설정 등이 필요하지 않습니다. 인터넷 공유기에서 자동으로 할당된 IP 주소를 사용하여 원격 데스크톱을 사용하면 되기 때문입니다. 단, 유무선 공유기를 사용하여 인터넷에 연결된 PC가 서로 다른 유무선 공유기에 연결되어 있다면 이때는 공인 IP 주소와 포트 번호를 확인하여 연결해야 합니다. 이 두 가지 경우에 대해서 모두 알아보도록 하겠습니다.

02 윈도우 XP에서 원격 데스크톱 연결 허용하기

원격 데스크톱을 사용하려면 먼저 다른 PC에서 내 PC로 원격 데스크톱을 연결할 수 있도록 허용해야 합니다. 윈도우 XP에서 원격 데스크톱을 허용하는 절차에 대해서 알아보겠습니다.

1 [시작] 버튼을 클릭한 후 [내 컴퓨터]를 마우스 오른쪽 버튼으로 클릭합니다. 빠른 메뉴에서 [속성] 메뉴를 클릭합니다.

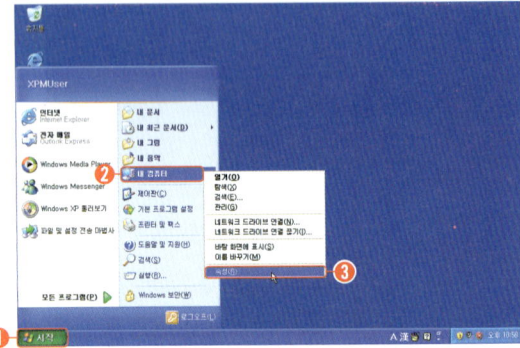

2 [시스템 등록 정보] 창이 표시됩니다. [원격] 탭을 클릭한 후 '사용자가 이 컴퓨터에 원격으로 연결할 수 있음'에 체크한 후 [확인] 버튼을 클릭합니다. 접속이 가능한 자신의 계정과 암호, IP 주소를 상대방에게 전달해주면 상대방이 원격 접속이 가능합니다.

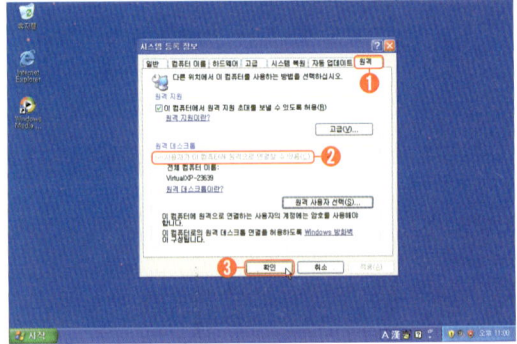

03 윈도우 7에서 원격 데스크톱 연결 허용하기

윈도우 7에서도 원격 데스크톱에 대해서 연결을 허용하는 방법에 대해서 알아보겠습니다.

Chapter 04 원격 데스크톱으로 다른 컴퓨터 제어하기

1 [시작] 버튼을 클릭한 후 [컴퓨터] 메뉴를 마우스 오른쪽 버튼으로 클릭합니다. 빠른 메뉴에서 [속성] 메뉴를 클릭합니다.

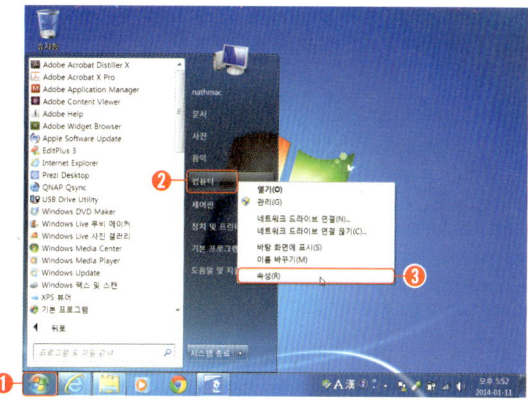

2 [시스템] 창이 표시되면 왼쪽에서 [원격 설정]을 클릭합니다.

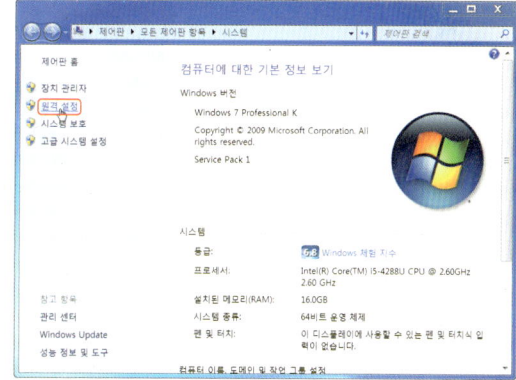

3 [시스템 속성] 창이 표시됩니다. [원격] 탭이 선택된 상태에서 '이 컴퓨터에 대한 원격 지원 연결 허용'에 체크합니다. '모든 버전의 원격 데스크톱을 실행 중인 컴퓨터에서 연결 허용'을 선택한 후 [확인] 버튼을 클릭합니다. 이제 이 컴퓨터에 원격 연결도 다른 컴퓨터가 연결할 수 있습니다.

 연결 계정 만들기
A 컴퓨터에서 B 컴퓨터로 원격 데스크톱을 연결하려고 할 때 B 컴퓨터는 A 컴퓨터에 로그인 계정과 암호를 요구합니다. 원격 데스크톱 연결용 계정을 따로 만들어서 제공할 수도 있지만 번거로울 수 있으므로 B 컴퓨터의 계정과 암호를 A 컴퓨터 사용자에게 전달해주어 그 계정으로 로그인하는 것이 더 편리합니다.

04 원격 데스크톱으로 내부 네트워크에서 다른 컴퓨터 연결하기

내부 네트워크의 경우는 원격 데스크톱을 사용하는 방법이 매우 간단합니다. 단, 내부 네트워크이든 외부 네트워크이든 각 PC의 IP 주소를 확인해야 연결이 가능합니다.

1 먼저 내 컴퓨터의 화면 오른쪽 하단의 시스템 트레이에서 인터넷 연결 아이콘을 마우스 오른쪽 버튼으로 클릭한 후 [네트워크 및 공유 센터 열기] 메뉴를 클릭합니다.

2 현재 PC의 IP 주소를 확인하기 위해서 '연결'의 이름 부분을 마우스로 클릭합니다.

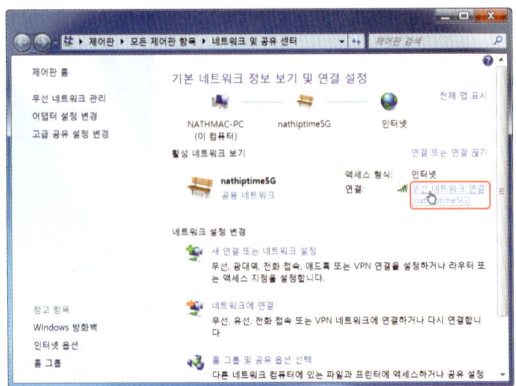

3 연결 상태 창이 표시됩니다. 현재 인터넷에 연결된 상태가 표시됩니다. [자세히] 버튼을 클릭합니다.

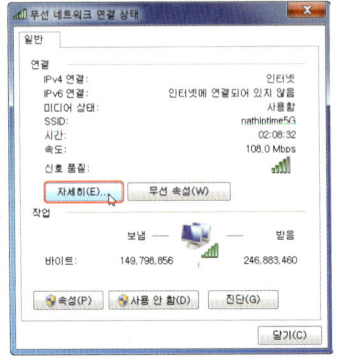

Chapter 04 원격 데스크톱으로 다른 컴퓨터 제어하기

4 네트워크 연결 세부 정보가 표시되면 'IPv4 주소'라는 항목의 IP 주소를 메모해 둡니다. '192'로 시작하는 IP 주소는 내부 네트워크용 주소라고 보면 됩니다. 이 IP 주소를 내 컴퓨터에 원격 데스크톱으로 연결하려는 사용자에게 계정, 암호와 함께 가르쳐주어야 합니다.

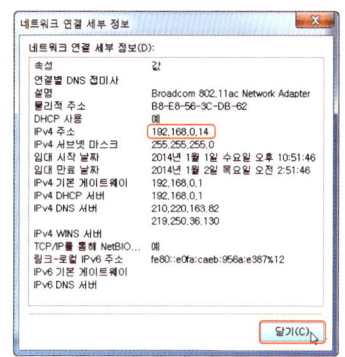

5 자! 이제 원격 데스크톱으로 다른 PC에 연결해 보도록 하겠습니다. 먼저 상대방에게 내부 IP 주소, 계정, 암호를 전달받아야 합니다. [시작] 버튼을 클릭한 후 [모든 프로그램]-[보조 프로그램]-[원격 데스크톱 연결] 메뉴를 클릭합니다.

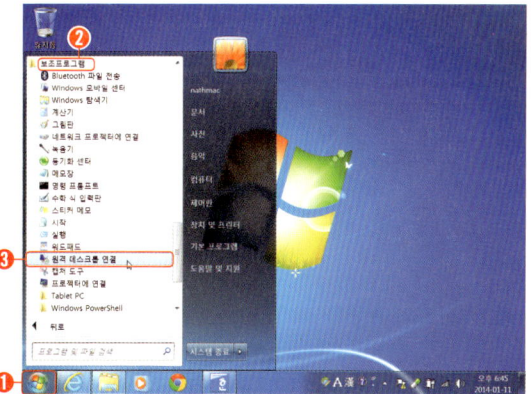

6 [원격 데스크톱 연결] 창이 표시됩니다. '컴퓨터'에 전달받은 내부 IP 주소를 입력한 후 [옵션 표시] 버튼을 클릭합니다.

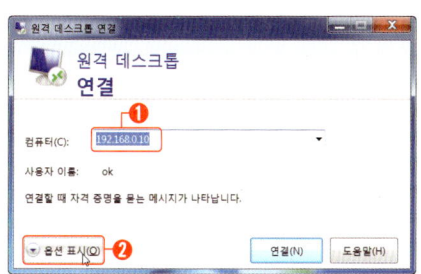

7 '사용자 이름'에 상대편 컴퓨터의 계정을 입력합니다. 상단의 [디스플레이] 탭을 클릭합니다.

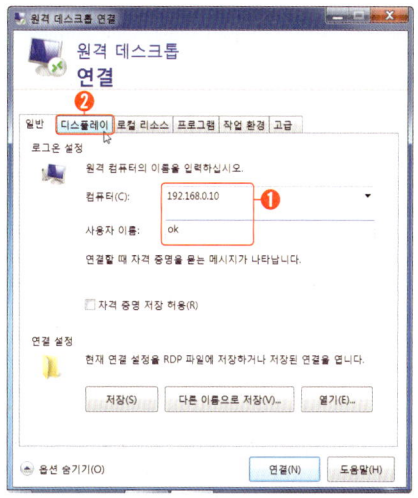

8 '디스플레이 구성'에서 원격 데스크톱의 해상도를 지정합니다. '800 × 600'이나 '1024 × 768'을 선택한 후 상단의 [로컬 리소스] 탭을 클릭합니다.

9 사용할 수 있는 로컬 장치의 리소스를 결정하기 위해서 하단의 [자세히] 버튼을 클릭합니다.

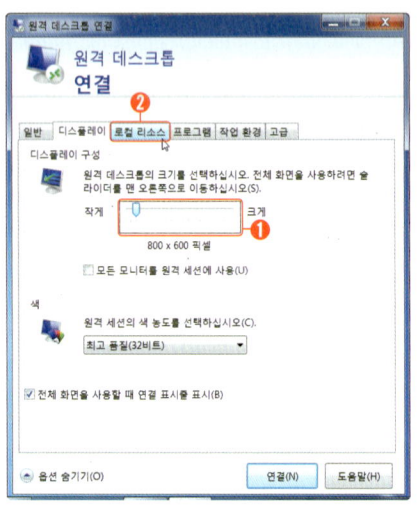

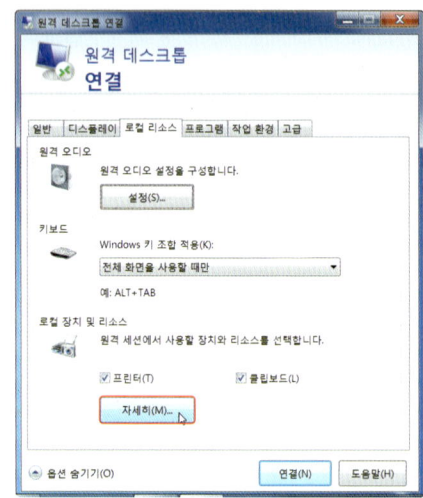

10 원격 세션에서 사용할 장치 및 리소스를 선택할 수 있습니다. 모든 자원을 사용하려면 모두 체크 표시한 후 [확인] 버튼을 클릭합니다.

11 [작업 환경] 탭에서 연결 속도 등을 설정할 수 있습니다. 기본값으로 두고 이제 연결을 하기 위해서 [연결] 버튼을 클릭합니다.

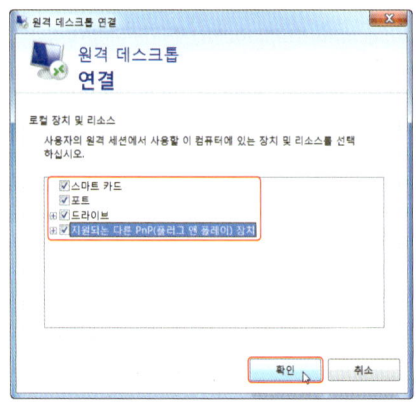

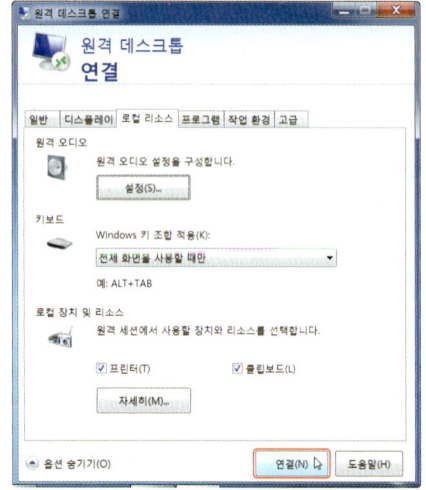

12 원격 연결을 신뢰하느냐는 메시지가 표시됩니다. [연결] 버튼을 클릭합니다. 암호를 묻는 대화상자가 표시되면 상대방에게 전달받은 암호를 입력한 후 [확인] 버튼을 클릭합니다.

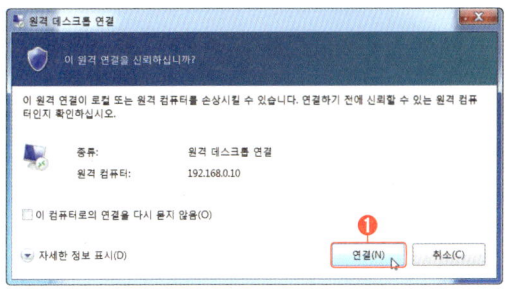 

> **참고** **원격 데스크톱 연결이 되지 않을 때**
> 보통 원격 데스크톱 연결되지 않을 때는 상대방의 IP 주소가 잘못 입력되었거나 계정이나 암호가 올바르지 않을 때입니다. 다른 한 가지의 경우는 상대방이 원격 연결 허용 설정을 하지 않은 경우입니다.

13 보안 인증서 문제와 관련된 메시지가 표시되면 무시하고 [예] 버튼을 클릭합니다. '이 컴퓨터로의 연결을 다시 묻지 않음'에 체크하면 메시지를 무시하고 바로 다음 화면으로 이동됩니다.

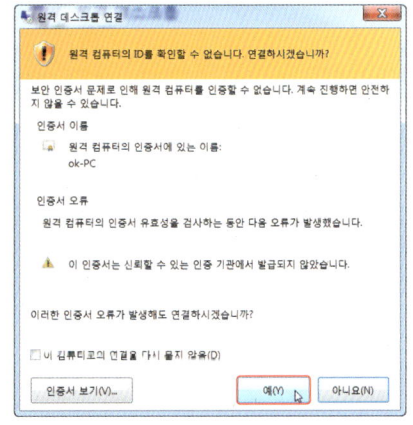

14 원격 데스크톱으로 연결된 상대방 컴퓨터의 바탕 화면이 표시됩니다. 이 화면은 상대방 컴퓨터가 실행 중이던 화면 그대로 표시됩니다. [시작] 버튼을 클릭하고 [컴퓨터]를 클릭합니다.

15 [컴퓨터] 창이 실행되어 표시됩니다. 이렇게 상대방의 컴퓨터에서 프로그램을 실행하거나 설정 등을 변경하여 사용할 수 있습니다.

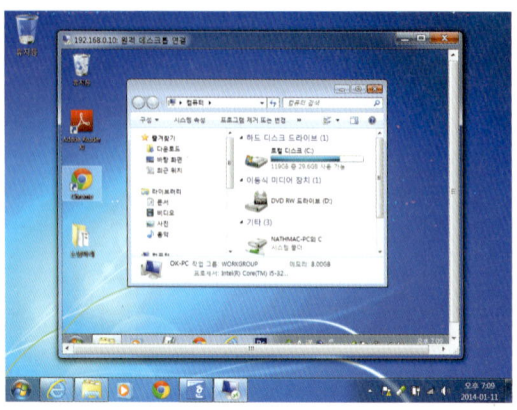

05 원격 데스크톱으로 외부 네트워크에서 다른 컴퓨터 연결하기

내부 네트워크의 경우는 원격 데스크톱을 사용하는 방법이 매우 간단합니다. 단, 내부 네트워크이든 외부 네트워크이든 각 PC의 IP 주소를 확인해야 연결이 가능합니다.

1 인터넷 익스플로러를 실행한 후 네이버(www.naver.com)로 이동합니다. 검색어에 'ip 주소 확인'이라고 입력한 후 [검색] 버튼을 클릭합니다.

2 자신의 외부 네트워크 IP 주소가 표시됩니다. 이 아이피 주소를 내 컴퓨터에 원격 데스크톱으로 연결하려는 상대방에게 가르쳐줍니다. 연결하는 방법은 내부 네트워크와 동일합니다.

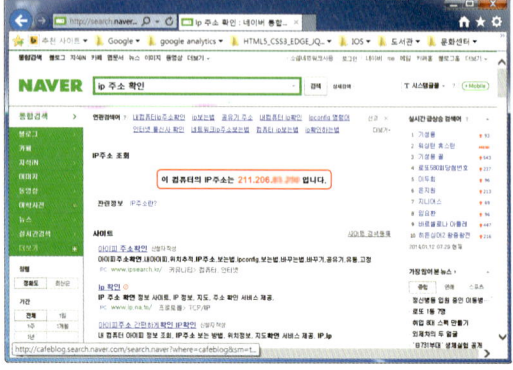

Part 05 홈 네트워크 구성과 여러 대 컴퓨터의 자원 공유하기

Chapter 05 언제 어디서나 영화, 음악, 사진을 감상한다

자신의 인터넷 서버를 만든다면 여러모로 다양하게 활용할 일들이 많아집니다. 특히 사진이나 영상 또는 다양한 파일들을 보관해야 할 경우에 일반적으로는 외장 저장 장치의 구입을 고민하게 되는데 이 경우 NAS 서버 구축을 생각해 볼 수 있습니다. NAS의 이해와 함께 사용법을 알아보겠습니다.

01 NAS란 무엇인가?

NAS가 무엇이고 어떤 장점을 가지고 있는지 알아보겠습니다. 저렴한 가격의 NAS도 있지만 고가로 판매하는 제품도 있기 때문에 집에서 사용할 수 있는 정도의 제품으로 구성할 때의 장점 위주로 설명하겠습니다.

1. NAS란?

'Network Attached Storage'의 약어로서 말 그대로 네트워크에서 접속할 수 있는 데이터 저장 장치를 말합니다. 네트워크 기능을 제공하는 NAS 안에는 여러 개의 하드디스크가 탑재되어 멀티미디어 데이터는 물론 다양한 파일을 저장하고 공유할 수 있습니다.

대용량 저장 장치로 보통은 외장 저장장치를 사용해 왔습니다. 이 외장 하드디스크의 장점은 비교적 저가로 대용량의 데이터를 저장할 수 있습니다. 하지만 데이터를 이동하기 위해서 외장 하드디스크를 해당 PC에 매번 연결해야 하고 원거리의 PC로 전달할 때에도 이런 과정을 거쳐야 한다는 점이 매우 불편했습니다. 또한 영상의 스트리밍이라던가 보안, 모바일 액세스 등은 꿈꿀 수도 없는 일이었습니다.

일반 외장 저장장치

하지만 NAS 서버를 도입하면 스트리밍은 물론 모바일 액세스나 IP 카메라를 통한 감시 시스템까지도 구축이 가능합니다. 개인이나 소호용 NAS의 경우 한 개의 하드디스크부터 8개까지 하드디스크를 탑재할 수 있으며 이 하드디스크는 RAID 구성이 가능하기 때문에 안전하게 데이터 백업용으로 사용할 수도 있습니다. 또한 웹서버를 구축하여 직접 웹사이트를 서비스할 수도 있습니다.

2. NAS의 구성

NAS의 외부 구성은 제조사마다 차이는 있지만 쉽게 하드디스크를 탈부착할 수 있는 하드디스크 베이(bay)와 전면 LED 상태 표시부와 전원 버튼, USB 단자 등으로 구성되어 있습니다. 후면부는 전원 연결부, LAN 연결부, 다양한 커넥터 연결부로 구성됩니다.

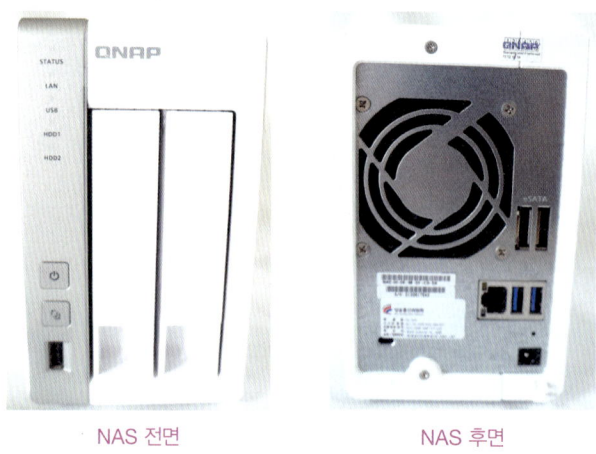

NAS 전면　　　　　　　　NAS 후면

하드디스크 베이는 쉽게 당겨서 하드디스크를 탈부착할 수 있습니다. 지원하는 하드디스크의 개수는 제품마다 다르며 2개 이상의 베이를 지원하는 제품을 구매해야 RAID를 구성할 수 있습니다.

NAS 제품으로는 Synology, Qnap의 외산 제품들과 EFM 네트웍스, 버팔로, LG 등에서 판매하는 국산 제품들이 있습니다. 아직까지는 전문적으로 사용하려면 외산 제품을 구매하고 저가의 제품을 원한다면 국산 제품을 사용하는 추세입니다.

3. NAS로 할 수 있는 일

제품이나 제조사마다 편차는 있지만 개인용 NAS는 대부분 다음의 서비스를 제공하고 있습니다.

① **데이터 백업** : 멀티미디어 콘텐츠뿐만 아니라 다양한 파일을 백업용 하드디스크에 저장하는 것처럼 백업할 수 있습니다. RAID로 구성하여 두 개의 하드디스크에 데이터를 저장하면 하나의 하드디스크에 문제가 생겨도 다른 하나의 하드디스크로 복원할 수 있기 때문에 안정성이 뛰어납니다.

② **파일 공유** : 모든 파일에 대해 공유가 가능하지만 영상의 경우 인터넷을 통해 스트리밍할 수 있으며 모바일 기기에서도 재생이 가능합니다. 사진이나 MP3도 인터넷을 통해 감상할 수 있습니다.

③ **네트워크를 통한 외부 파일 관리** : PC를 켜지 않고도 외부에서 접속하여 파일 관리를 할 수 있으며 모바일 기기를 통해서도 가능합니다.

④ **다양한 서버 기능** : 웹서버를 구축하면 NAS만으로 자신의 홈페이지를 구축할 수 있고 프린터 서버, FTP 서버 등을 NAS를 통해 운영할 수 있습니다.

⑤ **보안** : NAS 자체에서 제공하는 IP 차단 기능이나 백신 프로그램을 통해 좀 더 높은 네트워크 보호가 가능합니다.

⑥ **사용 권한** : 파일을 공유할 사용자(그룹)마다 접근 권한을 달리하여 파일을 공유할 수 있습니다.

⑦ **감시 카메라** : IP 카메라를 사용하여 가정 내에 감시 카메라를 설치할 수 있습니다.

⑧ **원격지 백업** : 원격지에서 인터넷으로 접속하여 파일을 백업할 수 있습니다.

이 외에도 사용자의 능력에 따라 다양하게 활용 가능한 장점을 가지고 있습니다.

4. 저렴하게 NAS 구축하기

개인적인 시각차는 분명히 있겠지만 아직까지 NAS를 구축하려면 비용이 발생합니다. 때문에 외장 저장 장치를 어려움없이 사용하고 있는 독자라면 굳이 NAS를 구축할 필요는 없습니다. 하지만 외장 저장 장치의 용량이 부족하거나 네트워크상에서 파일을 공유하여 공동 작업을 하거나 공유를 자주해야 하는 상황이 발생한다면 NAS 구매를 고려해 보는 것이 좋습니다.

보통은 Synology, Qnap 제품을 사용하지만 저가로 사용하고 싶은 경우는 EFM 네트웍스 제품을 많이 사용합니다. NAS 본체만 20만원 정도대의 가격으로 구매하고 하드디스크는 2개 이상 짝수 개로 따로 구비해야 합니다. 하드디스크는 가격이 비싸더라도 안정성있는 제품으로 구매하는 것이 좋습니다.

02 NAS 설치하기

하드디스크를 설치하고 네트워크와 연결하여 기본적인 설정을 하도록 하겠습니다. 단계가 꽤 긴 편이지만 특별하게 어려운 설정은 없습니다. 되도록이면 자세하게 설명하겠습니다.

1 하드디스크를 NAS 베이에 각각 설치합니다. 하드디스크 가이드가 있어서 나사로 조여서 설치합니다.

 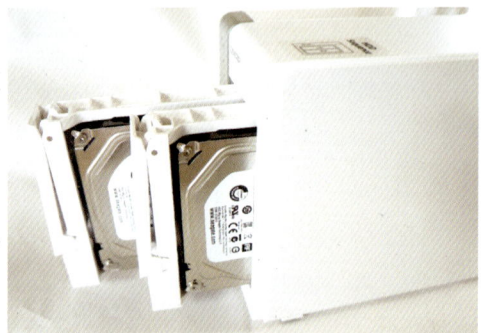

2 NAS 전원 케이블을 연결하고 인터넷 라인을 NAS 랜 커넥터에 연결합니다. 이때 주의할 점은 같은 네트워크상에 있도록 연결해야 한다는 점입니다. 공유기를 사용하고 있다면 해당 공유기에 연결합니다.

3 QNAP NAS 프로그램을 설치하기 위해서 인터넷 익스플로러를 실행한 후 'http://start.qnap.com'으로 이동합니다. 다양한 언어 중에서 '한글'을 선택합니다.

4 Turbo NAS 프로그램 설치하기 위해서 [지금 시작] 버튼을 클릭합니다.

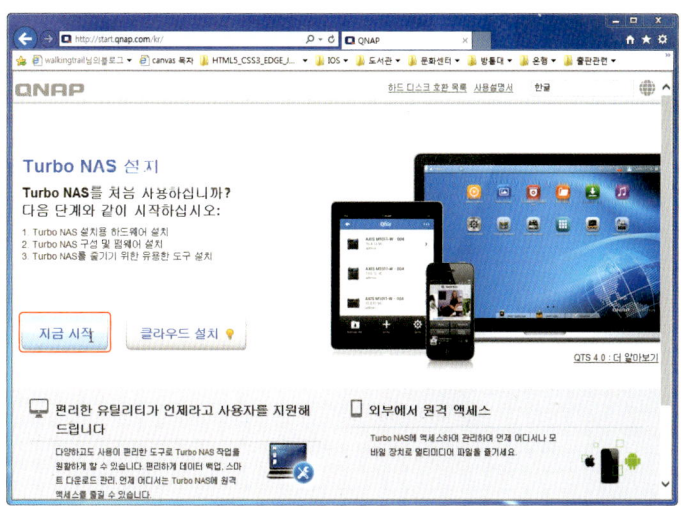

화면이 달라요

NAS 제조상의 홈페이지가 업데이트될 수 있습니다. 화면이 달라도 기본적인 사항은 동일하기 때문에 비슷한 형태를 찾아 진행합니다.

Part 05 홈 네트워크 구성과 여러 대 컴퓨터의 자원 공유하기

5 구입한 NAS의 하드디스크 드라이브 베이가 몇 개인지를 선택하고 구입한 모델을 선택한 후 [다음] 버튼을 클릭합니다.

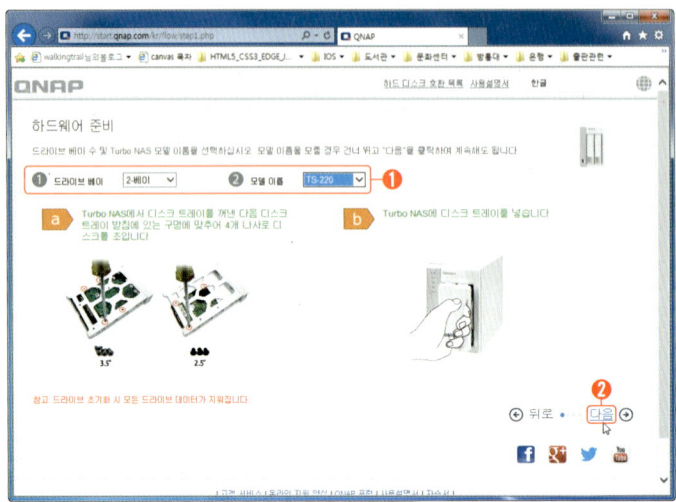

6 이미 네트워크 케이블과 전원 케이블을 연결하였기 때문에 NAS의 전원을 켠 후 [다음] 버튼을 클릭합니다.

7 자신의 컴퓨터에서 사용하고 있는 운영체제를 선택합니다.

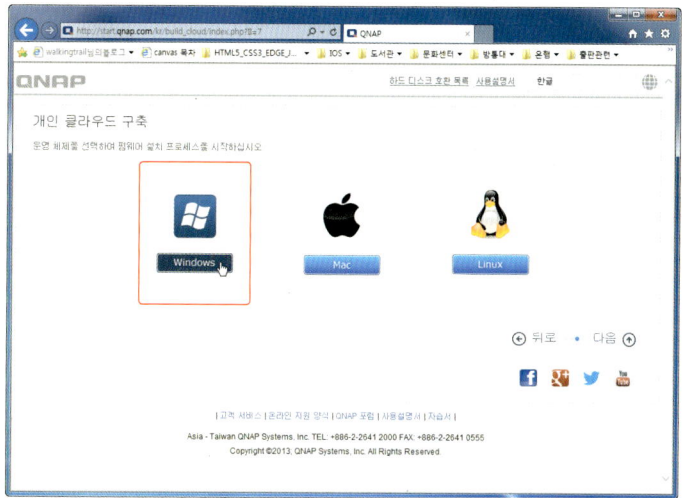

8 Qfinder 프로그램을 이용하여 네트워크상에서 NAS를 찾아 구성하겠습니다. [사용하기] 버튼을 클릭하여 프로그램을 다운로드합니다. [저장] 창이 표시되면 [목록] 버튼을 클릭한 후 [다른 이름으로 저장] 메뉴를 클릭해 원하는 장소에 저장합니다.

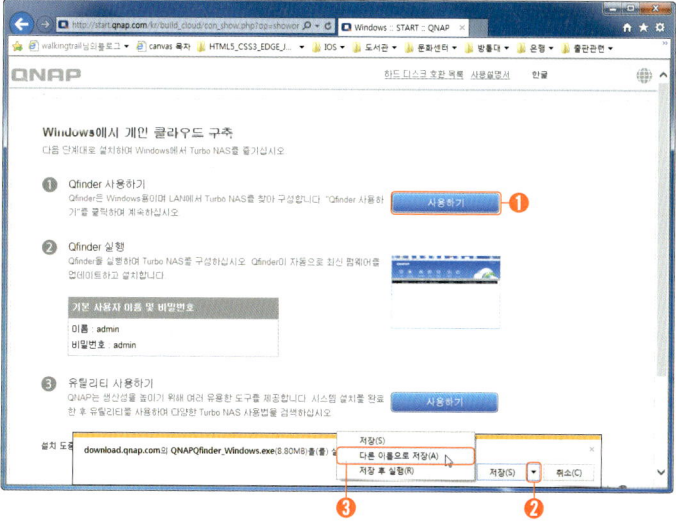

9 다운로드한 파일을 더블클릭하여 실행합니다. [QNAP Qfinder] 설치 프로그램이 실행됩니다. '한국어'를 선택한 후 [OK] 버튼을 클릭하여 설치합니다. 설치가 완료되면 '실행 Qfinder'에 체크한 후 [마침] 버튼을 클릭합니다.

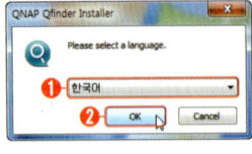
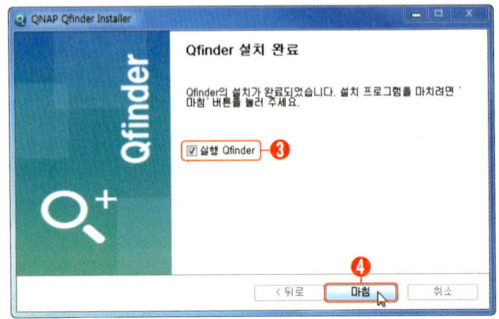

> **참고** **방화벽 경고창이 표시되면?**
> NAS 설치 중간에 방화벽 경고창이 표시될 수 있습니다. 이때는 반드시 [액세스 허용]을 해야 NAS 설치가 문제없이 진행됩니다.

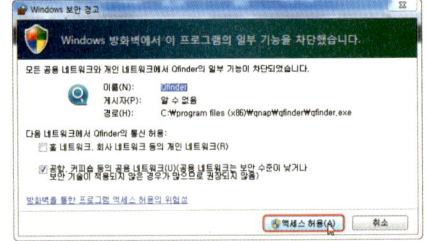

10 NAS 구성을 위한 간편 설정 마법사가 실행됩니다. [예] 버튼을 클릭합니다. [빠른 설치]를 클릭하면 어려움없이 NAS를 설치할 수 있습니다.

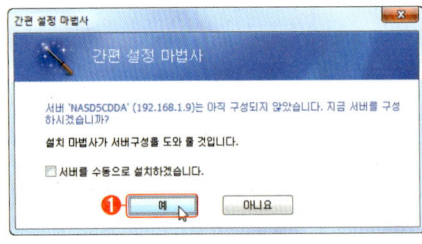
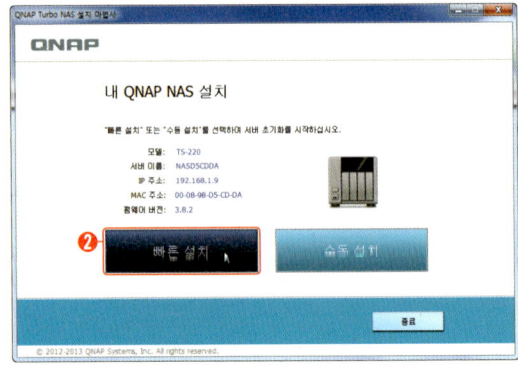

11 설치 정보를 마지막으로 확인하는 창이 표시됩니다. '서버 이름'을 자신이 원하는 이름으로 변경합니다. 관리자 비밀번호는 기본값이 'admin'입니다. 원하는 비밀번호로 변경한 후 [다음] 버튼을 클릭합니다. 변경한 비밀번호는 절대 잊지 않도록 메모해 두세요.

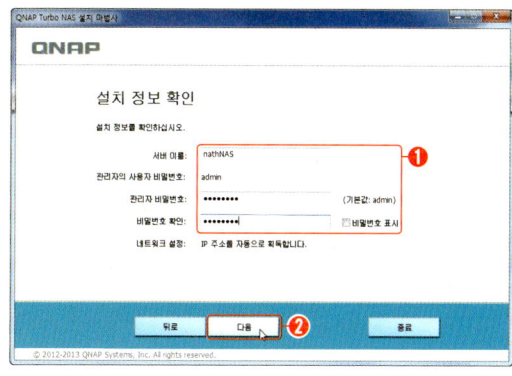

12 Turbo NAS 설치 프로그램이 완료됩니다. 프로그램 설치는 물론 설정과 하드디스크 초기화까지 자동으로 진행됩니다. [마침] 버튼을 클릭합니다.

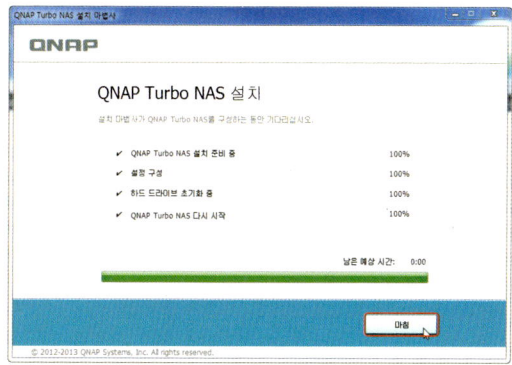

13 NAS 서버에 중요한 이벤트가 발생했을 때 이를 자동으로 알려주는 이메일 서비스가 있습니다. 자동으로 메일이 전송되도록 SMTP 서버를 구성해야 합니다. [예] 버튼을 클릭합니다. 관리자 아이디와 암호를 입력하고 [확인] 버튼을 클릭합니다.

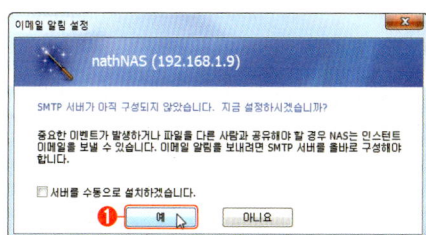 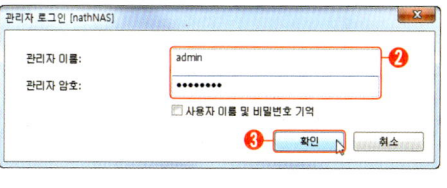

14 메일이 발송될 곳의 SMTP 구성 내용을 입력합니다. 여기서는 네이버의 SMTP 서비스를 이용하도록 하겠습니다. 자신의 메일 서비스 관련 내용을 입력한 후 [확인] 버튼을 클릭합니다.

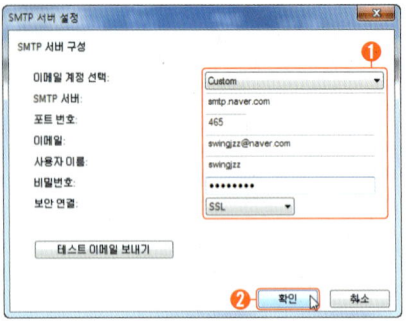

15 NAS 관련 유틸리티를 사용하기 위해서 '유틸리티 사용하기'의 [사용하기] 버튼을 클릭합니다.

16 제어판에는 NAS의 다양한 설정을 할 수 있는 옵션들이 준비되어 있습니다. 옵션 값들을 제대로 지정해야 NAS의 다양한 기능을 사용할 수 있습니다. [제어판]을 클릭합니다.

17 NAS 안의 하드디스크에 있는 미디어 파일들을 사용하기 위해서는 미디어 라이브러리를 사용하도록 설정해야 합니다. [미디어 라이브러리]를 클릭합니다.

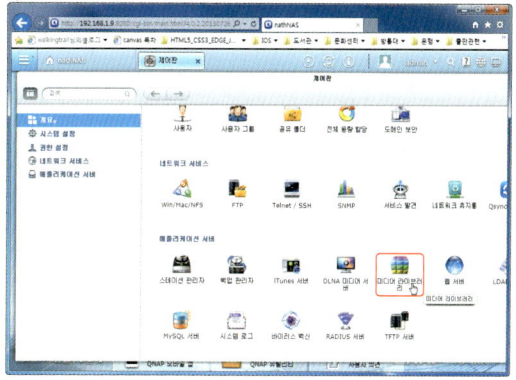

18 [설정] 탭에서 '미디어 라이브러리 사용'에 체크를 합니다. '라이브러리에 추가된 새 파일에 대한 실시간 검색'을 선택합니다.

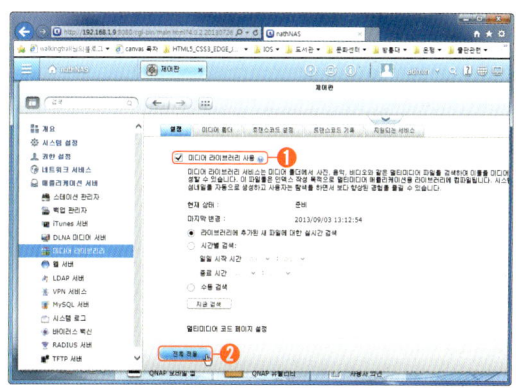

 NAS에서 제공하는 파일명 표시 형식
NAS 시스템은 파일명이나 텍스트를 표시할 때 다양한 언어를 지원합니다. 한글 파일명을 표시할 때 파일명이 깨질 수 있으므로 각 옵션들을 설정할 때 '코드 페이지'를 '한글(EUC-KR)'로 설정하는 것이 좋습니다.

19 NAS는 DLNA로 사용하여 TV와 연결하여 사용할 수 있습니다. 왼쪽의 제어판 메뉴에서 'DLNA 미디어 서버'를 선택한 후 'DLNA 미디어 서버 활성화'에 체크합니다. '서비스 이름'을 입력하고 'TwonkyMedia DLNA 서버 활성화'와 '이 기능을 활성화한 ~~~'에 모두 체크하고 [적용] 버튼을 클릭합니다.

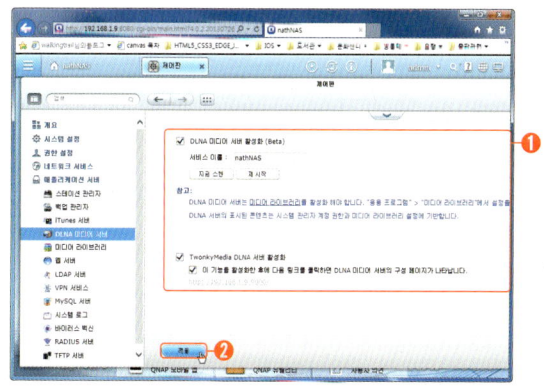

359

20 NAS를 iTunes 서버로 사용할 수 있도록 설정하겠습니다. 왼쪽 제어판 메뉴에서 'iTunes 서버'를 선택하고 오른쪽에서 'iTunes 서버 활성화'와 '이 서비스를 활성화한 ~~~'에 모두 체크합니다. 암호를 입력하고 [적용] 버튼을 클릭합니다.

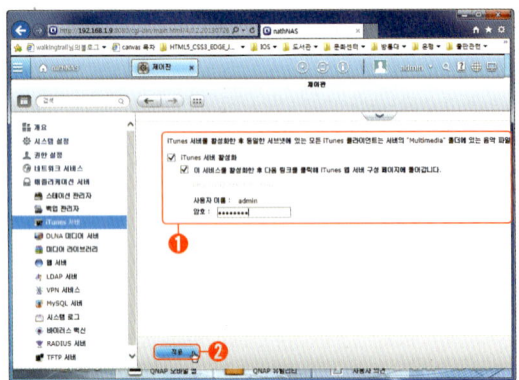

21 기존 iTunes 연결이 끊어진다는 메시지가 표시됩니다. [확인] 버튼을 클릭합니다.

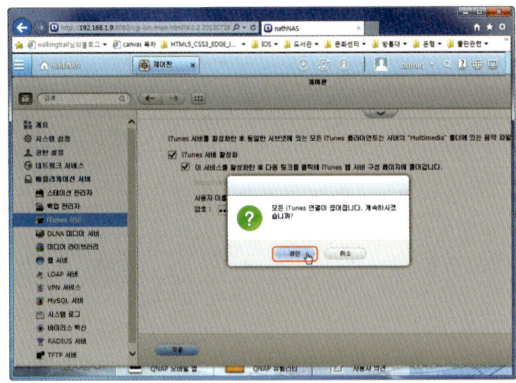

22 이번에는 NAS의 웹 서버 기능을 활성화하겠습니다. 왼쪽에서 '웹 서버'를 선택한 후 오른쪽에서 '웹 서버 활성화'를 체크합니다. 포트 번호를 '80'으로 설정하고 '보안 연결 사용'에 체크합니다. '포트 번호'는 '8081'로 설정하고 [전체 적용] 버튼을 클릭합니다. 여기까지가 NAS의 기본 설정 방법입니다.

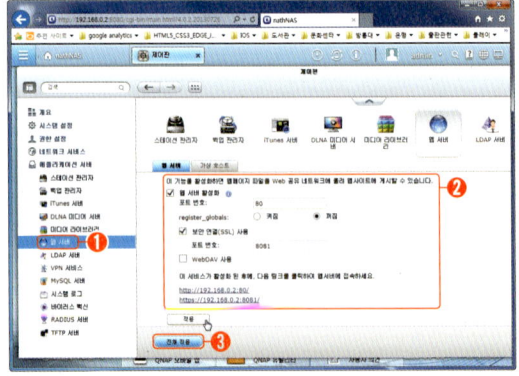

 포트가 막혀서 동작하지 않는다면
윈도우 자체의 방화벽과 통신사의 인터넷 연결 서비스에서 특정 포트를 막는 경우가 있습니다. 이때 포트 때문에 NAS 설정이 제대로 동작하지 않을 수 있습니다. 이런 경우 포트를 다른 포트로 변경해서 사용해 보세요.

Chapter 05 언제 어디서나 영화, 음악, 사진을 감상한다

03 NAS에서 제공하는 DDNS 서비스 설정하기

외부에서 NAS 서버에 접속을 하려면 NAS에 할당되는 IP 주소를 알아야 합니다. 하지만 통신사를 통한 인터넷 서비스는 계속해서 IP가 변경됩니다. 변경되는 IP를 인터넷 주소처럼 바꾸어 사용하는 방식을 DDNS라고 합니다. NAS를 외부에서 접속하려면 DDNS 설정은 필수입니다. NAS에서 제공하는 DDNS 서비스를 설정하는 방법을 알아보겠습니다.

1 QNAP은 myQNAPcloud 서비스에서 DDNS 서비스를 제공합니다. NAS에 연결한 후 NAS의 바탕화면에서 'myQNAPcloud'를 클릭합니다.

> **참고** 다른 NAS 기기에서 DDNS 설정하기
> 다른 제조사에서 제공하는 NAS에도 모두 DDNS 서비스를 설정하는 옵션이 있습니다. 매뉴얼을 참고하여 NAS마다 조금씩 다른 DDNS 옵션을 반드시 설정하도록 하세요.

2 myQNAPcloud 창이 표시되면 'My DDNS/Cloud Portal'의 설정 버튼을 클릭합니다. 계속해서 표시되는 상단에 [시작하기] 버튼을 클릭합니다.

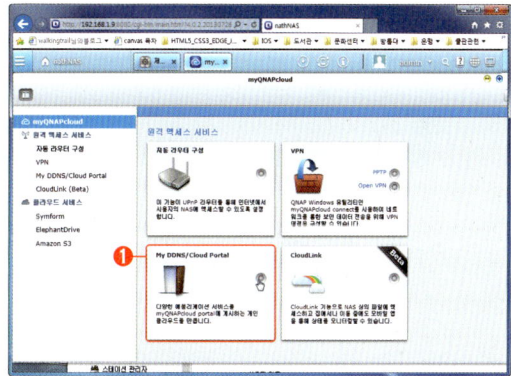

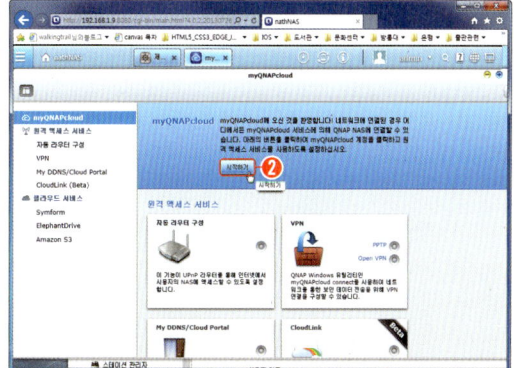

361

3 DDNS 서비스를 설정하는 단계에 대한 설명이 표시됩니다. [시작] 버튼을 클릭합니다.

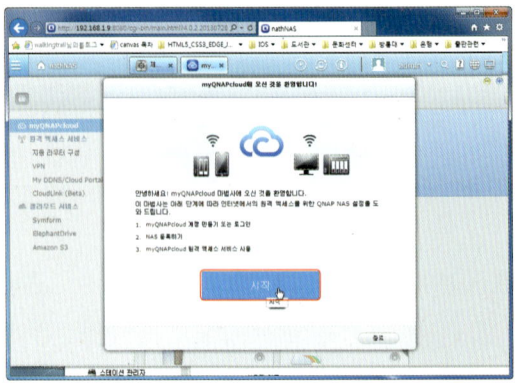

4 다음과 같이 ID에는 자신의 메일 주소를 입력하고 암호, 성명을 입력합니다. 체크 옵션에 모두 체크한 후 [다음] 버튼을 클릭합니다. ID로 입력된 메일 주소에 DDNS 서비스를 확인하는 메일이 발송되니 틀리지 않게 입력합니다.

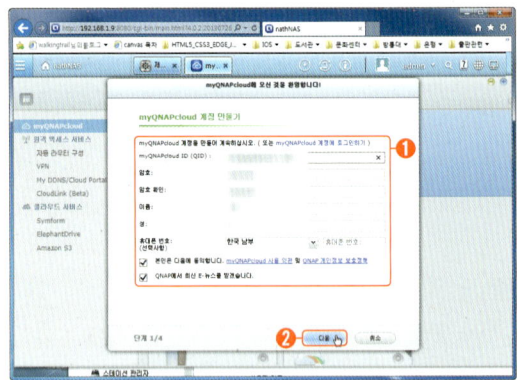

5 자신의 NAS 이름을 입력한 후 [다음] 버튼을 클릭합니다. NAS 이름을 'aaa'라고 입력했다면 외부에서 접속할 수 있는 NAS의 인터넷 주소는 'aaa.myqnapcloud.com'이 됩니다. 이 주소도 기억해두세요.

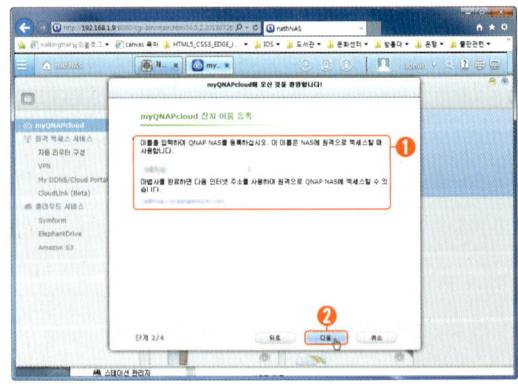

6 계속해서 [다음] 버튼을 클릭한 후 모두 체크된 것을 확인하고 [마침] 버튼을 클릭합니다.

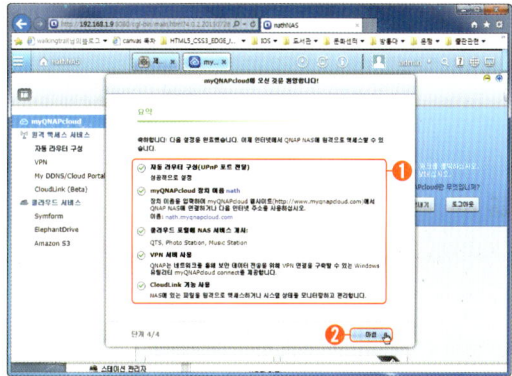

7 DDNS를 설정할 때 ID로 입력했던 메일에 로그인합니다. myQNAPcloud로부터 등록 메일이 도착해 있을 것입니다. [등록 확인] 버튼을 클릭합니다.

8 계정이 등록된 것을 확인할 수 있습니다. 이제 외부에서도 DDNS의 주소를 사용하여 자신의 NAS에 접속할 수 있는 기본적인 준비가 되었습니다.

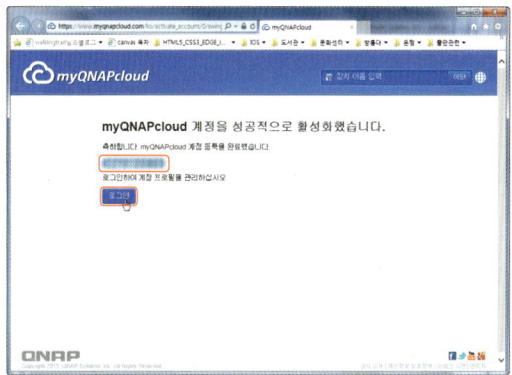

 DDNS로 NAS 접속이 되지 않아요
아직 완전하게 NAS 접속을 위한 준비가 된 것은 아닙니다. 방화벽이나 인터넷 서비스 회사로부터 막혀있는 포트를 포워딩해야지만 NAS 접속이 원활해집니다. 포트 포워딩은 다음 내용을 참고하세요.

04 NAS의 포트 포워딩하기

NAS를 사용하기 위해서는 포트 포워딩이 필수입니다. 막혀있는 포트를 사용할 수 있게 만드는 것입니다. 포트 포워딩은 NAS와 연결된 인터넷 공유기에서 설정하면 됩니다.

1 NAS의 포트 포워딩을 하기 위해서는 먼저 인터넷 공유기에서 NAS 기기에 할당한 IP 주소를 알아야 합니다. NAS 바탕 화면에서 [제어판]을 실행합니다. [제어판]에서 [시스템 상태]를 클릭합니다.

2 [시스템 상태] 창이 표시되면 [네트워크 상태] 탭을 클릭합니다. 현재 NAS의 네트워크 상태가 표시되는데 'IP 주소' 항목을 메모합니다.

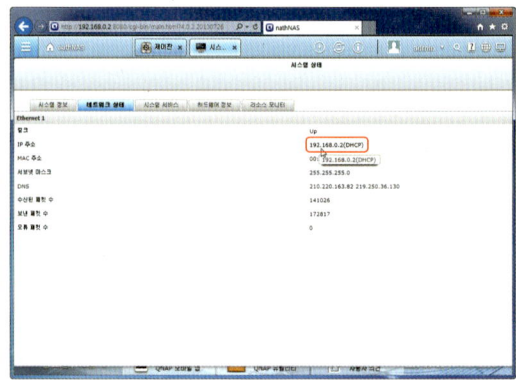

3 인터넷 익스플로러를 실행하고 인터넷 공유기로 접속합니다. IPTIME 공유기의 경우 '192.168.0.1'로 접속합니다. 공유기 페이지가 표시되면 [관리도구]를 클릭합니다.

 공유기 IP 주소가 다르다면!
공유기 제조사마다 접속하는 IP가 다를 수 있습니다. 공유기 매뉴얼이나 제조사 홈페이지를 참고하세요.

4 왼쪽 메뉴 탐색기에서 [고급 설정]-[NAT/라우터 관리]-[포트포워드 설정]을 클릭합니다. 오른쪽에서 '규칙이름', '내부 IP주소'를(NAS 네트워크 상태에서 발췌한) 입력합니다. '프로토콜'은 'TCP'로 설정하고 '외부 포트'와 '내부 포트'를 입력합니다. 일단은 '내부 포트'와 동일하게 '외부 포트'를 입력하고 만약 포트를 변경해도 연결이 잘 되지 않는다면 포트 숫자를 변경합니다.

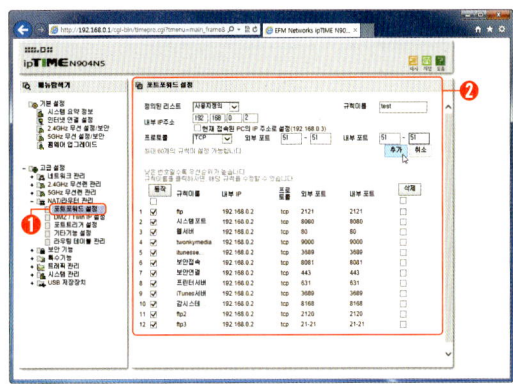

5 QNAP NAS의 포트 포워드로 설정해야 할 목록은 다음과 같습니다. 타 NAS 기기는 조금씩 다를 수 있으므로 매뉴얼을 참고하도록 합니다. 자주 사용되는 포트만을 정리한 내용입니다. NAS에서 제공하는 서비스에 따라 특정 포트를 사용해야 하는 경우가 있는데 다음에 있는 포트 외에도 추가로 사용해야 하는 경우에는 인터넷 공유기에서 추가로 설정합니다.

포트 포워딩 항목	내부 포트	외부 포트
웹 서버	80	80
웹 서버 보안 연결	8081	8081
포토 스테이션	8080	8080
포토 스테이션(보안)	443	443
프린터 서버	631	631
iTunes 서버	3689	3689
DLNA 서버	9000	9000
감시 스테이션	8168	8168
FTP서버	21	21

Part 05 홈 네트워크 구성과 여러 대 컴퓨터의 자원 공유하기

05 NAS에 파일 업로드하기

이제 기본적인 NAS의 설정을 완료하고 구축이 끝났습니다. NAS에 보관하고 싶은 파일을 업로드하는 방법을 알아보겠습니다. 기본적으로 NAS에서 제공하는 툴을 사용하거나 FTP 클라이언트 프로그램을 사용하여 업로드할 수 있습니다.

1 NAS에서 기본적으로 제공하는 파일 관련 프로그램을 이용하여 파일을 전송하는 방법을 알아보겠습니다. QNAP의 Qfinder 프로그램을 실행합니다. NAS에 로그인하기 위해서 NAS를 선택한 후 [로그인]을 클릭합니다.

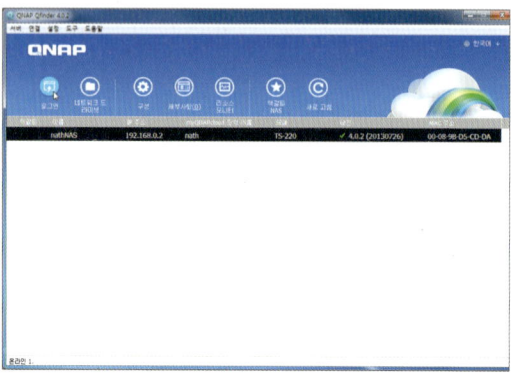

2 아이디와 비밀번호를 입력한 후 Enter 키를 누릅니다. 파일을 NAS로 전송하기 위해서 [File Station]을 클릭합니다.

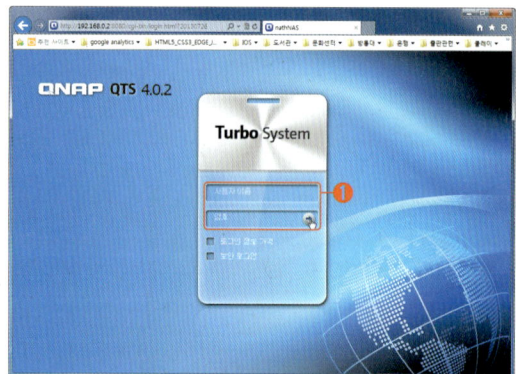

366

3 왼쪽의 NAS에서 파일을 옮길 폴더를 선택한 후 상단의 [업로드] 버튼을 클릭합니다. [폴더 만들기]를 클릭하여 새로운 폴더를 만들어 파일을 업로드할 수도 있습니다.

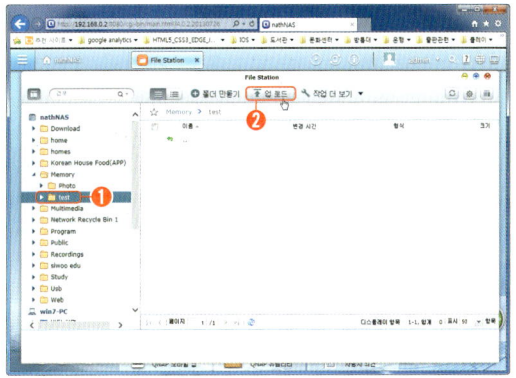

4 '찾는 위치'에서 업로드할 파일이 있는 PC 내의 파일을 선택한 후 [열기] 버튼을 클릭합니다. 한꺼번에 다수의 파일을 선택할 수 있습니다.

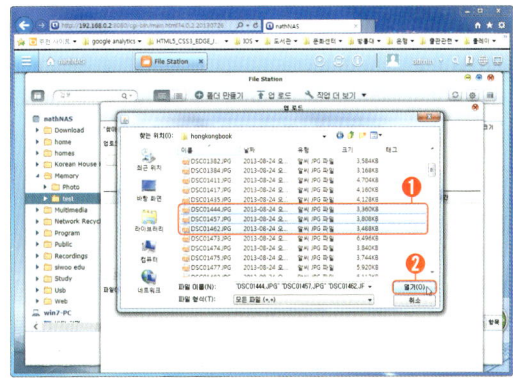

5 업로드할 파일과 전체 크기가 표시됩니다. [모두 업로드] 버튼을 클릭합니다. [찾기] 버튼을 클릭하여 업로드할 파일을 추가적으로 선택할 수도 있고 [지우기] 버튼을 클릭하여 선택된 파일을 선택 해제할 수 있습니다. 업로드가 완료되면 [닫기] 버튼을 클릭합니다.

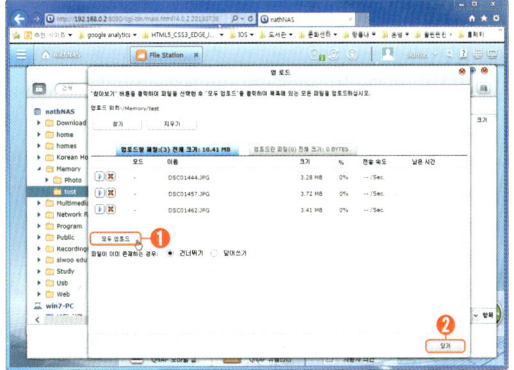

6 NAS에 파일이 업로드된 것을 확인할 수 있습니다. 업로드한 파일을 삭제하거나 이동하거나 이름을 바꾸는 등의 작업을 할 수 있습니다. 파일을 선택한 후 [작업 더 보기] 버튼을 클릭하여 세부 메뉴에서 원하는 작업을 합니다.

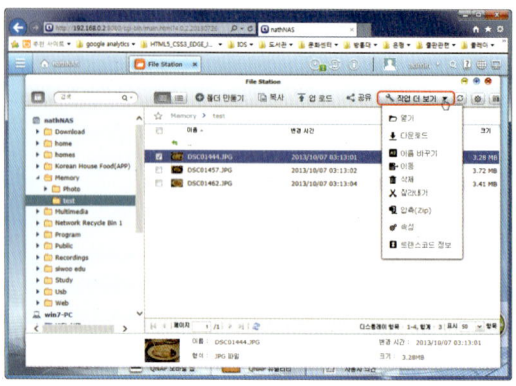

06 다른 PC로 NAS의 영화/음악 감상하기

DDNS 서비스도 설정했고 포트 포워딩도 설정했다면 이제 원격 컴퓨터에서 NAS에 들어있는 MP3나 영화, 사진 등을 감상해 보겠습니다. 웹브라우저에서 이 모든 것을 감상할 수 있습니다.

1 인터넷 익스플로러를 사용하여 NAS 서버의 DDNS 주소로 접속합니다. ID와 암호를 입력하고 Enter 키를 누릅니다.

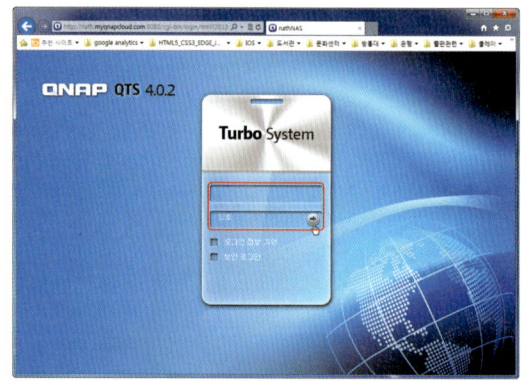

2 영상 파일은 [Video Station], 사진은 [Photo Station], 음악은 [Music Station] 에서 감상할 수 있습니다. 영상 파일을 감상하기 위해서 [Video Station] 버튼을 클릭합니다.

3 Video Station이 표시됩니다. 비디오 파일의 목록을 표시하기 위해서 [비디오] 버튼을(▦) 클릭합니다.

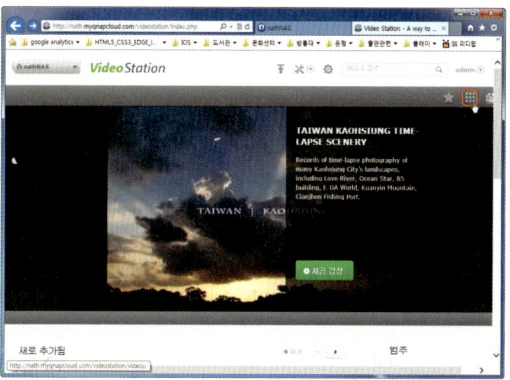

4 NAS에 저장한 영상 파일들이 표시됩니다. 감상하고자 하는 파일을 클릭하면 영상을 PC에서 감상할 수 있습니다.

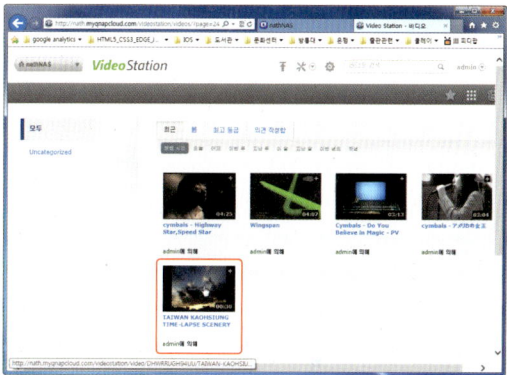

참고 **영상 파일이 '준비 중'으로 표시됩니다.**
스트리밍을 위해서 NAS 서버에서는 자동으로 인코딩을 해주는 기능이 포함되어 있습니다. 인코딩이 끝나지 않아도 영상이 재생될 수도 있지만 되도록 준비가 완료되면 이용하도록 합니다. 실제로는 영상이 표시되지 않을 수도 있습니다.

Part 05 홈 네트워크 구성과 여러 대 컴퓨터의 자원 공유하기

5 음악을 감상해 보겠습니다. NAS의 바탕화면에서 [Music Station] 버튼을 클릭합니다. NAS에 저장했던 MP3 파일 목록이 표시됩니다. 감상하고자 하는 음악 파일을 더블 클릭하면 음악이 재생됩니다.

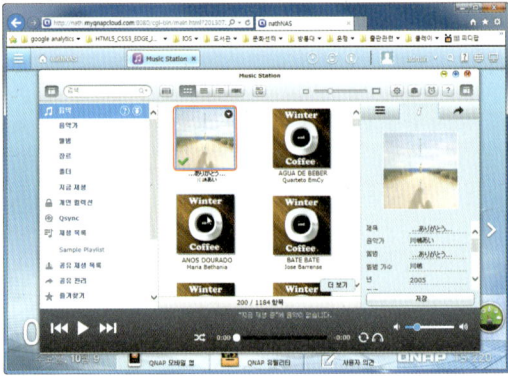

07 스마트폰으로 NAS 음악 감상하기

스마트폰으로 NAS에 접속하여 NAS 안의 mp3 파일을 감상할 수 있습니다. 아이폰과 안드로이드에서 지원하는 앱의 형태가 다릅니다. NAS마다 다른 앱을 지원하므로 어떤 앱을 지원하는지 확인한 후 설치합니다.

1 안드로이드에서 QNAP NAS를 지원하는 앱을 설치하도록 하겠습니다. 안드로이드 구글 스토어에서 'qnap'으로 검색합니다.

2 QNAP 관련 앱이 검색됩니다. 음악 감상하기 위한 'Qmusic'을 설치하기 위해서 터치합니다. Qmusic 앱 관련 내용이 표시되면 [설치]를 터치하여 설치합니다.

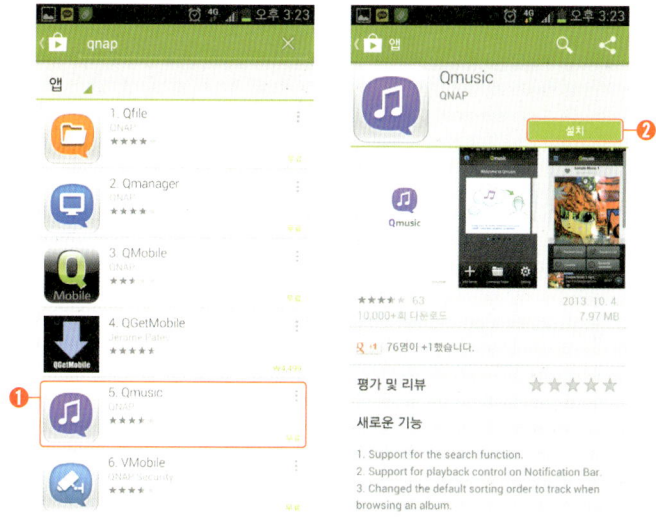

3 설치한 Qmusic 앱을 실행합니다. NAS 서버를 추가해야 합니다. [NAS 추가] 버튼을 클릭합니다.

4 [NAS 수동 추가] 버튼을 터치합니다. NAS 서버의 이름을 적절히 입력하고 DDNS로 설정한 NAS 서버 주소를 '호스트/IP'란에 입력합니다. 사용자 이름과 비밀번호를 입력한 후 [완료]를 터치합니다.

5 nas 서버로 로그인됩니다. MP3가 저장된 폴더로 이동하겠습니다. 메뉴 버튼을(■) 터치한 후 [폴더]를 터치합니다.

6 QNAP NAS는 'Multimedia' 폴더에 MP3와 사진 등의 멀티미디어 파일을 저장합니다. 'Multimedia' 폴더를 터치한 후 MP3 폴더가 저장된 곳을 터치합니다. MP3 파일이 표시되면 감상하고자 하는 파일을 터치하여 재생합니다. 화면의 하단 부분을 터치하면 재생중인 MP3 화면으로 이동됩니다.

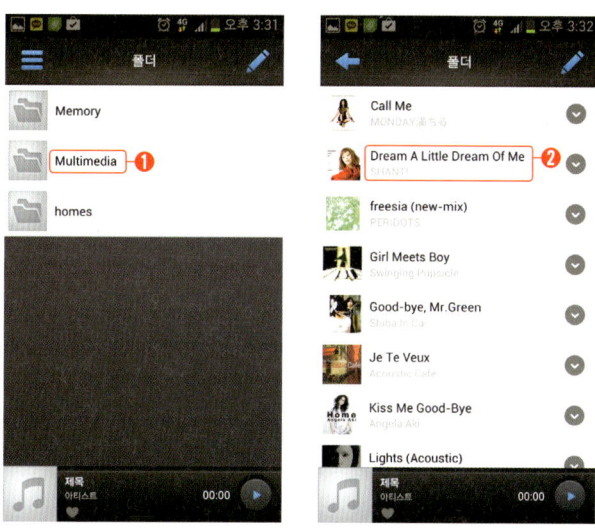

7 재생 중인 MP3와 관련된 정보가 표시됩니다. 반복 재생하거나 다른 음악을 재생할 수 있습니다.

Part 05 홈 네트워크 구성과 여러 대 컴퓨터의 자원 공유하기

08 아이패드로 NAS 사진 감상하기

아이패드에서 NAS 서버를 사용해 보겠습니다. 아이패드용으로 제공하는 NAS 앱은 더 편리하게 되어 있습니다. 아이패드에서 사용하는 것처럼 아이폰에서도 동일하게 사용할 수 있습니다.

1 아이패드에서 앱 스토어로 이동합니다. 검색어로 'qnap'을 입력하고 검색합니다. 'Qfile HD'를 선택하여 설치합니다.

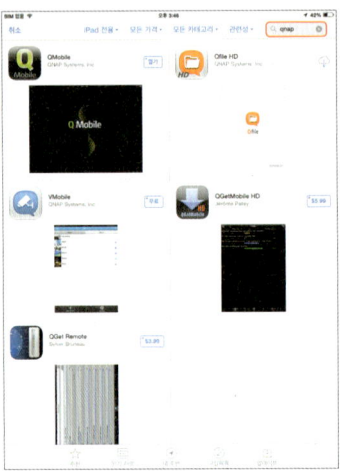

2 설치된 Qfile HD 앱을 실행합니다. NAS 서버를 추가하기 위해서 [서버 추가] 버튼을 터치합니다.

374

3 내부 네트워크에 NAS 서버가 있는 경우 자동으로 검색되어 표시됩니다. 외부에서도 접속할 수 있도록 서버를 설치하겠습니다. [Add Manually] 버튼을 터치합니다.

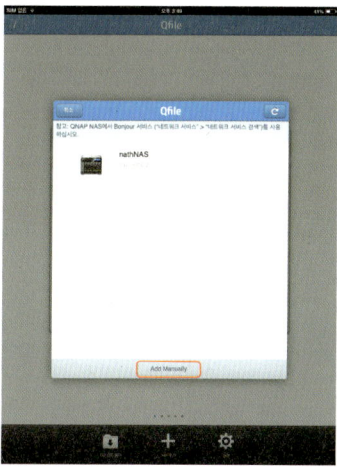

4 '이름'을 적절히 입력하고 '호스트/IP'에 NAS 서버 DDNS 주소를 입력합니다. '사용자 이름'에 아이디를 입력하고 비밀번호를 입력합니다. [완료] 버튼을 터치합니다.

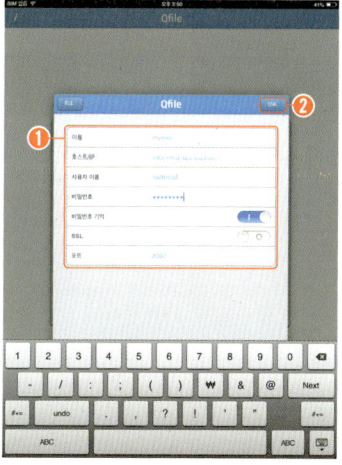

5 폴더 목록이 표시됩니다. 사진이 있는 폴더를 터치합니다. 사진 목록이 표시되면 사진 파일을 터치합니다.

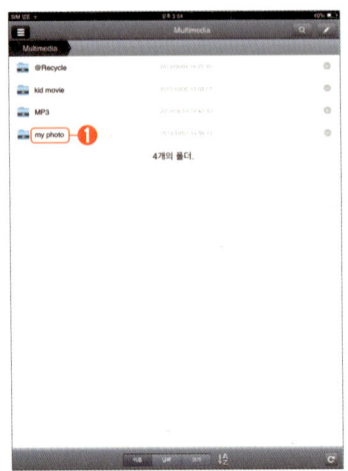
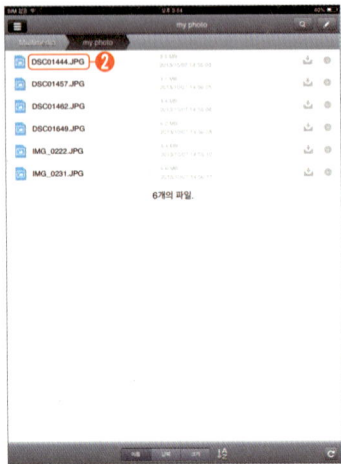

6 사진 파일이 표시됩니다. 좌우 화살표를 이용하여 앞, 뒤 사진 파일을 표시할 수 있습니다. 아이패드용 앱에서는 사진뿐만 아니라 음악, 동영상, PDF 파일 등의 대부분의 파일 보기가 가능합니다.

09 TV로 NAS 영화 감상하기

요즘 출시되는 TV에는 네트워크 단자(LAN 단자)가 준비되어 있습니다. 랜 케이블로 TV와 공유기를 연결하면 TV에서도 NAS의 영상을 감상할 수 있습니다.

1 TV의 네트워크 단자에 랜 케이블을 연결합니다. 랜 케이블의 반대편을 공유기에 연결합니다. TV와 공유기가 기가비트를 지원한다면 랜 케이블 또한 기가비트용 케이블로 연결합니다.

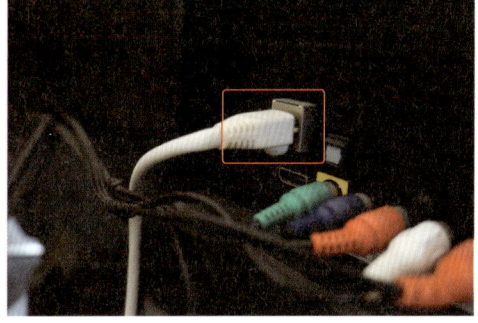

> **tip** HDMI를 제공하는 경우
> NAS 서버와 TV가 모두 HDMI 단자를 제공한다면 내부 네트워크를 사용하지 않고 HDMI 케이블로 직접 연결하여 영상 등을 즐길 수 있습니다. 네트워크로 연결하는 것보다 HDMI를 이용하는 편이 더 편리합니다.

2 TV의 전원을 켜고 리모컨을 사용하여 외부 입력 화면으로 이동합니다. 리모컨의 방향키를 사용하여 'DLNA'를 선택합니다.

3 리모컨의 방향 키를 사용하여 영상이 있는 폴더로 이동합니다. 폴더 안의 영상 파일을 선택하여 재생합니다.

4 영상이 재생됩니다. 영상뿐만 아니라 사진이나 음악 파일도 재생이 가능합니다. 영상을 모두 감상한 후에는 바로 'TV를 끄지 말고 외부 입력 상태에서 TV 상태로 전환한 후에 TV 전원을 끄는 것이 좋습니다.

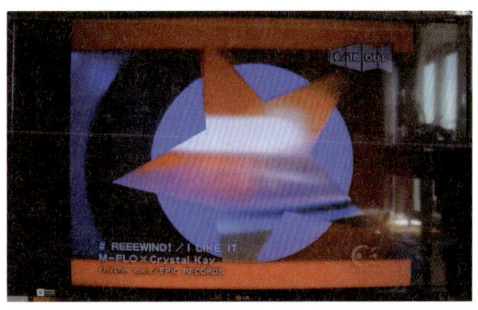

10 웹하드처럼 NAS 사용하기

NAS에 저장된 파일들을 다른 사람과 공유하고 싶다면 게스트용 아이디를 만들고 폴더 공유를 하면 됩니다. 하지만 몇 개의 파일만 전달해주려고 하는 경우에는 이렇게 설정하는 것이 여간 귀찮은 것이 아닙니다. 이 경우 전달하고자 하는 파일에 URL을 만들고 이 URL을 전달하여 다운로드할 수 있도록 설정할 수 있습니다.

1 NAS 서버에 접속합니다. NAS의 바탕 화면에서 'File Station'을 실행합니다. 전달하고자 하는 파일을 마우스 오른쪽 버튼으로 클릭한 후 [공유] 메뉴를 클릭합니다.

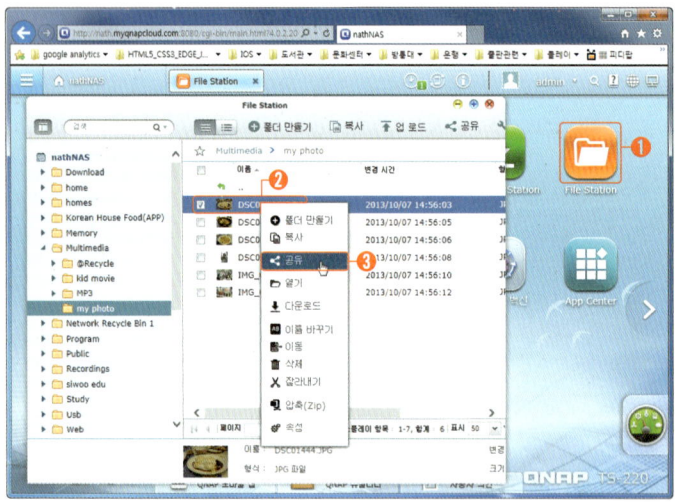

2 [다운로드 링크 만들기] 창이 표시됩니다. 다운받을 수 있는 '유효 잔여 기간'을 설정합니다. '이메일을 통해 다운로드 링크 공유'에 체크합니다. '수신'란에 받을 사람의 메일 주소를 입력한 후 [만들기] 버튼을 클릭합니다.

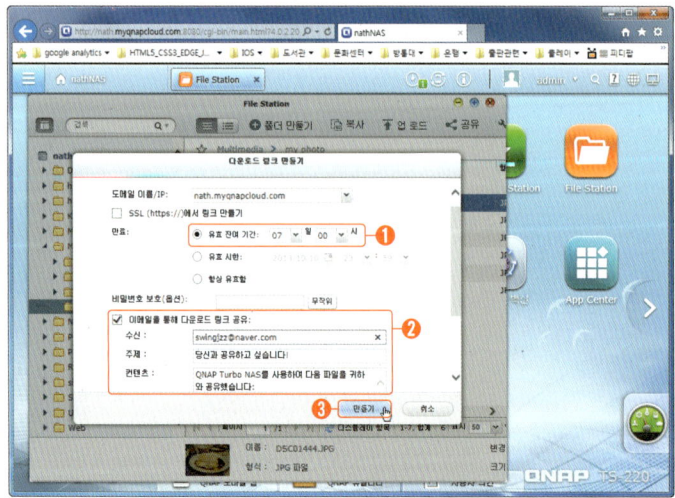

3 공유 링크가 생성되었습니다. [공유 시작] 버튼을 클릭하면 '수신'란에 입력된 메일 주소로 공유 링크가 발송됩니다.

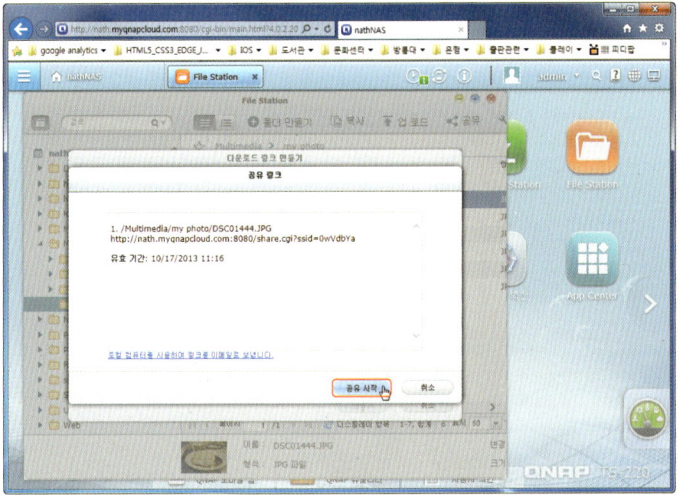

4 '수신'란에 입력한 메일 주소로 링크가 전달됩니다. 링크 부분을 클릭하면 공유한 파일을 다운로드할 수 있습니다.

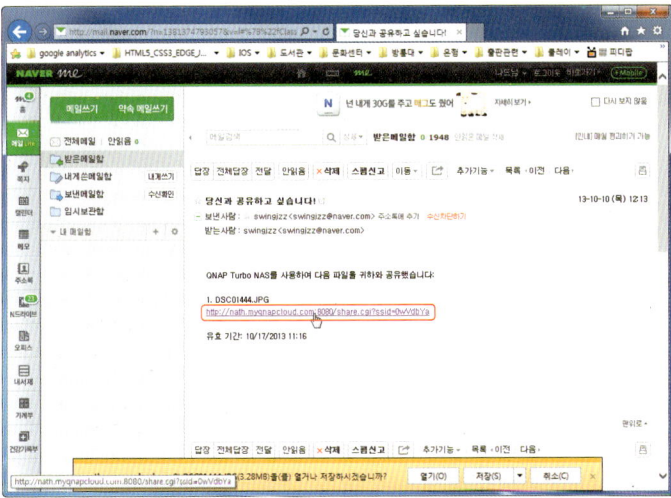

Part 06

컴퓨터의 문제 해결

......

컴퓨터에서 발생하는 여러 가지 문제에 대한 각각의 해결 방법들을 소개합니다.

Chapter 01 기본적인 해결 방법 알아보기

컴퓨터에 문제가 발생했을 때 대부분은 기본적인 해결 방법만으로 쉽게 문제를 해결을 할 수 있습니다. 무조건 컴퓨터가 이상하다고 A/S를 부르기 전에 기본적인 해결 방법부터 시도해 보고 관련된 내용을 확인하면서 천천히 해결합니다.

01 가장 기본적인 해결 방법, 재부팅

가장 기본적인 문제 해결 방법은 컴퓨터를 재부팅하는 것입니다. 일반적으로 재부팅이라고 하면 어떤 것이 해결될 것이냐고 하겠지만, 재부팅 과정에서는 많은 부분이 해결됩니다. 윈도우를 부팅하는 과정에서 파일을 잘못 로드했거나 사용 중에 업데이트 등이 이루어져 제대로 작동이 되지 않는 경우가 있기 때문입니다.

주변 장치가 제대로 작동하지 않는다면 주변 장치를 모두 종료한 다음 재부팅하는 것이 좋습니다. 프린터와 스캐너 등의 장비를 윈도우와 같은 운영체제에서 인식하지 못해 문제가 발생할 수 있는데 이런 경우 재부팅만으로도 인식할 수 있습니다. 이 때 주변 장치도 함께 껐다가 켜주며 PC를 먼저 재부팅하여 윈도우가 모두 로딩되었다면 주변 장치를 켜주는 것이 좋습니다.

제대로 작동하던 네트워크가 작동하지 않는다면, 통신 과정에서 문제가 있을 수 있습니다. 이런 경우에도 재부팅 과정을 통해 많은 문제를 해결할 수 있습니다. 네트워크가 안되는 경우에는 공유기나 허브 등과 같은 네트워크 장치와 네트워크에 연결된 PC까지 모두 종료한 다음 5~10분 정도 기다렸다가 재부팅하는 것이 가장 효과적입니다.

02 업데이트 확인

윈도우 업데이트나 주변 장치의 업데이트는 사소한 것 같지만, 버그를 패치하거나 성능 개선의 핵심입니다. 따라서 주기적으로 윈도우 업데이트나 주변장치의 업데이트가 있는지 확인하고 지속적으로 업데이트를 하는 것이 중요합니다.

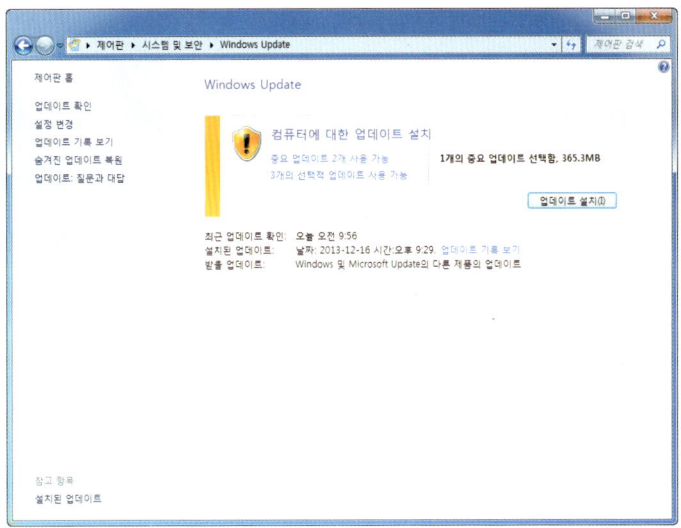

윈도우 업데이트

자동으로 업데이트를 다운받도록 설정해 놓은 경우 업데이트를 다운로드받아 설치하는 과정에서 인터넷 속도나 시스템 속도가 느려질 수 있습니다. 이런 경우 제어판에서 업데이트 다운로드 방법을 변경해 놓는 것이 좋습니다.

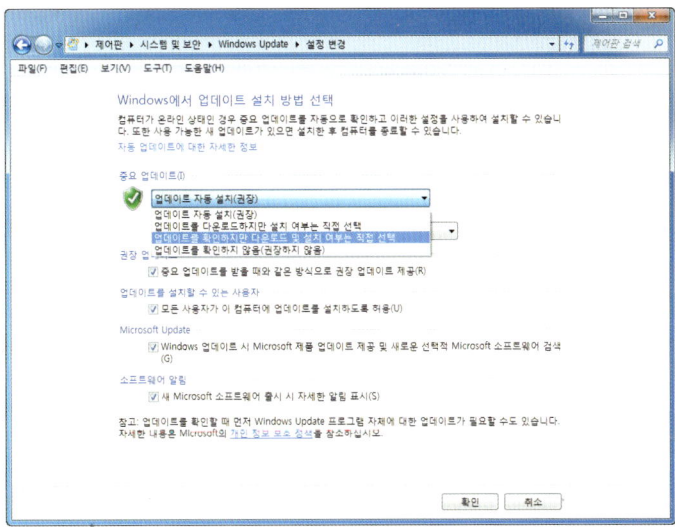

02 컴퓨터가 느려졌을 경우

컴퓨터가 느려졌다고 느끼는 이유는 부팅 시간이 오래 걸리거나 하드디스크에 파일을 복사할 때, 인터넷에서 홈페이지 표시가 느려졌을 때 등이 있습니다. 윈도우 업데이트 등으로 일시적인 경우 느려지는 경우를 제외하고는 컴퓨터에 하드웨어에 이상이 있거나 많은 프로그램이 설치되어 있어서 그렇습니다.

01 내 컴퓨터가 느려지는 원인

별다른 문제가 없어도 컴퓨터 속도가 느려지는 원인은 여러 가지가 있습니다. 그 중에서 몇 가지를 정리한다면 다음과 같은 것들이 있습니다.

1. 여러 개의 백신 사용

V3나 알약, 노턴 바이러스 등의 바이러스 백신 프로그램이 여러 개 설치되어 있는 경우에는 실시간 검색 기능이 있어 서로 충돌하거나 상대 프로그램을 악성 코드로 인식하여 오류가 발생하기도 합니다. 이런 경우에는 가장 확실하다고 판단되는 하나의 프로그램만 설치하거나 실시간 검색 기능은 하나만 사용하고 필요에 따라 여러 백신으로 검사를 하는 것이 좋습니다.

2. 블로그나 카페에서 유틸리티 프로그램 다운로드

블로그나 카페에서 확인되지 않은 프로그램을 다운로드한다면 악성 코드가 함께 설치될 우려가 있습니다. 이런 경우 악성 코드로 인해 컴퓨터로 다른 작업을 하기 힘들 정도로 광고가 많이 표시되거나 개인 정보가 유출될 수도 있습니다.

3. 누가 보낸지 모르는 이메일

누가 보낸지 모르는 이메일을 열었을 때 악성 코드가 설치될 수 있습니다. 악성 코드는 메일을 열기만 해도 설치될 수 있습니다. 누가 보낸 메일인지 확실치 않다면 일단 의심하고 열어보지 않는 것이 좋습니다. 그리고 스팸이라고 의심된다면 삭제하는 것이 좋습니다.

4. 프로그램 설치와 함께 설치되는 툴바

무료로 제공되는 유틸리티 중 많은 유틸리티는 인터넷 익스플로러의 툴바를 함께 설치하거나 원하지 않는 프로그램이 함께 설치되는 경우가 있습니다. 이렇게 설치된 프로그램은 자신도 모르는 사이에 트레이에 존재하면서 메모리를 잡아먹게 됩니다. 그러므로 유틸리티를 설치하는 과정에서 함께 설치되는 프로그램이 있는지 차근차근히 확인하면서 다음 단계로 진행합니다.

5. 임시 파일이 많은 경우

운영체제가 실행되면서 임시 파일을 생성하거나 인터넷을 실행하는 과정 중에 인터넷 익스플로러에서 임시 파일을 생성합니다. 이런 임시 파일은 운영체제나 인터넷 익스플로러의 속도를 올리기 위해 사용되지만, 불필요한 임시 파일이나 사용하지 않는 인터넷 임시 파일은 오히려 속도를 느리게 만듭니다.

이런 이유로 속도가 느려졌다면 불필요한 광고를 표시하는 프로그램이나 출처가 불분명한 프로그램을 삭제함으로써 속도를 높일 수 있습니다.

02 부팅 시간 단축

컴퓨터를 사용하다보면 많은 프로그램을 설치하게 됩니다. 이 때 설치된 프로그램들은 부팅할 때 자동으로 로딩되는 경우가 많습니다. 따라서 부팅 시간이 오래 걸리나며 불필요하게 로딩되는 프로그램을 제거해 주는 것이 좋습니다. 그 중에서 몇 가지를 정리한다면 다음과 같은 것들이 있습니다.

불필요한 프로그램은 [시스템 구성]에서 정리할 수 있습니다. 시스템 구성을 실행하려면 ■(윈도우)+R 키를 누른 다음 'msconfig'를 입력하고 Enter 키를 누릅니다.

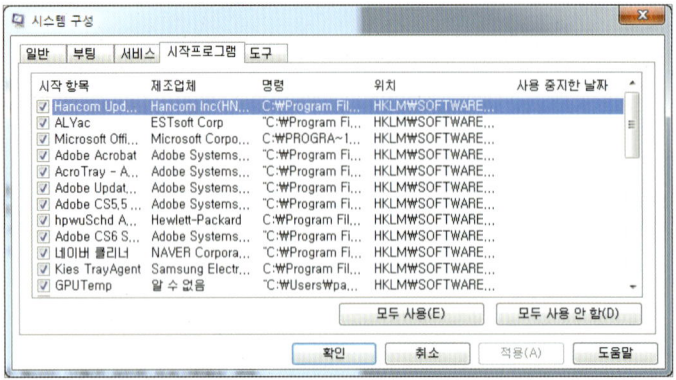

시스템 구성 대화상자

[시스템 구성] 대화상자의 [시작프로그램] 탭에는 윈도우가 부팅되면서 함께 로드하는 프로그램이 표시됩니다. 이 중 제조업체가 마이크로소프트로 표시되는 시작 항목은 건드리지 않는 것이 좋습니다. 만약 이 부분을 건드리면 문제가 발생할 수 있습니다. 그 외에 Adobe System이나 Hancom, ESTsoft, 구글 업데이트, 스팀 클라이언트 부트스트래퍼(Steam Client Bootstrapper) 등은 선택을 해제됩니다. 정확히 무엇인지 모를 프로그램이나 서비스는 그대로 두는 것이 좋습니다. 설정을 끝냈으면 [확인]을 클릭한 후 재부팅합니다. 그러면 확실히 부팅 속도가 빨라집니다.

03 하드디스크가 느려졌을 경우

파일을 저장하거나 지우는 작업을 반복하면, 하드 드라이브에 조각이 발생하면서 속도가 느려지거나 불안정해질 수 있습니다. 이런 경우 일정 주기로 시스템 도구의 조각 모음을 실행해 파일을 정리해 주는 것이 좋습니다.

디스크 정리는 많은 시간을 필요로 하며 디스크 조각 모음을 하는 동안 컴퓨터를 사용하면 다시 시작하는 경우도 있습니다. 그러므로 컴퓨터를 사용하지 않는 시간에 디스크 조각 모음을 하는 것이 좋습니다.

Chapter 02 컴퓨터가 느려졌을 경우

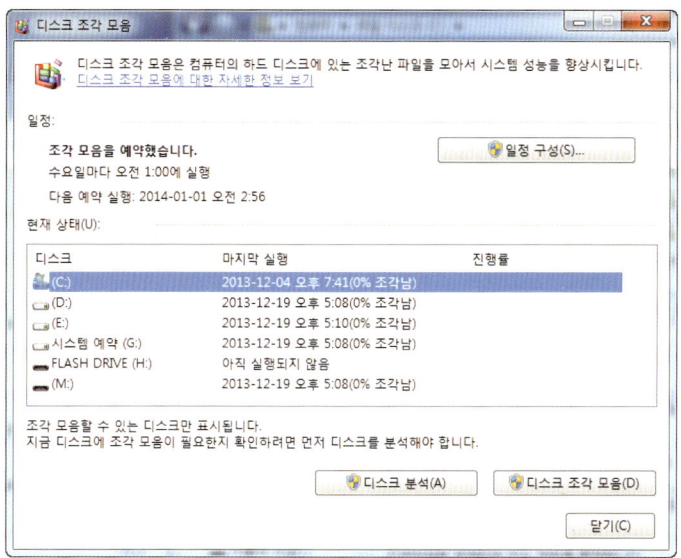

SSD(Solid State Drive)를 사용하는 경우에는 조각 모음을 하지 않아도 됩니다. 반대로 SSD는 조각 모음으로 인해 손상이 발생할 수 있으므로 하지 않는 것이 좋습니다.

04 인터넷 속도가 느려졌다면

인터넷 속도가 느려졌다면 왜 느려졌는지 그 원인을 찾아야 합니다. 인터넷 다운로드 속도가 갑자기 느려졌거나 비디오 버퍼링이 오래 걸린다면 컴퓨터 하드웨어의 문제가 아니라 기본적인 문제일 수 있습니다.

인터넷 속도가 정확히 알기 위해서 믿을 수 있는 사이트에서 인터넷 품질 테스트를 합니다. 인터넷 품질 테스트는 한국정보화진흥원의 인터넷 품질 측정(http://speed.nia.or.kr/) 홈페이지에서 할 수 있습니다.

Part 06 컴퓨터의 문제 해결

인터넷 속도측정

인터넷 속도는 접속 시간대와 장소에 따라 달라질 수 있습니다. 속도 테스트에 이상이 없다면 하드 드라이브에 윈도우 운영체제는 시스템이 구동되는 동안 새로운 파일을 생성합니다. 그리고 하드 드라이브가 꽉 차게 되면 성능에 문제가 발생하게 됩니다. 따라서 운영체제가 설치되어 있는 드라이브에 여유 공간이 충분히 있는지 확인하고 용량이 부족하다면 불필요한 파일을 삭제하거나 이동하여 여유 공간을 확보해줍니다.

그래도 안 된다면 다음과 같은 설정으로 조금이나마 성능을 향상시킬 수 있습니다.

1 인터넷 익스플로러를 실행한 다음 [도구]-[인터넷 옵션]을 선택합니다.
2 [인터넷 옵션] 대화상자가 나타나면 검색 기록의 [삭제] 버튼을 클릭합니다.

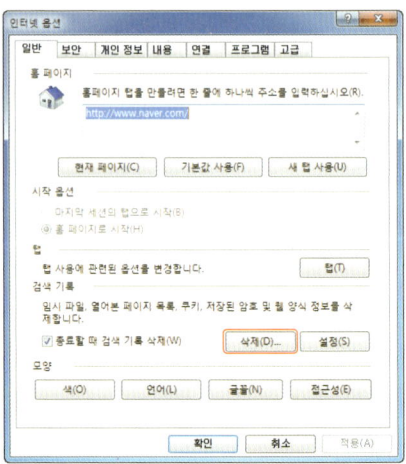

3 [검색 기록 삭제] 대화상자가 나타나면 [삭제] 버튼을 클릭합니다.

 검색 기록 삭제에서는 인터넷 사이트를 방문하면서 쌓이게 되는 쿠키와 임시 인터넷 파일, 검색 기록 목록, 다운로드 파일 등을 삭제할 수 있습니다.

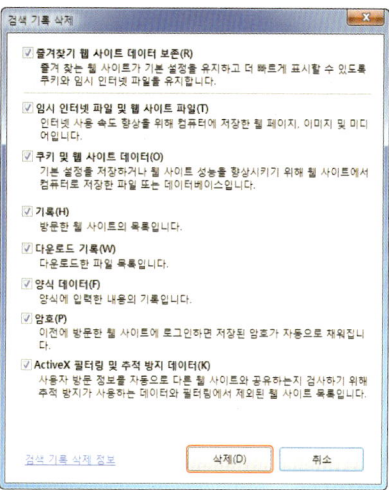

4 [인터넷 옵션] 대화상자가 다시 나타나면 [설정] 버튼을 클릭합니다. [웹 사이트 데이터 설정] 대화상자가 나타나면, '저장된 페이지의 새 버전 확인'에서 '자동으로'를 선택합니다. '사용할 디스크 공간'에서 '50'을 입력하고 [확인] 버튼을 클릭합니다.

 '저장된 페이지의 새 버전 확인'은 웹 페이지를 방문할 때 변경된 내용이 있는지 확인하는 기능이며 사용할 디스크 공간은 웹 페이지를 임시로 저장해 놓는 공간입니다.

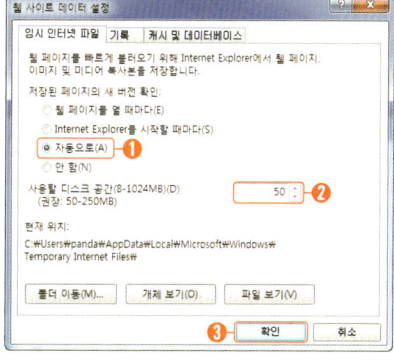

5 이번에는 [연결] 탭을 선택한 다음 [LAN 설정] 버튼을 클릭합니다.

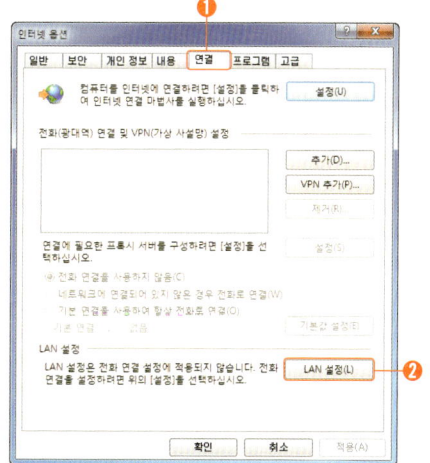

6 [LAN 설정] 대화상자가 나타나면 [자동으로 설정 검색]의 선택을 해제하고 [확인] 버튼을 클릭합니다.

 LAN 설정에서 '자동으로 설정 검색'을 해제하면 인터넷 익스플로러가 표시되는 속도가 조금이나마 빨라집니다.

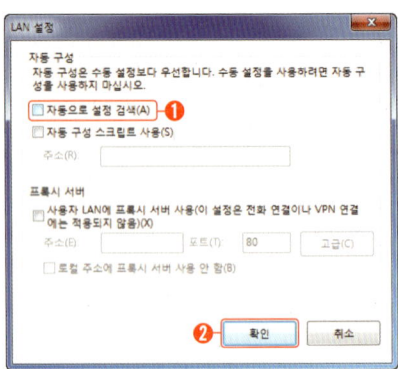

인터넷 속도 테스트에도 이상이 없고 하드 드라이브에도 충분한 공간이 있다면 실수로 다운로드를 하거나 업로드 중인 소프트웨어가 있는지 확인합니다. 많은 토렌트 프로그램들은 백그라운드에서 구동되며, 작업 표시줄이 아닌 시스템 트레이에 아이콘으로 최소화되어 있습니다. 이런 경우 시스템 트레이에서 토렌트 프로그램이 사용 중인지 확인하고 종료합니다. 만약 토렌트 프로그램을 사용 중이지 않다면 네트워크 카드의 업데이트를 확인합니다.

마지막으로 라우터와 모뎀에 있는 리셋 버튼을 누릅니다. 리셋 버튼이 없다면 전원을 껐다가 다시 켭니다. 이 때 컴퓨터와 네트워크에 연결되어 있는 다른 컴퓨터도 모두 동시에 종료한 후 다시 켭니다. 이렇게 해도 문제가 계속 지속된다면 인터넷 서비스 업체에 연락을 취해 문제를 해결하는 것이 좋습니다.

05 불필요한 프로그램 제거

프로그램 중 광고를 표시하는 프로그램이라면 V3나 알약 등을 이용해 최적화하면 제거되지만, 20%~30% 정도의 프로그램은 제거되지 않습니다. 따라서 이런 프로그램들은 [제어판]의 [프로그램 추가/제거]를 이용해 직접 제거해야 합니다.

1 [제어판]을 실행한 다음 [프로그램 제거]를 선택합니다.

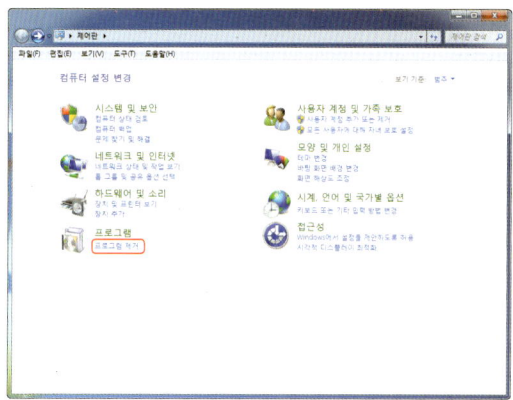

2 설치된 프로그램 중에서 잘 모르는 프로그램을 선택하면 상태 표시줄에 자세한 지원 정보가 나타납니다.

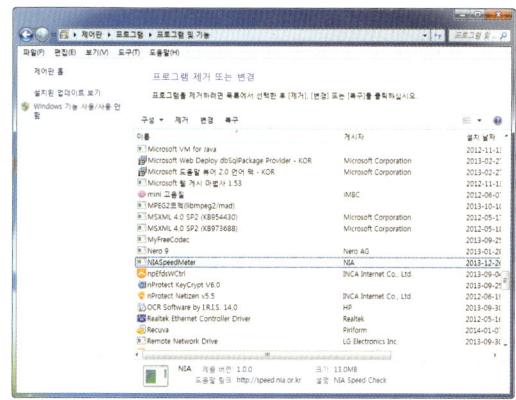

3 지원 정보를 확인했을 때 지원 정보가 표시되지 않거나 사이트 이름이 이상하고, 사이트 이름을 클릭했을 때 이상한 회사 사이트로 들어가면 악성 코드일 확률이 높습니다. 이런 프로그램을 선택해서 삭제합니다.

 지원 정보의 도움말 링크를 클릭하면 웹 브라우저가 실행되면서 홈페이지가 나타납니다. 설치한 프로그램과 연관이 없거나 광고 등의 홈페이지가 나타나면 바로 삭제하는 것이 좋습니다.

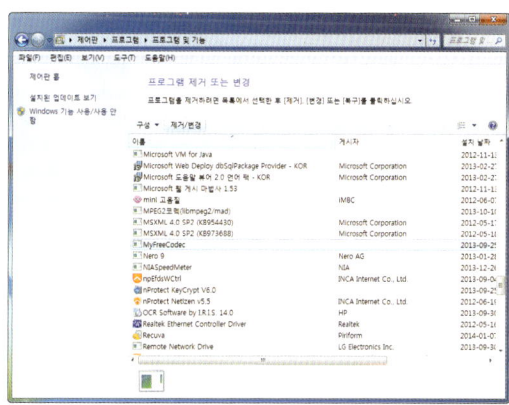

06 컴퓨터 최적화로 속도 올리기

컴퓨터 최적화는 불필요한 프로그램과 임시 파일, 사용하지 않는 레지스트리 등을 삭제하여 컴퓨터 속도를 높이는 방법입니다. 컴퓨터 최적화는 의외로 간단한 유틸리티로 쉽게 할 수 있습니다.

컴퓨터 최적화 프로그램에는 네이버 클리너나 다음 클리너, 알약, V3 등 다양한 프로그램이 있습니다. PC 최적화는 어떤 프로그램을 이용하는 것도 중요하지만 얼마나 자주, 주기적으로 해주었느냐가 더 중요합니다. 그러므로 PC를 매일 사용한다면 특정 요일이나 시간을 정해놓고 최적화를 해주는 것이 좋습니다.

1 알약이 설치되어 있다면 트레이의 알약 아이콘을 클릭해 연 다음 [PC 최적화]를 클릭합니다.

2 PC 최적화할 항목을 선택하고 [검색 시작] 버튼을 클릭합니다.

3 선택한 항목에서 최적화할 항목을 검색해 목록이 표시되면 [정리시작] 버튼을 클릭합니다.

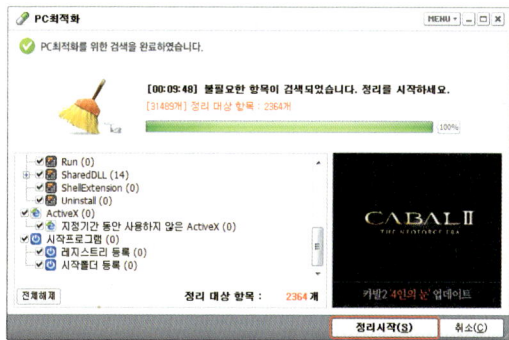

4 하드디스크의 불필요한 공간을 정리합니다. 이렇게 하면 하드디스크의 여유 공간도 늘어나고 속도도 빨라집니다.

Part 06 컴퓨터의 문제 해결

Chapter 03 바이러스나 애드웨어가 의심되요

바이러스나 애드웨어, 스파이웨어 등은 백신으로 꾸준히 관리하고 검사를 한다면 어느 정도는 미리 예방할 수 있지만 완벽하게 예방할 수는 없습니다. 만약 백신이나 여러 가지 소프트웨어로도 바이러스나 애드웨어, 스파이웨어를 제거할 수 없다면 운영체제부터 모든 소프트웨어를 새로 설치하는 것이 가장 효과적인 방법입니다.

01 갑자기 나타나는 팝업 광고

웹 브라우저를 실행하지도 않았는데 팝업 광고가 뜬다면 애드웨어가 설치되었을 가능성이 높다. 애드웨어가 표시하는 광고는 별 도움이 되지 않고 오히려 컴퓨팅 작업에 불편을 주기 때문에 이를 제거하는 것이 좋습니다.

애드웨어를 삭제하려면 믿을만한 백신 소프트웨어를 이용하는 것입니다. 알약이나 V3와 같은 백신도 있지만, 이 프로그램이 애드워어의 감지와 제거에 실패했다면 맬웨어바이츠 안티 멀웨어 (Malwarebytes Anti-Malware)와 같은 프로그램을 사용하는 것도 좋습니다. 이 소프트웨어를 실행하기 전에 기존의 표준 백신 소프트웨어를 중지해야 합니다.

애드웨어 검사

02 툴바와 ActiveX 삭제하기

툴바와 ActiveX는 인터넷 익스플로러의 기능을 확장하기 위해 만들어진 기술입니다. 툴바와 ActiveX를 잘 활용하면 편리하게 인터넷을 즐길 수 있지만 자칫 잘못하면 애드웨어와 스파이웨어가 침투하게 되는 경로가 되기도 합니다.

툴바는 주로 창 위쪽에 위치하며, 메뉴를 선택해 일일이 명령을 실행하는 것이 아니라 간단히 클릭하거나 바로 명령을 입력하여 실행할 수 있도록 만들어 놓은 것으로 상당히 유용한 기능 중의 하나입니다. 하지만, 사용자가 원하지 않는 툴바가 설치되어 있으면 오히려 속도를 저하시키고 원하지 않는 광고가 출력되는 등 골칫거리가 되기도 합니다. 그리고 ActiveX는 인터넷 익스플로러에서 사용되는 개념으로 HTML 언어에서 동영상이나 문서, 특정 프로그램 등을 연결하기 위해 사용되는 것으로 인터넷을 거쳐 동작하는 배포용 응용 프로그램을 말합니다. 이런 응용 프로그램은 꼭 필요한 경우도 있지만, 사용자가 모르는 사이에 설치된 ActiveX는 오히려 광고를 표시하거나 악성 코드가 포함되어 있어 개인 정보가 유출되는 요인이 되기도 합니다.

1 알약을 실행한 다음 [PC관리]를 선택합니다.

2 [IE 관리]의 [ActiveX]를 선택한 다음 목록이 표시되면 삭제할 ActiveX를 선택하고 [삭제] 버튼을 클릭합니다.

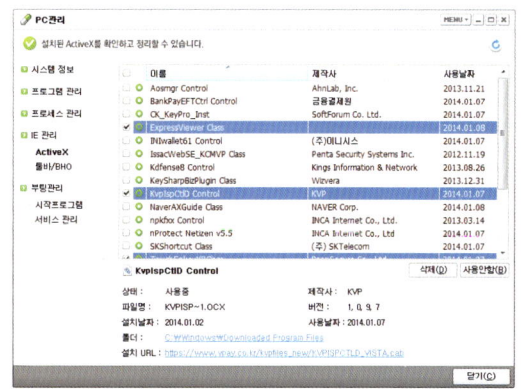

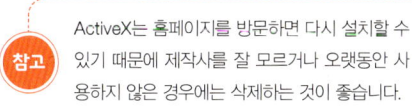

참고 ActiveX는 홈페이지를 방문하면 다시 설치할 수 있기 때문에 제작사를 잘 모르거나 오랫동안 사용하지 않은 경우에는 삭제하는 것이 좋습니다.

3 ActiveX 정리가 끝났으면 [툴바/BHO]를 선택합니다.

BHO는 Browser Helper Object의 약자로 가장 많이 사용되는 웹 브라우저인 인터넷 익스플로러의 기능을 외부 플러그인을 이용해 확장할 수 있도록 설계된 기술입니다. 웹 브라우저의 툴바에 추가되는 등의 방법으로 사용자에게 다양한 추가 기능을 제공합니다. 하지만 상업적이거나 악의적인 목적으로 사용되어 개인정보를 유출하거나 광고나 특정 사이트로 강제 이동하는 등의 기능을 수행하는 문제도 발생하고 있습니다.

4 설치되어 있는 툴바나 BHO 중 사용하지 않는 것을 선택하고 [삭제] 버튼을 클릭합니다.

툴바나 BHO 역시 사용자가 필요하면 쉽게 설치할 수 있으므로 사용 날짜가 오래되었거나 제작사가 의심스럽다면 삭제하는 것이 좋습니다.

5 이렇게 하면 인터넷 익스플로러를 조금이나마 빠르게 사용할 수 있습니다.

03 레지스트리 정리

윈도우의 레지스트리는 방대한 시스템 설정 라이브러리입니다. 그런데 프로그램을 제거하더라도 레지스트리에 설정이 남아 있는 경우가 많습니다. 이렇게 남아있는 설정들은 PC 사용에는 불필요하면서 시스템 속도를 느리게 하고, 시스템 충돌과 오류의 원인으로 블루 스크린까지 표시하게 됩니다. 이런 레지스트리를 깔끔하게 정리하려면 'CCleaner'와 '이지클리너', 'Ashampoo WinOptimizer' 등의 프로그램을 다운로드받아 레지스트리를 정리하는 것이 좋습니다.

Part 06 컴퓨터의 문제 해결

Chapter 04 컴퓨터의 장치가 제대로 작동하지 않는 경우

새로운 장치를 추가했을 때 장치가 제대로 작동하지 않는다면 새로 장착한 장치에 문제가 있을 것이라고 생각하기 쉽습니다. 하지만 그 전에 몇 가지만 확인한다면 충분히 원인을 해결할 수 있습니다.

01 하드웨어 충돌

새로운 장치를 추가했을 때 작동하지 않는 가장 큰 이유는 하드웨어의 충돌입니다. 충돌이 발생하면 블루 스크린이 뜨기도 합니다. 장치를 설치한 후 윈도우가 정상적으로 부팅된다면 가장 먼저 충돌이 발생하지 않았는지 확인합니다.

블루 스크린의 원인 중 가장 많은 부분은 하드웨어의 충돌입니다. 시스템의 모든 구성 요소는 설치할 때 IRQ(Interrupt Request Channel)를 사용합니다. 모든 장치는 자체적인 채널을 필요로 하는데, 만약 2개의 장치가 하나의 채널을 공유한다면 충돌이 발생합니다.

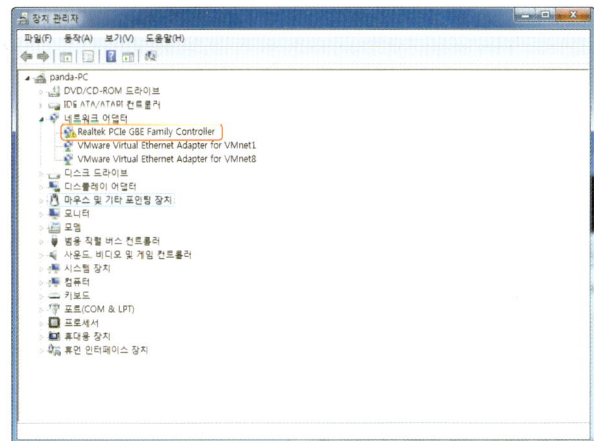

장치 관리자의 충돌

장치 관리자를 살펴보면 노란색 느낌표가 표시된 장치가 있는데 이 장치에 문제가 발생한 것으로 IRQ 채널을 바꾸거나 드라이버 업데이트를 통해 해결할 수 있습니다.

02 새로 설치한 외장 하드디스크나 USB 메모리가 잡히지 않는 경우

다른 컴퓨터에서는 제대로 작동하던 외장 하드디스크나 USB 메모리가 잡히지 않는다면, 그런데 전원 LED는 정상적으로 들어온다면 드라이브 문자가 할당되지 않을 수 있습니다. 메모리나 외장 하드디스크 등을 연결하면 드라이브 문자는 자동으로 할당되지만 자동으로 할당되지 않으면 수동으로 설정해야 합니다.

새로 설치한 하드디스크나 USB 메모리가 잡히지 않는다면 드라이브 문자가 할당되었는지 확인합니다. 드라이브 문자의 확인과 할당은 [디스크 관리]에서 할 수 있습니다.

1 [제어판]을 실행한 다음 [시스템 및 보안]을 선택합니다. [시스템 및 보안] 창이 나타나면 [관리 도구]를 선택합니다.

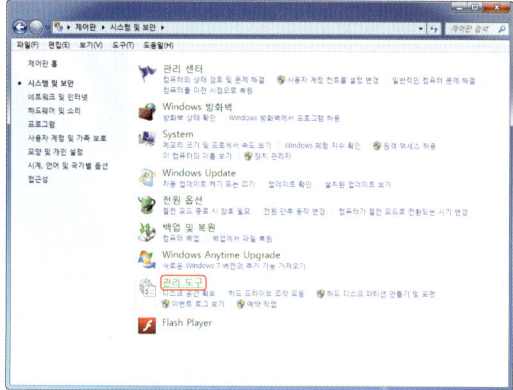

2 [관리 도구] 항목 중 [컴퓨터 관리]를 더블 클릭해 실행합니다.

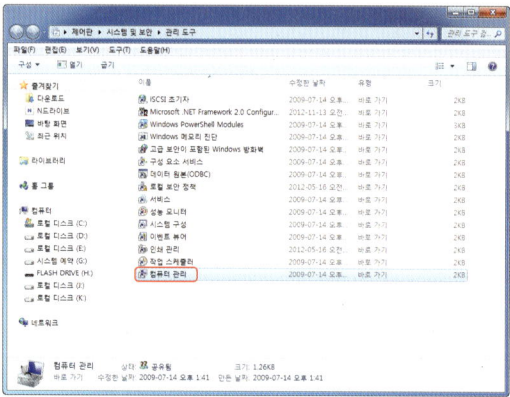

Chapter 04 컴퓨터의 장치가 제대로 작동하지 않는 경우

3 [컴퓨터 관리]가 나타나면 [디스크 관리]를 클릭합니다. 디스크 관리에서는 현재 설치되어 있는 디스크 장치의 목록이 표시됩니다.

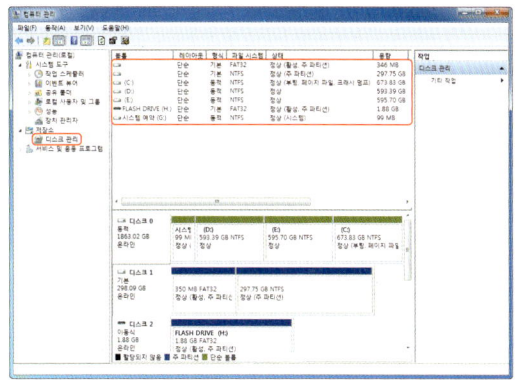

4 드라이브 문자가 할당되지 않는 드라이브를 선택한 다음 마우스 오른쪽 버튼을 클릭해 [드라이브 문자 및 경로 변경]을 선택합니다.

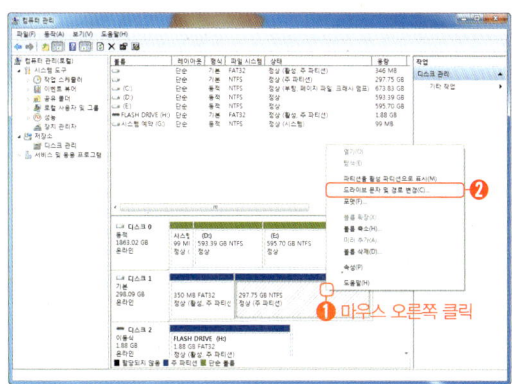

5 새로운 드라이브 문자를 설정하기 위해 [추가] 버튼을 클릭합니다.

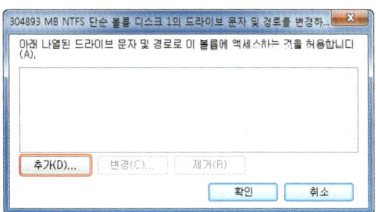

6 [드라이브 문자 할당]을 클릭해 원하는 드라이브 문자를 선택하고 [확인]을 버튼을 클릭합니다.

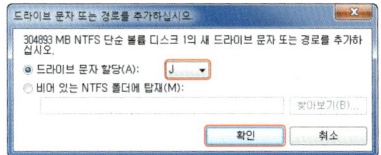

7 드라이브 문자가 할당되면 이제부터 드라이브를 사용할 수 있습니다.

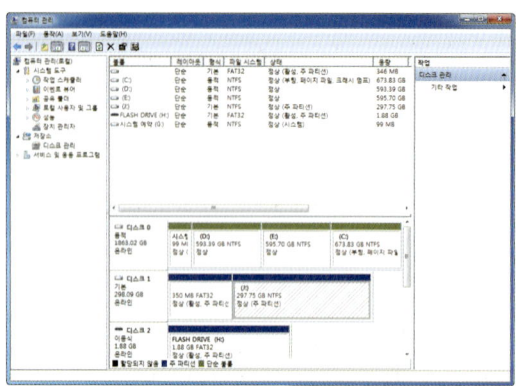

03 RAM이 4G가 설치되어 있지만 3.25G만 인식해요

컴퓨터의 성능을 높이기 위해 가장 쉽게 하는 방법이 RAM을 추가/설치하는 방법입니다. 하지만 RAM을 추가/설치했는데도 RAM 크기가 이상하게 보인다면 추가한 RAM을 잘못 설치하였거나 운영체제에서 지원하지 않기 때문입니다.

RAM을 설치할 때 RAM 슬롯이 여러 개라면 같은 색상의 슬롯에 꽂습니다. 만약 색상이 모두 같다면 1, 3, 5슬롯에 설치합니다. 그리고 RAM은 항상 1, 2, 4개 등으로 설치하는 것이 좋습니다.

RAM을 정상적으로 설치했어도 RAM이 제대로 잡히지 않는다면 특히 RAM이 4G 이상이 설치되어 있어도 3.25G만 인식한다면 RAM의 문제가 아닐 수 있습니다. 이것은 윈도우 7 32bit에서 지원하는 메모리의 크기가 3.25G이기 때문입니다. 같은 윈도우 7이라도 윈도우 7 64bit가 설치되어 있다면 최대 16G까지 지원합니다. 그리고 윈도우 ultimate 64bit는 192G까지 지원합니다. 만약 4G 이상의 메모리가 설치되어 있다면 윈도우 7 64bit 이상의 운영체제를 설치하는 것이 좋습니다.

04 새로운 장치만 연결하면 부팅이 안되요

PC의 성능을 향상하기 위해 메모리를 늘리거나, 그래픽 카드의 추가, 하드디스크의 추가 등은 쉽게 행해지는 일 중 하나입니다. 그런데 이런 장치를 추가할 때 고려해야할 부분이 있습니다.

무심히 하드디스크를 추가했는데 컴퓨터가 부팅되지 않는다면 그리고 추가한 하드디스크의 연결을 제거하면 제대로 부팅된다면 하드디스크의 문제라고 생각하기 쉽습니다. 하드디스크뿐만 아니라 다른 장치를 새로 추가했을 때도 마찬가지일 것입니다. 하지만 이것은 새로 추가한 장치의 문제가 아니라 파워 서플라이의 문제일 수 있습니다. 파워 서플라이는 지원할 수 있는 최대 전력량이 있습니다. 이것을 무시하고 계속해서 새로운 하드웨어를 추가한다면 파워 서플라이는 한계에 부딪히게 됩니다. 그래도 계속해서 하드웨어를 추가해야 된다면 전력 소모량을 비교해서 저전력을 소모하는 장치를 선택하거나 강력한 파워 서플라이로 교체해야 합니다. 일반적인 PC라면 500~650W 정도의 파워 서플라이라면 충분합니다.

05 무선 인터넷이 제대로 되지 않는다?

무선 인터넷 접속이 잘 안되면 도대체 뭐가 문제일까요? 서비스 업체에 전화를 하기 전에 몇 가지만 테스트함으로써 문제를 해결할 수 있습니다.

컴퓨터와 인터넷 공유기의 전원을 모두 끈 다음 재부팅합니다. 그래도 문제가 해결되지 않으면, 무선 네트워크 카드가 연결되어 있는지 확인합니다. 무선 네트워크 카드는 USB로 되어 있는 경우가 있는데 USB가 빠져있다면 네트워크가 연결되지 않습니다. 무선 네트워크 카드가 연결되어 있는데 신호가 약하거나 잡히지 않는다면 컴퓨터가 무선 공유기의 범위에 있는지 확인합니다.

무선 신호가 강해도 접속할 수 없다면, 무선 라우터에 암호가 지정되어 있는지 확인합니다. 암호가 지정되어 있으면 암호를 입력해야만 무선 네트워크에 접속할 수 있습니다. 다음으로 무선 네트워크 카드가 최신 드라이버를 사용하고 있는지 확인합니다.

마지막으로 태스크 바의 와이파이 아이콘에서 마우스 오른쪽 버튼을 클릭해 윈도우 문제 해결을 선택해 실행합니다. 이렇게 하면 무선 인터넷 오류의 원인을 찾을 수 있습니다. 그래도 문제가 해결되지 않으면 서비스 업체를 통해 인터넷을 초기화한 후 문제를 해결합니다.

Part 06 컴퓨터의 문제 해결

Chapter

05 부팅 문제 해결

컴퓨터가 갑자기 꺼지거나 재부팅된다면 윈도우가 업데이트 중인지 확인해야 합니다. 윈도우가 업데이트되는 경우에는 자동으로 몇 번의 재부팅이 이루어지기 때문입니다. 그리고 바이러스를 의심해야 합니다. 일부 바이러스나 애드웨어는 하드디스크에 문제를 야기하기도 하며 재부팅의 원인이 되기도 합니다. 그러므로 백신을 이용해 바이러스 검사를 하는 것이 좋습니다.

01 갑자기 꺼지거나 재부팅된다?

많은 자원을 필요로 하는 프로그램이나 게임 실행 중에 다운된다면 이것은 과열을 방지하는 시스템 보호 기능 때문입니다. 요즘에는 컴퓨터 부품이 과열되는 경우 시스템을 차단하는 보호 기능이 포함되어 있기 때문입니다. 이런 경우에는 쿨러를 설치하거나 발열판 등을 설치해 열을 식혀주는 것이 중요합니다.

마지막으로 가장 일반적인 원인으로 가장 쉽게 해결할 수 있는 방법이 먼지로 인한 것입니다. 먼지는 컴퓨터에 발생되는 열을 식히지 못하게 해서 하드웨어 고장의 원인이 되기도 하며 발열로 인한 고장의 원인이 됩니다. 따라서 컴퓨터의 케이스를 열어 깨끗하게 청소하는 것도 오류를 해결할 수 있습니다.

02 10분만 지나면 꺼진다?

많은 자원을 필요로 하는 프로그램이나 게임을 실행하지 않았는데도 특정 시간만 지나면 컴퓨터가 종료되는 경우가 있습니다. 이런 경우는 CPU의 온도가 상승해서 발생되는 것으로 볼 수 있는데 케이스를 열기 전에 먼저 온도를 체크해 보는 것이 좋습니다.

CPU 온도를 확인할 수 있는 프로그램인 'CPUZ' 등을 이용하여 CPU 온도가 계속 상승하는지 확인합니다. 그리고 CPU 쿨러의 회전 속도도 함께 확인합니다.

만약 CPU 온도가 계속 상승하고 쿨러도 정상적으로 작동하지 않으면 케이스를 열어 CPU 쿨러가 작동하는지 확인합니다. 케이스를 열었는 데 제대로 작동한다면 케이스를 닫으면서 CPU 쿨러에 케이블이 걸려 작동하지 못하는 것입니다. 이런 경우에는 케이블을 정리해주면 됩니다.

그리고 케이스를 열었을 때 CPU 쿨러에 먼지가 많다면 먼지를 제거해 줍니다. 먼지는 CPU 쿨러가 작동하더라도 CPU의 온도를 상승시키는 원인이 됩니다.

03 컴퓨터는 켜지는데 모니터는 검게 보이는 경우

컴퓨터는 켜지는데 모니터는 검은색 화면으로 계속 되어 있거나 'No signal'과 같이 표시된다면 의심되는 원인으로는 모니터, 모니터 케이블, 그래픽 카드, 메모리 등이 있습니다.

컴퓨터가 켜지는데 모니터가 검게 보인다면 가장 먼저 비프음을 확인합니다. 정상적인 경우 비프음은 짧게 '삑'하고 소리가 나는데 그렇지 않고 '삑~삑~삑~'과 같이 다른 비프음이 들린다면 모니터나 그래픽 카드 등의 이상일 수 있습니다. '삑'하는 소리가 나지만 그래도 'No Signal'과 같이 표시된다면 모니터나 모니터 케이블 이상일 수 있습니다. 이런 경우 모니터 케이블 연결이 제대로 되어 있는지 확인한 다음 모니터의 입력 신호 설정이 제대로 되어 있는지 확인합니다. 최근 출시되는 모니터는 VGA, Digital, TV 등 다양한 입력 신호를 받을 수 있게 되고 이에 따라 입력 신호를 결정해 주어야 하는데 이 신호 설정이 잘못되어 있다면 'No Signal'이 표시될 수 있습니다.

신호 설정까지 확인했으면 모니터의 이상인지 확인하기 위해 다른 모니터를 연결하거나 모니터를 다른 컴퓨터에 연결하여 모니터의 이상 여부를 확인합니다.

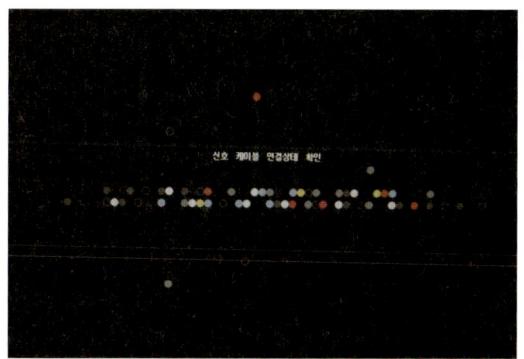

케이블이 제대로 연결되어 있지 않은 경우

모니터가 정상적으로 작동한다면 이번에는 컴퓨터를 부팅한 다음 Num Lock 키를 눌러 봅니다. 컴퓨터의 부팅 순서는 전원 공급 → CPU ON → BIOS 로딩 → 그래픽 카드 테스트 → 메모리 테스트 → 키보드 검사 → 디스크 검사 → CMOS 테스트순으로 진행되는데, 만약 Num Lock 을 눌렀을 때 램프가 반응을 한다면 그래픽 카드 테스트와 메모리 테스트를 이상없이 마쳤다는 것을 의미합니다. 따라서 이런 경우에는 모니터 이상이 대부분입니다.

하지만 Num Lock 키를 클릭했을 때도 아무런 반응이 없다면 키보드 검사 이전에 문제가 발생한 것을 의미합니다. 이런 경우에는 메모리 이상을 의심할 수 있는데 설치되어 있는 메모리가 여러 개라면 모두 제거한 후 하나씩 연결해 부팅합니다. 메모리를 연결하기 전에 메모리의 접속 부분을 지우개나 깨끗한 헝겊으로 닦아주는 것도 좋습니다.

메모리를 연결한 후 부팅해서 정상적으로 부팅되지 않고 키보드에 불도 들어오지 않는다면 파워 서플라이 혹은 CPU 보조 전원이나 메인 보드 불량일 수 있습니다. 물론 CPU 불량인 경우도 있습니다.

이제 점검할 것은 그래픽 카드입니다. 내장 그래픽 카드가 있다면 외장 그래픽 카드를 제거하고 내장 그래픽 카드에 모니터 케이블을 연결하여 테스트합니다. 만약 정상적으로 부팅된다면 그래픽 카드의 불량입니다. 내장 그래픽 카드가 없다면 그래픽 카드를 제거해 그래픽 카드의 연결 부분을 지우개나 깨끗한 헝겊으로 닦아준 다음 다시 연결합니다. 그래도 안된다면 그래픽 카드의 불량이나 메인 보드의 불량입니다.

Part 06 컴퓨터의 문제 해결

컴퓨터에서 이상한 소리가 나는 경우

컴퓨터에서 이상한 소리가 난다는 것은 컴퓨터가 고장이 발생했거나 발생할 것을 미리 알려주는 것입니다. 그러므로 이런 소리에 귀를 기울였다가 더 큰 문제가 발생하지 않도록 미리 원인을 파악하고 해결해 주는 것이 좋습니다.

01 하드디스크에서 이상한 소리가 들려요

하드디스크에서 이상한 소리가 난다면 하드디스크에 문제가 발생했다는 것을 알려주는 것으로 빨리 데이터를 백업해두는 것이 좋습니다. 하드디스크에서 나는 소음은 하드디스크의 종류와 상황에 따라 다르지만, 데이터센트(http://datacent.com/hard_drive_sounds.php) 홈페이지에서 하드디스크에 문제가 발생했을 때 나는 소리를 들을 수 있습니다.

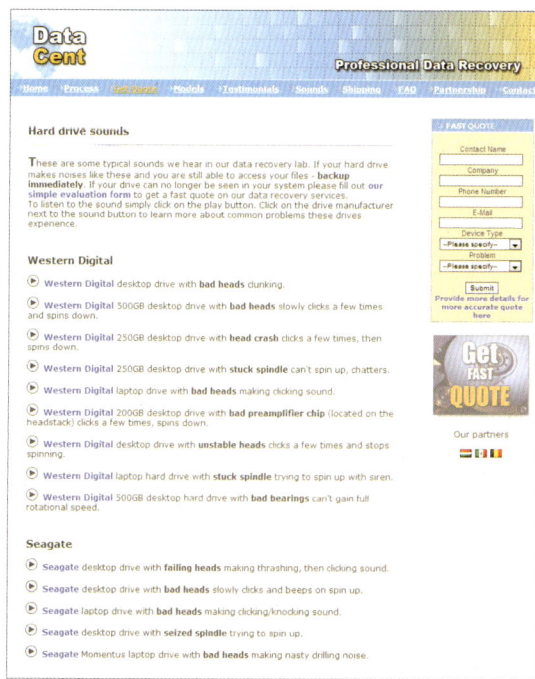

02 팬에서 심한 소음이 들려요

팬이 심하게 돌아가는 소리는 PC의 온도를 적정 수준으로 낮추기 위해서 돌아가는 소리입니다. 이 소리가 크게 들린다면 팬이 정상적으로 돌아간다고 할 수 있습니다. 하지만, 이런 소리가 지속적으로 들리고, 틱틱~ 걸리는 소리까지 들린다면 쿨러에 이상이 발생했을 수 있습니다. 또한 이런 소리가 들리는데도 컴퓨터가 꺼진다면 쿨러가 제대로 작동하지 않거나 시스템의 내부 온도가 비정상적으로 올라가고 있다는 것입니다.

이런 경우에는 PC 내부의 팬이 전선에 접촉되어 있는지 확인합니다. 그리고 내부를 청소하여 먼지 등을 제거해 줌으로써 내부의 열을 내려주는 것도 중요합니다.

03 광학 드라이브에서 윙윙 소리가 나요

광학 드라이브에 디스크를 넣으면 윙윙 소리를 냅니다. 드라이브가 데이터를 읽기 위해 회전 속도를 높이기 때문에 나는 소리입니다. 부팅할 때마다 이런 소리가 들린다면 광학 드라이브에 디스크가 있는지 확인합니다. 만약 광학 드라이브에 디스크가 없어도 이런 소리가 계속해서 들린다면 고장일 확률이 높습니다.

04 부팅할 때 나는 '삐' 소리

컴퓨터를 처음 부팅하면 BIOS가 작동하면서 오류가 있는지 검사합니다. 만약 오류가 있다면 '삐삐~' 또는 '삐삐삐삐'와 같은 특정한 소리를 내어 오류를 알려줍니다. 하지만 부팅할 때 짧게 '삐'하고 소리가 나는 것은 정상적으로 오류 검사가 끝났다는 것을 의미합니다.
예를 들어 AMI BIOS의 경우 삐 소리가 의미하는 것은 다음과 같습니다.

소리	원인	해결 방법
짧게 1번	정상	정상적인 부팅 음입니다.
짧게 2번	패리티 체크 실패	메모리가 잘못 꽂혀져 있거나 메인 보드의 메모리 소켓이 불량입니다. 메모리를 다시 설치하거나, 다른 메인 보드에 메모리를 꽂아보고 이상이 없으면 메인 보드를 수리합니다.
짧게 3번	기본 메모리 체크 실패	RAM을 뺏다가 재조립합니다. 두 개 이상의 RAM을 설치했다면 한 개씩 조립한 후 테스트합니다.
짧게 4번	System Timer 실패	BIOS 시간을 재설정합니다. 계속해서 시간이 초기화되면 메인 보드에 설치되어 있는 Battery를 교체합니다.
짧게 5번	CPU 인식 실패	CPU 뺏다가 재조립합니다. 그래도 계속해서 소리가 난다면, CPU 또는 Main Board의 이상입니다.
짧게 6번	Keyboard 연결 오류	키보드의 연결이 잘못되었거나 키보드에 문제가 발생한 경우입니다.
짧게 7번	Processor 일시 정지 오류	부팅 중 프로세서 즉, CPU가 일시 정지된 것으로 CPU가 고장난 경우입니다.
짧게 8번	Graphic Memory 사용 실패	그래픽 카드가 별도로 설치되어 있는 경우 그래픽 카드를 재조립합니다.
짧게 9번	ROM BIOS 검사 문제	하드디스크 2개로 설정했는데 실제로는 한 개만 설치된 것과 같이 CMOS 설정이 잘못된 것으로 CMOS Setup에서 다시 설정합니다.
짧게 10번	CMOS 오류	CMOS를 읽지 못하는 것으로 메인 보드에 고장이 발생한 것입니다.
짧게 11번	캐시메모리 오류	CPU나 메인 보드의 L2 캐시에 오류가 발생한 것으로 CPU 또는 메인 보드를 교체해야 합니다.
길게 1번, 짧게 1번	장치 연결 오류	메인 보드에 부품들이 제대로 연결되어 있는지 확인합니다.
길게 1번, 짧게 2번	그래픽 카드 오류	그래픽 카드를 재설치합니다.

위와 같이 메인 보드는 삐 소리로 자신의 상태를 알려줍니다. 이 소리를 듣고 간단히 해결할 수 있는 부분이 있다면 해결하는 것이 좋습니다.

05 스피커에서 지지지~ 잡음이 들려요

스피커는 소리를 내는 장치이므로 소리가 나는 것은 당연하지만 예상하지 못한 잡음을 내는 경우가 있습니다. 컴퓨터를 부팅할 때나 종료할 때 잠깐 동안 짧은 소리가 날 수 있지만 이것은 정상적인 것이며 이 외에 큰 소음이나 '지지직~'과 같은 잡음이 들린다면 스피커가 세대로 연결되었는지 확인합니다. 6.1채널, 7.1채널과 같이 많은 채널을 사용하는 스피커나 단순한 2채널 스피커라도 PC의 적합한 포트에 연결되어 있지 않거나 단단히 연결되어 있지 않다면 잡음이 들릴 수 있습니다.

Part 06 컴퓨터의 문제 해결

하드디스크 관련 문제

하드디스크 관련 문제는 컴퓨터에서 발생하는 문제 중 가장 많을 것입니다. 특히 하드디스크는 사용자가 작성한 여러 가지 파일을 저장하는 중요한 요소이기 때문에 다른 장치에 비해 문제가 발생했을 때 그 파장은 엄청나게 크다고 할 수 있습니다.

01 하드디스크 파티션이 통째로 사라졌어요

새로운 하드디스크를 장착한 후 가장 많이 하게 되는 실수가 바로 파티션을 잘못 나누거나 원하는 파티션이 아닌 다른 파티션을 포맷하는 것입니다. 이런 경우 당황하여 복구하기 전에 파일을 저장하는 치명적인 오류를 범하게 됩니다. 만약 파일을 저장하였다면 복구가 어려울 수 있습니다. 따라서 디스크를 잘못 포맷했다면 잘못 포맷한 하드디스크를 외장하드디스크로 만들어 다른 컴퓨터에서 복구하는 것이 좋습니다.

이 때 복구 프로그램은 TestDisk를 사용하는 것이 좋습니다. TestDisk는 다른 프로그램에 비해 프로그램 크기가 작고, 무료이며 리눅스나 Mac까지 지원합니다.

1 인터넷에서 TestDisk를 다운로드받아 설치한 다음 실행합니다.

2 프로그램을 실행하면 Log 파일을 생성할 것인지, 아닌지 묻게 됩니다.

- [Create] Create a new log file : Log 파일을 만들고 진행합니다.
- [Append] Append information to log file : Log 파일에 정보를 덧붙여 만들고 진행합니다.
- [No Log] Don't record anything : Log 파일을 기록하지 않습니다.

3 Log 파일을 선택하면 디스크 선택 화면이 나타납니다. 여기에서 복구할 디스크를 선택한 후 [Proceed]를 누릅니다.

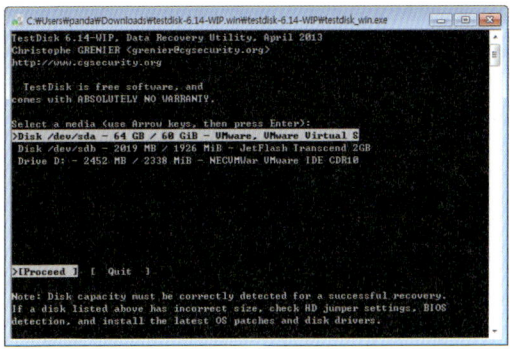

 디스크가 여러 개일 경우 볼륨 레이블이 나타나지 않으므로 해당 디스크의 모델명과 용량으로 잘 구분해야 합니다.

4 파티션 테이블 타입 선택 화면이 나타납니다. 여기에서 Enter 를 누르면 다음으로 진행합니다.

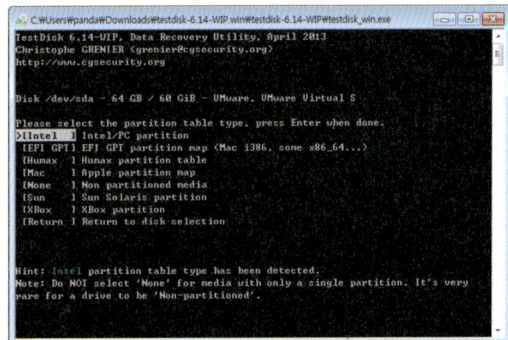

5 본격적인 기능을 선택하는 메뉴가 나타납니다. 여기에서 원하는 메뉴를 선택하면 됩니다. 하지만 잘못된 메뉴를 선택하면 데이터를 복구할 수 없는 상태가 됩니다.

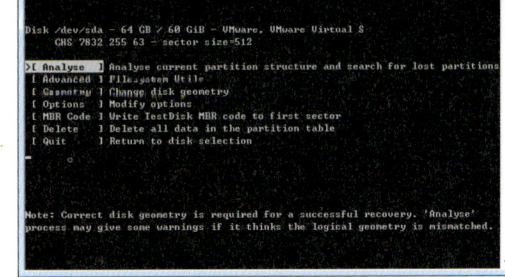

 [Analyse]와 [Advanced] 메뉴는 파티션이 손상되거나 파일을 복구할 때 많이 사용하며 그 외에는 잘못된 사용을 하면 하드디스크를 복구할 수 없으므로 주의합니다.

- [Analyse] : 파티션 구조를 분석하고 손상된 파티션을 찾습니다. 파티션에 접근이 안되거나 파티션이 완전히 날아간 경우 이 기능을 사용합니다.
- [Advanced] : 파일 시스템 유틸리티로서, 파티션 타입을 바꾸거나 부트 섹터 복구, 지워진 파일을 복구를 할 수 있습니다.
- [Geometry] : 디스크의 기하학적 구조를 변경하는 메뉴로서, 실린더 헤드 섹터의 크기를 변경하는 기능인데 이 기능은 사용하지 않는 것이 좋습니다.
- [Option] : 수정 사항의 옵션을 변경하는 기능입니다.
- [MBR Code] : MBR이 손상되었을 때 새로 덮어 쓰는 기능입니다.
- [Delete] : 파티션 테이블의 모든 데이터를 삭제합니다.
- [Quit] : 디스크 선택 메뉴로 돌아갑니다.

02 하드디스크 베드 섹터 복구하기

베드 섹터란 여러 원인에 의해 사용할 수 없는 상태의 섹터를 말합니다. 베드 섹터가 생기는 원인에는 다음과 같은 경우가 있습니다.

- 충격이나 진동으로 인해 데이터가 손상되는 경우
- 하드 점검 유틸리티(Chkdsk, Partition Magic)를 잘못 사용한 경우
- 파워 서플라이의 전원 공급이 불규칙하거나 부족한 경우
- 오버 클러킹을 과도하게 하여 무리가 간 경우
- 컴퓨터 설치 장소가 높은 열이 발생하는 곳이나 너무 추운 곳 등에 위치한 경우

이런 원인으로 생긴 베드 섹터에는 크게 논리적인 베드 섹터와 물리적인 베드 섹터로 구분할 수 있는데, 논리적인 베드 섹터는 섹터 자체는 정상적이지만 논리적, 즉 소프트웨어의 문제가 발생하여 데이터를 읽지 못하는 것을 말하며 물리적인 베드 섹터는 데이터를 저장하는 표면인 플래터 표면이 물리적으로 파괴되거나 섹터를 구분하는 구획이 잘못된 자기값을 가짐으로써 발생한 것을 말합니다.

베드 섹터가 발견되었거나 베드 섹터가 의심된다면 더 이상 베드 섹터 검사 프로그램을 실행하거나 조각 모음을 실행하면 데이터가 더 손상되는 원인이 될 수 있습니다. 그렇기 때문에 베드 섹터가 발견되었거나 의심된다면 다음과 같이 조치해야 합니다.

❶ 중요한 데이터를 새로운 하드디스크에 백업합니다.
❷ 하드디스크 베드 섹터 복구 프로그램을 실행해 베드 섹터가 있는지 검사합니다.
❸ 베드 섹터 복구 프로그램을 실행해 베드 섹터를 복구합니다.
❹ 베드 섹터 복구 프로그램을 다시 실행해 베드 섹터가 복구되었는지 확인합니다.

만약 베드 섹터 복구 프로그램을 실행했는데도 베드 섹터가 복구되지 않았다면 심각한 상태이므로 해당 디스크는 사용하지 않는 것이 좋습니다.

베드 섹터 검사 프로그램은 GM HDD SCAN과 같은 프로그램을 이용하며 베드 섹터 복구 프로그램은 Drevitalize 등을 이용합니다. 베드 섹터 검사와 복구 프로그램에는 많은 프로그램이 있으므로 적절한 프로그램을 구해 테스트하고 복구하는 것이 좋습니다.

1 인터넷에서 Drevitalize를 다운받아 설치한 후 실행합니다.

2 Drevitalize가 실행되면 불량 섹터를 검색할 드라이브를 선택합니다.

윈도우가 설치되어 있는 드라이브를 선택하면 경고 창이 나타납니다. 이런 경우 응용 프로그램을 모두 종료한 후 오류 검사를 진행합니다. 응용 프로그램이 실행 중인 경우에는 베드 섹터를 검사만 하고 복구할 수 없을 수도 있습니다.

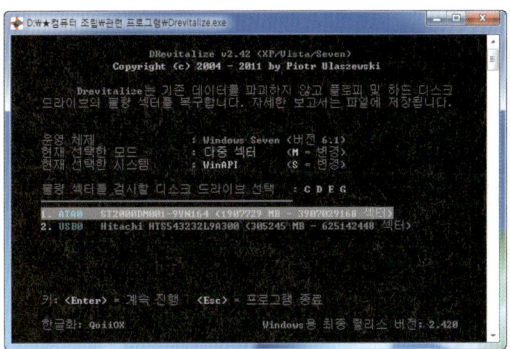

3 테스트의 종류를 선택합니다. 베드 섹터가 있는지 검사만 하려면 '1. 검사 전용'을 선택하고 베드 섹터를 검사하다 발견된 오류를 복구하려면 '2. 검사 및 복구–읽기 테스트' 또는 '3. 검사 및 복구 – 쓰기 테스트'를 선택합니다.

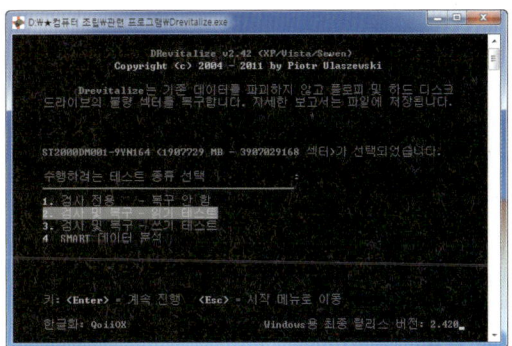

4 시작할 위치를 지정하는데 불량 섹터의 위치를 모른다면 Enter를 눌러 진행합니다.

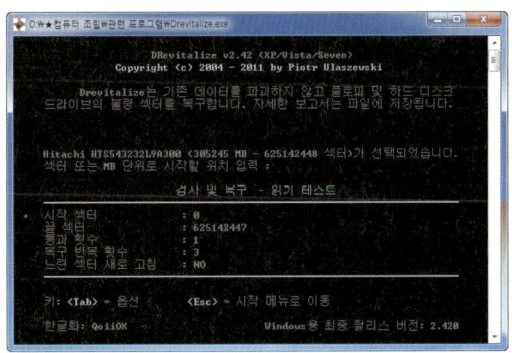

5 검사가 진행되는 동안 잠시 기다립니다.

03 USB 메모리를 포맷했어요?

깜빡하는 순간 하드디스크나 USB 메모리를 포맷하는 경우가 많습니다. 사진이나 중요한 문서가 USB에 저장되어 있다면 포맷을 하는 순간 엄청 당황하게 되는데 이런 경우에는 일단 포맷한 USB 메모리에 아무 것도 저장하지 않는 것이 중요합니다. 포맷을 하거나 파일을 삭제할 때는 내용을 모두 지우는 것이 아니라 파일 시스템에서 파일을 삭제했다는 표시만 하기 때문에 파일 내용은 지워지지 않게 됩니다. 그런데 새로운 파일을 저장하게 되면 파일 시스템에 저장된 내용도 바뀌고 파일이 실제 저장되었던 내용도 모두 바뀌게 되어 복구할 수 없게 됩니다.

USB 메모리의 파일을 복원하는 방법에는 복구 전문 업체에 위탁하여 해결하는 방법과 소프트웨어를 이용하여 복원하는 방법이 있습니다. USB 메모리의 이상이 없고 단순히 포맷만 했다면 소프트웨어를 이용하여 복원하는 것이 좋지만, USB 메모리에 이상이 있었다면 복구 전문 업체에 위탁하는 것이 좋습니다.

USB 메모리를 포맷했을 때 복구할 수 있는 프로그램에는 FinalData, Recover My Files, Zip Repair, Recuva 등 다양한 프로그램이 있지만 무료 프로그램인 Recuva로도 대부분의 파일을 복구할 수 있습니다.

1 Recuva 프로그램을 다운로드받아 설치한 후 실행합니다. recuva는 무료 프로그램이므로 포털 사이트의 자료실에서 쉽게 구할 수 있습니다.

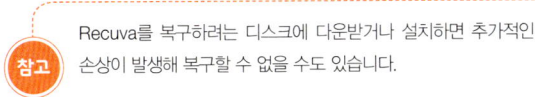

참고 Recuva를 복구하려는 디스크에 다운받거나 설치하면 추가적인 손상이 발생해 복구할 수 없을 수도 있습니다.

2 Recuva를 실행한 다음 복구할 드라이브를 선택하고 [Scan]을 클릭합니다.

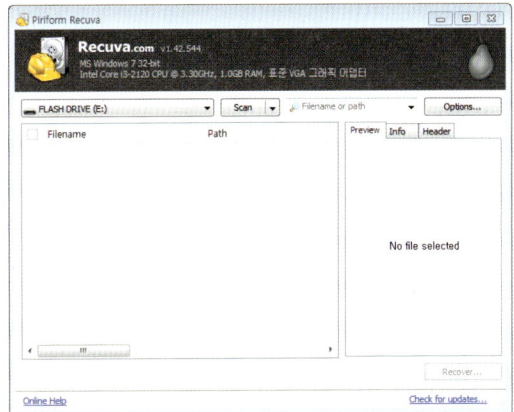

3 삭제된 파일을 검색하는 동안 잠시 기다리면 삭제된 파일이 검색되어 목록으로 나타납니다.

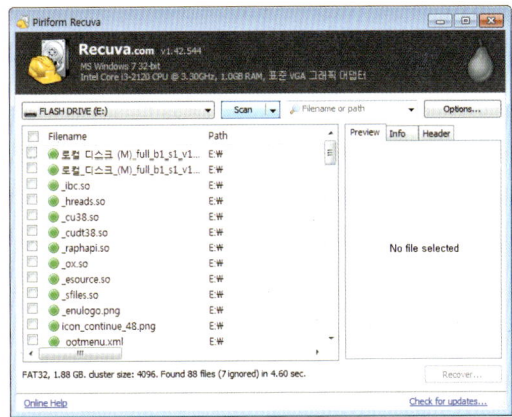

4 복구할 파일을 모두 선택한 다음 [복구] 버튼을 클릭합니다.

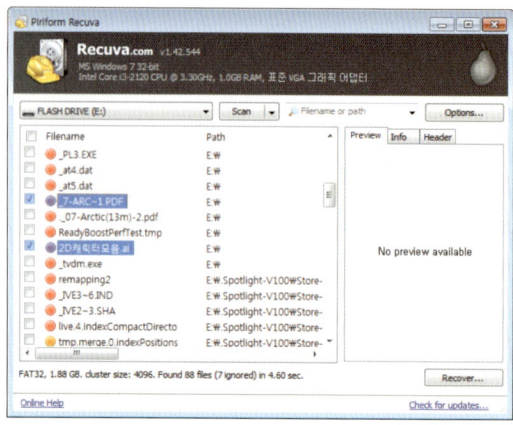

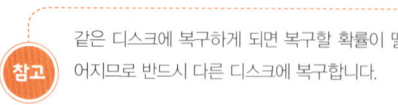
같은 디스크에 복구하게 되면 복구할 확률이 떨어지므로 반드시 다른 디스크에 복구합니다.

5 복구할 파일을 저장할 위치를 지정한 후 [확인] 버튼을 클릭합니다.

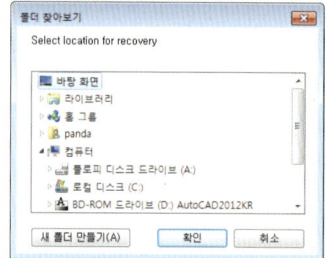

6 지정했던 위치를 확인하면 복구된 파일을 확인할 수 있습니다.

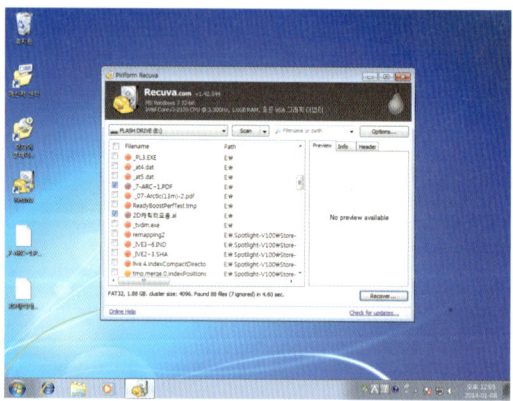

하드디스크에 문제가 발생했을 때 이를 해결하기보다는 미리 대비해두는 습관을 가져두는 것도 중요합니다. 중요한 자료를 많이 보관하는 경우 RAID로 구성하거나 외장 하드디스크에 별도로 저장해 두는 것도 좋으며 백업 프로그램을 이용하여 백업해 두는 것도 좋습니다.

Part 06 컴퓨터의 문제 해결

Chapter 08 복구 디스크 만들기

대기업 PC의 장점 중의 하나가 바로 복구 CD를 제공한다는 것입니다. CD만 넣어서 복구를 하면 컴퓨터를 처음 구입했을 상태로 바꿔줍니다. 이런 복구 CD와 유사한 기능을 할 수 있는 것이 Acronis True Image Home 2012입니다. 이 프로그램은 하드디스크에 설치되어 있는 데이터를 백업해 두었다가 필요할 때 되돌려주는 프로그램입니다.

01 복구 디스크 만들기

컴퓨터를 처음 구입한 후 운영체제와 필요한 프로그램, 드라이버를 모두 설치했다면 현재 상태를 그대로 파일 형태로 만들어 놓을 수 있습니다. 이렇게 파일로 만들면 차후 문제가 생겼을 때 처음 설치한 상태로 쉽게 되돌릴 수 있습니다.

1 제작사 홈페이지(http://acronis.co.kr)에서 'Acronis True Image Home 2014'를 다운받아 설치합니다.

> **참고** 평가판은 30일 동안 무료로 사용할 수 있으므로 이를 다운받아 백업을 해두면 됩니다.
> 평가판은 다운로드시 입력한 메일 주소로 시리얼 번호를 전송하며 다운로드가 완료되면 홈페이지에 시리얼 번호가 표시됩니다.

2 True Image를 실행하면 초기 화면이 나타납니다. 데이터를 백업하기 위해 [백업 및 복구]를 선택합니다.

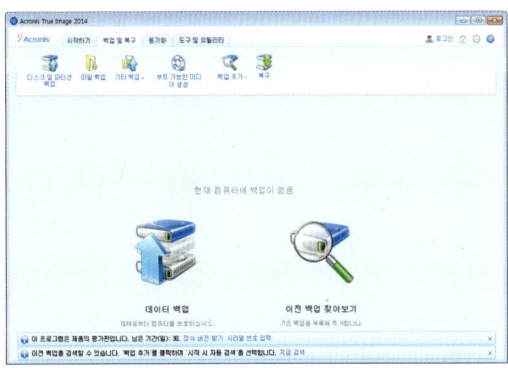

3 [디스크 및 파티션] 백업을 선택합니다.

4 [디스크 백업] 창이 나타나면 소스 항목에서 백업할 디스크를 선택하고 대상에서 [찾아보기]를 클릭해 저장할 위치를 선택합니다.

> [이 미디어를 부트 가능한 미디어로 설정]을 선택하면 부트 가능한 복구 환경이 만들어지며 독립형 Acronis True Image Home 2014가 추가됩니다. 만약 [이 미디어를 부트 가능한 미디어로 설정]을 선택해도 만들어지지 않는다면 별도로 만들 수도 있습니다. [이 미디어를 부트 가능한 미디어로 설정]을 사용하려면 대상에서 광학 디스크나 USB 메모리와 같은 이동식 미디어를 선택해야 합니다.

5 모든 준비가 끝났으면 [지금 백업] 버튼을 선택합니다.

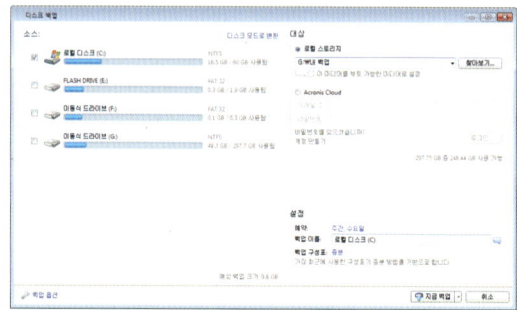

6 백업이 진행된 후 완료되면 완료목록이 나타납니다.

02 데이터 복구하기

컴퓨터에 문제가 생겼다면 이전에 만들어 두었던 백업 파일을 이용하여 언제든지 쉽게 복구할 수 있습니다. 복구할 때 파티션 전체를 복구하게 되면 백업 이후 생성된 모든 파일은 지워지게 되므로 중요한 파일은 미리 백업해 두고 데이터 복구를 합니다.

1 Acronis True Image 2014를 시작합니다.

2 백업 및 복구 탭에서 복구할 파티션이나 디스크가 포함된 백업을 찾습니다. 해당 상자에서 [복구]를 클릭합니다. 그러면 디스크 복구 창이 열립니다.

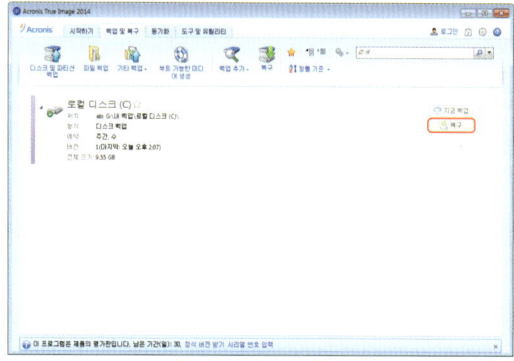

> Acronis Backup Explorer에서 파티션 또는 디스크 복구를 시작할 수도 있습니다. 이를 수행하려면 백업 상자에서 기어 아이콘을 클릭하고 파일 복구를 선택합니다. Acronis Backup Explorer의 디스크 및 파티션 탭에서 복구할 항목을 선택한 다음 복구를 클릭합니다.

Chapter 08 복구 디스크 만들기

3 복구할 파티션의 해당 확인란을 선택하고 [지금 복구] 버튼을 클릭해 복구를 시작합니다.

 전체 디스크를 백업한 경우 선택에 따라 디스크 모드로 전환을 클릭하여 전체 디스크를 한 번에 복구할 수 있습니다. 파티션을 다시 선택할 수 있게 하려면 파티션 모드로 전환을 클릭합니다. 파티션 이름 아래의 복구 대상 필드에서 대상 파티션을 선택합니다. 복구할 파티션이 적합한 파티션이라면 검정색 문자로 표시됩니다. 부적합한 파티션에는 빨간색 문자가 표시됩니다. 대상 파티션의 데이터는 복구된 데이터 및 파일 시스템으로 대체되므로 모두 손실됩니다.

03 부팅 가능한 미디어로 만들기

이 방법은 하드디스크에 문제가 생겨 부팅이 되지 않을 때를 대비하는 것으로 Acronis True Image로 하드 디스크를 백업해 두었다면 여기에 부팅 가능한 이미지를 포함시켜 부팅과 동시에 백업 데이터를 이용하여 복원까지 가능합니다.

1 Acronis True Image 2014를 실행한 다음 [백업 및 복구]를 선택해 [부트 가능한 미디어 생성]을 클릭합니다.

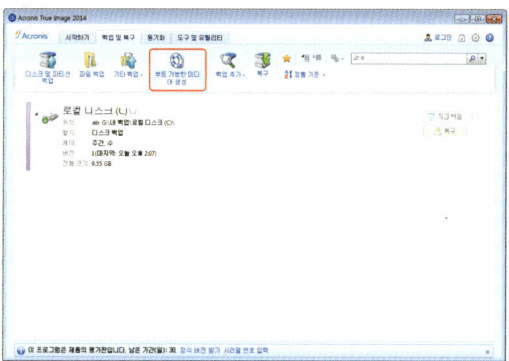

2 [Acronis 미디어 제작기] 대화상자가 나타나면 [다음] 버튼을 클릭합니다.

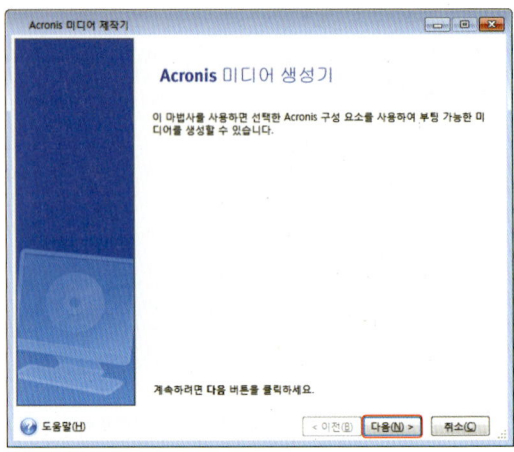

3 복구 미디어 내용 선택에서 [True Image]를 선택하고 [다음] 버튼을 클릭합니다.

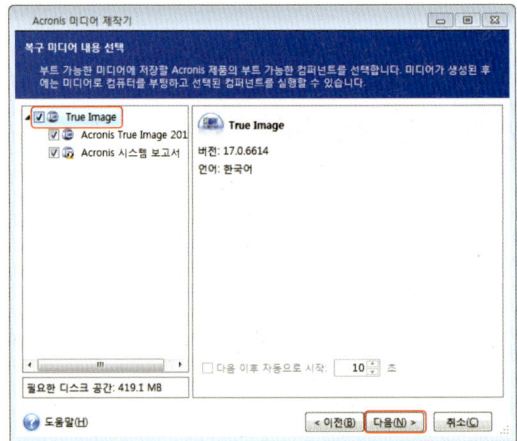

4 [부팅 가능한 미디어 옵션]이 나타나면 [다음] 버튼을 클릭합니다.

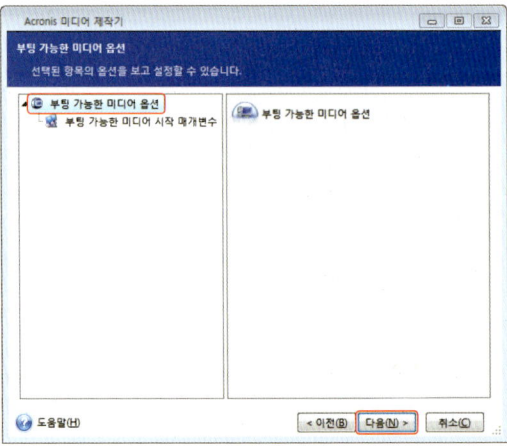

5 [부팅 가능한 미디어 유형 선택]에서 드라이브를 선택하고 [다음] 버튼을 클릭합니다.

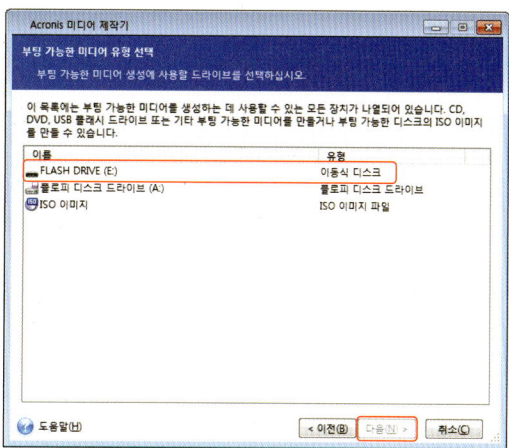

6 준비가 끝났으면 [진행] 버튼을 클릭합니다.

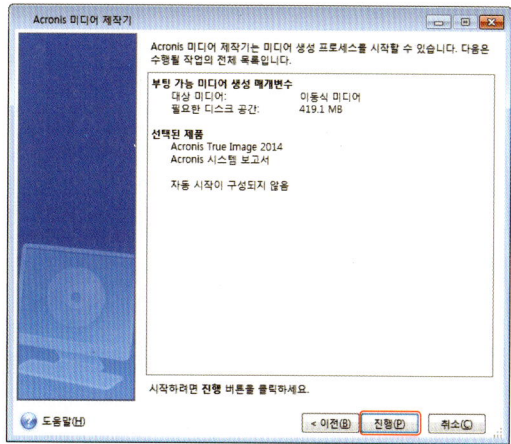

7 이렇게 하면 독립형 Acronis True Image Home 2014가 추가됩니다.

04 부팅 가능한 미디어로 하드디스크 복구하기

부팅 가능한 미디어로 만들어 두었다면 하드디스크의 부팅 시스템에 문제가 생겨 부팅이 되지 않을 때에도 쉽게 복구할 수 있습니다. 물론 이렇게 복구하면 백업 이후 생성된 파일은 모두 지워지게 됩니다.

1 복구 미디어 장치(USB 메모리, CD, DVD)가 있는 장치로 부팅될 수 있도록 CMOS BIOS에서 부팅 순서를 바꿉니다.

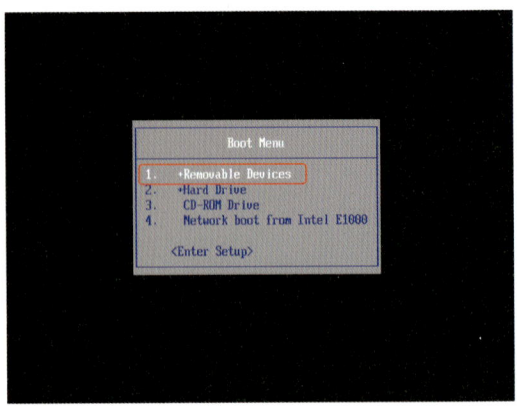

2 복구 미디어로 부팅하고 True Image를 선택합니다.

3 [Acronis True Image 2014]가 나타나면 [홈]-[복구] 아래에 있는 [내 디스크]를 선택합니다.

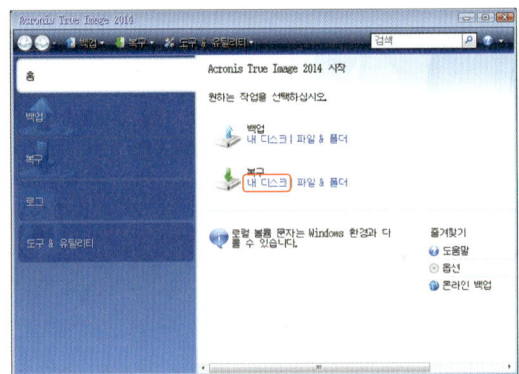

4 복구에 사용할 시스템 디스크나 파티션 백업을 선택합니다. 백업이 표시되지 않으면 [찾아보기]를 클릭해 백업 경로를 지정합니다.

5 복구 방법 단계에서 [전체 디스크 및 파티션 복구]를 선택한 후 [다음]을 클릭합니다.

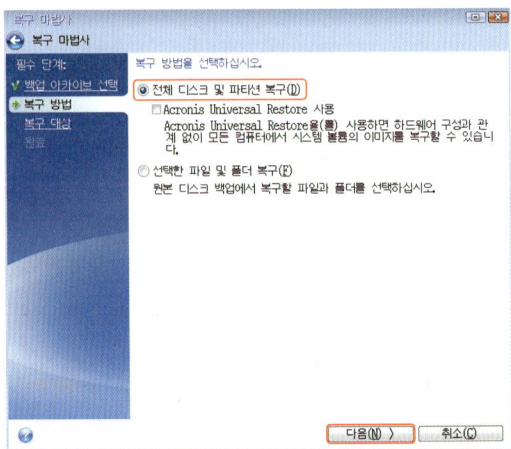

6 [복구 대상]에서 어디에 복구할 것인지를 선택하고 [다음] 버튼을 클릭합니다.

참고 : 윈도우 7에서는 플래그에서 C: 드라이브와 시스템 예약 파티션을 모두 선택합니다.

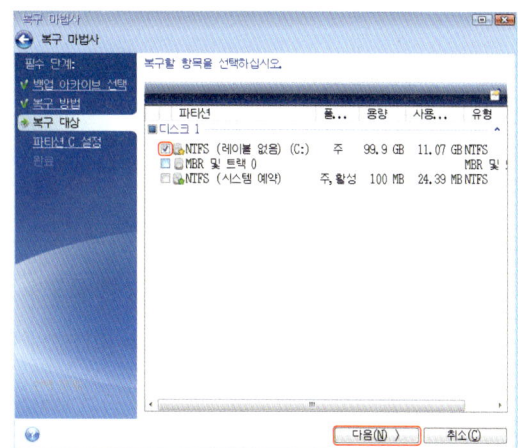

7 '파티션 C의 설정' 단계에서 기본 설정을 선택한 후 [진행] 버튼을 클릭합니다.

참고 : 설정 변경은 용량이 다른 새 하드 디스크를 복구할 때 사용합니다.

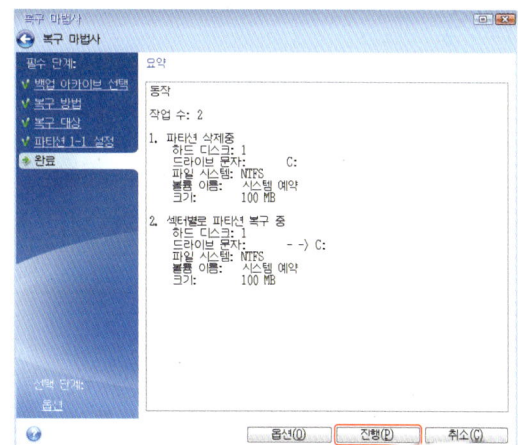

8 [완료] 단계가 나타나면 작업 요약을 확인합니다. 이 때 파티션 삭제 중과 파티션 복구 중의 크기가 일치하는지 확인하고 [진행]을 클릭합니다.

9 작업이 끝나면 복구 미디어를 꺼낸 다음 윈도우를 재부팅합니다.

인덱스

4핀 PATA 전원 커넥터 · 146
6Pin Port · 87
6핀 PCI Express 커넥터 · 146
8(4+4)핀 전원 커넥터 · 146
8핀 전원 커넥터 · 146
24핀 메인 보드 전원 커넥터 · 146
80 PLUS · 146

A
AC 교류 전원 단자 · 146
AHCI 모드 · 113
AHCI 설치 · 234
Anti-Aliasing · 87
APU · 44, 90

B
Bclk Control · 310
BIOS · 55

C
CD-RW · 134
CMOS · 218
CMOS 배터리 · 218
CPU · 17
CPU Clock Ratio · 310
CPU-Z · 269
CPU 쿨러 · 17
CrossFire · 81
CRT · 93

D
DDNS · 361
DDR2 SDRAM · 68
DDR3 SDRAM · 69
DDR SDRAM · 67
DIMM · 53
DirectX · 79
DLNA · 359
dpi · 149
DRAM Timing Selectable · 310
D-SUB/DVI 단자 · 19
D-Sub 단자 · 74
Dual DVI · 85
DVD-Recorder · 134
DVD-ROM · 134
DVI · 54
DVI 단자 · 74

E
E-IDE · 107

F
FDD 전원 커넥터 · 146
File Station · 378

G
GDDR5 · 87
GPU · 75
GPU Boost · 86

H
HDD 도킹 단자 · 140
HDMI · 54
HDMI 1.4a · 86
HDMI 단자 · 19, 74

I
IDE 설치 · 232
IPM · 154
IPS 패널 · 94

K
Kepler GPU · 87

L
LAN 단자 · 19
LCD · 93
Light Scribe · 136
Load Default · 219

M
MAC 주소 · 339
mATX · 139
MHL · 97
mini-ITX · 139
MLC · 160
MLC SSD · 110

N
NAS · 349
NB · 44
Nero · 136
NVIDIA Surround · 87

O
OpenGL 4.3 · 86

P
PATA 데이터 단자 · 101
PATA 방식 · 103
PATA 전원 단자 · 101
PCI Express x16 슬롯 커넥터 · 74
PIP · 97
PPM · 154
Prefetch · 114
PS/2 단자 · 19

Q
Qfile HD · 374
Qfinder · 355

QPI Link Speed · 310

R
RAID · 55
RAM · 17, 65
RDRAM · 67
RPM · 107

S
S-ATA · 55
SATA 데이터 단자 · 100
SATA 방식 · 103
SATA 전원 단자 · 100
SATA 전원 커넥터 · 146
SATA 점퍼 블럭 · 101
SDRAM · 66
SLC · 160
SLI · 81
SLI 커넥터 · 75
SMTP · 358
SPDIF IN 단자 · 75
SSD · 17, 109
Superfetch · 114
System Memory Multiplier · 310

T
TLC · 160
TLC SSD · 110
TN 패널 · 94
TRIM · 111
TV 수신 · 96

U
UnCore & QPI Features · 310
USB 호스트 · 97

V
VA 패널 · 94
VGA 쿨러 · 74
VGA 포트 · 54
Virtual PC · 257

W
Wi-Fi · 55

ㄱ
가상 메모리 설정 해제 · 123
가성비 · 92
공냉식 쿨러 · 36
공디스크 · 135
광/동축 SPDIF 출력 단자 · 19
광디스크 드라이브 · 17, 133
그래픽 카드 · 17
그래픽 카드 고정 걸쇠 · 74

ㄴ
내장 Graphics · 54
내장 그래픽 카드 · 89
냉각팬 · 74
냉각팬 전원 단자 · 75
네로 버닝 롬 · 289
네트워크 · 328
네트워크 프린터 · 335
능동형 · 94

ㄷ
대역폭 · 70
데이터 공유 · 329
데이터 케이블 · 18
동적 명암비 · 95
듀얼 채널 · 54, 72
듀얼 코어 · 22

듀얼 쿨링팬 · 88
드라이버 · 265
드라이브 고정 나사 · 142
드라이브 문자가 할당 · 398
드라이브 베이 · 142

ㄹ
램 디스크 · 116
레이저 프린터 · 152
로컬 프린터 · 332
리셋 단추 · 18

ㅁ
멀티 GPU · 54
멀티 부팅 · 231
메모리 고정 레버 · 70
메모리 버스 · 88
메모리 속도 · 88
메모리 슬롯 · 70
메모리 홈 · 70
메인보드 · 17
메인 보드 장착부 · 142
명암비 · 95
무선 랜 규격 · 164
무선 보안 · 339
무팬 방식의 쿨러 · 36
무한 잉크 공급기 · 156
물리 엔진 · 81
미니타워 · 139
미들타워 · 139

ㅂ
밝기 · 96
배속 · 135
백신 프로그램 · 283
백 패널 베젤 · 142
버퍼 용량 · 108

인덱스

병목 현상 • 109
보안 설정 • 337
보조 전원 단자 • 75
보조 전원 연결 • 84
브라켓 • 74
블루투스 • 55
비디오 메모리 • 75
빅타워 • 139

ㅅ

설계 전력 • 28
셀러론 • 21
소켓 • 28, 53
송신 파워 • 165
수냉식 쿨러 • 37
수동형 • 93
수신 감도 • 165
스레드 • 27
스트림 프로세서 • 78
스핀들 모터 • 102
슬롯 가이드와 고정 레버 • 142
시스템 버스 • 44
시야각 • 96
신호선 케이블 • 142

ㅇ

아키텍처 • 28
알약 • 285
알집 • 287
압축 프로그램 • 287
액세스 암 • 102
액티브 PFC • 146
업데이트 • 278
엘리베이션 • 97
영상 단자 • 19
오버 클러킹 • 298
오버 클러킹을 초기화 • 304

오버 클럭 • 29
온보드 • 90
원격 데스크톱 • 341
윈도우 7 • 226
윈도우 8 • 226
윈도우 XP • 226
응답 속도 • 96
인터넷 연결 공유 • 331
인텔의 칩셋 • 58
입출력 패널 • 57
잉크젯 • 152

ㅈ

전면 USB 단자 • 18
전면 오디오 단자 • 18
전압 강화 방지 옵션 설정 • 306
전원 관리 기술 • 306
전원 단추 • 18
전원 스위치 • 19, 146
전원 입력 단자 • 19
정품 인증 • 243
제조 공정 • 24
주차 코드 • 70

ㅊ

초슬림 • 139
칩셋 • 53

ㅋ

카드 리더기 • 19
캐시 메모리 • 27
캐패시터 • 75
케이스 • 138
코어 • 23, 26
쿠다 프로세서 • 78
쿨러 전원 커넥터 • 142
쿨링팬 • 19

클럭 • 26

ㅌ

터보 부스트 • 29
터보 코어 • 44
터치 화면 • 97
통풍구 • 142
틸트 • 97

ㅍ

파워 서플라이 • 18
파워 서플라이 베이 • 142
파워 서플라이 쿨링팬 • 146
파티션 • 231
페이즈 • 63
펜티엄 • 21
펜티엄 프로 • 21
포트 포워딩 • 364
폼팩터 • 59
프리징 • 113
프린터 공유 • 336
플래터 • 102
피봇 • 98
픽트브리지 • 155

ㅎ

하드디스크 • 17
하이퍼스레딩 • 29
헤드 • 102
후면 USB 단자 • 19
후면 오디오 단자 • 19